高等学校教材 57

经济基础

THE ECONOMIC FOUNDATION

柳凤娇　丁小龙　李妍　王微　主编

哈尔滨工业大学出版社
HARBIN INSTITUTE OF TECHNOLOGY PRESS

内 容 简 介

"经济基础"是经济管理类相关专业的基础课程之一,也是经济管理专业财富规划基础课程之一。本书通过研究各专业人才培养目标、国家专业教学标准,确定专业必备知识与技能,并通过研究集群通用知识,确定本书的篇目覆盖内容。

本书可作为教师用书、学生技能实践指导用书,达到技能说明书的目的。本书还匹配了经济师考试大纲知识,可作为职业晋升、技能及职业资格考试的指导用书。

图书在版编目(CIP)数据

经济基础/柳凤娇等主编. —哈尔滨:哈尔滨工业大学出版社,2023.7
ISBN 978－7－5767－0904－9

Ⅰ.①经… Ⅱ.①柳… Ⅲ.①经济学-职业教育-教材 Ⅳ.①F0

中国国家版本馆 CIP 数据核字(2023)第 115332 号

JINGJI JICHU

策划编辑	刘培杰　张永芹
责任编辑	张永芹　邵长玲
封面设计	孙茵艾
出版发行	哈尔滨工业大学出版社
社　　址	哈尔滨市南岗区复华四道街10号　邮编150006
传　　真	0451－86414749
网　　址	http://hitpress.hit.edu.cn
印　　刷	哈尔滨圣铂印刷有限公司
开　　本	880 mm×1 230 mm　1/16　印张 17.25　字数 530 千字
版　　次	2023 年 7 月第 1 版　2023 年 7 月第 1 次印刷
书　　号	ISBN 978－7－5767－0904－9
定　　价	68.00 元

(如因印装质量问题影响阅读,我社负责调换)

前　言

本书是服务本专业、融入企业、深入职业的三合一(知识基础、技能说明书、职业资格考试指导书)多元化职业教育专业用书,贯穿学生在校学习、提升技能,工作后经济师参加职业资格考试全过程。本书按照"以学生为中心、学习成果为导向、促进自主学习"的思路,设计了项目、任务、案例等内容,完成经济管理类基础知识的编写。本书覆盖经济管理类专业知识,是一本经济管理类基础理论用书;以知识用法为导向引入相关知识,实现职业教育技能培养目标,是一本技能说明书;以经济师职业资格考试大纲为基础,结合应用,助力学生融会贯通知识点,是一本职业资格考试指导用书。

本书在编写过程中强化行业指导、企业参与,展现职业特色,紧跟产业发展趋势和行业人才需求,及时将产业发展的新技术、新工艺、新规范纳入其中,本书作者之一丁小龙为高级经济师、副教授、牡丹江开发区管委会副主任、龙盛投资公司董事长。

本书主编由黑龙江商业职业学院的柳凤娇担任,并负责设计编写大纲和总纂定稿。编者具体分工为,柳凤娇编写项目一、六、九,共16.2万字;丁小龙编写项目二、五,共15.3万字;王微编写项目三、八,共10.7万字;李妍编写项目四、七、十、十一,共10.8万字。

本书以职业教育专业知识、职业技能、职业素质、政治素养四合一培养为目标,以经济类专业及集群需求、企业需求、学生需求、社会需求四个视角建设,以经济类专业及集群需求视角确定知识项目范围;以企业需求视角确定知识的用法,融入新技术、新工艺、新规范确定校企双元,实现三懂三会一强的技能;以学生需求视角确定知识的教法,融入岗位、晋升、职业资格考试三个要素;以社会需求视角确定拓展思维,融入爱国、强国的思政课内容。由于经济管理理论与实践的不断发展,书中难免存在疏漏和不足,恳请专家和广大读者批评和指正。

编　者
2022 年 11 月

目　　录

第一篇　经济基础知识

项目一　认识经济学 3
- 任务一　探讨价格理论与弹性理论 4
- 任务二　分析消费者行为 14
- 任务三　分析生产者行为 21
- 任务四　初识市场结构 27
- 任务五　探讨市场失灵与政府的干预政策 33
- 任务六　分析宏观经济运行、调控目标和手段 41

项目二　财政学 47
- 任务一　了解公共财政职能 48
- 任务二　分析财政收入与支出的内容 51
- 任务三　了解政府预算的必要性 58
- 任务四　分析财政政策的目标 60

项目三　货币与金融 63
- 任务一　了解货币均衡水平 64
- 任务二　了解中央银行的货币政策工具 67
- 任务三　分析商业银行的主要业务及金融市场的结构 72
- 任务四　分析金融风险的监管 75
- 任务五　了解对外金融关系 79

项目四　会计 89
- 任务一　了解会计要素 89
- 任务二　了解财务会计报告编写方法 93
- 任务三　财务报表分析 95

第二篇　管理实务

项目五　管理学 99
- 任务一　了解管理的职能 100
- 任务二　管理理论分析 108
- 任务三　应用计划与决策 118
- 任务四　应用组织职能 128
- 任务五　应用领导职能 141

  任务六 应用控制职能 ··· 152

项目六 企业战略与经营决策 ··· 160

  任务一 了解企业战略类型 ··· 162
  任务二 进行企业战略分析 ··· 165
  任务三 进行企业经营决策 ··· 168

项目七 公司法人治理结构 ·· 173

  任务一 了解公司组织机构 ··· 176
  任务二 分析公司机构权责 ··· 180

项目八 市场营销与品牌管理 ·· 189

  任务一 分析市场营销环境 ··· 191
  任务二 分析目标市场战略 ··· 203
  任务三 进行市场营销组合策略分析 ·· 209

项目九 技术创新管理 ··· 218

  任务一 分析技术创新战略与技术创新决策评估方法 ····························· 221
  任务二 探索技术创新组织与管理 ·· 226

项目十 人力资源规划与薪酬管理 ·· 237

  任务一 制订人力资源规划 ··· 238
  任务二 分析绩效考核方案的合理性 ··· 240
  任务三 分析薪酬管理方案的合理性 ··· 241

项目十一 企业投融资决策及重组 ·· 248

  任务一 分析筹资决策的合理性 ··· 251
  任务二 分析投资决策的合理性 ··· 256
  任务三 探索并购与重组模式 ·· 260

第一篇 经济基础知识

项目一　认识经济学

【思维导图】

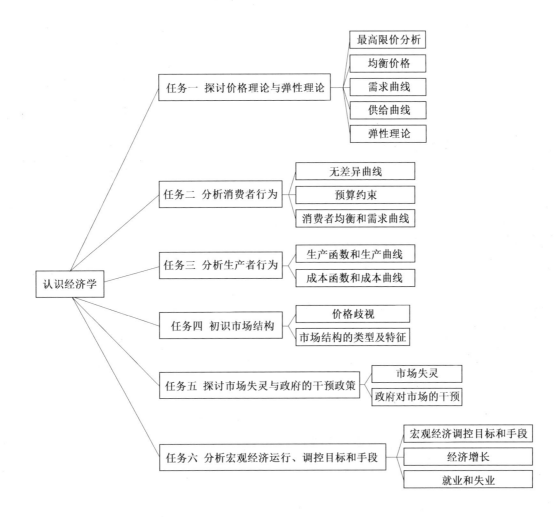

【知识点】

(1) 均衡价格。
(2) 效用理论。
(3) 成本函数和成本曲线。
(4) 市场结构的类型。
(5) 市场失灵。
(6) 经济增长与宏观调控。

【能力目标】

(1) 能够通过绘制供给曲线与需求曲线确定均衡价格。
(2) 能够通过分析边际效用与总效用的关系,总结边际效用递减规律。
(3) 能够通过分析总成本、平均成本、边际成本的关系绘制成本曲线图。
(4) 能够根据市场结构的类型分析生产者的行为。
(5) 能够分析市场失灵的原因。
(6) 能够通过分析决定经济增长的基本因素,确定宏观经济调控的手段。

【案例导读】

为什么富者更富,穷者更穷?——"马太效应"原理

马太效应,是一种强者愈强、弱者愈弱的现象,广泛应用于社会心理学、教育、金融以及科学领域。有一则寓言中说道:"凡有的,还要加倍给他,叫他多余;没有的,连他所有的也要夺过来。"表面看起来"马太效应"与"平衡之道"相悖,与"二八定则"类似,但是实则它只不过是"平衡之道"的一极。马太效应是社会学家和经济学家们常用的术语,它反映着富者更富、穷者更穷,一种两极分化的社会现象。

比如,到一个陌生的地方,我们往往会选择生意比较好的饭店就餐,哪怕需要在店堂中等一等,也不愿意去一个客人寥寥的饭店。到医院就诊,我们宁愿在一个有名望的医生那里排长队,也不愿意到同一个科室医术平平的医生那里就诊。于是,人多的饭店客人越来越多,老板的生意越做越大。而客人少的饭店人越来越少,门可罗雀,最后关门大吉,这就是马太效应。对于富人和穷人而言,由于富人通常会借助雄厚的经济力量,从而享受到更好的教育和发展机会,而穷人则同样由于经济原因,与富人比较,则缺少受教育和发展的机遇。长此以往,富者更富,穷者更穷。可以说,无论是在生物进化、个人发展等领域,还是在国家、企业间的竞争中,马太效应都普遍存在。赢家与输家之间,常常从起初的很小差距,发展为"赢家通吃"的结果。

任务一 探讨价格理论与弹性理论

经济学是一门研究人类行为及如何将有限或者稀缺的资源进行合理配置的社会科学。经济学(economics)一词来源于古希腊语,意指家庭财产管理,经济学之父亚当·斯密(Adam Smith)的《国富论》是近代经济学的奠基之作。此后,经过200多年无数经济学家的不断努力,现在已经发展成一个非常广泛、复杂而又十分有趣的庞大的学科体系。

一、最高限价分析

近年来,由于房价的不断高涨使得很多人就算掏空了腰包也买不起住房,于是政府有关部门提倡采取干预政策,制定住房交易的最高限价,"限价房"顿时成为百姓们关注的热点问题。

所谓最高限价,就是由政府为某种产品规定一个具体的价格,市场交易只能在这一价格之下进行。目标是保护消费者利益或降低某些生产者的生产成本。在我国,最高限价属于政府对市场价格的干预措施。当某种或某些产品价格上涨幅度过大,有可能影响居民的基本生活需要或影响生产的正常进行时,政府可以采取这种方式进行干预。

由于供应紧张,生产者或卖方会在交易中处于优势地位,因此,可能出现以次充好、缺斤短两等变相涨价的现象。如果实施最高限价的是粮食等重要消费品,政府为了满足人们的基本需要,往往会实施按照某种标准,如家庭人口或职业进行定量供应或凭证供应,就是最高限价(图1.1.1)。

因此,要保证最高限价的顺利实施,必须有强有力的行政措施或分配措施,否则就会流于形式。但是,由于最高限价严重地影响了市场机制或价格机制的正常运行,只宜短期或在局部地区实行,不应长期化。运用均衡价格模型可以比较具体地对最高限价的效应进行分析,如图1.1.2所示。

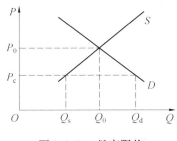
图1.1.1　最高限价

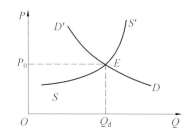
图1.1.2　均衡价格模型

二、均衡价格

在经济学里,供给是什么？是既定价格下厂商所愿意提供的商品量。需求是什么？是既定价格下消费者所愿意购买的商品量。而市场的均衡,就是通过这个既定价格的变动,使得这个愿意供给的量和愿意购买的量在同一价格下实现均等,就是图1.1.2中的点 E。

在现实经济生活中,需求和供给都不是孤立地和市场价格发生关系,市场价格是在需求和供给相互影响、共同作用下形成的,由供给曲线和需求曲线共同确定,如图1.1.2所示。

在图1.1.1中,P_0 为均衡价格,P_c 为最高限价,Q_s 为最高限价下的市场供给量,Q_d 为最高限价下的市场需求量,Q_0 为均衡产量。从图中可以看到,由于最高限价低于均衡价格,因此,会刺激消费,限制生产,导致供给减少和需求增加,结果就是市场供给短缺,短缺量 = $Q_d - Q_s$。

由于市场供给和需求受到一系列因素的影响,每一个因素的变化都可能引起供求关系的变化,而市场供求关系的变化又会引起价格的变化。在实际经济生活中,供求关系十分活跃,经常发生变化,所以任何市场上的供求平衡都是偶然的、暂时的、相对的,每当旧的平衡被破坏之后,买卖双方总会千方百计地适应新的形势,从而形成新的均衡数量和新的市场价格。

三、需求曲线

(一)需求的含义

需求是指在一定时间内和一定价格条件下,消费者对某种商品或服务愿意而且能够购买的数量,是消费者愿意购买某个商品的意愿和能力(willingness and ability),既要有意愿,也要有能力才称得上是"需求"。必须注意的是,需求与通常所说的需要是不同的。需求的构成要素有两个,一是消费者愿意购买,即有购买的欲望;二是消费者能够购买,即有支付能力,二者缺一不可。

市场需求是指在一定的时间内、一定价格条件下和一定的市场上,所有的消费者对某种商品或服务愿意而且能够购买的数量。可见,市场需求就是所有消费者需求的总和。

(二)影响需求的基本因素

1. 消费者偏好。

消费者偏好是指消费者对特定的商品、商店或商标产生特殊的信任,重复、习惯地前往特定的商店,或反复、习惯地购买同一品牌的商品。但是,人们的消费偏好不是固定不变的,而是在一系列因素的作用下缓慢地变化的。

2. 消费者的个人收入。

个人收入(personal income)是指一个国家一年内个人年得到的全部收入。个人从各种途径所获得收入的总和,包括工资、租金收入、股利股息及社会福利等所得来的收入。反映了该国个人的实际购买力水平,预示了未来消费者对于商品、服务等需求的变化。个人收入指标是预测个人的消费能力,未来消费者的购买动向及评估经济情况的好坏的一个有效指标。一般来说,消费者收入增加,将引起需求增加。反之,收入减少,则会导致需求减少。

3. 产品价格。

产品价格是产品价值的货币表现形式。价格是影响需求的最重要的因素。一般来说,价格和需求的变动呈反方向变化。

4. 替代品的价格。

替代关系是指两种商品可以互相代替来满足同一种欲望。例如,牛肉和猪肉就是这种替代关系。当一种商品(牛肉)价格上升时,对另一种商品(猪肉)的需求就会增加,因为牛肉价格上升,人们就会少消费牛肉而多消费猪肉;反之,当一种商品价格下降时,对另一种商品的需求就会减少。两种替代商品之间价格与需求呈同方向变动。

5. 互补品的价格。

互补品是需要与另一种商品一起消费的商品。两种商品要一起消费才能使消费者得到满足的商品为互补品,如汽车和汽油、家用电器等。在互补商品之间,当一种商品的需求增强时,其互补品的需求也会增强。其中一种商品的价格上升会引起另一种商品需求的减少。互补品之间的交叉价格弹性小于零。

6. 预期。

预期是人们对于某一经济活动未来的变动趋势的预测和判断。如果消费者预期价格要上涨,就会刺激人们提前购买;如果预期价格将下跌,许多消费者就会推迟购买。

经济学中的预期一般是指凯恩斯经济学中的预期,在凯恩斯经济理论中预期占有重要地位,它强调未来的不确定性对于人们的经济行为的决定性影响作用。

凯恩斯(Keynes)将预期分为短期和长期两种,并且认为短期预期是价格预期,它决定厂商的现在产量和就业量;而长期预期是指资本的流动偏好,投资者会在持有货币或是投资证券的收益性之间进行选择。

7. 其他因素。

如商品的品种、质量、广告宣传、地理位置、季节、国家政策等。其中,影响需求最关键的因素还是该商品本身的价格。

(三)需求函数、需求规律和需求曲线

需求函数表示一种商品的需求量与影响该需求量的各种因素之间的相互关系,在假定价格之外的其他各种因素不变的情况下,需求函数表明某商品的消费者随价格变化愿意购买的数量。具体表示为如下方程形式

$$Q_d = Q_d(P)$$

式中,Q_d 为需求量,P 为该商品的价格。

在一般情况下,需求与价格的变动呈反方向变化,即商品价格提高,则消费者对它的购买量就会减少。反之,商品价格降低,则消费者对它的购买量就会增加。需求与价格之间这种呈反方向变化的关系叫作需求规律。

我们把需求和价格的关系用曲线表示出来,这条曲线被称为需求曲线,如图 1.1.3 所示,横轴表示需求量,纵轴表示价格,两轴之间的曲线 DD 就是需求曲线。

从图 1.1.4 中曲线 DD 可以看到,当市场价格为 P_1 时,需求量为 Q_1;当价格从 P_1 降到 P_2 时,需求量从 Q_1 增加到 Q_2。可见,曲线 DD 反映了需求量与价格之间的对应关系。以上所分析的需求规律,是假定影响需求的其他因素不变,只考虑需求和价格的关系,即如果价格发生变化,需求可能发生什么变化。但是,在现实生活中,需求的变动是多种因素共同作用的结果。为了区分开这两种情形,可以把第一种情形称为需求数量变动,把第二种情形称为需求变动。

在第一种情形下,假定其他因素不变,只考虑需求和价格的关系,需求量的变化是沿着既定的需求曲线进行的,价格上升,需求量减小,价格下降,需求量增大。

在第二种情形下,假定价格不变,由于消费者收入或消费者偏好等因素的变化引起需求的相应变化,这种变化表现为需求曲线的位移。

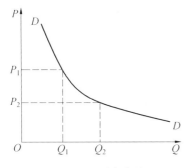
图1.1.3 需求曲线

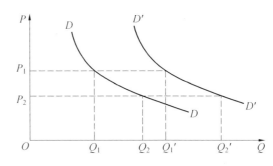
图1.1.4 需求数量变动和需求变动

此外,还须指出的是,上面讲的需求规律反映的是绝大多数商品的价格和需求量之间的一般关系,但也有例外。如钻石的价格和需求量之间的对应关系不是呈反向变化的,而是呈正向变化,钻石的价格越低,需求量越小。又如,对于低收入阶层的消费者来说,某些普通食品的价格上涨,购买量也增加。然而这种需求量与价格呈同方向变化的情况只是极少数商品或在特殊情况下才能成立,所以需求规律仍是市场经济活动中一条重要的经济规律。

如前所述,需求有个人需求与市场需求之分,需求曲线也有个人消费者需求曲线和市场需求曲线之分。某种商品的市场需求量一定是每一价格水平所有个人消费者需求量之和;而某种商品的市场需求是所有消费者个人对该种商品的需求之和,因此市场需求曲线也就是所有个人消费者需求曲线的水平加总。

四、供给曲线

(一) 供给的含义

供给是指某一时间内和一定的价格水平下,生产者愿意并可能为市场提供某种商品或服务的数量。市场供给是所有生产者供给的总和。

一种商品或服务的供给数量受一系列因素的影响和制约,我们可以用供给函数来表示供给与这些因素的关系。供给函数是表示各种影响因素与供给量之间的函数关系。假定其他因素不变,只考虑某种商品的供给量和该商品价格之间的关系,这时供给函数可表示为

$$Q_s = Q_s(P)$$

式中,Q_s 为供给量,P 为该商品的价格。

(二) 影响供给的因素

1. 产品价格。

在其他条件不变的情况下,某种产品自身的价格和其供给的变动呈正方向变化。在其他条件一定时,价格提高,就会增加企业的收益或利润,从而吸引企业生产更多的产品,其他企业也会生产这种产品,使供给增加。反之,价格下降,收益减少,供给就会减少。

2. 生产成本。

在其他条件不变时,成本降低,意味着利润增加,则供给就会增加。反之,如果生产成本上升,供给就会减少。

3. 生产技术。

生产技术的进步或革新,意味着效率的提高或成本的下降,从而影响企业的利润。因此,技术水平在一定程度上决定着生产成本并进而影响供给。

4. 预期。

生产者或销售者的价格预期往往会引起供给的变化。

5. 相关产品的价格。

6. 其他因素。

影响供给的因素还包括生产要素的价格以及国家政策等。

(三) 供给规律和供给曲线

市场上商品或服务的供给量和市场价格呈正向关系变化,这就是供给规律。一般来说,市场价格越高,供给量越大;市场价格越低,供给量越小。这是因为在其他条件不变的情况下,价格的上升可以使生产者利润率提高,促使生产者增加产量。相反,市场价格下降,会使得生产者的利润率降低,生产者向市场上提供商品的数量也会减少。对于供给量和价格之间呈相同方向变化的关系,也可以用曲线的形式直观地表现出来。用于描述供给量和价格之间关系的曲线通常被称为供给曲线,如图1.1.5所示。

在图1.1.5中,P代表价格,Q代表供给量,分别用纵轴和横轴表示,两轴之间的曲线SS即供给曲线。从图中可以看到,当价格从P_1上升到P_2时,供给量从Q_1增加到Q_2。

同需求分析一样,分析供给也要区分两种情形。一种情形是假定其他因素不变,单纯分析供给和价格之间的关系,即价格变动时,供给如何变动。这种变动表现为供给沿着既定供给曲线变动,价格上升,供给增长,价格下降,供给减少。我们把这种情形称为供给数量的变动。第二种情形是,假定价格不变,由于价格以外的其他因素如成本等发生变动而引起供给的变动,称为供给的变动。这种情形表现为供给曲线的位移,如图1.1.6所示。由于成本水平上升,供给曲线从SS向左移到$S'S'$。对于任何价格P来说,供给量从Q'减小到Q''。

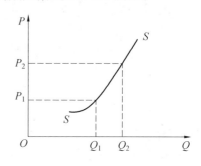

图1.1.5 供给曲线

在进行经济分析时,要注意把价格变化引起的供给量的变动和因其他因素的作用引起的供给量的变动两者区分开来。

现在,让我们把图1.1.3的需求曲线和图1.1.5的供给曲线合在一起,这样就得到一个新图,形状如图1.1.7所示。用纵轴P表示价格,横轴Q表示需求量和供给量。需求曲线DD与供给曲线SS相交于点E。在点E,供给量和需求量相等,其数量为Q_0,Q_0通常被称为均衡数量或均衡产量,此时的市场价格为P_0,P_0通常被称为均衡价格,均衡价格就是市场供给量和需求量相互抵消时所达到的价格水平。

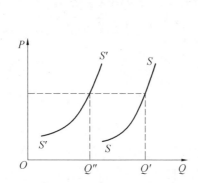

图1.1.6 供给数量变动和供给变动的区别

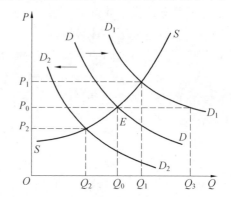

图1.1.7 需求变动对均衡价格的影响

拓展知识点与分析

保护价格分析。所谓保护价格,也叫支持价格或最低限价,就是由政府规定一个具体的价格,市场交易只能在这一价格之上进行,其目的是保护生产者利益或支持某一产业的发展。在我国,保护价格属于政府对市场价格的干预措施。当某种或某些产品价格下降幅度过大,生产者收入过少,有可能影响生产的正常进行时,政府可以采取这种方式进行干预。我国和世界上一些国家或地区采用保护价格政策支持农业生产和稳定农民收入水平。

运用均衡价格模型可以比较具体地对保护价格的效应进行分析,如图1.1.8所示。

在图1.1.8中,P_0为均衡价格,P_f为保护价格,Q_s为保护价格下的市场供给量,Q_d为保护价格下的市场需求量,Q_0为均衡产量。从图中可以看到,由于保护价格高于均衡价格,因此,会刺激生产,限制消费,导致市场供给过剩,并且过剩量等于$Q_s - Q_d$。

一般来说,当实施保护价格政策,出现过剩现象时,如果没有政府的收购,就会出现变相降价或黑市交易等问题,并可能导致市场价格的下降。因此,要保证保护价格的顺利实施,除了要有强有力的行政措施,还必须建立政府的收购和储备系统,当市场出现供给过剩时,政府要及时入市收购过剩产品并予以储备,否则保护价格必然会流于形式。这就需要政府建立一个专门的基金和专门的机构,因此,政府的财政支出必然增加。这就意味着,保护价格只宜在粮食等少数农产品上实行。

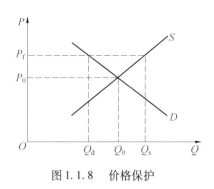

图1.1.8　价格保护

五、弹性理论

(一)需求价格弹性

需求量对价格变动的反应程度,是需求量变动百分比与价格变动百分比的比率,即

$$需求价格弹性系数 = \frac{需求量的相对变动}{价格的相对变动}$$

如用E_d代表需求价格弹性系数,用P和ΔP分别表示价格和价格的变动量,用Q和ΔQ分别表示需求量和需求量的变动量,则

$$E_d = \frac{\Delta Q/Q}{\Delta P/P} = \frac{\Delta Q}{\Delta P} \cdot \frac{P}{Q}$$

由于需求规律的作用,价格和需求量是呈相反方向变化的,价格下跌,需求量增加;价格上升,需求量减少。因此,ΔQ和ΔP符号相反,所以需求价格弹性系数总是负数。由于它的符号始终不变,为简便起见,我们通常把负号略去,采用其绝对值。

1. 需求价格弹性的基本类型。

需求价格弹性系数的数值范围是从零到无穷小。通常可把需求价格弹性分为三种:

(1)当需求量变动百分数大于价格变动百分数,需求弹性系数大于1时,叫作需求富有弹性或高弹性。例如,价格下降2%,使需求量增加4%。

(2)当需求量变动百分数等于价格变动百分数,需求弹性系数等于1时,叫作需求单一弹性。例如,价格下降2%,需求量也增加2%。

(3)当需求量变动百分数小于价格变动百分数,需求弹性系数小于1时,叫作需求缺乏弹性或低弹性。例如,价格下跌2%,需求量只增加1%。

2. 影响需求价格弹性的因素。

(1)替代品的数量和相近程度。一种商品若有许多相近的替代品,那么这种商品的需求价格弹性就较大。因为一旦这种商品价格上涨,甚至是微小的上涨,消费者往往会舍弃这种商品,而去选购它的替代品,从而引起需求量的变化。

(2)商品的重要性。一种商品如果是人们生活基本必需品,即使价格上涨,人们还得照样买,其需求弹性就小或缺乏弹性;而一些非必需的高档商品,如贵重首饰、高档服装等,只有当消费者购买力提高之后才买得起,其需求弹性就大。

(3)商品用途的多少。一般来说,一种商品的用途越多,它的需求弹性就越大,反之就缺乏弹性。任何商品的不同用途都有一定的排列顺序。如果一种商品价格上涨,消费者会缩减其需求,把购买力用于重要的用途上,使购买数量减少;随着价格的降低,会增加其购买数量。

(4)时间与需求价格弹性的大小至关重要。时间越短,商品的需求弹性就越小;时间越长,商品的需求弹性就越大。这是因为在较长的时间内,消费者就越有可能找到替代品,替代物品多了,它的需求弹性就必然增加。

3. 需求价格弹性和生产者或销售者的总销售收入的关系。

需求价格弹性系数的大小与生产者或销售者的收入有着密切联系,使得需求价格弹性理论更富有实践意义,如表1.1.1。

表 1.1.1

需求弹性	价格	销售收入	策略
$E_d > 1$	上升	减少	薄利多销
$E_d = 1$	上升或下降	保持不变	
$E_d < 1$	上升	增加	提高价格

拓展知识点与分析

需求交叉弹性,也叫需求交叉价格弹性,是指一种商品价格的相对变化与由此引起的另一种商品需求量相对变动之间的比率。假如有 i,j 两种商品,那么,因商品 j 价格的相对变化而产生的交叉弹性系数即

$$交叉弹性系数 = \frac{商品 i 的需求量的相对变化}{商品 j 的价格的相对变化}$$

用公式表示为

$$E_{ij} = \frac{\Delta Q_i / Q_i}{\Delta P_j / P_j}$$

式中 E_{ij} 为需求交叉弹性;Q_i 为商品 i 的需求量,ΔQ_i 为商品 i 的需求变动量;P_j 为商品 j 的价格,ΔP_j 为商品 j 的价格变动量。

需求交叉弹性有三种类型。

第一种类型 i,j 两种商品为替代品,即 $E_{ij} > 0$,这时的交叉弹性系数为正数。因为两种商品可以相互替代,商品 j 价格上升,就会有部分消费者不再购买商品 j,而去购买商品 i,商品 i 的需求量增加,价格变动和需求量变动是同一方向,所以 ΔP_j 和 ΔQ_i 都为正值,E_{ij} 的符号为正值。与此相反,商品 j 的价格下跌,就会有部分消费者放弃对商品 i 的购买,而去购买商品 j,商品 i 的需求量减少,ΔP_j 和 ΔQ_i 都为负值,所以 E_{ij} 的符号仍为正。E_{ij} 越接近 1,则说明 j,i 两者的替代性越强。

第二种类型 i,j 两种商品为互补品,即 $E_{ij} < 0$,其交叉弹性为负数。由于 i,j 为互补品,商品 j 的价格上涨,需求量下降,必然会引起商品 i 的需求量下降,ΔP_j 和 ΔQ_i 的符号相反,E_{ij} 为负号。

第三种类型是当 $E_{ij} = 0$ 时,表明 i,j 两种商品是无关的,即 j 涨价不影响对 i 的需求,j 跌价也不影响对 i 的需求。可见,需求交叉弹性大小是确定两种商品是否具有替代关系或互补关系的标准。

(二) 供给价格弹性

1. 供给价格弹性的定义和公式。

供给价格弹性是价格的相对变化与所引起的供给量的相对变化之间的比率。其计算公式为

$$供给价格弹性系数 = \frac{供给量的相对变动}{价格的相对变动}$$

如用 E_s 代表供给价格弹性系数,用 P 和 ΔP 分别表示价格和价格的变动量,用 Q 和 ΔQ 分别表示供给量和供给量的变动量,则

$$E_s = \frac{\Delta Q / Q}{\Delta P / P} = \frac{\Delta Q}{\Delta P} \cdot \frac{P}{Q}$$

由于供给规律的作用,价格的变化和供给的变化总是同方向的,所以,E_s 的符号始终为正值。

2. 供给价格弹性的类型。

按照供给量对价格变动反应程度大小,供给价格弹性可分为五种类型:当某种商品的 $E_s > 1$ 时,则这种商品的供给价格弹性充足;当 $E_s < 1$ 时,则供给价格弹性不充足;当 $E_s = 1$ 时,则供给价格弹性为 1。此外,还有两种特殊情况,即 $E_s = 0$ 时的供给完全无弹性和 $E_s = \infty$ 时的供给完全有弹性。当然,这两种情况在现实的市场供给中是很少能见到的。

3. 影响供给价格弹性的因素。

(1) 时间是决定供给弹性的首要因素。在短期内,供给价格弹性一般较小。相反,在较长的时期内,供给价格弹性一般比较大。

(2) 生产周期和自然条件的影响。对于农产品来说,由于受生产周期和自然条件的影响,在短期内,生产者和销售者无法利用价格提高这个有利条件去迅速地增加生产量和销售量。同样,当价格下跌时,生产者和销售者又不能马上急剧减少生产量和销售量。因此,在短期内供给价格弹性几乎为零,价格对供给的影响往往需经过一年左右的时间才能表现出来。

(3) 投入品替代性大小和相似程度对供给价格弹性的影响也很大。如果用于生产某商品的投入品可由其他行业资源替代,那么该商品价格上涨(其他行业商品价格未变),其他行业的投入品就会转入该商品生产,从而使产量和供给量增加。反之,该商品价格下跌,又会使其投入品转入其他行业,从而使生产量和销售量减少。在上述情况下,该商品的供给有弹性。如果投入品难以加入或脱离某种特定行业,则其供给缺乏弹性。

(三) 需求收入弹性

1. 需求收入弹性的含义和公式。

需求收入弹性,是指需求量的变动和引起这一变动的消费者收入变动之比,它用以衡量需求变动对消费者收入变动的反应程度。其计算公式为

$$E_y = \frac{\Delta Q/Q}{\Delta Y/Y} = \frac{Y}{Q} \cdot \frac{\Delta Q}{\Delta Y}$$

式中 E_y 代表需求的收入弹性系数,Q 代表原需求量,ΔQ 代表需求的变动量,Y 代表原消费者收入,ΔY 代表收入的变动量。

2. 需求收入弹性的类型。

需求收入弹性有下列几种类型:

$E_y > 1$,表明收入弹性高,即需求数量的相应增加大于收入的增加。

$E_y = 1$,表明收入变动和需求数量变动是呈相同比例的。

$0 < E_y < 1$,表明收入弹性低,即需求数量的相应增加小于收入的增加。

$E_y = 0$,表明不管收入如何变动,需求数量不变。

$E_y < 0$,表明收入增加时买得少,收入降低时买得多。

上述五种收入弹性,除 $E_y = 0$,$E_y < 0$ 以外,其余三种收入弹性系数都是正的。

就一般商品而言,收入弹性的大小,可以作为划分"高档品"和"必需品"的标准。凡是收入弹性大于1的商品,都可以称为"高档品",小于1的则称为"必需品"。收入弹性为负值的商品称为"低档品",随着收入水平的提高,其需求量反而减少。需求的收入弹性是研究收入和需求量之间的关系及消费结构变化的一个基本概念,对价格决策具有重要参考价值。当然,需要指出的是,这里所研究的收入弹性是以市场上众多消费者的收入和需求数量的变动关系为对象的。

【课外补充】

"谷贱伤农"经济学原理

在农业生产活动中,存在着这样一种经济学现象:在丰收的年份,农民的收入却反而减少了,这在我国民间被形象地概括为"谷贱伤农"(图1.1.9)。

"谷贱伤农经济学原理"是指粮食获得丰收不仅不能使农民从中获益,反而还会因为粮食价格的下降而导致收入降低,用经济学原理解释,根本原因在于农产品往往是缺乏需求价格弹性的商品。

"谷贱"指在丰收年份,产量增加,然而需求量不变,导致粮食价格下降。

"伤农"是指所带来的收益增加不足以弥补价格下降所造成的收益减少,结果是农民的总收益不仅不能增加反而下降,即弹性小增产不增收。通俗来讲,就是收益=价格×销量,此时,价格减少,销量不变,所以收益也减少,损害了农民的利益。

目前中国对于"谷贱伤农"所采取的政策:价格调控和三农政策等。

"谷贱伤农"是经济学的一个经典问题。传统观点认为,农民从出售粮食中获取的利润取决于两个因素:产量(Q)和粮价(P),利润是二者的乘积;但这两个变量并不是独立的,而是相互关联的,其关联性

由一条向下倾斜的对粮食的需求线来决定,二者呈负相关关系。另外,粮食需求线缺少弹性,也就是说,需求量对价格的变化不是很敏感。当粮价下跌时,对粮食的需求量会增加,但增加得不是很多。其基本的道理在于,粮食是一种必需品,对粮食的需求最主要的是由对粮食的生理需求所决定的。然而,在经济学界也存在不同的观点。

图1.1.9　玉米丰收

农民种粮的利润受到粮食供求关系的影响,而粮食需求缺乏弹性,当粮食获得丰收的时候,其供求关系发生较大变化,供给量与需求量(供给价格和需求价格)的相对关系较之前不同,供给量的增幅大于需求量的增幅、粮食出售价格的降幅大于需求量增加(销售量增加)的幅度,因而种粮农民的利润下降。认识到粮食市场的这一特性后,就不难理解下面的现象:当粮食大幅增产后,农民为了卖掉手中的粮食,只能竞相降价。但是由于粮食需求缺少弹性,只有在农民大幅降低粮价后才能将手中的粮食卖出,这就意味着,在粮食丰收时往往粮价要大幅下跌。如果出现粮价下跌的百分比超过粮食增产的百分比,则就出现增产不增收甚至减收的状况,这就是"谷贱伤农"。

一种意见认为,由于粮食是最基本的生活资料且粮食安全关系到国际政治斗争的权力,绝大多数国家重视本国粮食生产,尤其是具有一定人口规模的国家,采取了各种为保证粮食安全、保护农民利益的干预粮食市场的支农政策。美国就是这样,但总的说来,效果并不理想。一是费用很高,要维持粮价,政府就要按保护价收购在市场上卖不掉的粮食,为此纳税人要支付相当大的粮食库存费用。二是由于对农民的补贴是按产量来进行的,结果大农场主得到的补贴最多,但他们并不是农村中的穷人,而真正需要补贴的小农场主因产量低反而得到的补贴少。最严重的是,减缓了农业生产的调整,使得投入到农业的劳动力和其他生产要素没有及时按价格信号转移到其他部门。

但另一种意见则认为,"谷贱伤农"的解释并未仔细考虑供给方面突然增加的背后因素是否存在扭曲市场的现象。教训之一是,美国在大萧条时期对农业的一系列干预使本已过剩的农产品面临更严重的过剩。再一个,粮食需求缺乏弹性的前提是粮食品质单一化,而品质多样、多元化经营并不在该解释的思考范围内。更重要的是,即便是单一品种的粮食,其生产也要受到市场经济规则的严格支配,农民在生产准备期需要进行贷款,采购原料肥料以至农用机械等,若农民大批进入粮食供应方,则相关的生产资料价格必然上涨,承担不起高成本的农民则退出供给方,最终达到产品供求的平衡,利润变化不会太大;若在生产准备阶段就有扭曲市场资源配置的行为发生,导致农民一哄而上,"谷贱伤农"就真正成为现实了。

(资料来源:维基百科)

【案例导读】

从行为经济学角度理解和改变消费者的选择

2017年诺贝尔经济学奖得主理查德·塞勒(Richard Thaler)的助推理论指出,个人面临决策时,利用现有体制对个人轻轻一推,就能有效地使得个人向着政府所预期的、对全社会福利有利的方向进行决策。助推并不是强制法律,也不是金钱利诱,而是在深谙个人非理性行为模式的前提下,针对性地设计一些小花招。

可持续消费作为推动可持续发展的重要力量，正在引发越来越多的关注。如何有效推动可持续消费，发挥消费者的力量来助推经济社会转型也是值得研究的问题。本文将围绕可持续消费的影响因素，结合行为经济学的相关理论，提出助推可持续消费的策略选择。

1992年6月14日，联合国环境与发展大会通过的关于环境与发展的《里约宣言》第8项原则明确提出，"为实现可持续发展，使所有人都享有更高的生活质量，各国应减少和消除不可持续的生产和消费模式，并推行合适的人口政策。"

1999年，《联合国保护消费者准则》将可持续消费方面的条款加入进来。根据该文件，可持续消费包括以经济、社会和环境上可持续的方式满足今世后代对商品和服务的需求。文件号召各国保护消费者的健康与安全不受危害，促进和保护消费者的经济利益，使消费者能够做出知情的选择，为消费者提供教育，为消费者提供有效的赔偿方案，促进可持续消费模式。

2010年发布的社会责任国际标准ISO 26000，在第六章消费者主题也对可持续消费做出了明确规定，其中对可持续消费的定义是"以符合可持续发展的速度消费产品和资源"，并进一步提出组织在促进可持续消费中的作用和相关行动建议。

可持续消费不仅仅关乎消费者，也关乎生产者，关乎政府部门的相关政策和规则，也关乎全社会对可持续消费的认知。可持续消费，也不能仅仅依赖消费者对可持续发展的觉悟或认知，更需要生产者、政府部门等利益相关方共同努力，让消费者真正从可持续消费中获益，形成内在的可持续消费动力。

一、影响消费者可持续消费选择的因素

消费者的消费选择受到很多因素的影响，包括产品或服务的质量和价格，可持续性产品的有效供给和获得的便利性，以及可持续消费的获得感和满足感等。

1. 可持续性产品或服务的质量和价格。

一般来说，对可持续消费影响最大的是产品或服务的质量和价格，或者说性价比。在同等价格下，消费者会愿意选择更高质量的产品。可持续性产品或服务的性价比越高，消费者越容易选择。但现实中，可持续性产品往往由于更多关注产品或服务生产、销售、消费以及废弃处理全过程的可持续性问题，导致通常会伴随着成本增加的情况，因此售价也会更高。如果产品或服务的质量或品质无法达到与之相匹配的高度，往往会影响消费者的消费选择。

2. 可持续性产品或服务的有效供给和获得的便利性。

产品或服务的有效供给和获得的便利性也会较大影响消费者的消费选择。但这一点主要取决于企业的可持续性产品或服务的生产和提供。而企业是否愿意提供可持续性产品，除了受到政府政策、企业认知等因素影响外，也受到消费者消费选择的影响。二者相互促进，也相互制约。

3. 可持续消费的获得感和满足感。

行为经济学认为，完全理性的经济人不可能存在，人们在现实生活中的各种经济行为必然会受到各种"非理性"的影响，主要涉及以下几个方面：

（1）社会偏好理论认为，人类决策会受到大量心理因素影响，如对不公平的厌恶，对模糊性的厌恶，对欺骗的厌恶，对损失的厌恶，等等，如果这些情绪足够强烈，就可能主导人的行为，而完全不顾金钱刺激。发挥人们经济行为中非理性影响的作用，可以推动可持续消费行为。

（2）"双重自我"的模型认为，每个人内心中都有一个理性前瞻的"计划者"，同时又有一个短视盲目的"行动者"，这两个自我相互争夺主导权，最终决定了我们的行为。其结果显示，人是理性的，但却往往经不起诱惑。

（3）心理账户理论认为，我们都有两个账户，一个是经济学账户。一个是心理账户，心理账户的存在影响着我们的消费决策。经济学账户里，每一块钱是可以替代的，只要绝对量相同；但在心理账户里，对每一块钱并不是一视同仁，而是会基于不同来处理以及去往何处而采取不同的态度。心理账户理论把效用（utility）分为"获得效用"与"交易效用"，后者是交易本身所带来的快乐，对人的行为决策有着重大影响。消费者不仅关心消费的结果，也关心消费的过程。

二、可持续消费面临的困境和问题

当前我国可持续消费虽然已经有了很大的进展,但依然面临一系列困难和问题,整体表现在全社会(包括生产者和消费者)对可持续消费的认知有待提升,具体表现如下:

1. 企业层面。

大多数企业对可持续消费意识不够,少数具有可持续消费意识的企业也面临各类问题,有的企业有意识,也有意愿提供可持续性产品,产品也非常好,但因为缺乏消费者的认可而没有市场;有的企业有意愿,产品也好,但因为面临"柠檬市场"和社会消费的向下竞争,利润率不高。

2. 消费者层面。

多数消费者还没有关注可持续消费问题,少数消费者有可持续消费的意愿,但因为可持续性产品或服务往往意味着更高的成本和价格,消费者没有相应的可支付能力而不去选择;还有少数消费者有意识也有能力进行可持续消费,但由于产品缺乏有效的产品资质证明或标签等,从而不知道如何选择可持续性产品;还有大量消费者有可持续消费的意愿,也有支付能力,但因为双重自我、心理账户、缺乏激励等原因,缺乏可持续消费的动力。

三、助推可持续消费的策略

可持续消费不仅仅关乎消费者,也关乎生产者,关乎政府部门的相关政策和规则,也关乎全社会对可持续消费的认知。可持续消费,也不能仅仅依赖消费者对可持续发展的觉悟或认知,更需要生产者、政府部门等利益相关方共同努力,让消费者真正从可持续消费中获益,形成内在的可持续消费动力。因此,建议从以下几个方面助推可持续消费。

1. 重视可持续消费教育。

行为经济学的相关理论告诉我们,消费者的消费行为并非总是理性的,受到很多心理因素的影响,面临长期理性和短期冲动之间的竞争。要促进可持续消费,就需要调动消费者心中对可持续消费的积极认知,提升其对可持续消费的心理账户水平,因此可持续消费教育至关重要,不仅对个人消费者,对企业消费者也是如此。

2. 关注消费者心理账户,提升消费者可持续消费的获得感与满足感。

在推进可持续消费的过程中,要充分考虑消费者的经济账户和心理账户,特别要注意提升消费者的获得账户和交易账户,使消费者在可持续消费过程中获得更多的满足感,并形成习惯。在这一过程中也要区分不同消费群体的心理账户,使可持续消费更有针对性。

3. 通过鼓励和保护可持续生产来推动可持续消费。

在可持续性产品和服务领域存在供给创造需求的情况,也存在柠檬市场劣币驱逐良币的情况。由于禀赋效应的存在,消费者往往不愿意为污染等负外部性买单,但由于社会偏好等情况的存在,消费者又会倾向于选择公平合理的可持续性产品和服务。因此,需要通过政策引导、媒体宣传等多种方式在全社会营造鼓励可持续消费的氛围和环境,维护可持续性产品的市场秩序,使得可持续生产能更好地支撑可持续消费,并与可持续消费形成良性的互动关系(资料来源:原创文丨李丽《可持续发展经济导刊》)。

任务二 分析消费者行为

一、无差异曲线

(一) 效用理论

1. 经济人假设。

"经济人"(economic man)又称"理性—经济人""实利人"或"唯利人"。这种假设最早由英国经济学家亚当·斯密提出。他认为人的行为动机根源于经济诱因,人都要争取最大的经济利益,工作就是为了取得经济报酬。为此,需要用金钱与权力、组织机构的操纵和控制,使员工服从并为此效力。这种假设起源于享乐主义,再经过19世纪合理主义的影响而形成在美国管理心理学家雪恩(Schein)的《组织心理学》中提出。此假设认为,人的一切行为都是为了最大限度地满足自己的利益,工作是为了获得经济报酬。

在研究消费者行为时,我们需要假定,消费者是追求效用最大化和理性的,这也就是所谓的经济人假设。每一个从事经济活动的人都是利己的,总是力图以最小的经济代价去获得自己最大的经济利益。这个假设不仅是分析消费者行为的前提,也是整个经济学的一个基础。当然,这一假设只是一种理想化状态,现实中的情况并非总是如此。人们在从事经济活动时并不总是利己的,也不能做到总是理性的。

2. 效用的定义。

效用(utility)指的是人们从物品或劳务的消费中获得的满足程度,或者说是物品或劳务满足人们欲望的能力。效用是人对商品价值的一种主观评价,与商品本身的实际功能关系并不大,不同于马克思主义政治经济学中的使用价值概念。由于人们的欲望存在差异性,从而对同一商品满足欲望能力的评价(即效用)也是不同的。效用是因人而异的,同一个商品对不同的人来说效用是不一样的,比如香烟对吸烟的人有效用,但对不吸烟的人就没有效用;效用又是因时因地而异的,即使对同一个人来讲,同一个商品在不同的时间、不同的地点、不同的条件下效用也是不一样的,比如同一瓶矿泉水,对于同一个人在口渴时与口不渴时的效用也是不同的。

3. 基数效用论和序数效用论。

由于人们对效用的认识不同,就形成了两种效用理论,即基数效用论和序数效用论。19世纪的经济学家们认为效用是可以直接度量的,存在绝对的效用量的大小,可以用基数,就是用1,2,3,4,……这些绝对数值来衡量效用的大小,如同长度、重量等概念一样。例如,一个面包的效用是1个效用单位,一件衣服的效用是10个效用单位,等等。20世纪30年代以来,很多经济学家认为消费者是无法知道效用的绝对数值的,而只能说出自己的偏好次序。因此提出了序数效用理论,就是认为消费者可以知道自己对不同消费组合的偏好次序,用第一、第二、第三、第四……这些表示次序的相对数值来衡量效用。

基数效用论和序数效用论是分析消费者行为的不同方法,基数效用理论是运用边际效用论分析的,而序数效用理论是用无差异曲线和预算约束线来分析的。二者得出的分析结论基本是相同的。

4. 边际效用。

边际效用也叫"界限效用"。边际效用价值论,指最后一个消费单位即边际单位的最小效用。奥地利经济学家门格尔(Menger)、英国经济学家杰文斯(Jevons)、法国经济学家瓦尔拉(Walras)先后于1871至1874年提出边际效用价值论,认为商品的价值取决于人们对它的效用的主观评价;人们在消费一种商品时,每增加一个单位,增加的效用就递减;最后一个消费单位的效用最小;决定商品价值的,不是它的最大效用,也不是它的平均效用,而是它的最小效用。门格尔的学生,奥地利经济学家维塞尔首先称这最小效用为"边际效用"。

按照基数效用理论,既然效用是可以计量的,所以效用可以区分为总效用和边际效用。总效用指消费者在一定时期内,从商品或服务的消费中得到的满足程度的总和,也可以说是消费者在一定时间内从若干数量的商品或服务的消费中所得到的效用量的总和。

假定某一消费者对一种商品的消费数量为 Q,总效用为 TU,则总效用函数就是

$$TU = f(Q)$$

一般来说,总效用取决于消费数量的大小,在一定范围内,消费量越大,总效用就越大。

边际效用是指消费者增加一个单位的商品消费时所带来的满足程度的增加或者效用的增量。用 MU 表示边际效用,用公式表示 MU 是

$$MU = \frac{\Delta TU}{\Delta Q}$$

从数学的意义上看,边际效用就是总效用函数的斜率。

边际效用的变动有一个趋势,就是边际效用递减的规律。就是说,在一定时间内,随着消费某种商品数量的不断增加,消费者从中得到的总效用是在增加的,但是以递减的速度增加的,即边际效用是递减

的;当商品消费量达到一定程度后,总效用达到最大值时,边际效用为0;如果继续增加消费,总效用不但不会增加,反而会逐渐减少,此时边际效用变为负数。

我们生活中有边际效用递减规律的例子吗?

在你非常非常饿的时候,吃第一个馒头时,会很有幸福感时,吃第二个馒头,幸福感会有,但是会比吃第一个时的感觉少,吃第三、四、五个馒头时,幸福感增长得会越来越少,到吃第十个馒头的时候,只会变得痛苦。

随着同样刺激的反复进行(连续消费同一种物品的数量增加),兴奋程度就下降(边际效用递减)。这个规律对我们理解消费者的消费行为非常重要。

假定消费者对其他商品的消费数量保持不变,则消费者从该商品连续增加的每一消费单位中所得到的效用增量是递减的。消费者从该商品连续增加的每一消费单位中所得到的效用增量即边际效用是递减的。

边际效用递减的原因在于:

第一,生理或心理的原因。

第二,物品本身用途的多样性。

边际效用是特定时间内的效用。由于欲望具有再生性、反复性,边际效用也具有时间性。边际效用实际上永远是正值。虽在理论上有负效用,但实际上,当一种产品的边际效用趋于零时,具有理性的消费者必然会变更其消费方式,去满足其他欲望,以提高效用。

边际效用是决定产品价值的主观标准。边际效用价值认为,产品的需求价格,不取决于总效用,而取决于边际效用。消费数量少,边际效用高,需求价格也高;消费数量多,边际效用低,需求价格也低。

边际效用递减规律是客观存在的,而且,正是由于边际效用递减,才存在着如何使稀缺资源实现合理配置的问题。

(二)无差异曲线

1. 关于消费者偏好的基本假定。

作为一个消费者,在现实生活中,每个人都面临着一个选择的问题。人们对商品或服务的需要是无限的,但是人们的收入又是有限的,商品和服务不是免费可以取得的。因此,每个消费者都要在个人收入和市场价格既定的约束条件下,选择购买一定量的不同的商品或服务,以最大限度满足自己的需要。也就是说,消费者要选择他能够支付得起的最优的消费组合。消费组合也叫市场篮子,就是消费者购买的不同商品或服务的组合。例如,不同数量的食品和衣服的组合,组合 A 为 2 单位的食品和 3 单位的衣服,组合 B 为 1 单位的食品和 6 单位的衣服。一个消费者对于这两种商品的每一种组合,可能会偏好其中一种组合,如 A 或 B,或者对两种组合 A 和 B 的偏好无差异。

根据消费者行为的某些共同特征,也为了便于分析,提出了以下关于偏好的基本假定:

(1)完备性:如果只有 A 和 B 这两种组合,消费者总是可以做出选择,也只能做出下面三种选择中的一种:一是对 A 的偏好大于 B,二是对 B 的偏好大于 A,三是对两者偏好无差异。完备性保证消费者总可以把自己的偏好准确地表达出来。

(2)可传递性:假设有 A,B,C 三种组合,如果消费者对 A 的偏好大于 B,对 B 的偏好又大于 C,那么对 A 的偏好必定大于对 C 的偏好。这一性质可以保证消费者偏好的一致性。

(3)消费者总是偏好于多而不是少。如果两组商品的区别只是在于其中一种商品数量的不同,那么消费者总是偏好较多的那个组合,也就是多多益善。

2. 无差异曲线。

我们可以用无差异曲线来描述消费者偏好。所谓无差异曲线是一条表示能够给消费者带来相同满足程度的两种商品的所有组合的曲线,在这条曲线上的所有点的两种商品的组合带给消费者的满足程度是完全相同的,消费者对这条曲线上各个点的偏好程度是无差异的。

我们把前面例子中的各种消费组合在图1.2.1上描绘出来,并且根据对消费者关于不同消费组合表现出的偏好关系的观察,可以构造出一条无差异曲线。图中,横轴X_1代表食品消费量,纵轴X_2代表衣服消费量。I代表无差异曲线。在无差异曲线上所有的点都能够给消费者带来同样的满足程度。图中的点A、点B和点D,因为相同的偏好程度而位于同一条无差异曲线上。沿着这条曲线可以看到,当衣服减少时,食品就会增加,当食品减少时,衣服就会增加。当衣服减少而食品增加时,或当食品减少而衣服增加时,消费者的偏好都不受影响。但是当衣服和食品同时增加时,或同时减少时情况就不同了。当衣服和食品同时增加时,就会出现另一条无差异曲线。当衣服和食品同时减少时,也会出现另一条无差异曲线。

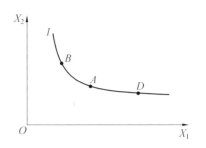

图1.2.1　某消费者的一条无差异曲线

因此,在同一个平面直角坐标系中,可以绘制出无数条无差异曲线,每一条都代表不同水平的偏好。根据"多比少好"的假定,消费者对数量多的两种商品组合的偏好大于对数量少的两种商品组合的偏好,因此,无差异曲线离原点越近,代表的商品数量越少,消费者得到的满足程度水平越低;离原点越远,代表的商品数量越多,消费者得到的满足程度越高。从理论上来说,应该存在无数条这样的无差异曲线。我们把由一组描绘某个消费者偏好关系的无差异曲线构成的图称为无差异曲线图(图1.2.2)。

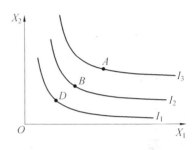

图1.2.2　无差异曲线图

无差异曲线具有以下特征:

(1) 离原点越远的无差异曲线,消费者的偏好程度越高。较高的无差异曲线代表的物品量多于较低的无差异曲线,因此,消费者偏好程度最高的是I_3,最低的是I_1,如图1.2.2所示。

(2) 任意两条无差异曲线都不能相交。如图1.2.3所示,假设无差异曲线I_1和I_2相交于A,因为A和B都在无差异曲线I_2上,那么消费者必定同样偏好这两种商品组合;同样,A和C同处于无差异曲线I_1上,所以消费者也必定同样偏好这两种商品组合。根据偏好的可传递性的假定,消费者必定同样偏好B和C,但这显然不可能。因为既然B比C具有更多的X_2,那么B必定比C更受消费者偏好。因此,无差异曲线不能相交。

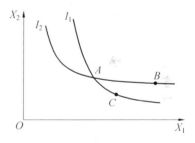

图1.2.3　违反偏好假定的无差异曲线

(3) 无差异曲线从左向右下倾斜,凸向原点。这是因为,为维持同等的满足程度或效用水平,要增加X_1的数量就必须减少X_2的数量,因此,无差异曲线从左上向右下倾斜,斜率为负。这是由商品边际替代率递减规律决定的。

所谓商品边际替代率,就是指在效用水平不变的条件下,消费者增加一单位某商品时必须放弃的另一种商品的数量。

如果用MRS表示商品边际替代率,一般将放弃纵轴X_2上商品的数量来获得横轴X_1额外1个单位商品来计算商品的边际替代率,公式表示如下

$$MRS = -\frac{\Delta X_2}{\Delta X_1}$$

这就表示放弃第二种商品ΔX_2个单位,获得第一种商品ΔX_1个单位。加一个负号是为了使边际替代率成为正数。如果依然用纵轴表示衣服,横轴表示食品,就表示为了获得一个单位的食品,必须放弃的衣服的数量。我们可以用图1.2.4加以说明。

图1.2.4中,从A到B,消费者愿意放弃6个单位衣服以获得额外1个单位食品,边际替代率为6,从B到D,只愿意用4个单位衣服

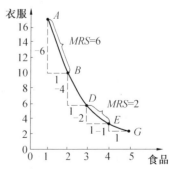

图1.2.4　商品边际替代率递减规律

来换取 1 个单位食品，边际替代率为 4。

当商品数量变化趋于无穷小时，上述公式可表示为

$$MRS = -\frac{\Delta X_2}{\Delta X_1} = \lim_{\Delta X_1 \to 0} -\frac{\Delta X_2}{\Delta X_1} = -\frac{dX_2}{dX_1}$$

它表明无差异曲线上某一点的边际替代率就是无差异曲线上该点的切线斜率的绝对值。

如前所述，无差异曲线是凸向原点的，这指的是当我们沿曲线下移时，无差异曲线斜率增加，其绝对值越来越小，也意味着商品的边际替代率沿曲线递减。例如，从点 A 到点 B 是 6，点 D 到点 E 是 2。它所表明的经济上的含义是，随着一种商品消费量的逐渐增加，消费者为了获得这种商品的额外消费而愿意放弃的另一种商品的数量会越来越少，这就是所谓的边际商品替代率递减规律。在维持效用水平不变的前提下，随着一种商品的消费数量的连续增加，消费者为得到一单位的这种商品所需要放弃的另一种商品的消费量是递减的。边际替代率递减规律决定了无差异曲线的斜率的绝对值是递减的，即凸向原点。

二、预算约束

我们知道，消费者的选择不仅取决于消费者的偏好，还要受到消费者的支付能力和市场价格的限制。这种在既定价格下，消费者对各种商品和服务的支付能力的限制表现为一种预算约束。

假定只有两种商品 X_1 和 X_2 可供消费者选择，这两种商品的价格分别为 P_1 和 P_2，消费者可以支配的收入金额是 m，则这个消费者的预算约束就可以用以下公式表示

$$P_1 X_1 + P_2 X_2 \leq m$$

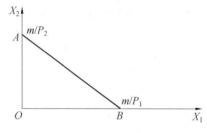

图 1.2.5 预算约束线

我们可以用图 1.2.5 来表示。在图中，横轴 X_1 表示商品 1 的消费数量，纵轴 X_2 表示商品 2 的消费数量。如果全部收入 m 都用于购买商品 1，则所能购买到的数量为 m/P_1，如果全部收入 m 都用于购买商品 2，则所能购买到的数量为 m/P_2。把这两个点，即把点 A 和点 B 连接起来叫作预算线，表示在消费者的收入和商品的价格给定的条件下，消费者的全部收入所能购买到的两种商品的各种组合，又称为预算约束线。

可见，预算线上的点表示用尽所有收入所能购买的各种消费组合，预算线外的点是支付能力所达不到的购买选择，而预算线内的点，则表示在两种商品上的花费并未用尽全部收入。

我们把包括了预算线本身及其左下方的区域，称为消费者预算可行集，或预算空间，表示消费者受到的支付限制，是消费者决策时可以选择的区间。

预算线的斜率是两种商品价格的负比率或两种商品价格的比率的负值，就是 $-P_1/P_2$。斜率的大小表明在不改变总支出数量的前提下，两种商品可以相互替代的比率。

（一）收入变动对预算线的影响

在相对价格不变的情况下，收入改变，会使预算线出现平行移动。收入增加使预算线向右平移，收入减少使预算线向左平移（图 1.2.6）。收入从 80 上升到 160，预算线从 L_2 移动 L_3，相应的购买能力扩大；相反，收入从 80 下降到 40，预算线从 L_2 左移到 L_1，购买能力相应下降。

（二）相对价格变动对预算线的影响

如果只是其中一种商品，如 X_1 的价格上升，那么预算线中另一商品 X_2 的截距固定不变，而商品 X_1 截距缩小，表明随该商品价格上升，可购买的该种商品的数量减少。

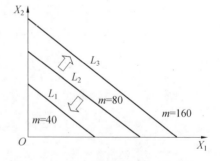

图 1.2.6 收入变动引起的预算变动

如价格下降则预算线向右旋转，而价格上升则向左旋转。两种商品的价格同比例同方向变化，会使预算线平移。同比例上升使预算线左移，相反则右移。两种商品的价格，以及收入都同比例同方向变化，那么预算线不动。

三、消费者均衡和需求曲线

(一) 消费者均衡

在收入和商品价格已知的条件下,一个消费者关于两种商品的预算线只能有一条,但该消费者关于两种商品的无差异曲线由于偏好的不同却有无数条。面对一条预算线和无数条无差异曲线,消费者应该如何选择才能实现效用最大化呢?

将预算线置于无差异曲线图中,预算线与无差异曲线的关系有三种情况,如图1.2.7所示。

1. 预算线 AB 与无差异曲线 I_1 相交于点 M 和点 N。

不难看出,虽然交点在预算线上,可以满足消费者一定的需求程度,但却不是最受偏好的选择,因为消费者在不改变预算线的前提下,通过消费数量的调整,可以提高其满足程度。如将消费组合移动至 MN 点之间时,消费者花费同样的预算,却可以得到程度更高的满足。

2. 预算线 AB 与无差异曲线 I_3 既不相交,也不相切。

虽然无差异曲线 I_3 的每一点,例如点 P 的商品组合,能给消费者带来更高的满足程度,但因超过了现有的购买能力而无法实现。

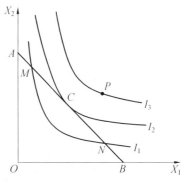

图1.2.7 消费者均衡

3. 预算线 AB 与无差异曲线 I_2 相切于点 C。

点 C 既在预算线 AB 上,又在无差异曲线上,也就是说,C 所代表的商品组合既是消费者用现有收入可以买到的,同时它又能给消费者带来最高程度的满足。可见,满足效用最大化的商品组合必定位于预算线与无差异曲线相切的切点 C。

在切点 C,无差异曲线 I_2 的斜率恰好等于预算线的斜率。根据前面的分析,无差异曲线的斜率的绝对值等于两种商品的边际替代率,预算线的斜率的绝对值等于两种商品的价格之比,因此,消费者效用最大化的均衡条件可以表示为商品边际替代率 = 商品的价格之比,即

$$MRS = \frac{P_1}{P_2}$$

上式就是消费者效用最大化的均衡条件,其含义是:在一定的预算约束下,为了实现效用最大化,消费者应该选择商品的最优组合,使得两种商品边际替代率等于两种商品的价格之比。

(二) 消费者的需求曲线

消费者均衡的实现是以三个条件为前提的,即偏好不变、收入不变和价格不变。现在假定偏好不变和收入不变,用图形来分析价格变化对消费者均衡的影响,从而说明需求曲线的形成。

假设消费者的偏好和收入不变,并假设只有商品1的价格发生变化,商品2的价格保持不变。开始,商品1的价格为 P_{11} 时,预算线 AB。与无差异曲线 I_3 相切于点 M,点 M 是消费者效用最大化的消费选择,此时商品1的消费量为 X_{11}。假设商品1的价格下降为 P_{12},预算线移动为 AB_1,AB_1 与无差异曲线 I_2 相切在点 N,此时消费者在点 N 消费获得最大满足,商品1的消费量为 X_{12}。同理,在商品1的价格为 P_{13} 时消费者要实现效用最大,商品1的消费量为 X_{12}。所以商品1的上述价格与消费量的对应点都是其需求曲线上的点。将这些点连接起来,就得到商品1的需求曲线(图1.2.8)。

商品价格的变化会产生两种效应,即收入效应和替代效应。收入效应是指在名义收入不变时,因为该商品价格的变化,

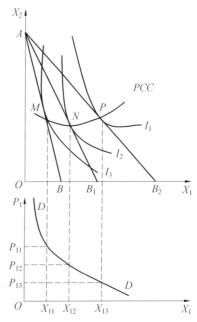

图1.2.8 消费者均衡

而导致消费者实际收入发生变化,进而导致消费者所购买的该商品数量的变化。一种商品价格的降低会使消费者的实际收入增加,提高了消费者的实际购买力;反之,一种商品价格的提高则会使消费者的实际收入下降,降低了消费者的购买能力;替代效应是指在实际收入不变的情况下,因为该商品价格的变化引起的相对价格变化所导致的该商品需求数量的变化。某一种商品价格的变化会导致两种商品之间的最佳替换率变化,这种变化会使消费者去调整两种商品的消费比例,消费者会增加消费现在变得相对便宜的商品,减少消费那些现在变得相对较贵的商品。在一般情况下,这两个方面的影响通常会同时出现。

对于替代效应,当一种商品变得相对便宜时,对它的购买量总会上升,因此替代效应与价格的变动方向总是反方向的。但是,对于收入效应,则比较复杂。我们知道,当价格下降,一个人的实际收入相对增加时,对商品的需求量可能上升,也可能下降。这取决于该种商品是正常品,还是低档品。在正常品的情况下,价格下降,收入上升,需求也上升,因此,收入效应与价格变动是反方向;在低档品的情况下,价格下降,收入上升,但是需求反而下降,因此收入效应与价格变动却是同方向的。

对于正常品而言,替代效应与价格呈反方向变动,收入效应也与价格呈反方向变动,从而总效应必定与价格呈反方向变动。因此,正常品的需求曲线是向右下方倾斜的。对于低档品而言,替代效应与价格呈反方向变动,收入效应与价格呈同方向变动,而大多数情况下,收入效应的作用小于替代效应的作用,从而总效应与价格呈反方向变动。相应的需求曲线也是向右下方倾斜的。从需求曲线来看,就是低档品的需求曲线更陡峭,而正常品的需求曲线更平缓,对价格变化的反应更大。

【案例导读】

经济学中的生产理论:边际报酬递减规律

经济学中,有很多关于"边际"的相关名词与概念是令许多同学头疼的。用一些文字来介绍"边际报酬递减规律"这个概念以及它的应用,相信会让大家对"它"有重新的认识。

边际报酬递减规律本身是短期生产理论中的一个部分,它的定义是,在技术水平不变的条件下,连续等量地把一种可变要素增加到其他生产要素上,在该要素投入量小于某一特定值时,它所带来的边际报酬是递增的;当该要素的连续投入量超过某一特定值时,它所带来的报酬是递减的,直到出现负值。单纯地看定义,可能会让大家摸不着头脑,大量的专有名词以及过长的概念本身,都可能成为大家对其理解的障碍。那接下来,咱们跳开概念本身,一起来看一个生活中的例子。通过它,小编相信大家会对"边际报酬递减规律"这一概念想表达的内容有深刻的理解。

假设有这样一个咖啡厅,它的店铺面积不变,咖啡机的数量不变,原材料不变,以及拥有一名店员。在这种情况下,一名店员在一个小时内可以生产5杯咖啡。然后我们保持其他要素(店铺面积、咖啡机数量、原材料)不变的同时,增加一名店员,那么请问现在一小时可以生产几杯咖啡?可能很多同学的第一反应是10杯,简单的5+5=10杯,但是这样的结论反而是错的。为什么呢?其实道理很简单,大家可以想想一个画面,当只有一名店员的时候,他需要做收银,做咖啡,打扫卫生等工作,相对来说效率比较低,所以一小时只能生产5杯咖啡。而当店里增加了一名店员,那么就可以让一个人专门收银,一个人专门做咖啡,两个人一起打扫卫生,这样就可以提高效率,所以两个人一起生产的时候,一个小时生产出的咖啡数量肯定是大于10杯。同样的道理,如果增加到三名店员,那生产的结果会大于15杯。结论就是在技术水平(其他要素)不变的条件下,连续等量地把一种可变要素增加到其他生产要素上,它所带来的边际报酬是递增的。我们再来更进一步地思考,如果继续增加店员到一百名,会让生产咖啡的效率无限制地提高吗?答案是不会,大家可以想象另一个画面,咖啡厅里一个人收银,一个人做咖啡,一个人打扫卫生,那其他人做什么呢?无事可做。可见在咖啡厅的面积、咖啡机和原材料都保持不变的前提下,咖啡店里的店员数量也有一个"合适"的数字,而不是无限度地增大结果就会更好(1.2.9)。就像任何企业在招聘的时候,招聘的人数如果太少,那

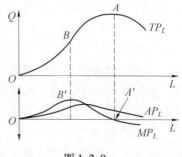

图1.2.9

满足不了企业的需求,而招聘的人数过多,反而会给企业带来反效果。这其实就是边际报酬递减规律的现实应用。看过刚才的例子,相信各位可以正确地理解边际报酬递减规律这一理论,其中的关键就是保持生产技术水平不变、其他生产要素不变,只改变某一种生产要素,在达到"合适"数量之前,边际产量递增,而超过"合适"数量之后,边际产量则递减(资料来源:重庆华图事业单位考试)。

任务三 分析生产者行为

一、生产函数和生产曲线

(一) 生产及相关概念

生产者或企业要实现利润最大化,必须通过产品的生产,并提供给社会使用。因此,生产就是将投入转变成产出的过程。

产出是生产者向社会提供有形的物质产出和无形的服务产出,有形的物质产出包括食品、机器设备、日常用品等;无形的服务产出包括医疗服务、信息服务、金融服务、旅游服务等。产出是企业获得销售收入的基础。

投入主要包括企业生产过程中所使用的各种生产要素。生产要素一般被划分为劳动、资本、土地和企业家才能等类型。劳动指人们在生产活动中提供的体力和智力的总和。资本可以表现为实物形态和货币形态,资本的货币形态就是货币资本;资本的实物形态又称为资本品或投资品,包括厂房、设备等。土地包括土地本身及地上和地下的一切自然资源。企业家才能指企业家建立和经营管理企业的各种能力。一般假设生产要素在生产过程中是可以相互替代的,即假设可以增加一种要素(如劳动),而减少另一种要素(如资本),来实现相同的产量,即用劳动来替代资本。

投入一般可以分为可变投入与不变投入,从较长时期来看,企业的各项投入都是可以改变的。但在短期内,部分生产要素,例如厂房设备等资本投入可能是不能改变的,一般称为不变投入。因此,当各种投入要素都可变时,一般是研究企业的长期行为;当某种或几种要素不可变时,一般是研究企业的短期行为。

(二) 生产函数

生产函数表示在一定时期内,在技术不变的情况下,生产中所使用的各种生产要素的数量与所能生产的最大产量之间的函数关系。生产函数是生产过程中生产要素投入量与产品的产出量之间的关系,任何生产函数都以一定时期的生产技术水平为条件,当技术水平发生变化时生产函数也会发生变化。

假定生产中投入的各种生产要素为 $X_1, X_2, \cdots, X_n$,Q 为所能生产的最大的产量,则生产函数可以表示为

$$Q = f(X_1, X_2, \cdots, X_n)$$

生产函数表示生产过程中生产要素投入量与产品的产出量之间的关系,这种关系存在于所有的生产过程当中,所以,所有的企业都有其生产函数。这里要注意的是,生产函数是最大产量与投入要素之间的函数关系,这是为了使企业的生产函数具有可靠性,体现企业将一定投入转变成产出的能力。

在具体分析产量与生产要素的关系时,为了简化起见,一般假设只有一种要素可变,或者两种生产要素可变。

(三) 一种可变要素的生产函数及其曲线

1. 一种可变要素的生产函数。

一种可变要素的生产函数假设只有一种投入可以改变,而其他投入不可以改变,这是对企业短期行为的分析。一般假设劳动投入可变,而其他要素,例如资本等不可变,实际是要分析基本投资一定,即厂房、机器设备等在某一时期内不能变化时,只能改变使用的劳动力数量,来调整企业的产量时,企业的选择及其合理性。

2. 总产量、平均产量和边际产量。

根据一种投入要素可变的生产函数的函数时,企业的最大产量随可变要素投入 L 的数量的变化而变化。因此,可以得到一定数量劳动的总产量 TP、平均产量 AP 和边际产量 MP。

总产量是指生产出来的用实物单位衡量的产出总量,例如多少吨水泥等。

平均产量是指总产量除以总投入的单位数,或者说是每单位投入生产的产出,用公式表示是

$$AP = \frac{TP}{L}$$

边际产量是指在其他投入保持不变的条件下,由于新增一单位的投入而多生产出来的产量或产出,用公式表示是

$$MP = \frac{\Delta TP}{\Delta L}$$

我们可以用表 1.3.1 说明三种产量之间的关系。

表 1.3.1　总产量、平均产量和边际产量的关系

投入劳动的数量 L	总产量 TP	边际产量 MP	平均产量 AP
0	0	—	—
1	2 000	2 000	2 000
2	3 000	1 000	1 500
3	3 500	500	1 167
4	3 800	300	950
5	3 900	100	780

3. 总产量、平均产量和边际产量曲线及其位置关系。

(1) 边际产量曲线的图形及边际产量递减规律。

从图 1.3.1 可以看出,劳动的边际产量先递增,劳动投入达到一定程度 L_1,MP 最大,然后递减,继续增加劳动投入到 L_3,$MP=0$。如果再增加劳动投入,边际产量为负。

在资本等投入一定时,开始增加劳动的过程中,企业一般处于资本过剩而劳动不足的状态,机器设备的作用不能充分发挥,这时增加劳动投入,可以实现劳动分工与协作的效率,劳动的边际产量递增。

但是,劳动的分工与协作的效率是有限度的。当劳动投入增加到一定程度,如 L_1 时,人均资本数量达到最优状态时,劳动的边际产量达到最大;如果继续增加劳动投入,人均资本进一步减少,就会出现劳动相对过剩,而资本不足的情况,劳动的边际产品开始递减。当劳动数量增加到 L_3 时,增加单位劳动带来的边际产品为 0。劳动量继续增加就必然出现人浮于事的状态,劳动的边际产品为负值,即增加劳动不仅不能增加产出,反而会导致总产量的下降。

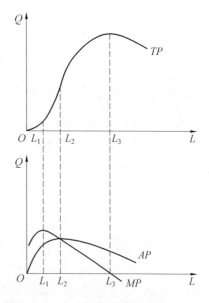

图 1.3.1　生产函数图形及位置关系

其他可变要素投入的边际产量曲线的图形与劳动的边际产量曲线的图形是一样的,也可以同样进行解释。

可见,边际产量是说明产量变化的一个非常重要的概念,如果确定边际产量的图形,就可以说明总产量和平均产量的图形。经济学家据此提出了边际产量递减规律。边际产量递减规律也称为边际报酬递减规律,其基本含义是在技术水平和其他投入保持不变的条件下,连续追加一种生产要素的投入量,是存在着一个临界点、在这一点之前边际产量递增,超过这一点之后,边际产量将出现递减的趋势,直到出现负值。

（2）总产量曲线的图形。

根据曲线 MP 的图形可以给出曲线 TP，在劳动投入达到 L_1 之前，劳动的边际产量为正数，并且递增，所以总产量以递增的速度增加，从图形上看，总产量曲线向上斜，并且斜率递增，即凸向 L 轴。当劳动投入在 L_1 和 L_3 之间时，劳动的边际产量递减，但为正数，所以总产量是以递减的速度增加。从图形上看，总产量曲线向上倾斜，但斜率递减，即凸向 Q 轴。

当劳动投入量为 L_3 时，劳动的边际产量为 0，总产量达到最大值。继续增加劳动投入，劳动的边际产量为负数，所以总产量开始递减。

（3）平均产量曲线的图形。

曲线 AP 的图形与曲线 MP 和 TP 的图形紧密相关。我们知道，当劳动投入量比较少时，比如 L=1，此时劳动的边际产量、总产量和平均产量都相等，而此时劳动的边际产量是递增的，所以会带动平均产量递增，但是显然边际产量会大于平均产量，即边际产量曲线在平均产量曲线的上方。

可以证明，只要边际产量大于平均产量，即边际产量曲线在平均产量曲线的上方，平均产量就是递增的，即在劳动投入达到 L_1 后，边际产量开始递减，但边际产量会大于平均产量，所以平均产量仍是递增的。边际产量递减，而平均产量递增，可以知道边际产量曲线和平均产量曲线最终会相交，如在 L_2 时相交，此时边际产量等于平均产量。

由于边际产量曲线和平均产量曲线最终相交时，边际产量是递减的，如果继续增加劳动投入，边际产量的递减会使得平均产量也开始递减。在 L_2 之前平均产量递增，而在 L_2 之后平均产量递减，所以 L_2 是平均产量的最大值。

根据上面的说明，可以得到平均产量曲线的图形，及其与边际产量曲线的位置关系。在 L_2 之前，平均产量递增，同时在边际产量曲线的下方；在 L_2 时，边际产量曲线与平均产量曲线相交，同时平均产量达到最大值；在 L_2 之后，平均产量曲线递减，同时平均产量曲线在边际产量曲线的上方。

（四）规模报酬

规模报酬也称规模收益，是指在其他条件不变的情况下，企业内部各种生产要素按照相同比例变化时所带来的产量的变化，也是企业的生产规模变化与所引起的产量变化之间的关系。企业只有长时期才能改变全部生产要素的投入，进而影响生产规模，所以规模收益研究的是企业的长期生产决策问题。

根据生产规模和产量的变化比例的比较，可以将规模报酬分为三类：

规模报酬不变就是产量增加的比例等于各种生产要素增加的比例。例如，当资本和劳动等生产要素投入都增加 100% 时，产量也增加 100%。

规模报酬递增，即产量增加的比例大于各种生产要素增加的比例。例如，当资本和劳动等生产要素投入都增加 100% 时，产量增加大于 100%。

规模报酬递减，即产量增加的比例小于各种生产要素增加的比例。例如，当资本和劳动等生产要素投入都增加 100% 时，产量增加小于 100%。

一般认为，在长期生产过程中，企业的规模报酬一般呈现一定的规律。当企业规模较小时扩大生产规模报酬递增，此时企业会扩大规模以得到产量递增所能带来的好处，将生产保持在规模报酬不变的阶段。此后如果企业继续扩大生产规模，就会出现规模报酬递减。因此，多数行业会有一个适度最佳规模或适度规模，此时企业的单位生产成本最小。

二、成本函数和成本曲线

（一）成本

成本又称生产费用，是生产过程中企业对所购买的各种生产要素的货币支出，也可以说是企业在生产经营过程中所支付的物质费用和人工费用。为了更好地理解成本的含义，需要对以下概念有所了解。

1. 机会成本。

机会成本是指当一种生产要素被用于生产单位某产品时所放弃的使用相同要素在其他生产用途中所得到的最高收入。

2. 显成本与隐成本。

生产成本可以分为显成本和隐成本两部分。显成本是指企业购买或租用的生产要素所实际支付的货币支出。隐成本是指企业本身所拥有的并且被用于该企业生产过程的那些生产要素的总价格。隐成本是企业自己拥有并使用的资源的成本,它实际上也是一种机会成本,应该从机会成本的角度按照企业自有生产要素在其他用途中所得到的最高收入来支付和计算。

3. 经济利润。

企业所有的显成本和隐成本共同构成了企业的总成本。企业的经济利润是指企业的总收益和总成本的差额,简称企业的利润。企业所追求的最大利润,指的就是最大的经济利润。经济利润也可称为超额利润。和经济利润相对的是正常利润,通常是指企业对自己所提供的企业家才能的报酬支付。正常利润是生产成本的一部分,是作为隐成本的一部分计入成本的。因此经济利润中不包括正常利润。

(二) 成本函数

1. 成本函数的含义和类型。

成本函数就是表示企业总成本与产量之间的关系公式。由于考察的时期不同,分为短期成本函数和长期成本函数。所谓短期,是指生产时间很短,总有一种或几种生产要素的数量固定不变,因而就有了固定成本和可变成本之分。所谓长期,是指这样一个时期,企业在这段时间内可以调整生产要素,从而一切生产要素都是可变的,这样,长期成本中就没有什么固定成本,一切成本都是可变的。因此,短期成本函数就可写成

$$C = b + f(q)$$

式中,C 为总成本,q 为产量,b 为固定成本。

长期成本函数可写成

$$C = f(q)$$

可见,短期成本函数和长期成本函数的区别就在于是否有固定成本和可变成本。

2. 短期成本函数分析。

首先来看几个概念:总成本是企业在短期内生产一定量产品所需要的成本总和。短期总成本可以分为固定成本和可变成本。固定成本是指在短期内不随产量增减而变动的那部分成本,其中主要包括厂房和设备的折旧,以及管理人员的工资费用等。可变成本是指随着产量变动而变动的那部分成本,其中主要包括原材料、燃料和动力,以及生产工人的工资费用等。

如果以 TC 代表短期总成本,TFC 代表总固定成本,TVC 代表总可变成本,则有

$$TC = TFC + TVC$$

平均成本也叫平均总成本,即我们常说的单位产品成本,是生产每一单位产品的成本,是总成本除以总产量所得之商。平均成本分为平均固定成本与平均可变成本。平均固定成本是平均每一单位产品所消耗的固定成本。平均可变成本是平均每一单位产品所消耗的可变成本。如以 Q 代表总产量,ATC 代表平均成本,AFC 代表平均固定成本,AVC 代表平均可变成本,则有

$$ATC = \frac{TC}{Q}$$

$$AFC = \frac{TFC}{Q}$$

$$AVC = \frac{TVC}{Q}$$

边际成本是增加一个单位产量时总成本的增加额。如以 MC 代表边际成本,ΔTC 代表总成本的增加额,ΔQ 代表总产量的增加额,则有

$$MC = \frac{\Delta TC}{\Delta Q}$$

由于短期内固定成本为一常数,不受产量的影响,因而边际成本也就是产量变动引起的可变成本的变动。为了更清楚地说明各种成本及其之间的关系,我们给出了某企业的成本表,见表 1.3.2。

表 1.3.2　各种短期成本的关系

产量 Q	总成本			平均成本			边际成本
	TFC	TVC	TC	AFC	AVC	ATC	MC
0	1 200	0	1 200	—	—	—	—
1	1 200	600	1 800	1 200	600	1 800	600
2	1 200	800	2 000	600	400	1 000	200
3	1 200	900	2 100	400	300	700	100
4	1 200	1 050	2 250	300	262.5	562.5	150
5	1 200	1 400	2 600	240	280	520	350

(三) 短期成本曲线

1. 总成本、总固定成本和总可变成本曲线。

根据成本函数，可以画出总成本(TC)曲线、总固定成本(TFC)曲线和总可变成本(TVC)曲线，如图1.3.2所示。

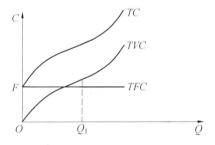

图1.3.2　总固定成本、总可变成本与总成本曲线

从图1.3.2可以看出，总成本曲线是从纵轴截点即产量为零时总成本等于固定成本的点F开始，随产量的增加而逐步上升，开始时是以递减的增长率上升，当产量达到一定水平后，便以递增的增长率上升。总固定成本曲线是平行于横轴的一条直线。产量为零时，总可变成本为零，随着产量的增加，总可变成本逐步上升，开始以递减的增长率上升，产量达到一定水平后，便以递增的增长率上升。总可变成本曲线上升的速度和总成本曲线上升的速度之间存在着对应的关系，说明二者的变动规律是一致的。

2. 平均总成本、平均固定成本、平均可变成本、边际成本曲线。

根据成本函数，也可画出平均总成本(ATC)曲线、平均固定成本(AFC)曲线、平均可变成本(AVC)曲线、边际成本(MC)曲线，如图1.3.3所示。平均总成本曲线开始时随着产量增加而迅速下降，点M是平均总成本曲线的最低点，过这一点以后，平均总成本曲线又随产量的增加而上升。平均可变成本曲线开始时随产量的增加而逐步下降，点M'是平均可变成本曲线的最低点，过这一点之后，平均可变成本曲线又随着产量的增加而上升。平均固定成本曲线随着产量的增加而递减，逐渐向横轴接近。边际成本曲线开始时随产量的增加而

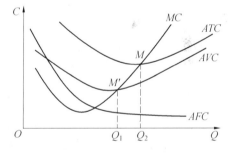

图1.3.3　平均成本和边际成本的位置关系

迅速下降，很快就降到最低点，过最低点以后，便随着产量的增加而迅速上升，上升的速度比平均可变成本曲线的上升速度更快。边际成本曲线上升时首先通过平均可变成本曲线的最低点M'，然后又通过平均总成本曲线的最低点M。图1.3.3反映了各种平均成本和边际成本的变动规律，以及它们相互间的关系。

平均固定成本随着产量的增加而逐渐减少，是因为固定成本在短期内不变，产量增加，则分摊到每一单位产品上的固定成本就减少了。其变动规律开始是降低幅度很大，以后降低幅度越来越小。

平均可变成本变动规律，开始是随着产量的增加和生产要素的充分利用，呈降低趋势，但是当产量达到一定水平后，又呈现出上升的趋势。

平均总成本的变动规律与平均可变成本变动规律相似，也是随产量增加先下降后上升，都具有先降后升的U形特征。

边际成本与平均总成本之间存在着一种非常明显的关系，边际成本曲线与平均总成本曲线相交于平均总成本曲线的最低点M。在点M之前，边际成本曲线低于平均总成本曲线；在点M之后，边际成本曲线

高于平均总成本曲线。就是说,当平均总成本随产量的增加而下降时,边际成本必定小于平均总成本。当平均总成本随产量增加而上升时,边际成本必定大于平均总成本。当边际成本与平均总成本正好相等时,平均总成本处于最低点。

边际成本与平均可变成本之间也存在着类似的关系,边际成本曲线与平均可变成本曲线相交于平均可变成本曲线的最低点 M'。在点 M' 之前,MC 曲线低于平均可变成本曲线;在点 M' 之后,边际成本曲线高于平均可变成本曲线。而且,无论是上升还是下降,边际成本曲线的变动都快于平均可变成本曲线。

在以上三条曲线中,边际成本曲线最早到达最低点。由于平均总成本既包括平均可变成本,还包括平均固定成本,随着产量的增加,受固定成本的影响,平均总成本曲线的最低点 M 的出现慢于且高于平均可变成本曲线的最低点 M'。当平均可变成本曲线已经到达最低点 M' 时,总平均成本曲线还没有到达最低点 M,也就是说,边际成本曲线与平均总成本曲线的交点 M 的出现慢于边际成本曲线与平均可变成本曲线的交点 M' 的出现。此外,平均总成本曲线的最小值大于平均可变成本曲线的最小值,即点 M 的位置高于点 M'。

3. 决定短期成本变动的主要因素。如果我们把生产曲线和成本曲线结合起来考察,就会找出决定短期成本变动的主要因素。这些因素包括劳动、资本等生产要素的价格。一般说来,在其他条件不变的情况下,工资和原材料、机器设备等生产资料的价格以及租金的提高,会导致成本的相应提高。生产率,即总产出对加权平均的投入的比率,可以用劳动生产率和全要素生产率来表示。劳动生产率,也就是前面所说的平均产量,即每单位劳动的产量或产出;全要素生产率,就是每单位总投入(包括劳动投入和资本投入)的产量或产出。一般来说,在其他条件不变的情况下,生产率提高就会导致生产成本的下降,而生产率下降则会导致成本的上升。

拓展知识点与分析

什么是企业?为什么社会生产单位是以企业这种基本形式而存在的?这是经济理论需要回答的重要问题,而这显然涉及对企业的本质属性的认识。生产者就是能够做出统一的生产决策的单个经济单位,即企业或厂商。企业是产品生产过程中的主要组织形式,主要包括个人独资企业、合伙制企业和公司制企业。

在生产者行为的分析中,一般假设生产者或企业的目标是追求利润最大化。这一基本假定是"经济人假设"在生产和企业理论中的具体化。

经济学家实际上并不认为追求利润最大化是人们从事生产和交易活动的唯一动机。特别是在现代公司制企业中,企业的所有者往往并不是企业真正的经营者,企业的日常决策是由企业的经营者做出的。经营者还有其他的目标,如企业的生存、舒适的生活以及优厚的薪水等。

由于信息的不完全性,特别是信息的不对称性,所有者并不能完全监督和控制经营者的行为,经营者可能会在一定程度上偏离企业利润最大化目标,而追求其他一些有利于自身利益的目标,可能追求销售收入最大化和销售收入的持续增长,一味扩大企业规模,并以此来谋求自身特权和个人收入,提高个人社会知名度。经营者也可能只顾及企业的短期利益,而牺牲企业的长期利益。

即便是企业经营者的目标也是追求利润最大化,要准确计算出最大利润也缺乏资料。特别是在信息不完全的条件下,企业所面临的市场需求可能是不确定的,而且也有可能对产量变化所引起的生产成本的变化情况缺乏准确的了解。于是,企业长期生存的经验做法也许就是实现销售收入的最大化或者是市场份额最大化,以此取代利润最大化决策。

尽管如此,从长期来看,生产者的活动看起来很接近于追求最大利润,经营者对利润最大化目标的偏离在很大程度上受到制约。这是因为,如果经营不善,企业效益下降,公司的股票价格就会下降,经营者的职位就可能产生动摇。更重要的是,不管在信息不完全的情况下找到利润最大化目标的决策有多么困难,也不管经营者偏离利润最大化目标的动机有多强烈,但是长期不以利润最大化为目标的企业最终将被市场所淘汰。所以,实现利润最大化是所有企业在竞争中求得生存的关键。

美国经济学家科斯在1937年发表的《企业的本质》一文,对企业本质属性问题进行了开创性的探讨,他认为企业是为了节约市场交易费用或交易成本而产生的,企业的本质或者显著特征是作为市场机制或价格机制的替代物。

所谓交易费用是指围绕交易契约所产生的成本或费用。任何交易都可以看成是交易双方所达成的一项契约。交易费用包括两类,一类交易费用是产生于签订契约时交易双方面临的偶然因素所可能带来的损失,这些偶然因素,或者是由于事先不可能被预见到而未写进契约的,或者能够被预见到,但因为太复杂而无法写进契约;另一类交易费用是签订契约及监督和执行契约所花费的成本。

从历史上看,在企业产生以后,企业与市场机制就是两种不同的协调生产和配置资源的方式,同时社会上就形成了两种交易,即企业外部的市场交易和企业内部的交易。企业外部的交易,是平等协商基础上的市场交易,每完成一笔交易,都是谈判双方不断磋商、协调,通过讨价还价的谈判而实现的。而企业内部的交易,则是通过一个组织和企业家用行政命令方式在内部进行的交易。两种交易方式都要支付交易费用或成本。当企业交易方式的交易费用小于市场交易方式的交易费用时,企业就应运而生了。

显然,交易成本的节约是企业存在的根本原因,即企业是市场交易费用节约的产物。即企业作为生产的一种组织形式,在一定程度上是对市场机制的一种替代,而企业作为一种组织形式大大减少了需要签订的契约数量,可以大量节约交易费用。第一,一种生产要素的所有者在要素投入到企业之前需要与企业签订契约,他同意为一定的报酬在一定限度内服从企业家的指挥,在企业内与其他生产要素合作时,就不再需要与他们签订一系列的契约。第二,企业在市场上购买中间产品时是需要交易费用的,包括寻找合适的供应商、签订合同以及监督和执行合同的费用,而企业却可以在内部生产一部分中间产品,从而降低一部分交易费用,同时可以更好地保证中间产品的质量。第三,企业在与要素签订契约时,特别是与一些具有专门技能的雇员,例如专门的产品设计、管理人员,可以签订长期契约,这将比从其他企业那里购买相应的服务更为有利,也相应降低了交易成本。

导致市场机制和企业的交易费用不同的主要因素在于信息的不完全性。由于信息的不完全性,契约双方都会努力设法收集和获得自己所不掌握的信息,去监督对方的行为,并设法约束对方的违约行为,所有这些都需要交易费用,而由于这些做法在市场和企业中会采取不同的形式,因此交易费用会有所不同。在不对称信息条件下的市场交易过程中,以上这些做法的交易费用是很高的。而通过企业这种组织形式,可以使一部分市场交易内部化,从而消除或降低一部分交易费用。

任务四　初识市场结构

一、价格歧视

价格歧视也叫差别定价,是指企业为了获取更大的利润,对同一产品规定的不同价格。价格歧视一般可分为三级。

一级价格歧视,是指企业对每一单位产品都按照消费者所愿意支付的最高价格出售,一级价格歧视也被称作完全价格歧视。也就是企业对不同的购买者所购买的每一个批量单位的产品收取不同的价格。因此,所有的消费者剩余都被垄断者占有。最典型的例子是某些个体服装经营者总是喜欢同每位购买者讨价还价,而不明码标价,结果就是同一件服装出售给不同的顾客,价格往往有很大差别,同一个购买者一次购买的数量不同,价格往往也有很大差别。这种情况也会发生在对消费者了解较多的专业人士身上,如某些国家的医生、律师、会计师等。例如,一个医生可以根据每个病人的收入和保险状况等估计出他的支付意愿,从而收取不同的价格。对支付意愿较低或无保险的低收入病人减免费用,但对高收入或有保险的病人收取较高的价格。

二级价格歧视,是指按不同价格出售不同批量的产品,但每个购买相同批量产品的购买者支付的价格相同,这就是我们常说的批量作价。垄断厂商通过对小批量购买的消费者收取额外价格,侵蚀了一部分消费者剩余,得到了更多的利润。

三级价格歧视,建立在不同需求价格弹性的基础上,是指将消费者分为具有不同需求价格弹性的两组或更多组,分别对各组消费者收取不同的价格。例如,在我国,火车硬座客票假期对大学生回家和返校的优惠票价就属于这类价格歧视。

实行价格歧视的基本条件是:

第一,必须有可能根据不同的需求价格弹性划分出两组或两组以上的不同购买者。

第二,市场必须是能够有效地隔离开的,同一产品不能在不同市场之间流动,换句话说,就是不能使购买者在低价市场上买到产品再卖到高价市场上去。

如果这两个条件能够满足,那么,企业就可以通过对缺乏弹性的市场规定较高的价格,而对富有弹性的市场规定较低的价格,以增加总的收益。

企业实行价格歧视的基本原则是,不同市场上的边际收益相等并且等于边际成本。垄断企业可以对需求价格弹性较小的市场规定较高的价格,实行"少销厚利";而对需求价格弹性较大的市场规定较低的价格,实行"薄利多销"。

二、市场结构的类型及特征

(一) 市场结构的含义和划分市场结构的标准

所谓市场结构,是指一个行业内部买方和卖方的数量及其规模分布、产品差别的程度和新企业进入该行业的难易程度的综合状态。也可以说,市场结构就是指某种产品或服务的竞争状况和竞争程度。

市场类型划分的标准是市场的竞争程度或垄断程度。竞争程度高,则垄断程度就低;竞争程度低,则垄断程度就高。划分一个行业属于什么类型的市场结构,主要依据以下三个方面:

1. 本行业内部的生产者数目或企业数目。

如果本行业只有一家企业,那就可划为完全垄断市场;如果只有少数几家大企业,那就属于寡头垄断市场;如果企业数目很多,则可以划入完全竞争市场或垄断竞争市场。一个行业内企业数目越多则其竞争程度就越激烈;反之,一个行业内企业数目越少,其垄断程度就越高。

2. 本行业内各企业生产的产品的差别程度。

这是区分垄断竞争市场和完全竞争市场的主要区别。

3. 进入障碍的大小。

所谓进入障碍,是指一个新的企业要进入某一行业所遇到的阻力,也可以说是资源流动的难易程度。一个行业的进入障碍越小,其竞争程度就越高。反之,一个行业的进入障碍越大,则其垄断程度就越高。

根据这三方面因素的不同特点,将市场分为完全竞争市场、垄断竞争市场、寡头市场和垄断市场四种市场类型。

(二) 各种市场结构的特征

1. 完全竞争市场。

完全竞争又叫纯粹竞争,是一种竞争不受任何阻碍和干扰的市场结构。完全竞争市场具有以下特征:

(1) 市场上有很多生产者与消费者,或买者和卖者,而且这些生产者规模都很小,没有任何一个买者或卖者能够影响市场价格,每个生产者或消费者都只能是市场价格的接受者,而不是价格的决定者。就是说,每一个生产者或消费者都只是被动地接受市场价格,对市场价格没有任何控制的力量。

(2) 企业生产的产品是同质的,即不存在产品差别。在生产同一产品的各个企业之间,没有什么质量差别。或者说,对于不同企业生产的同一产品,消费者感觉不出任何质量上的差别。

(3) 资源可以自由流动,企业可以自由进入或退出市场。也就是说,任何一个企业都可以自由进入该市场,或自由退出该市场,没有任何障碍。

(4) 买卖双方对市场信息都有充分的了解。消费者和生产者都可以及时地获得准确的市场信息,因而他们的决策都是充满理性的。

以上四个特征中,前两个是主要的。实际上,在现实生活中,很难找到完全符合这些特征的市场。某些农产品如小麦、玉米等的市场属于近似的例子。

2. 完全垄断市场。

完全垄断是指整个行业只有唯一供给者的市场结构。完全垄断是一种十分特殊的情况，形成完全垄断的条件主要包括：

（1）政府垄断，即政府凭借其特殊地位，为了实现特定的社会经济目的，而对某一行业实行完全垄断。

（2）对某些特殊的原材料的单独控制而形成的对这些资源和产品的完全垄断。这种情况的经典例子是南非的钻石公司戴比尔斯。戴比尔斯一度曾控制了世界钻石生产的80%左右。虽然它的市场份额并不是100%，但它也大到足以对世界钻石价格产生重大影响的程度。

（3）对某些产品的专利权形成的完全垄断。如果一个企业拥有生产某种产品的技术专利权，那么，它就可以在一定时期内对这一产品进行完全垄断。

（4）自然垄断。当行业中只有一家企业能够有效率地进行生产，或者当一个企业能以低于两个或更多企业的成本为整个市场供给一种产品时，这个行业就是自然垄断。自然垄断和规模经济有着密切的关系。所谓规模经济，就是企业或厂商的平均总成本会随着产量扩大而不断下降。

完全垄断市场具有如下特征：

（1）只有一个生产者，因而生产者是价格的决定者，而不是价格的接受者。

（2）完全垄断者的产品是没有合适替代品的独特性产品。

（3）其他企业进入这一市场非常困难。

在实际生活中，公用事业如电力、固定电话近似于完全垄断市场。

3. 垄断竞争市场。

垄断竞争市场，是指一种既有垄断又有竞争，既不是完全竞争又不是完全垄断而接近于完全竞争的市场结构。垄断竞争市场的主要特征有：

（1）具有很多的生产者和消费者。这一点和完全竞争市场相同而与完全垄断市场不同。

（2）产品具有差别性。这是与完全竞争市场的主要区别。就是说，在垄断竞争市场上，不同企业生产的产品虽然属于同一大类，但却具有一定的差别性。这种差别既可能是实际质量的差别，如成分；也可能是形式上的差别，如颜色；还可能是消费者感觉上的差别。正因为这样，所以在垄断竞争市场中，生产者可以对价格有一定程度的控制，而不再是完全的价格接受者。

（3）进入或退出市场比较容易，不存在什么进入障碍。

垄断竞争是比较符合现实生活的市场结构，许多产品都可列入这种市场，如啤酒、糖果等产品就是明显的例子。

4. 寡头垄断市场。

寡头垄断是指少数几个企业控制一个行业的供给市场结构。其主要特征是：

（1）在一个行业中，只有很少几个企业进行生产。

（2）它们所生产的产品有一定的差别或者完全无差别。

（3）它们对价格有较大程度的控制。

（4）其他企业进入这一行业比较困难。

在西方发达国家，寡头垄断市场在国民经济中占有十分重要的地位。例如在美国，石油工业就是典型的寡头垄断市场。在其他国家，汽车、钢铁等工业部门也都可划入寡头垄断市场。

拓展知识点与分析

完全垄断市场中生产者的行为分析。

1. 按照完全垄断市场的定义。

一个行业中只有一个企业，它控制了本行业的全部供给，这时企业和行业完全相同。因此，完全垄断企业的需求曲线就是行业的需求曲线，二者完全相同。这是完全垄断企业和完全竞争市场中的企业的一个重要区别,在完全竞争市场上,企业的需求曲线和行业的需求曲线是不同的。

完全竞争市场上的企业是价格的接受者,不论自己销售多少,市场价格都不发生变化,因此,它的需求曲线是一条水平线。而在完全垄断市场上,企业的需求曲线就是市场需求曲线,按照市场需求曲线,销售量和价格按照相反的方向变化,价格随销售量的增加而下降,因此,完全垄断企业的需求曲线向右下方倾斜,斜率为负。

2. 完全垄断企业的平均收益与边际收益。

在完全垄断市场上,企业的平均收益仍然等于单位产品的价格。但是,完全垄断企业的边际收益不等于其平均收益或价格,而是小于其平均收益。这是因为,单位产品价格随着销售量的增加而下降,在这种情况下,边际收益就会小于平均收益。例如,企业销售一个单位产品的收益为11元,增加一个单位产品销售时收益降为10元,增加两个单位产品时总收益为27元,平均收益为9元,而边际收益为7元。请列表来说明完全垄断企业的总收益、边际收益和平均收益的关系。

在图1.4.1中,曲线DD就是完全垄断企业的需求曲线,AR是平均收益曲线,需求曲线和平均收益曲线是完全重合的。MR为边际收益曲线,位于平均收益曲线的下方,而且比平均收益曲线陡峭,说明随着销售量的增加,边际收益下降得比平均收益更快。

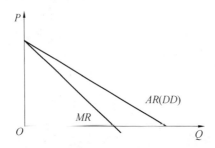

图1.4.1 完全垄断企业的需求曲线和收益曲线

3. 完全垄断企业进行产量和价格决策的基本原则。

在完全竞争市场上,企业只是根据既定的市场价格来调整产量,从而达到利润最大化。而在完全垄断市场上,企业不仅要通过调整产量,而且要通过调整价格来实现利润最大化。完全垄断企业进行产量和价格决策的基本原则也是边际成本等于边际收益。

完全垄断企业和完全竞争企业的成本曲线是相同的,这是因为完全垄断企业在生产要素投入和具体的生产过程方面与完全竞争企业没有什么差别。完全垄断企业根据边际成本等于边际收益的原则确定了均衡产量,根据这个产量就可以确定均衡价格。

需要指出的是,在完全垄断市场上,不存在供给曲线。这是因为,垄断企业关于供给多少的决策不仅取决于其成本,还受到其需求曲线的约束。需求曲线的形状决定了边际收益曲线的形状,边际收益曲线的形状又决定了垄断企业的利润最大化产量。因此,即使垄断企业的成本没有发生变化,但市场需求的变化,也会引起垄断企业最优产量和价格的决策,从而可能出现价格与产量不是一一对应的关系,从而无法找到相应的供给曲线。

4. 完全垄断企业定价的一个简单法则。

如前所述,企业的边际收益是增加一个单位产品的销售时总收益的增加量。可以把这一关系用简单的数学公式表述为

$$MR = \frac{\Delta R}{\Delta Q} = \frac{\Delta(PQ)}{\Delta Q} = P + Q\frac{\Delta P}{\Delta Q}$$

式中,P与Q的关系是需求函数。

已知,需求价格弹性的公式为

$$E_d = \frac{\Delta Q/Q}{\Delta P/P} = \frac{\Delta Q}{\Delta P} \cdot \frac{P}{Q}$$

因此,可以建立边际收益、价格及需求价格弹性间的关系式

$$MR = P + \frac{P}{E_d}$$

上式即是完全垄断企业简单的定价法则，等式左边为在边际成本上的加份额占价格的比例，它应该等于需求价格弹性倒数的相反数（注意需求价格弹性是负数）。由该式可知，一个垄断企业索取的价格超过边际成本的程度，受制于需求价格弹性。当需求价格弹性较低，即 E 的绝对值较小时，垄断者可以确定较高的价格；但是，随着需求价格弹性的增大，E_d 的绝对值扩大，则价格将非常接近边际成本。

垄断竞争市场和寡头垄断市场中生产者的行为：

1. 垄断竞争市场上生产者的行为。

垄断竞争市场上个别企业的需求曲线。在垄断竞争市场上，由于产品差别性的存在，每一个企业都可在一定范围的消费者内形成自己的垄断地位。因此，和完全垄断市场上的企业相同，垄断竞争市场上企业的需求曲线是向右下方倾斜的，而不是一条水平线。

尽管垄断竞争企业与完全垄断企业面临的需求曲线都有向右下方倾斜的形状，但两者具有以下两个重要的不同点：

首先，对于垄断竞争企业而言，因为行业中还存在其他生产者，因此这条需求曲线不是市场需求曲线，而是每一个具体企业的需求曲线。而完全垄断企业面临的需求曲线既是企业的需求曲线，也是市场需求曲线。

其次，由于垄断竞争企业的产品具有替代品，而且行业中存在企业的进入退出，因此，当企业提高产品价格时，因需求量的减少造成的损失比提高价格获得的利润大。相反，当企业降低价格时，因需求量增加获得的利润比降低价格造成损失大。也就是说，垄断竞争企业面临的需求曲线比完全垄断企业面临的需求曲线具有更大的弹性。

短期均衡分析。在短期中，垄断竞争企业是一个垄断者。因为垄断竞争企业面临向右下方倾斜的需求曲线，因此，与完全垄断企业类似，垄断竞争企业也遵循着相同的利润最大化原则，它选择边际收益等于边际成本即 $MR = MC$ 的产量，然后用其需求曲线找出与这种产量相对应的价格。在短期内，垄断竞争厂商的行为与完全垄断企业的行为相似，即短期均衡也包括盈利、利润为零、亏损三种情形。

但从长期来看，情况就比较复杂了。由于垄断竞争市场不存在进入障碍，各个企业可以仿制别人有特色的产品而创造出自己的更有特色的产品，也可通过广告来形成自己的垄断地位，竞争的结果必然会使有差别的产品价格下降。

2. 寡头垄断市场上生产者的行为。

由于寡头垄断中只有少数几个企业，各个企业的产量都在本行业总产量中占有一个较大的份额，从而每个企业的产量和价格变动都会对其他竞争对手以至于整个行业的产量和价格变动产生重要影响。正因为如此，寡头垄断企业的行为是十分复杂的，寡头垄断企业既不是一个完全的价格接受者，也不是一个完全的价格决定者，对于不同的竞争对手，他们要采取不同的对策。

在一个只有少数几个生产者的产业里，生产者的管理者知道自己所拥有的市场势力，而且他们知道其他生产者也拥有市场势力。如果一个生产者的管理者正确判断出了其他生产者对自己某项行为的反应，这个生产者就会获利。这种意识到并考虑了其他生产者的市场力量及其反应的行为被称为策略性行为。对照一下其他市场，在完全竞争市场中，相对于整个市场而言，每个生产者如此之小，以至于不需要考虑自身行为对他人造成的影响，从而相互之间的策略相关性变得无关紧要。在完全垄断市场中，由于市场只有一个生产者，也就不必考虑行为的相互影响。但是，在寡头垄断市场中，每个生产者都拥有市场势力，而整个市场的均衡结果是它们间互动行为而产生的。因此，每个生产者在做出最优决策时，都必须考虑对手会如何做出反应。由于寡头垄断市场上生产者的产量决策非常复杂，这里只对其价格决策进行简要分析。

寡头垄断市场上价格形成的模型很多，这里只简单地介绍两个模型。

第一个模型是协议价格制，即在生产者或销售者之间存在着某种市场份额划分协议的条件下，生产者或销售者之间共同维持一个协议价格，使得行业净收益最大。其方式是限制各个生产者的产量，使行业边际收益等于行业边际成本。但是，在生产者之间划分市场份额往往是很困难的。

在寡头垄断市场中,由于只有几家企业进行竞争,所以寡头企业之间往往可能勾结起来,对生产的产量或收取的价格达成协议,形成某种共谋。当一些企业联合起来一起行动,就形成了卡特尔。但是,卡特尔成员之间的联盟往往并不牢固,它们之间对如何瓜分利润的争斗往往使得它们之间的协议并不特别有效。目前,世界上最著名的卡特尔是石油生产输出国组织,即欧佩克(OPEC)。与任何一个卡特尔一样,欧佩克力图通过协调减小产量来提高其产品的价格。但欧佩克的每个成员都受到增加生产以得到更大总利润份额的诱惑,它们常常私下违背协议。因此,一个卡特尔与完全垄断者存在两方面的差别:①由于卡特尔很少能控制整个市场,因此必须考虑它们的定价决策会如何影响非卡特尔企业(就是那些没有加入卡特尔的企业)的行为。②一个卡特尔成员并不是一个大公司的一部分,它们可能在利润诱惑下违背协议,如通过削价抢夺市场份额。因此,许多卡特尔都是不稳定的,也很难长期存在下去。在我国或其他一些国家,企业之间实施价格共谋或卡特尔是一种违法行为,受到反垄断法律法规的严格禁止。第二个模型是价格领袖制,即行业中某一个占支配地位的企业率先确定价格,其他企业则参照这个价格来制定和调整本企业产品的价格,与其保持一致。确定领袖价格的企业称作领袖企业,领袖企业在确定产品价格时,不能只考虑本企业利益,还必须考虑到整个行业的供求状况,否则就会遭到其他寡头垄断企业的报复。

【案例导读】

信息不对称为什么会造成市场失灵

21世纪是信息社会,拥有信息就拥有了资源,而资源对每一个市场主体来说都很重要,多一份信息或许就多一次利润机遇。然而,由于存在信息的不对称往往会使我们无法获得利润,甚至遭受损失。今天我们就带大家了解,什么是信息不对称以及它会造成什么后果(图1.4.2)。

图1.4.2 信息不对称

在市场经济活动中,各类人员对有关信息的了解是有差异的,一些成员拥有其他成员无法拥有的信息,由此就会造成信息的不对称。掌握信息比较充分的人员,往往处于比较有利的地位,而信息贫乏的人员,则处于比较不利的地位。

信息不对称造成市场失灵的原因是,信息不对称会导致资源配置不当,减弱市场效率,其主要原因在于信息不对称会引起逆向选择、道德风险问题。

逆向选择,指的是这样一种情况,市场交易的一方如果能够利用多于另一方的信息使自己受益而对方受损时,信息劣势的一方便难以顺利地做出买卖决策,于是价格便随之扭曲,并使之失去了平衡供求、促成交易的作用,进而导致市场效率的降低。例如,二手车市场。由于车主对二手车的资料信息不完全了解,而二手车平台出售商则掌握了详细的情况,买车的人只看表面,看不懂具体的配置使用损耗情况,往往会买一个外观看起来不错而实际上磨损比较严重的车。

道德风险,是指在信息不对称条件下,不确定或不完全合同使得负有责任的经济行为主体不承担其行动的全部后果,在最大化自身效用的同时,做出不利于他人行动的现象。简单来说,就是利用信息不对称,做出损人利己的决策。例如,车险市场。买车险后,当事人可能会胆子大一点,这会间接改变投保人的驾驶习惯。购买车险之后,在遇到险情时,当事人最清楚事故发生的原因,而保险公司不清楚具体原因,这个时候对保险公司不利。

不对称信息下的市场失灵矫正方法如下。

第一,政府要建立良好的政治、经济、法律等制度和具体的运行体制,制定各级各类中长期的发展规划,降低交易成本,为经济的发展创造良好的"软件条件"。另一方面,制定财政政策和货币政策要以国家的宏观目标和总体要求为主要依据,发挥财政政策的功能,促进经济增长、优化结构、调节收入(1.4.3)。

图1.4.3 宏观调控

第二,培育公正、规范的中介机构。为了减少信息不对称,可以通过第三方即监理人员对建设工程项目进行监督和管理。监理人员具有专业上的优势,他们以自身信誉为保证,以信息服务为主要活动内容,是建立和完善行业自律机制的重要因素。为此,要培育公正、规范的中介行业,建立起能使信息达到对称的机制。由行业协会建立"游戏规则",对信息的披露做出系列的、明确的和具有可操作性的规定,增加信息透明度,使中介行业成为信息流中心,"公正、公平和诚信"的平台(资料来源:中央财经大学培训学院)。

任务五 探讨市场失灵与政府的干预政策

在商品中有一大类商品是内外有别的,而且商品的内容很难在购买时加以检验。如瓶装的酒类、盒装的香烟、录音、录像带等;人们或者看不到商品包装内部的样子,如香烟、鸡蛋;或者看得到、却无法用眼睛辨别产品质量的好坏,如录音、录像带。显然对于这类产品买者和卖者了解的信息是不一样的。卖者比买者更清楚产品实际的质量情况。这时卖者很容易依仗买者对产品内部情况的不了解欺骗买者。如此看来,消费者的地位相当脆弱,通常用"从南京到北京买的不如卖的精"和 中国古代有所谓"金玉其外,败絮其中"来形容,这便是信息不对称导致的市场失灵。

由于信息不对称导致价格对经济的调节失灵。比如某商品降价,消费者也未必增加购买,消费者还以为是假冒伪劣商品,某商品即使是假冒伪劣商品提高价格,消费者还以为只有真货,价格才高。这就是市场失灵造成的市场的无效率。

一、市场失灵

市场失灵是指通过市场配置资源不能实现资源的最优配置。一般认为,导致市场失灵的原因包括垄断、外部性、公共物品和不完全信息等因素。下面我们对市场失灵的主要原因进行较具体的分析。

(一)垄断与市场失灵

一般认为,只有在完全竞争市场上,企业的生产成本从长期来看才是最低的,市场机制才能实现资源的有效配置,资源得到充分利用,产量最大,价格最低,消费者获取最大满足。

但是,在现实生活中,完全竞争市场只是一种理论假设。大部分产品都是处于不完全竞争市场,或完全垄断市场,或寡头垄断市场和垄断竞争市场。在这些不完全竞争市场上,生产者不再是完全的价格接受者,而是完全的或不完全的价格决定者,存在着各种各样的进入障碍,资源已不可能在部门之间自由流动。生产者生产的商品不是最大的产量,市场价格也不是最低的价格,长期来看成本也比完全竞争市场条件下的生产成本要高,消费者将不再可能获取最大满足。例如,在完全垄断市场上,企业按照边际成本等于边际收益的原则选择最优产量,并按照这一最优产量来制定销售价格,有时垄断企业还要对不同的买主实施价格歧视即差别定价。这样垄断企业的产量就会低于社会的最优产量,而它所定的价格却会高于市场均衡价格,使消费者的剩余减少而生产者的剩余增加,社会福利受到损害。

因此,由于不完全竞争市场的广泛存在,市场机制就很难充分有效地发挥作用,资源就不可能实现最优配置。

(二)外部性与市场失灵

所谓外部性或外部影响,是指某个人或某个企业的经济活动对其他人或其他企业造成了影响,但却没有为此付出代价或得到收益。这里所说的影响是指一种活动所产生的成本或利益未能通过市场价格反映出来的,而是无意识强加于他人的。施加这种成本或利益的人并没有为此付出代价或得到收益。外部性可以分为外部经济与外部不经济两种。所谓外部经济就是某人或某企业的经济活动会给社会上其他成员带来好处,但该人或该企业却不能由此得到补偿。所谓外部不经济就是某人或某企业的经济活动会给社会上其他人带来损害,但该人或该企业却不必为这种损害进行补偿。根据经济活动的主体是生产者还是消费者,外部性可以分为生产的外部性和消费的外部性。

由于外部性或外部影响的存在,市场机制就不能有效地进行资源配置。对于产生外部经济的生产者来说,由于其私人收益小于社会收益(因为社会收益等于私人收益与外部收益之和,而外部收益却不能为生产者通过市场价格获得),因而缺乏生产积极性,其产出水平就会低于社会最优产出水平。而对于那些产生外部不经济的生产者来说,由于其边际私人成本低于边际社会成本(社会成本等于私人成本与外部成本之和),于是倾向于扩大生产,其产出水平就会大于社会最优产出水平。外部性可能导致资源配置失衡。即使是在完全竞争条件下,由于存在外部性的影响,整个经济的资源配置也不可能达到帕累托最优状态。

(三)公共物品与市场失灵

1. 公共物品的含义。

公共物品,是满足社会公共需要的物品。公共物品是和私人物品相对应的。私人物品具有两个明显的特征:一是竞争性,二是排他性。所谓竞争性是指在其他条件不变的情况下,对于既定的可供消费的产品而言,增加一个人的消费就必然减少另一个人的消费;所谓排他性是指私人物品在财产所有权上的独占性。某人合法地占有了某种商品,别人就不能同时占有它。私人物品可明确产权上的归属,而产权必然具有排他性。因此,可以说具有竞争性和排他性的商品就叫私人物品。

2. 公共物品的特点。

第一,非竞争性。所谓非竞争性是指消费者对某一种公共物品的消费并不影响其他人对该公共物品的消费。为实现对公共物品的消费,消费者之间没必要展开竞争或争夺,即公共物品可以被许多人同时消费,它对某一人的供给并不会减少对其他人的供给;某人分享某公共物品的利益通常也不会减少其他人分享该公共物品的利益。例如,国防、道路、环境治理、电视广播等公共物品都有这种特点。第二,非排他性。所谓非排他性是指公共物品可以由任何消费者进行消费,其中任何一个消费者都不会被排除在外。某些公共物品虽然存在技术上排他的可能性,但是排他的成本非常昂贵以致在经济上不可行。

上述公共物品的这些基本特征决定了在绝大多数的公共物品消费中必然经常出现"搭便车"现象。搭便车是指某个人不进行购买而消费某种物品。私人物品的消费具有竞争性和排他性,不购买就无法消费,所以不存在搭便车问题。公共物品由于非竞争性和非排他性的存在,导致公共物品无须购买就能消费,而且一个人的消费并不减少其他人的消费,所以就存在搭便车问题。之所以产生搭便车问题,是因为如果一个人支付多少费用对他能消费的物品量没有影响,那么就会刺激这个人不为这种物品付费。换言之,如果一个人不用购买就可以消费某种物品,他就不会去购买。

3. 公共物品的分类。

可以将公共物品分为两大类,即纯公共物品和准公共物品。纯公共物品是具有完全的非竞争性和完全的非排他性的物品,一般认为,国防、治安等都是最典型的纯粹公共物品。纯公共物品一般通过纳税间接购买而被动消费,消费时无法分割,只能由政府提供。准公共物品是指具有有限的非竞争性和非排他性的物品。准公共物品具有一定程度的拥挤性,即准公共物品消费时消费者人数增加到一定程度时,会出现拥挤而产生消费的竞争。准公共物品可以部分间接购买,部分直接购买,消费时可以部分地分割,政府和私人皆可以提供。准公共物品很多,典型的如教育、医疗卫生、收费公路等。

4. 公共物品和市场失灵。

与私人物品不同,公共物品在消费上不具有排他性,因此决定了公共物品的市场需求曲线的形成不同于私人物品的市场需求曲线。

对一个特定的消费者而言,对于某一特定的价格,消费者选择使自身效用最大的公共物品的需求量。但是,由于公共物品是所有消费者同时消费同一数量的商品,因而公共物品的市场需求曲线并不是所有消费者沿需求量方向横向相加,而是在既定的数量下所有消费者愿意支付的价格才是该数量下的需求价格。换言之,公共物品的市场需求曲线是所有消费者需求曲线沿纵向相加得到的。

从图1.5.1(a) D 表示私人物品市场需求曲线,S 表示私人物品供给曲线,相关均衡点 A,D_1,D_2 分别表示消费者个人需求曲线,Q_1,Q_2 分别是消费者在 P_1 价格下的需求量由均衡点 A 可知,均衡价格为 P_1,均衡点需求量 Q_1+Q_2,可以看到,私人物品的市场需求曲线是个人需求曲线在水平方向,即数量上的求和,这表明私人物品在一定价格下的市场需求是该价格下每个消费者需求数量的总和。从图1.5.1(b)可以看到,公共物品的市场需求曲线是个人需求曲线在纵向,即价格上求和,这表明市场为一定数量的公共物品支付的货币量是市场上每个消费者为这些公共物品支付的货币量之和。

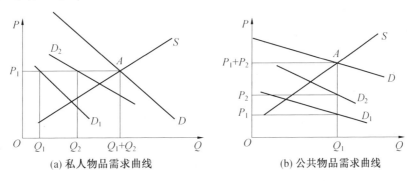

图1.5.1 私人物品和公共物品的市场需求曲线

如果有了公共物品的市场需求曲线和市场供给曲线,就可以决定公共物品的最优供给量。如图1.5.1(b)所示,D 表示公共物品的市场需求曲线,S 表示公共物品的供给曲线。与私人物品一样,公共物品的最优供给量也由该物品的需求与供给所决定。从供给的角度来看,生产公共物品与生产私人物品并没有任何区别,因而公共物品的供给曲线也是由生产这种公共物品的厂商的边际成本曲线横向加总得到。于是,D 与 S 的交点决定公共物品的均衡供给量为 Q_1。实际上,Q_1 也代表着公共物品的最优数量。因为当公共物品的数量为 Q_1 时,根据供给曲线,公共物品的边际成本为 P_1+P_2;而根据需求曲线,消费者在消费量为 Q_1 时的边际利益分别为 P_1 和 P_2,因此总的社会边际利益为 P_1+P_2。边际利益等于边际成本,公共物品的数量达到最优。

但是应当看到,图1.5.1(b)中的公共物品的最优数量并没有什么实际意义。因为,消费者并不清楚自己对公共物品的需求价格,更不可能准确说明他对公共物品的需求与价格之间的关系。并且,由于公共物品存在非竞争性和非排他性,消费者更愿意搭便车,低报或者隐瞒自己对公共物品的偏好。所以无法知道每个消费者的需求曲线,消费者表明的需求曲线一般低于其实际水平。因此无法加总消费者的需求曲线,也不能求得公共物品的最优数量。

当然,对于那些准公共物品来说,例如教育、医疗服务等,市场机制可以发挥特定作用,因为准公共物品或者具有消费的竞争性但无排他性,或者具有消费的排他性却无竞争性。公共物品领域,应当而且能够实行市场机制来引导资源的配置。例如,通过收取适当水平的学费来为非义务教育提供一定的经费投入,通过适当的收费来维持医院系统的健康运行。

(四) 信息不对称与市场失灵

1. 信息不对称的定义。

完全竞争的市场中,作为经济活动参与者的生产者和消费者对影响其选择的相关经济变量都拥有充分的并且是完全相同的信息。但现实经济中,往往存在这样一种情况:在某项经济活动中,某一参与者比对方拥有更多的影响其决策的信息,这就是信息不对称现象。例如,医疗保险市场的投保人对自己的健康状况比保险公司拥有更多信息,因此,医疗保险的买方(投保人)与保险公司之间就出现信息不对称;劳动力市场的求职者对自己的能力比雇主拥有更多信息,因此,劳动力市场上供求双方之间也会出现信息不对称。信息不对称的存在必然影响经济活动参与者对真实的供给曲线和需求曲线的了解,从而影响资源的有效配置。

2. 信息不对称对资源配置效率的影响。

在论证完全竞争市场能够实现资源帕累托最优配置时,我们假定信息是完全的,这意味着不存在上述信息不对称问题。因此,当现实经济中出现信息不对称时,市场机制实现资源帕累托最优配置的功能必然受到影响,进而导致市场失灵。信息不对称的具体表现形式多种多样。如旧车市场、保险市场、劳动力市场等都会出现信息不对称的情况。但这些不同的表现形式可以归结为两大类:逆向选择和道德风险。

3. 信息不对称导致市场失灵的原因。

(1) 旧车市场与逆向选择。在旧车市场,如果卖方和买方都对旧车具有充分的、相同的信息,那么,在完全竞争的条件下,买方必然愿意对质量高的旧车支付较高的价格,对质量低的旧车支付较低的价格,卖方也能够以较高的价格出售质量高的旧车,以较低的价格出售质量低的旧车,于是,旧车市场在完全竞争机制的作用下实现帕累托最优配置。但现实情况通常是,卖方对自己的旧车具有充分的信息,他完全了解自己旧车的质量好不好,有什么缺陷。但买方对卖方的旧车则很难获得充分的信息,他不能完全了解旧车的质量和缺陷。在这种情况下,买方只能按照平均质量支付旧车价格,这个价格就是"较高价格"与"较低价格"的平均价格。于是,市场状况发生变化,拥有高质量旧车的卖方不愿意按平均价格出售自己的旧车,而拥有低质量旧车的卖方则迫切地愿意按平均价格出售自己的旧车,这样做的结果是,旧车市场只剩下低质量的旧车,低质量旧车把高质量旧车驱逐出市场。并且,随着市场上旧车质量的整体下降,买方会进一步降低自己愿意支付的价格,而且降低自己购买旧车的数量,这会导致市场上旧车质量进一步下降,对旧车的需求也会下降,此时,旧车的需求曲线反常地向左下方弯曲,即价格越低需求量越少。最终结果可能是,只有少量低质量旧车可供出售,甚至没有任何旧车可以出售,以致旧车市场萎缩甚至彻底消失。与此同时,大量希望出售旧车和希望购买旧车的人同时存在,但他们却无法实现交易。这时的资源配置显然不是帕累托最优的。这就是信息不对称导致旧车市场失灵的过程。

上述旧车市场的例子表明,由于卖方和买方之间信息不对称,市场机制会导致某些商品或服务的需求曲线向左下方弯曲,最终结果是劣质商品或服务驱逐优质商品或服务,以致市场萎缩甚至消失,这就是逆向选择。逆向选择不仅存在于旧货市场,而且存在于一切可能出现信息不对称的商品或服务市场,例如在健康保险市场、劳动力市场等都会出现逆向选择问题。

(2) 保险市场与道德风险。在保险市场上,信息不对称不仅会因上述逆向选择问题导致市场失灵,还会因为另一种机制导致市场失灵。例如,当一个人购买了健康保险后,他很可能就不再像此前那样注意自己的生活方式、维护自己的身体健康,于是他发生健康问题的概率就会上升;当很多人都这样做的时候,保险公司就不得不提高保险费甚至拒绝出售保险,否则它就会亏损;但提高保险费会使一部分购买意愿较低的投保者退出。这时候市场机制形成的保险服务数量就会偏离帕累托最优水平。如果信息是充分的、完全的,保险公司就没有必要统一制定较高的保险费,而只需要针对具有不良生活方式的投保者收取较高保险费,对其他投保者仍然收取较低保险费,这样就会有更多的投保者购买保险并获得相应的效用满足,保险公司也可以获得更多的利润,这显然是一种帕累托改进。

在上述例子中,由于信息不对称,市场的一方不能观察到另一方的行动,则另一方就可能采取不利于对方的行动,这就是道德风险问题。道德风险不仅存在于保险市场,而且存在于一切可能出现信息不对称的商品或服务市场,如劳动力市场等。

二、政府对市场的干预

为了克服市场失灵,弥补市场机制的缺陷或不足,优化资源配置,政府需要对市场进行干预和调控,用"看得见的手"来弥补"看不见的手"。政府应对某些微观经济活动进行干预,主要有以下几个方面:

1. 为了限制和消除垄断,保护和促进竞争,提高资源配置的效率,政府可以通过法律手段来限制垄断和反对不正当竞争。

这是西方国家早已采用的手段。我国也制定了《反不正当竞争法》和《反垄断法》等法律法规。政府对垄断进行干预的另一种手段是对垄断行业进行公共管制,主要是对垄断行业的产品或服务的价格进行管制,可以规定限价或者规定利润率。

2. 消除外部性的传统方法,包括使用税收和补贴,将相关企业合并从而使外部性内部化等手段。首先,政府可以使用税收的手段对那些产生外部不经济的企业,例如对产生严重污染的企业征收适度的赋税即排污税或排污费,这种税的数额应等于治理污染的费用。这样就会使企业的私人成本等于社会成本,企业的生产成本和产品的价格就会相应提高,这不仅会使市场对这些企业产品的需求得到抑制,而且也会使企业的生产收缩,从而最终引导资源转移到其他用途上或效率高的企业中去,使资源得到更为有效的利用。而对于那些具有外部经济的企业,政府应给予财政补贴,使其私人收益等于社会收益。这样,就可以鼓励企业增加产量,以实现资源的优化配置。其次,政府也可以通过合并相关企业的方法使外部性得以"内部化"。

例如,A企业是产生外部不经济的企业,而B企业则是其受害者,或者A企业是产生外部经济的企业,而B企业是免费受益者,在上述两种情况下,如果把A,B两个企业合并,外部不经济或外部经济都会因此而消失。

随着产权理论的出现和发展,明确和界定产权已经成为消除外部性的重要途径。按照美国经济学家科斯的产权理论,很多外部性的产生都是由于产权不清晰导致的。例如,造纸厂无偿地向河流中排放废水,对下游的养鱼场造成损失。应当由造纸厂赔偿养鱼场,还是应当让养鱼场补偿造纸厂使其减少污染?要视河流产权而定。如果把河流的产权清晰地界定给其中任意一方,并允许造纸厂与养鱼场之间进行自由的谈判,且这种交易本身不发生额外的费用,则养鱼场和造纸厂可以就河水污染损失达成一个最佳解决方案,而不需要额外的政府干预。这就是说,如果产权即受益权或受损权以及一方给予另一方的补偿权是明晰的,外部性就可能不会发生。关于科斯定理,通常的说法是,只要财产权是明确的,并且交易成本为零或者很小,那么,无论在开始时将财产权赋予谁,市场均衡的最终结果都是有效率的,实现资源配置的帕累托最优。进一步看,还可以认为,一旦考虑到交易成本,产权的初始界定对于经济运行的效率就会产生十分重要的作用。从而可以引申出一个重要结论:不同的产权制度,会导致不同的资源配置效率。

当然,在现实世界中,科斯定理所要求的前提往往是不存在的,财产产权常常不清晰,交易成本也不可能为零,有时甚至是比较大的。因此,依靠市场机制矫正外部性是有一定困难的。但是,科斯定理毕竟提供了一种通过市场机制解决外部性问题的一种新的思路和方法。在这种理论的影响下,美国和一些国家先后实行了污染物排放权或排放指标的市场交易活动。

3. 为了提供适当水平的公共物品,政府承担了主要提供者的职责,例如国防、治安、消防和公共卫生。

4. 为了解决因信息不对称所造成的市场失灵,政府对许多商品的说明、质量标准和广告都做出了具体的法律规定。政府还通过各种方式为消费者提供信息服务。

政府通过制定正确的微观经济政策在很大程度上能够消除市场失灵对经济运行的影响,从而提高资源的配置效率。

拓展知识点与分析

资源配置分析。在市场制的作用下,如果居民和企业为市场分别实现了利润最大化,并且在此基础上产品市场和生产要素市场既不存在过剩,也不存在短缺,即整个经济的价格体系恰好使所有的商品供求都相等,经济处于一般均衡状态或瓦尔拉斯均衡状态。当经济处于一般均衡状态时,资源便实现了最优配置。资源实现最优配置的目标是,当一种资源重新分配,已经不可能使任何一个人的境况变好,也不使一个人的境况变坏。换言之,社会已经达到这样一种状态,如果资源在某种配置下,不可能由重新组合生产和分配来使一个人或多个人的福利增加,也不使其他任何人的福利减少,那么社会就实现了资源的最优配置。反之,如果既定的资源配置状态能够在其他人福利水平不下降的情况下,通过重新配置资源使得至少有一个人的福利水平有所提高,则称这种资源更新配置为"帕累托改进"。所以,帕累托最优状态是不存在帕累托改进的资源配置状态,换言之,如果对于某种特定的资源配置状态,还存在帕累托改进,即在该状态下还存在某些改变可以至少使一个人的境况变好而不使任何人的境况变坏,则这种状态被认为是帕累托最优状态,又被称为经济效率。满足帕累托最优状态就是具有经济效率的,不满足帕累托最优状态就是缺乏经济效率的。

在一个经济社会中,实现一般均衡,并且资源配置达到帕累托最优状态是有条件的。这些条件包括,经济主体是全理性的、信息是完全的、市场竞争是完全的、经济主体的行为不存在外部影响等。符合这些条件的完全竞争市场显然是不现实的,当这些条件不具备时,资源最优配置或者帕累托最优状态通常不能得到实现。如果完全竞争的条件受到破坏,或者即使存在完全竞争条件,市场机制在很多场合不能实现资源最优配置,就会出现所谓的市场失灵,简单地说,市场失灵是指由于市场机制不能充分地发挥作用而导致的资源配置缺乏时效或资源配置失当的情况。

【案例导读】

一文读懂宏观经济指标

我们日常在财经媒体上经常会看到GDP,CPI的宏观经济指标,这些指标都是什么意思?各有什么作用?今天这篇文章里提到的指标就是用来诊断经济好坏的指标,快来看看都有哪些指标吧。

一、判断经济景气度的指标

1. GDP。

GDP也叫国内生产总值,指一个国家一定时期内所有的生产和服务的总和。GDP主要组成部分包括国民消费、投资、政府采购带来的生产和消费以及净出口这四个部分。

查看GDP的增速可以帮助我们判断经济的整体运行情况是在增长、停滞,还是衰退。一般通过同比增长(比去年同时期)来判断经济总体增长情况。比如GDP的数值开始连续出现下降,那我们就需要注意了,情况可能就没那么好了。

2. PMI。

采购经理人指数,表示企业采购经理的月度调查结果统计汇总编制而成的指数,可以具体分为制造业和非制造业两类。

PMI是一个非常典型的先行经济指标。PMI跟GDP有很高的相关性,而且比GDP更早地反映经济周期的变化,有时候甚至早好几个月。以制造业的PMI为例,这个指数可以称得上是制造业的晴雨表,因为它衡量的是制造业生产从订单、采购到产出库存的各个环节的变化情况。而GDP主要衡量的是经济生产的结果。所以PMI往往可以提前从生产环节的变化向我们反映经济状况。

当PMI大于50%的时候,说明经济在发展,小于50%的时候,说明经济在衰退。如果我们看到PMI指数连续下降,那么未来的经济增长可能会出现放缓或者调整。

二、判断经济引擎的三驾马车

1. 固定资产投资增速。

固定资产包括厂房、机器设备、企业自发的投资以及房地产的开发建设等。这里也包括政府的投资,比如政府投资主导的修桥、修路等,它是衡量我们的经济驱动力之一,也是衡量固定资产总投资量的变化,数字越大,说明固定资产投资增长越多。

2. 社会消费品零售总额同比增速。

衡量消费品(含商品和服务)销售总额的增长,其实就是咱们平时日常生活中的消费,包括商品和服务,这个数字越大,说明社会总消费对应的总额增长越快。

3 出口增速。

中国一直依赖于出口对经济增速的贡献,看近期的人民币贬值就利好出口企业,这个指标用来衡量出口量的月度变化,数字越大,说明出口量增长越多。

三、判断货币供应的松紧

1. M2。

M2会经常在财经新闻中看到、听到,却往往不知道是什么。它是我们用来判断货币供应的松紧的一个指标。

货币本身没有使用价值,更多是用来作为一般等价物来衡量其他商品的价值。而货币的发行要和经济增长来匹配,比如前面提到的GDP增速。和经济增长匹配的货币发行可以促进经济的增长,但是过量就会造成物价上涨,造成手中的货币贬值,影响我们对经济的预期,甚至扰乱经济的运行。

M2又叫广义货币供应量,反映整个经济中货币和衍生(信贷)货币的总量。货币包含了实际流通的真金白银以及各类机构的存款。这个数值就是我们说跑赢通胀,让自己的财富不贬值的一个目标值。

2. 存贷款基准利率。

我们去银行存款,买房贷款都会有一个基准利率,这个利率就是存贷款基准利率,数字越小代表越宽松的货币政策,抑制存款、鼓励贷款。

3. 存款准备金率。

存款准备金率是各大银行在央行存放的准备金比率,它直接制约银行的放贷能力。可以结合M2这个指标来看,会发现市场中其实有很多的货币都是通过信贷的方式放出来的。央行把准备金率定得越低,实际上是越鼓励宽松信贷。

四、判断是否有通货膨胀

1. CPI。

CPI是物价指数,它衡量我们日常生活中需要的一篮子商品和服务的价格变化,是衡量我们生活中通货膨胀的一个重要指标。但是要特别说明的是,这个指标中是不包含房价的,所以大家会觉得钱明明就非常不够用了,那为什么CPI的增幅却好像一直控制在2%,3%这样一个低位的水平。一般来说,不超过3%,通货膨胀的压力就不大。

2. PPI。

PPI是工业物价指数,它衡量的是工业产品出厂价格总水平的变动程度。同比数字越大,表明工业生产的价格增速也快,这是观察企业整体生产的一个价格指标。这个指数也可以反映通货膨胀的情况。

以上经济指标都可以在国家统计局和中国人民银行的官网上查到。附一张2022年一季度的国民经济主要指标(表 1.5.1),可以试着去理解(资料来源:秋好的夜航船)。

表 1.5.1　经济社会发展统计图表:2022 年 1～3 月国民经济主要指标

指标	单位	3月		1～3月	
		绝对量	同比增长/%	绝对量	同比增长/%
一、国内生产总值	亿元	—	—	270 178	4.8
二、规模以上工业					
增加值	亿元	—	5.0	—	6.5
出口交货值	亿元	13 311	10.8	36 099	14.4
利润总值	亿元			19 556	8.5
其中国有控股企业	亿元			7 069	19.5
其中私营企业	亿元			5 332	3.2
发电量	亿千瓦小时	6 702	0.2	19 922	3.1
三、工业用电量	亿千瓦小时	4 713	2.1	12 980	3.1
四、服务业生产指数	%	—	-0.9	—	2.5
五、固定资产投资(不含农户)	亿元			104 872	9.3
其中民间投资	亿元			59 622	8.4
其中房地产开发投资	亿元			27 765	0.7
六、社会消费品零售总额	亿元	34 233	-3.5	108 659	3.3
其中:实物商品网上零售额	亿元			25 257	8.8
七、居民消费价格	%	—	1.5	—	1.1
商品零售价格	%	—	2.7	—	2.0
工业生产者出厂价格	%	—	8.3	—	8.7
八、城镇调查失业率	%	5.8	—		—
其中31个大城市城镇调查失业率	%	6.0			
九、全国居民人均可支配收入	元			10 345	5.1
全国居民人均消费支出	元			6 393	5.7
十、全国一般公共预算收入	亿元			62 037	8.6
全国一般公共预算支出	亿元			63 587	8.3
十一、广义货币余额(月末)	万亿元	249.8	9.7	—	—
社会融资规模存量(月末)	万亿元	325.6	10.6	—	—
十二、制造业采购经理指数(PMI)*	%	49.5	-0.7	—	—
非制造业商务活动指数*	%	48.4	-3.2	—	—

注:国内生产总值、规模以上工业增加值、全国居民人均可支配收入和全国居民人均消费支出增速均为实际增速。31个大城市是指4个直辖市和27个省会和首府城市。城镇调查失业率、31个大城市城镇调查失业率、制造业采购经理指数、非制造业商务活动指数均为当月数。带 * 指标同比增长为比上月增减百分点(国家统计局提供)。

任务六　分析宏观经济运行、调控目标和手段

一、宏观经济调控目标和手段

(一) 政府的经济职能

政府的经济职能指政府从社会经济生活宏观的角度,履行对国民经济进行全局性地规划、协调、服务、监督的职能和功能。它是为了达到一定目的而采取的组织和干预社会经济活动的方法、方式、手段的总称。

(二) 宏观经济调控的基本目标

宏观经济调控是为了促进经济增长、增加就业、保持合理的失业率、稳定价格总水平、平衡国际收支。

从根本上说,宏观调控的四个政策目标是一致的。但具体来说宏观调控的四个政策目标之间,存在着某种相互关系,也存在着矛盾和冲突。

宏观政策目标的互补关系指政府对某一目标的追求或某一目标的实现,同时也能够促进其他目标的实现。如,经济增长目标与增加就业目标之间的关系。

宏观政策目标的矛盾关系指,政府要实现某一目标,就无法同时实现另一目标,甚至要以牺牲另一目标为代价。如,经济增长目标、增加就业目标与价格稳定目标之间的关系。

分析:政府在选择宏观调控的政策目标时,应遵循哪些原则。

(三) 宏观经济调控的手段

1. 财政政策。

财政政策包括财政收入政策和财政支出政策。财政收入政策的基本内容是税收政策,当需要扩大需求时,一般采取减税政策,促进消费和投资;当压缩需求时,一般采取增税政策。

2. 货币政策。

货币政策主要包括公开市场业务、贴现率、利率、汇率以及窗口指导等。当总需求增长过快时,应提高利率;在总需求增长缓慢时,则应降低利率。

(四) 财政政策与货币政策的协调

在宏观经济调控中,财政政策或货币政策的基本目标是完全一致的,但是由于两种政策运行机制不同,需要相互协调,一般有四种搭配方式:双松、双紧、一松一紧、均为中性。

二、经济增长

(一) 经济增长

经济增长指一个国家或地区在一定时期内的总产出与前期相比实现的增长。总产出通常用国内生产总值来衡量。对国家经济增长速度的度量通常用经济增长率来表示。设 ΔY_t 为本年度经济总量的增量, Y_{t-1} 为上一年所实现的经济总量,则经济增长率(G)就可以用下面公式来表示

$$G = \frac{\Delta Y_t}{Y_{t-1}}$$

由于GDP中包含了产品或服务的价格因素,所以在计算GDP时,就可以分为,用现价计算的GDP和用不变价格计算的GDP。用现价计算的GDP,可以反映一个国家或地区的经济发展规模,用不变价计算的GDP可以用来计算经济增长的速度。

(二) 决定经济增长的基本因素

决定经济增长的因素包括科学技术进步、自然资源状况、社会制度、经济体制与经济政策,以及人口的增长情况等。决定经济增长的基本(具体)因素主要有:

1. 劳动的投入数量。

在其他条件既定的情况下,一个社会投入生产的劳动数量越多,生产的产品就可能越多,经济增长速度就越高。劳动投入数量取决于人口规模和人口结构以及劳动者投入的劳动时间的多少。

2. 资本的投入数量。

在其他因素不变的条件下,资本数量投入越多,经济增长速度就越高。资本的投入数量也受多种因素制约,其中最重要的是资本的利用率或生产能力利用率,主要是机器、设备、厂房等固定资产的利用率。

3. 劳动生产率。

劳动生产率一般用在一定时间内每个劳动者所生产的 GDP,或单位劳动时间所生产的 GDP 来计算。在同样的劳动投入的情况下,劳动生产率的提高就可以带来经济的增长。

4. 资本效率。

资本效率也就是投资效益,是指单位资本投入数量所能产生的 GDP,一般用 GDP 与资本总额的比率来表示,也可以用生产单位 GDP 需要投入的资本数量表示。在其他因素不变的条件下,资本的效率提高就会带来经济增长。反之,资本效率下降就会导致经济增长速度下降。

三、就业和失业

(一)就业与失业的含义

就业是一定年龄段内的人们所从事的为获取报酬或经营收入所进行的活动。如果再进一步分析,则需要把就业从三个方面进行界定,即就业者条件,指一定的年龄;收入条件,指获得一定的劳动报酬或经营收入;时间条件,即每周工作时间的长度。

失业在经济学范畴中,凡在一定年龄范围内一个人愿意并有能力为获取报酬而工作,但尚未找到工作的情况,即认为是失业。失业率是劳动人口里符合"失业条件"者所占的比例。实际上,确定在找工作的失业人员数量是非常困难的,特别是在找到工作前失业救济金已经过期的那些人的数量。

失业即达到就业年龄具备工作能力谋求工作但未得到就业机会的状态。对于就业年龄,不同国家往往有不同的规定,美国为16周岁,中国为18周岁。按照失业原因,分为摩擦性失业、自愿性失业和非自愿性失业等。

失业有广义和狭义之分。广义的失业指的是生产资料和劳动者分离的一种状态。在这种状态下,劳动者的生产潜能和主观能动性无法发挥,不仅浪费社会资源,还对社会经济发展造成负面影响。狭义的失业指的是有劳动能力的、处于法定劳动年龄阶段的,并有就业愿望的劳动者失去或没有得到有报酬的工作岗位的社会现象。

(二)失业人口划分

有劳动能力并愿意工作的人得不到适当的就业机会。没有劳动能力的人不存在失业问题。有劳动能力的人虽然没有职业,但自身也不想就业的人不称为失业者。对失业的规定,在不同的国家往往有所不同。在美国,年满16周岁而没有正式工作或正在寻找工作的人都称为失业者。

(三)失业类型

1. 根据失业产生的原因,可以把失业区分为:

(1)自愿性失业:摩擦性失业,结构性失业。

(2)非自愿性失业:技术性失业,周期性失业。

(3)隐蔽性失业等不同类型。

2. 按消费者意愿划分。

自愿失业和非自愿失业。

3. 失业类型。

(1)自愿失业。

自愿失业是指工人所要求的实际工资超过其边际生产率,或者说不愿意接受现行的工作条件和收入水平而未被雇佣而造成的失业。由于这种失业是由于劳动人口主观不愿意就业而造成的,所以被称为自愿失业,无法通过经济手段和政策来消除,因此不是经济学所研究的范围。

(2)非自愿失业。

非自愿失业是指有劳动能力、愿意接受现行工资水平但仍然找不到工作的现象。这种失业是由于客观原因所造成的,因而可以通过经济手段和政策来消除。经济学中所讲的失业是指非自愿失业。

(3)摩擦性失业。

摩擦性失业指人们在转换工作过程中的失业,指在生产过程中由于难以避免的摩擦而造成的短期、局部的失业。这种失业在性质上是过渡性的或短期性的,通常起源于劳动力供给方。

(4)结构性失业。

结构性失业是指劳动力供给和需求不匹配造成的失业,其特点是既有失业,又有空缺职位,失业者或者没有合适的技能,或者居住地不当,因此无法填补现有的职位空缺。结构性失业在性质上是长期的,而且通常起源于劳动力的需求方。这种失业是由经济变化导致的,这些经济变化引起特定市场和区域中的特定类型劳动力的需求相对低于其供给。

造成特定市场中劳动力的需求相对低可能由以下原因导致:第一是技术变化,原有劳动者不能适应新技术的要求,或者是技术进步使得劳动力需求下降;第二是消费者偏好的变化,消费者对产品和劳务的偏好的改变,使得某些行业扩大而另一些行业缩小,处于规模缩小行业的劳动力因此失去工作岗位;第三是劳动力的不流动性,流动成本的存在制约着失业者从一个地方或一个行业流动到另一个地方或另一个行业,从而使得结构性失业长期存在。

(5)周期性失业。

周期性失业是指经济周期波动所造成的失业,即在经济周期中的衰退或萧条时,因需求下降而导致的失业,当经济中的总需求减少,降低了总产出时,会引起整个经济体系的普遍失业。当经济发展处于一个周期中的衰退期时,社会总需求不足,因而厂商的生产规模也会缩小,从而导致较为普遍的失业现象。周期性失业对于不同行业的影响是不同的,一般来说,需求的收入弹性越大的行业,周期性失业的影响越严重。也就是说,人们收入下降,产品需求大幅度下降的行业,周期性失业情况比较严重。通常用紧缩性缺口来说明这种失业产生的原因。紧缩性缺口是指实际总需求小于充分就业的总需求时,实际总需求与充分就业总需求之间的差额。

(6)技术性失业。

技术性失业指在生产过程中引进先进技术代替人力,以及改善生产方法和管理而造成的失业。从长远角度看,劳动力的供求总水平不因技术进步而受到影响;从短期看,先进的技术、生产力和完善的经营管理,以及生产率的提高,必然会取代一部分劳动力,从而使一部分人失业。

(7)季节性失业。

季节性失业指由于气候状况有规律的变化对生产、消费产生影响引起的失业。

(8)隐藏性失业。

除了这几种主要失业类型外,经济学中常说的失业类型还包括隐藏性失业,所谓隐藏性失业是指表面上有工作,但实际上对产出并没有做出贡献的人,即有"职"无"工"的人,也就是说,这些工作人员的边际生产力为零。当经济中减少就业人员而产出水平没有下降时,即存在着隐藏性失业。美国著名经济学家阿瑟·刘易斯曾指出,发展中国家的农业部门存在着严重的隐藏性失业。

(四)反映失业程度指标

常用的反映失业程度的指标有两个:失业率和失业持续期。

失业率 = 失业人数 ÷ 社会劳动力人数 × 100% = 失业人数 ÷ (就业人数 + 失业人数) × 100%

失业持续期是指失业者处于失业状态的持续时间,一般以周(星期)为时间单位。计算平均失业持续期的公式

$$平均失业持续期 = (\sum 失业者 \times 周数) \div 失业人数$$

年失业率＝该年有失业经历的人占社会劳动力总额的比例×(平均失业持续周期÷52周)

（五）失业产生的影响

失业会产生的诸多影响，一般可以将其分成两种：社会影响和经济影响。失业的社会影响虽然难以估计和衡量，但它最易为人们所感受到。失业威胁着作为社会单位和经济单位的家庭的稳定。没有收入或收入遭受损失，户主就不能起到应有的作用。家庭的要求和需要得不到满足，家庭关系将因此而受到损害。西方有关的心理学研究表明，解雇造成的创伤不亚于亲友的去世或学业上的失败。此外，家庭之外的人际关系也受到失业的严重影响。一个失业者在就业的人员当中失去了自尊和影响力，面临着被同事拒绝的可能性，并且可能失去自尊和自信。最终，失业者在情感上受到严重打击。

失业的经济影响可以用机会成本的概念来理解。当失业率上升时，经济中本可由失业工人生产出来的产品和劳务就损失了。经济衰退期间的损失，就好像是将众多的汽车、房屋、衣物和其他物品都销毁掉了。从产出核算的角度看，失业者的收入总损失等于生产的损失，因此，丧失的产量是计量周期性失业损失的主要尺度，因为它表明经济处于非充分就业状态。20世纪60年代，美国经济学家阿瑟·奥肯(Arthur Okan)根据美国的数据，提出了经济周期中失业变动与产出变动的经验关系，被称为奥肯定律。

奥肯定律的内容是失业率每高于自然失业率一个百分点，实际GDP将低于潜在GDP两个百分点。换一种方式说，相对于潜在GDP，实际GDP每下降两个百分点，实际失业率就会比自然失业率上升一个百分点。

西方学者认为，奥肯定律揭示了产品市场与劳动市场之间极为重要的关系，它描述了实际GDP的短期变动与失业率变动的联系。根据这个定律，可以通过失业率的变动推测或估计GDP的变动，也可以通过GDP的变动预测失业率的变动。例如，实际失业率为8%，高于6%的自然失业率2个百分点，则实际GDP就将比潜在GDP低4%左右。

未来的一二十年是我国改革开放的关键时期，大量的农村富余劳动力转移到城镇就业，城镇新增的适龄就业人员也有较大的就业需要，这就使得我国在未来这一二十年内面临着较大的就业压力，就业问题是我国政府宏观经济政策要解决的最主要问题之一。奥肯定律给我们提供了一个可能的解决方案，即一定要保持GDP的高速增长，这样一方面能迅速提高我国人民的生活水平，同时也能较好地解决未来的就业压力。

失业者可领取一定的失业救济金，但其数额少于就业时的工资水平，因而生活相对恶化，促使其重新就业。从这一点上来说，不少西方经济学家认为，一个合理的失业率及其失业现象的存在，是促进社会发展所必需的条件之一。

可以采取扩张性财政政策，如增加政府购买支出、增加转移支付、减少税收；采取扩张性货币政策，如降低法定准备金率、降低再贴现率、在公开市场上购买证券；供给政策，如通过使工人对工作职位做出更积极的反应而影响劳动供给。促使雇主愿意接受或雇佣现有技能的工人，以突破他们对劳动就业的限制。减少工会等垄断组织对增加就业的制约。

（六）奥肯定律

美国经济学家阿瑟·奥肯在20世纪60年代初提出了美国的产出与失业之间的一个数量相关关系，即奥肯定律或奥肯法则。奥肯根据美国的数据，得出了一个结论：相对于潜在的GDP，即一个经济体在充分就业状态下所能实现的CDP，实际GDP每下降2个百分点，失业率就会上升1个百分点。或者说相对于自然失业率即充分就业状态下的失业率，失业率每提高1个百分点，实际GDP就会相对于潜在CDP下降2个分点。

应当指出奥肯定律所提出的经济增长和失业之间的具体数量相关关系可能会随着时代的变化而有所不同，在不同的国家或地区可能差别更大。但是，这一定律具有重要的政策含义，表明了在经济增长和就业之间存在一定的相关关系。政府应当把促进经济增长作为增加就业或降低失业的主要途径。

【案例导读】

国际贸易术语2000年、2010年、2020年的变化(图1.6.1，图1.6.2)。

国际贸易术语

INCOTERMS 2000 种贸易术语风险和交货点示意图

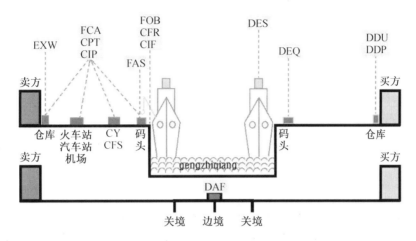

图1.6.1 贸易术语风险和交货点示意图

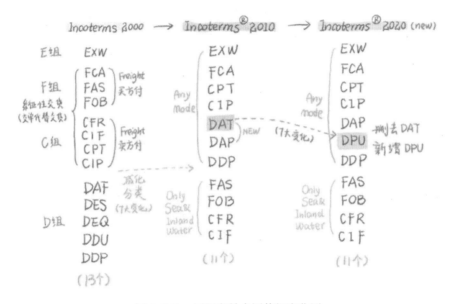

图1.6.2 国际贸易术语修订变化图

贸易条件(trade terms of international trade)又称价格术语。在国际贸易中,买卖双方所承担的义务,会影响到商品的价格。在长期的国际贸易实践中,逐渐形成了把某些和价格密切相关的贸易条件与价格直接联系在一起,形成了若干种报价的模式。每种模式都规定了买卖双方在某些贸易条件中所承担的义务。用来说明这种义务的术语,称之为贸易术语。

贸易术语所表示的贸易条件,主要分两个方面:

第一方面,说明商品的价格构成,是否包括成本以外的主要从属费用,即运费和保险费。

第二方面,确定交货条件,即说明买卖双方在交接货物方面彼此所承担的责任、费用和风险的划分。

贸易术语是国际贸易中表示价格的必不可少的内容。报价中使用贸易术语,明确了双方在货物交接方面各自应承担的责任、费用和风险,说明商品的价格构成。从而简化了交易磋商的手续,缩短了成交时间。由于规定贸易术语的国际惯例对买卖双方应该承担的义务,做了完整而确切的解释,因而避免了由于对合同条款的理解不一致,在履约中可能产生的某些争议。

根据最新的《国际贸易术语解释通则2020》(Incoterms R 2020)。国际贸易术语共有11种,分别是:EXW,FCA,FAS,FOB,CFR,CIF,CPT,CIP,DAP,DPU,DDP。

第一组：适用于任何运输方式的术语七种：EXW,FCA,CPT,CIP,DAP,DPU,DDP。

EXW(ex works) 工厂交货

FCA(free carrier) 货交承运人

CPT(carriage paid to) 运费付至目的地

CIP(carriage and insurance paid to) 运费/保险费付至目的地

DAP(delivered at place) 目的地交货

DPU(delivered at unloaded) 卸货地交货

DDP(delivered duty paid) 完税后交货

第二组：适用于水上运输方式的术语四种：FAS,FOB,CFR,CIF。

FAS(free alongside ship) 装运港船边交货

FOB(free on board) 装运港船上交货

CFR(cost and freight) 成本加运费

CIF(cost insurance and freight) 成本、保险费加运费

总结一下：

适用于所有运输方式：EXW,FCA,CPT,CIP,DAP,DPU,DDP。

仅适用于海运和内河运输：FOB,FAS,CFR,CIF。

对于采购方而言，在EXW条款下需要承担最大的费用和风险，在DDP条款下承担最小的费用和风险。

对于供应商而言，在EXW条款下需要承担最小的费用和风险，在DDP条款下承担最大的费用和风险。

贸易术语发起于国际跨境贸易，但部分条款(如：EXW,DDP)同样适用于国内贸易。

贸易术语必须后缀具体的交付地点名称才是完整的，比如：EXW DONGGUAN,CIF HONGKONG,DDP BEIJING 等(资料来源：SINORUSS)。

项目二 财政学

【思维导图】

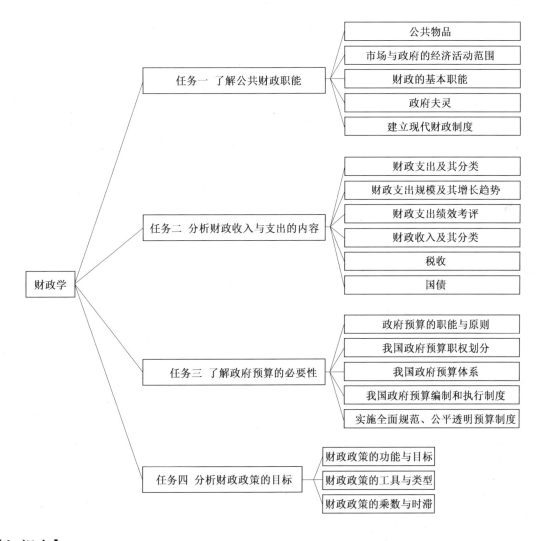

【知识点】

(1) 公共物品。
(2) 财政收入与支出。
(3) 政府预算。
(4) 财政政策目标。

【能力目标】

(1) 掌握公共财政的基本职能。
(2) 能够分析财政收入与财政支出的主要内容。
(3) 了解政府预算的必要性。
(4) 能够掌握财政政策的目标。

任务一 了解公共财政职能

一、公共物品

（一）公共物品的定义

公共物品是指公共使用或消费的物品。公共物品是与私人物品相对应的一个概念，消费具有非竞争性和非排他性特征，一般不能有效通过市场机制由企业和个人提供，主要由政府提供。公共物品是相对那些可以划分为企业或个人消费单元的基本生活或生产资料等私人物品而言的共享性物质产品和服务项目。

（二）公共物品的特征

消费上的非竞争性和非排他性。

1. 非竞争性。

非竞争性指的是某种公共物品一旦被提供，增加一个人的消费并不增加任何额外成本，也就是增加一个人消费的边际供给成本为零。强调了集体提供公共物品的潜在收益。

2. 非排他性。

派生特征，指排除一个额外消费者技术上不可行，或者成本很高。这一特征指出了通过市场机制提供公共物品的潜在困难。

（三）公共物品的需求显示

1. 私人物品的需求显示。

私人物品的需求显示是通过自愿的市场交易实现的。

2. 公共物品的需求显示。

公共物品的需求显示是通过强制性的政治交易实现的。

（四）公共物品的融资和生产

民主社会中，政府有责任按照纳税人提出的公共物品的需求结构和需求数量，公正而有效率地供给公共物品。公共物品的供给包含两层含义，一层是指公共物品的资金来源，即谁为公共物品付费，以何种方式付费，我们称之为公共物品的融资；另一层是指由谁负责，如何将公共物品的投入要素转化为公共物品的产出，我们称之为公共物品的生产。

1. 公共物品的融资。

一是政府融资或强制融资。政府应作为公共物品供给的资金提供者，以强制税收的形式为公共物品融资。政府融资的缺点是难以满足社会成员对公共物品的多样化需求。

二是私人融资或自愿融资在公共物品的两个主要特征中，非排他性成为对自愿融资起阻碍作用的关键因素。尽管有这种限制，公共物品有时还经由收费的集体行动而被自愿提供。

三是联合融资。公共物品在一定情况下，由私人来提供是可能的，但多数情况下，应在私人融资和公共融资之间做出分工。换一个角度来看这个问题，对于政府来说，通过价格机制激励私人自愿提供公共物品，而不是亲自来提供，则是最为理想的。常见的手段是政府以财政补贴和税收优惠等方式，鼓励私人机构提供公共物品。

2. 公共物品的生产。

公共物品供给所需的资金问题已经解决，社会成员还需决定通过何种方式完成公共物品的生产或公共服务的递送。其中，政府生产和合同外包是两种典型的生产方式。

（1）政府生产代表公众利益的政治家雇佣公共雇员，与他们签订就业合同，合同中对所需提供的物品或服务做出具体规定。

（2）合同外包是指政治家首先与私人厂商签约，再由这个私人厂商与其雇员签订劳务合同，按政府的要求完成公共物品或服务的生产任务。合同外包是公共服务提供私有化的表现。

（五）我国公共物品供给制度目标

1. 建立一个多元的、竞争性的、有效率的、均衡发展的公共物品供给制度机构。
2. "十二五"强调，坚持政府负责的前提，充分发挥市场机制，推动基本公共服务提供主体和提供防护多元化，加快建立政府主导、社会参与、公办和民办并举的基本公共服务供给模式。

二、市场与政府的经济活动范围

市场系统是由居民、企业和政府三个相对独立的主体组成的，政府经济活动范围应主要集中在提供公共物品或服务、矫正外部性、维持有效竞争、调节收入分配、稳定经济。

三、财政的基本职能

财政的职能是指财政在社会经济生活中所具有的职责和功能。根据社会主义市场经济的内在要求，我国的财政担负着四个方面的职能，即资源配置职能、收入分配职能、调控经济职能和监督管理职能。

（一）资源配置职能

1. 资源配置职能的含义。

人类的生产活动离不开资源的使用。随着社会经济年复一年的发展，人们对资源的需求越来越大。而资源是有限的，在生产规模不断扩大的同时，资源却日益显得匮乏甚至稀缺，因而优化资源配置成为社会发展的必然。所谓优化资源配置，就是指通过资源的优化组合，使有限的资源能形成最佳的资产结构、产业结构、技术经济结构和地区结构。换句话说，就是通过某种经济手段或组织方式，使资源能够达到充分利用。

资源配置的方式有多种，如计划配置、市场配置、财政配置等。在不同的经济体制下，起主导作用的配置机制是不同的。在传统的计划经济体制下，起主导作用的是计划配置。在市场经济体制下，市场配置起基础作用，但必须以完全竞争为条件。然而完全竞争的市场机制只是一种理论上的假想，由于投机、垄断、信息失真等现象的作用，现实中普遍存在的是不完全的市场机制。此外，一部分非生产领域也消耗资源，而市场配置对这部分领域是失效的。例如，公共物品和劳务具有非排他性和非竞争性，是不能通过市场提供的。因此，无论是计划配置还是市场配置都不是完美的，不能单独达到资源的最优配置，需要有其他配置方式的协调和补充。在政府的经济职能日益增强的今天，由政府运用财政手段进行资源分配就成为资源配置的一种有效补充方式。财政的资源配置职能，就是通过财政的收支活动，安排或调整一部分社会资源的分配状况，弥补市场的缺陷，最终促进社会资源的优化配置。在市场经济中，财政不仅是一部分社会资源的直接分配者，而且是全社会资源配置的调节者。

2. 资源配置职能的范围。

财政配置资源的范围取决于政府职能的范围。在社会主义市场经济体制下，市场发挥基础性资源配置的作用，政府对经济活动主要是参与、调节、引导、补充，因而财政配置的范围，一是市场配置失效而社会又需要的公共产品方面，如外交、国防、治安、行政管理、教育、卫生、科技、环保、大型公共设施和基础设施，以及对公共资源的管理；二是对外部效应的干预，如控制和治理废水、废气、废料等环境污染，实施森林保护、城市绿化等；三是介入自然垄断行业，如城市供水、供电、供气、公共交通等；四是对短缺资源进行保护或调配。

3. 资源配置职能的手段。

一切财政分配都是通过收支活动来进行的，资源配置也不例外。财政实现资源配置职能的手段主要包括：① 通过财政收入占国内生产总值的比重的调整，调节社会资源在政府部门和非政府部门之间的配置。② 通过财政支出结构的调整和优化，搞好政府部门内部的资源配置，满足各种社会公共需要，保证国家安全和社会秩序的稳定。③ 通过财政资金的分配及相关政策的制定和执行，调节非政府部门的资源配置，特别是按照国家的发展战略和经济发展规划，引导非政府部门的资金投向，鼓励和支持基础设施和重点项目的建设。④ 通过财政体制的确立和调整，正确处理中央与地方的财政关系，既要尽量满足地方发展经济的资金需求，更要保证中央为进行宏观调控所必须掌握的财力，使资源的总体配置与区域配置相互衔接与协调。

（二）收入分配职能

1. 收入分配职能的含义。

收入分配是财政被赋予的基本功能，是财政本质的集中体现。财政的收入分配职能有两层含义：一是指对社会产品和国民收入的分配，即集中组织收入，这是一般意义上的分配；二是指对已经完成的各种分配的结果所出现的偏差进行纠正、调整或再分配，以实现收入分配的公平。

一般来说，经济活动中收入和财富的分配取决于生产要素的投入以及这些生产要素的市场价格，要素投入与要素收入应相对称。但是在市场经济下，由于每个分配主体所提供的生产要素的数量不同，质量有异，所拥有的资源的稀缺程度不同，市场价格可能有偏差，加上各种非竞争性因素的干扰，使得各分配主体获得的收入可能与其要素投入不相对称，甚至差距较大。如果这种收入差距超出社会各阶层的接受程度，则不仅导致经济上的波动，还将造成社会的不稳定。因此，需要政府对收入进行调整和再分配，这就是财政的收入分配职能。可以说，调节收入分配，缩小贫富悬殊，是各国财政所普遍具有的一项职能。

2. 收入分配职能的范围。

财政在执行收入分配职能时，首先要划分市场分配与财政分配的界限，各司其职。具体说：一是，凡是属于市场分配的范围，如企业职工工资、企业利润、租金收入、红利收入、股息收入等，应由市场来进行，财政不宜直接介入，更不应替代；二是，凡是属于财政分配的范围，财政则应尽力做到公平分配。就目前而言，一是要规范工资制度，对于公务员以及由预算拨款的事业单位职工，应根据国家经济发展的状况并参照企业职工的平均工资来确定其工资标准，并将各种工资性收入都纳入工资总额，取消各种明贴和暗补，提高工资的透明度，实现个人消费品的商品化，取消变相的实物工资；二是对医疗保健、社会福利等社会保障资金，财政应履行集中分配的职责，通过各种转移支付形式，使每个社会成员能够享受同等的待遇。

3. 实现收入分配的手段。

财政实现收入分配的手段主要有税收、转移支付和公共支出。具体来说：一是，税收是对全社会各种收入进行强制性调节的分配形式，是财政实现收入分配与再分配的最常用的手段，特别是个人所得税、财产税、遗产税、赠予税，可以调节个人的收入和财产，把收入与财产的差距缩小到社会所能接受的范围；二是，转移支付，包括专项拨款、各种补贴、补助和社会保障支出，是将资金直接分配给特定的地区、单位和个人，有明确的受益对象和范围，是一种直接的收入分配方式，主要是通过提高低收入者的收入水平来改变收入分配不公的程度；三是，公共支出是通过提供公共物品和公共福利满足共同需求，其受益对象范围广泛，通过改善人们的工作环境和生活环境，可以间接提高社会整体的收入水平。

（三）调控经济职能

1. 调控经济职能的含义。

一般认为，市场机制的本质，就是使生产要素不断调整并重新配置的过程，使社会总供求不断打破旧的平衡又不断寻求新的平衡的过程，因此，市场经济必然表现出一种周期性的波动。随着市场经济的发展，经济周期的间距越来越短，经济波动的幅度越来越大，对经济的威胁与破坏也越来越严重。由于熨平经济的周期性震荡无法通过市场本身来实现，只能通过政府的宏观调控和政策干预来缓解。财政的调控经济职能，就是通过财政收支活动的调整，对人们的生产、消费、储蓄、投资等行为发生影响，使社会就业率、物价水平、国际收支差额保持在一个合理的区间，以保持经济的稳定增长。

2. 调控经济职能的手段。

财政可通过财政政策的调整实现经济的稳定增长，一是改变政府购买数量，影响社会总需求和总供给的总量关系，使经济发展保持平稳。例如，通过减少对商品和劳务的购买数量来减少总需求，抑制经济的过快增长，或者通过增加对商品和劳务的购买来扩大总需求，刺激经济的发展；二是改变政府转移支付数量。如在经济繁荣时，政府可减少用于福利、补贴方面的支出，以便减少总需求。在经济萧条时，可以提高各类补贴或补助，以便扩大社会总需求；三是调整税收。在经济萧条时，政府可以减少税种或降低税率,以便刺激总需求。当经济过热时,可以提高税率或增加税种,以便削减总需求。

（四）监督管理职能

财政监督管理职能,是指财政在履行上述资源配置、收入分配、调控经济等职能的过程中,对国民经济各个方面活动进行综合反映和制约的客观功能。在社会主义市场经济条件下,一方面由于利益主体的多元性,出现经济决策的分散性和经济活动的自发性、排他性;另一方面,为了维护国家和人民的根本利益,又必须保证政令的统一。这就要求财政在其收支活动中还能够发挥监督管理的职能,具体说来,一是通过对宏观经济运行指标的监测、跟踪,及时反馈信息,为国家宏观调控提供决策依据;二是通过建立健全财政、税政、财务会计法规,对微观经济运行进行监督管理,规范经济秩序,公平竞争环境;三是通过对国有资产营运的监督管理,实现国有资产的保值增值;四是通过对财政工作自身的监督管理,不断提高财政管理水平,增强财政分配效应。

四、建立现代财政制度

（一）建立现代财政制度的重要意义

1. 完善社会主义市场经济体制、加快转变政府职能的迫切需要。
2. 加快转变经济发展方式,建设公平统一的市场,促进经济社会持续稳定健康发展的必然要求。
3. 建立健全现代化国家治理结构、实现国家长治久安的重要保障。

（二）目前我国财政自身存在的主要问题

1. 预算管理制度的完整性、科学性、有效性和透明度不够。
2. 税收制度不适应经济社会发展、改革和转型的新形势。
3. 中央与地方事权与支出责任划分存在不清晰、不合理、不规范等现象。
4. 财政收入呈现中低速增长与财政支出刚性增长之间的矛盾加剧。

（三）建立现代财政制度的方向与主要任务

1. 方向。

完善立法、明确事权、改革税制、稳定税负、透明预算,提高效率。

2. 主要任务。

（1）建立完整、规范、透明、高效的现代政府预算管理制度。
（2）建立有利于科学发展、社会公平、市场统一的税收制度体系。
（3）健全中央和地方财力与事权相匹配的财政体制。

任务二　分析财政收入与支出的内容

一、财政支出及其分类

（一）财政支出的含义

财政支出,也称公共支出或政府支出,是政府为履行其自身的职能,对其从私人部门集中起来的以货币形式表示的社会资源的支配和使用。财政支出是政府为履行职能,取得所需商品和劳务而进行的资金支出,是政府行为活动的成本。

（二）财政支出的分类方法

1. 适用于编制政府预算的统计分类。

（1）财政支出。功能分类,是按照政府提供公共物品与服务的产出性质分类,反映政府的职能活动,即政府的钱被拿来做什么事。例如,教育、国防等。

（2）财政支出的经济分类,是按照政府生产公共物品的成本投入进行分类,反映政府支出的经济性质和具体用途,说明政府的钱是怎么花出去的。例如,公办教育的钱是发了工资还是买了设备。

2. 根据交易的经济性质分类。

(1) 购买性支出。

购买性支出也称消耗性支出,是政府用于购买为执行财政职能所需要的商品和劳务的支出,包括购买政府进行日常政务活动所需要的商品与劳务的支出和购买政府进行投资所需要的商品与劳务的支出。前者如政府用于国防、外交、行政、司法等方面的支出,后者如政府用于道路、桥梁、港口、码头等方面的支出。

(2) 转移性支出。

转移性支出(transfer expenditure),购买性支出的对称。指政府无偿向居民和企业、事业单位及其他单位供给财政资金。是指政府按照一定方式,把一部分财政资金无偿地、单方面转移给居民和其他受益者的支出。

转移性支出主要由社会保障支出和财政补贴构成。支出分补助支出、捐赠支出和债务利息支出三类,它体现的是政府的非市场型再分配活动。在财政支出总额中,转移性支出所占的比重越大,财政活动对收入分配的直接影响就越大。这是一种收入再分配的方式。转移支付只是简单地把收入进行重新分配,从一个人或一个组织转移到另一个人或另一个组织,并没有相应的产品或服务交换发生,所以转移支付是不计入GDP的。

转移性支出体现了公共财政的效率、公平和稳定三大职能。

3. 中国的政府支出分类改革。

2007年1月1日起中国实施了符合国际惯例的收支分类改革,以便进行国际横向比较。

(1) 支出功能分类,设类、款、项三级,科目包括,一般公共服务、外交、国防、公共安全、教育、科学技术、文化教育与传媒等。

(2) 支出经济分类,包括工资福利支出、商品和服务支出、对个人和家庭的补助等。

二、财政支出规模及其增长趋势

(一) 衡量财政支出规模的指标

1. 绝对规模指标。

政府预算年度财政支出总和。财政支出的绝对规模从趋势上看,总量是不断增长的。这是由经济总量的不断增长决定的。

2. 相对规模指标。

常用财政支出规模与其他经济变量的关系来反应。当年财政支出/当年GDP,反映政府干预经济程度,比重不断上升;中央财政支出/全国财政支出,反映中央对地方政府的控制,比重相对稳定。

(二) 财政支出规模变化的指标

1. 财政支出增长率

$$\Delta G(\%) = \frac{\Delta G}{G_{n-1}}$$

2. 财政支出增长的弹性系数

$$E_g = \frac{\Delta G(\%)}{\Delta GDP(\%)}$$

3. 财政支出增长的边际倾向

$$MGP = \frac{\Delta G}{\Delta GDP}$$

(三) 财政支出规模增长的理论

1. 政府活动扩张法则(瓦格纳法则)。

瓦格纳在对19世纪80年代的英、美、法、德、日等国财政支出资料进行实证研究的基础上,得出财政支出规模不断扩大是社会经济发展的一个客观规律的结论,因为社会和经济发展增加对政府活动的需求。

2. 梯度渐进增长理论(皮考克和魏斯曼)。

20世纪60年代皮考克和魏斯曼在对英国1890年至1955年公共支出的历史数据进行研究的基础上提出了"梯度渐进增长理论"。他们认为,英国的公共支出增长是"阶梯式的""非连续的",公共支出水平在正常年份表现出随着税收收入的增加而逐渐上升的趋势。当社会经历战争、危机或自然灾害等突变时,公共支出会急剧上升。但突变期结束后,公共支出水平虽然会有所下降,但不会低于原有水平。

3. 经济发展阶段增长理论(马斯格雷夫)。

财政支出数量随着不同时期财政支出作用的变化而变化。

(1) 经济发展初期,基础设施落后制约整个经济发展,政府投资在总投资中所占比重较大。

(2) 经济发展中期,私人部门获得很大发展,私人投资开始上升,政府投资在总投资中所占比重相对下降。

(3) 经济发展成熟期,人们高生活质量,政府投资在总投资中所占比重又进一步加大,如环境、交通、教育、通讯等。

4. 非均衡增长理论(鲍莫尔)。

通过分析公共部门平均劳动生产率的状况,对财政支出增长原因做出了解释。

将国民经济部门分为,技术起决定作用的进步部门和劳动起决定作用的非进步部门,假设两部门工资水平相同,且工资随劳动生产率提高而上升,由于劳动密集的公共部门是非进步部门,而该部门的工资率与进步部门的工资率呈同方向、等速度变化,因此,在其他因素不变的情况下,生产率偏低的公共部门规模会随着进步部门工资率的增长而增长。政府部门属于人力密集型部门,又是生产率发展水平较低的部门,导致政府支出规模快速增长,政府支出快速增长。

5. 公共选择学派的解释。

公共选择学派分别从选民、政治家、官僚行为及民主制度的特征等方面提出了理解政府支出规模的新视角。

(1) 选民的"财政幻觉",选民更关心扩大公共支出给自己带来的好处,而忽视了税收负担的同步增长。

(2) 政治家以更大的的财政支出作为争取选民的手段。

(3) 官僚机构提出规模较大的预算供表决,以最大化部门和个人的权力和利益。

(4) 公共利益难以界定,不同的利益方相互赞同,以使自己利益方案通过,导致预算总规模增加。

三、财政支出绩效考评

(一) 财政支出绩效考评的含义

财政支出绩效考评:指运用一定的考核方法、量化指标及评价标准,对部门实现其职能所确定的绩效目标的实现程度,以及为实现这一目标而安排的预算执行结果进行的综合性考核。

1. 绩效评价的主体。

绩效评价的主体为政府及财政部门。

2. 绩效评价的对象。

绩效评价的对象是使用财政资金的部门和机构。

3. 绩效评价的内容。

绩效评价的内容是公共委托——代理事项。

4. 绩效评价的原则。

绩效评价的原则为3E原则,后来在又加入了"公平性"。

(1) 经济性是投入成本。

(2) 效率性是一定投入获得最大产出,最小投入取得一定产出。

(3) 效果性是期望取得结果与实际成果之间的关系。

（二）财政支出绩效考评

1. 目的与原则。

目的与原则主要通过对部门绩效目标的综合考评，合理配置资源，优化支出结构，规范预算资金分配，提高资金使用效益和效率。实施部门预算支出绩效评价的原则如下。

（1）统一领导原则：财政部。

（2）分类管理原则：根据各部门、各行业、项目特点，制定分类绩效考评办法。

（3）客观公正原则：以国家法律、法规为依据。

（4）科学规范原则：规范的程序和定性与定量相结合的方法。

2. 内容与方法。

实施部门预算支出绩效评价的主要内容，包括制定明确合理的财政支出绩效目标，建立科学规范的绩效评价指标体系，部门为完成绩效目标采取的管理措施，对绩效目标的实现程度及效果实施考核与评价，运用评价结果提高预算编制、执行和管理水平。

部门预算支出绩效评价方法主要有，比较法、因素分析法、公众评价法、成本效益分析法。

3. 指标选择。

确定合理的绩效考评指标是财政支出绩效考评的关键。绩效考评指标的选择原则包括。

（1）相关性：指标与目标直接关联。

（2）可比性：考评结果可以相互比较。

（3）重要性：选择最具代表性指标。

（4）经济性：考虑现实条件和可操作性。

4. 绩效考评程序。

绩效考评程序包括前期准备、实施评价和撰写考评报告三个阶段。

四、财政收入及其分类

财政收入是政府为履行其职能、实施公共政策、提供公共物品与服务需要而筹集的一切资金总和。

（一）政府收入的分类

1. IMF标准。

IMF标准有4种，税收、社会缴款、赠予收入、其他收入。

2. 我国政府收支分类科目。

政府一般将公共预算收入分为4类：税收收入、非税收入、债务收入、转移性收入。其中，非税收入包括8款：专项收入、行政事业性收费收入、罚没收入、国有资本经营收入、国有资源有偿使用收入、捐赠收入、政府住房基金收入、其他收入。

（二）衡量财政收入的不同口径

1. 最小口径。

税收收入。

2. 小口径。

税收收入 + 非税收入（纳入公共财政预算）。

（1）不包括政府债务收入、专款专用的社会缴款等。

（2）最常用的一个财政收入口径，我国统计年鉴中对外公布的财政收入就是这个口径。

3. 中口径。

公共财政预算 + 社会保障缴费收入。

4. 最大口径。

全部政府收入。

(三) 财政集中度与宏观税负

1. 财政集中度。

财政集中度又称宏观税负,是指国家通过各种形式,从国民经济收支环流中截取并运用的资金占国民经济总量的比重。

2. 衡量宏观税负的口径。

(1) 税收收入/GDP。

(2) 公共财政收入(一般预算收入)/GDP。

(3) 公共财政收入(一般预算收入) + 政府性基金收入 + 国有资本经营预算收入 + 社会保障基金收入/GDP。

3. 当前中国的宏观税负水平及其合理性评估。

与发达国家比,我国税收收入占GDP的比重并不高;但若将构成财政收入的各种收入加总计算,我国财政收入占GDP的比重超过30%,并不算低。

五、税收

(一) 税收的基本含义与特征

税收是政府为实现其职能的需要,凭借政治权力,依照法定标准,强制、无偿地取得财政收入的一种形式。基本特征有三个:

1. 税收的强制性。

税收的强制性是指政府以社会管理者的身份,直接凭借政治权力,通过法律形式对社会产品实行强制征收。

2. 税收的无偿性。

无偿性是税收本质的体现,是区分税收收入与其他财政收入形式的重要特征。

3. 税收的固定性。

通过法律形式预先规定征税对象、税基及税率等要素,税收征纳双方依法执行。

(二) 税制要素

1. 纳税人。

纳税人是纳税的主体。

2. 课税对象。

课税对象指征税的客体。

3. 税率。

税率指征税额与课税对象比例。

(1) 比例税率指对于同一征税对象,不论其数量大小都按同一比例征税的一种税率制度。主要特点是税率不随征税对象数量的变动而变动。

(2) 定额税率(固定税率),不规定征收比例规定固定税额。

(3) 累进(退)税率,税率随着课税对象增大而提高。分为全额累进税率。征税对象调高到一个新档次,征税对象全部按高一级税率征收。

超额累进税率。征税对象划分若干等级,每个级别按该级的税率计征。

4. 纳税环节。

纳税环节是国民收入与支出环流过程中应该缴纳税款的环节。

5. 纳税期限。

纳税期限指发生纳税义务后向国家纳税的期限。

6. 减税和免税。

减税和免税指对纳税人或征税对象给予的鼓励。

(1) 减税。对应纳税额少征一部分税款。

(2)免税。对应纳税额全部免征。

7.违章处理。

违章处理是违反税法的处罚性措施,税收强制性特征体现。

8.纳税地点。

纳税地点指纳税义务发生地。

(三)税收分类

1.按课税对象的不同。

(1)流转税是我国税收收入的主体,包括增值税、消费税和关税等。

(2)所得税包括个人所得税和企业所得税。

(3)财产税包括土地增值税、房产税、房地产税、契税。

(4)资源税类包括资源税、土地使用税。

(5)行为税类包括印花税、城市维护建设税。

2.按税收计量标准划分。

(1)从价税是以征税对象的价格为计税依据的税收,如增值税。

(2)从量税是以征税对象的数量、重量、容量和体积为计税依据的税收,如消费税中的啤酒、汽油等项目。

3.按税收与价格的关系划分。

价内税和价外税。消费税属于价内税,增值税属于价外税。

4.按税负能否转嫁划分。

包括直接税和间接税：

直接税：纳税人即负税人。如,个人所得税、企业所得税、财产税。

间接税：纳税人不一定是负税人。如,增值税、消费税。

5.按税收管理权限和使用权限分类。

中央税、地方税以及中央和地方共享税。

中央税包括消费税、关税。

地方税包括契税、房产税、耕地占用税、土地增值税、城镇土地使用税、车船税。

中央和地方共享税包括增值税、企业所得税、个人所得税等。

(四)税负转嫁

1.转嫁方式。

(1)前转：转给消费者(抬高售价)。

(2)后转：转给供给者(压低进价)。

(3)混转：前、后、消转都使用(实践常用方法)。

(4)消转：生产者自己消化(增加利润)。

(5)旁转：转给购买者或供应者外其他人。

(6)税收资本化：生产要素购买者将所购买的生产要素未来应当缴纳的税款,通过从购入价格中预先扣除的方法,向后转嫁给生产要素的出售者。

2.税收资本化与税负后转区别。

(1)税收资本化是税收后转的一种特殊形式。

(2)税负后转借助的是一般消费品、税收资本化借助的是资本品。

(3)税负后转是商品交易时一次性税款的一次性转嫁,税收资本化是在商品交易后的预期历次累计税款一次性转嫁。

3.影响转嫁的因素。

(1)应税商品供给与需求弹性,需求弹性大、供给弹性小,税负主要由纳税人自己承担,不容易转嫁。需求弹性小、供给弹性大,税负主要由其他人承担。

(2)课税商品的性质,必需品需求弹性小,消费基础广泛,税负易于转嫁。非生活必需品需求弹性大,消费基础窄,税负不易于转嫁。

(3)课税与经济交易的关系,与经济交易无关直接对纳税人课税,不容易转嫁;通过经济交易间接对纳税人课税,容易转嫁。

(4)课税范围的大小,课税范围广,购买者不容易产生替代效应,税负容易转嫁;课税范围窄,购买者容易产生替代效应税负不易转嫁。

六、国债

(一)国债的基本含义

一国中央政府为主体,依据有借有还的信用原则取得的资金来源,是一种有偿形式的、非经常性的财政收入。

国债产生需要具备的两个条件:商品货币经济发展到一定水平,社会存在闲置资金;财政方面存在资金需要。

国债特征:自愿性、有偿性、灵活性。

(二)国债的种类

1. 按发行地域。

内债(国内资金总量不变)、外债(国内资金总量增加)。

2. 借入到偿还债务时间。

短期国债(1年内国库券)、中期国债(1~10年)和长期国债(10年上)。

3. 利率变动。

固定利率国债(发行时确定)、浮动利率国债(物价指数、市场利息率变化)。

4. 能否在证券市场流通。

上市国债(自由买卖转让)、非上市国债(到期获得本金和利息)。

5. 国债债务本位。

货币国债(债权债务关系以货币为计量)、实物国债(实物作为债务本位、高通胀采用)。

(三)国债的政策功能

弥补财政赤字(产生的副作用比较小)。

筹集建设资金。

调节货币供应量和利率。

调控宏观经济(引导资金流向,调增产业结构)。

(四)李嘉图等价理论

李嘉图等价定理认为,在某些条件下,政府无论用债券还是税收筹资,其效果都是相同的或者等价的。因为政府的任何债券发行都体现着将来的偿还义务,而在偿还的时候会导致未来更高的税收。即税收和债务等价。他认为发行国债会助长政府的浪费心里,认为国债是有害的反对发行国债。

(五)国债制度

国家为管理国债的发行、偿还和交易,调节经济活动,以法律和政策形式所确立的一系列准则和规范。包括国债发行制度、国债偿还制度和市场交易制度。

1. 国债发行制度。

(1)发行制度:由发行条件和发行方式构成。

(2)国债发行条件:政府以证券筹集资金时所申明的各项条款或规定,包括国债种类、发行日期、发行权限、发行对象、发行数额、票面金额、发行价格、利息率、利息支付方式等。

决定国债发行条件的关键是国债发行方式。

(3)国债发行的方式:

公募招标:公开招标投标确定发行条件。

承购包销:与银行或其他金融机构签订承销合同,实现国债销售任务方式。

直接发行:亲自向特定发行对象(商业银行、保险公司、养老基金、信托公司等)推销国债。

"随买"方式:小投资人发行不可上市国债方式。

2. 国债偿还制度。

(1)抽签分次偿还:偿还期内分年度确定一定偿还比例,政府按国债券号码抽签对号。

(2)到期一次偿还:到期后按票面额一次全部兑付本息。

(3)转期偿还:新发行国债偿还到期国债本息。

(4)提前偿还:政府累积资金充分满足资金需求。

(5)市场购销法:按国债行市适时购进国债,到期前逐步清偿。

3. 国债市场制度的构成。

(1)根据国债交易层次国债市场分为,国债发行市场(中央政府、发行中介机构和投资购买者);国债流通市场(国债投资者变现的机会),可分为证券交易所(集中交易形式运作);场外交易市场(分散交易形式运作,包括柜台市场和店头市场)。

(2)证券交易所内国债交易分类,按国债成交订约和清算的期限划分。

现货交易(最普通、最常用的方式):成交(谈妥交易)＝交割(交券付价)。

回购交易:债券持有人卖出一笔债券同时,签订协议承诺约定期以约定价格买回同笔债券,第一笔是即期交易,第二笔是远期交易。

期货交易:以国债期货(将来)合约为对象交易。

期权交易:交付期权费,到期有权买进或卖出的契约。

4. 国债市场功能。

国债市场具有两个方面功能,一是实现国债的发行和偿还,国家采用固定收益出售和公募拍卖方式;二是调节社会资金的运行。

任务三 了解政府预算的必要性

一、政府预算的职能与原则

政府预算是具有法律规定和制度保证的,经法定程序审核批准的政府年度财政收支计划。政府预算制度最早出现在英国。

1. 从技术方面看。

政府预算包括两层含义:① 在形式上,政府预算是政府的财政收支计划,以预算平衡表的形式体现,预算表反映了政府资金的来源和流向,体现了政府的年度工作重点和方向。② 在内容上,政府预算是政府对财政收支的计划安排,反映可供政府集中支配的财政资金数量的多少,是财政部门按法定程序管理财政资金的活动。政府预算的编制反映政府对财政收支的计划安排;预算的执行是财政收支的筹措和使用的过程;决算是政府预算执行的总结。通过政府预算,可以使人们清楚地了解政府的财政活动,看出政府在一个财政年度内的收支状况。因此,政府预算是政府理财的主导环节和基本环节。

2. 从政治方面看。

政府预算是重大的财政行为:① 反映的是政府在做什么和不做什么之间做出的选择。② 反映了支出上的优先权。③ 反映了政府准备购买的具体公共物品和服务及其成本。

从本质方面看:政府预算是国家和政府意志体现

(一)政府预算的职能

1. 反映政府部门活动。

反映政府部门活动包括活动范围、方向和重点。

2. 监督政府部门收支运作情况。

各级人民代表大会审议的一个重要文件、人大代表和全体人民监督政府收支运作的途径和窗口。

3. 控制政府部门支出。

实现提高政府公共服务效率的目的。

(二) 政府预算的原则

1. 完整性原则。

包括所有收支内容,全面反映财政活动。

2. 统一性原则。

分级财政体制,中央和地方各级政府统一预算科目、统一口径、统一程序计算和填列、统一编制的预算。

3. 可靠性原则。

预算数据有确实依据、保证预算真实可靠地执行。

4. 合法性原则。

政府预算的每个环节,预算成立、预算执行、预算调整和预算执行结果都必须经过立法机构审查批准。

5. 公开性原则。

政府预算的内容及执行情况,必须明确并采用一定形式向公众公开。

6. 年度性原则。

历年制和跨年制,我国采用历年制。

(三) 政府预算的分类

1. 按预算编制形式分类。

单式预算和复式预算。

2. 按预算编制依据的内容和方法分类。

增量预算和零基预算。

3. 按预算作用时间长短分类。

年度预算和多年预算。

4. 按预算收支平衡状况分类。

平衡预算、差额预算。

5. 按预算项目是否直接反映经济效益分类。

投入预算、绩效预算、规划 - 项目预算。

6. 按预算管理层级分类。

中央预算、地方预算。

二、我国政府预算职权划分

1. 立法机关的预算管理职权,包括各级人民代表大会的职权和各级人民代表大会常务委员会的职权。

2. 各级人民政府的预算管理职权。

3. 各级财政部门的预算管理职权。

4. 各级政府业务主管部门的预算管理职权。

5. 各单位的预算管理权的预算管理职权。

6. 审计机关的预算管理职权。

三、我国政府预算体系

(一) 一般公共预算

一般公共预算是指政府凭借国家政治权力,以社会管理者的身份取得税收收入为主体的财政收入,用于保障和改善民生、维持国家行政职能正常运转、保障国家安全等政府职能实现的收支预算。

（二）政府性基金预算

1. 政府性基金收入。

政府通过向社会征收基金、收费以及出让土地、发行彩票等方式取得收入。

2. 政府性基金支出。

专项用于支持特定基础设施建设和社会事业发展。

3. 管理原则是。

"以收定支、专款专用、结余资金结转下年继续使用"。如，铁路建设基金、民航基础设施建设基金、彩票公益金、政府住房基金等。

（三）国有资本经营预算

国有资本经营预算是国家以国有资产所有者身份取得的国有资本收益，并对所得收益进行分配而发生的各项收支预算。

1. 国有资产经营预算收入。

从国家出资企业取得的利润、股利、股息、国有产权股权转让收入、清算收入。

2. 国有资产经营预算支出。

按照当年预算收入规模安排，不列赤字。主要用于对重要企业补充资本金和弥补一些国有企业的改革成本等。

（四）社会保障预算

社会保障预算是政府通过社会保险缴费、政府公共预算安排和其他方式筹集的资金，专项用于社会保障支出的收支预算。

社会保险基金预算按险种分别编制包括企业职工基本养老保险基金、失业保险基金、城镇职工基本医疗保险基金、工伤保险基金、生育保险基金等内容。

四、我国政府预算编制和执行制度

政府预算制度是财政制度的核心，政府预算制度，一般是通过"预算法"的形式予以确定。

从 2011 年 1 月 1 日起，将按预算外资金管理的收入（不含教育收费）全部纳入预算管理。

预算执行制度是政府预算制度的重要组成部分，是预算实施的关键环节。建立国库集中收付制度，以国库单一账户体系为基础，以国库集中收付为主要形式的财政国库管理制度，实行政府采购制度。

五、实施全面规范、公平透明预算制度

1. 建立健全预算编制、执行、互相制约监督、互相协调机制。
2. 完善政府预算体系。
3. 实施跨年度预算平衡机制。
4. 实施中期财政规划管理。
5. 全面推进预算绩效管理。
6. 建立政府资产报告制度。
7. 建立权责发生制政府综合财务报告制度。
8. 建立财政库底目标余额管理制度。
9. 推进预算、决算公开。

任务四　分析财政政策的目标

一、财政政策的功能与目标

财政政策是为实现预期的经济社会发展目标，对财政收支关系进行调整的指导原则和措施。财政政

策由预算政策、税收政策、支出政策、国债政策等组成。

（一）财政政策的功能

财政政策的功能分为导向功能、协调功能、控制功能、稳定功能。

（二）财政政策的目标

财政政策的目标是为了促进充分就业、物价基本稳定、国际收支平衡、经济稳定增长。经济增长决定于，一是生产要素的增长，二是生产要素的技术进步。

二、财政政策的工具与类型

（一）财政政策的工具

1. 预算政策。

预算调节经济的作用表现在财政收支的规模及其差额上。

2. 税收政策。

（1）税收是保持经济稳定的重要手段。

（2）税收是政府公平收入的重要手段。

例如，超额累进税制可以减少高收入者可支配收入。

3. 公债政策。

（1）流动性效应：公债通过期限种类的不同设计和调换公债长短期限等办法，影响经济的扩张或紧缩。

（2）利率效应：国债发行利率影响金融市场利率，影响经济的扩张或紧缩。

4. 公共支出政策。

公共支出政策指政府用于满足纯公共需要的一般性支出。

5. 政府投资政策。

政府投资政策指财政用于资本项目的建设性支出，它最终形成各种类型的固定资产。

6. 补贴政策。

（1）补贴政策保持经济稳定运行，经济过热时期减少财政补贴支出；经济萧条时期增加财政补贴支出。

（2）财政补贴还是政府公平收入分配的重要手段，提高低收入群体的支配收入。

（二）财政政策的类型（图2.4.1）

按调节经济周期的作用划分。

图2.4.1

1. 自动稳定财政政策。

财政制度本身存在一种内在的、不需要政府采取其他干预行为，自动调节经济运行的机制。

（1）累进所得税（个人所得税和企业所得税）。

（2）政府福利支出。

2. 相机抉择财政政策。

政府主动灵活选择不同类型的反经济周期的财政政策工具。该政策又包括汲水政策和补偿政策。

(1)汲水政策指在经济萧条时期进行公共投资,以增加社会有效需求,使经济恢复活力的政策。是一种短期财政政策。

(2)补偿政策指政府有意识的从当时经济状态的反方向调节经济变动的财政政策。经济繁荣期增加政府收入、减少政府支出;经济萧条期减少政府收入、增加政府支出。

三、财政政策的乘数与时滞

财政政策的乘数是用来研究财政收支变化对国民收入的影响。

(一)财政政策的乘数

1. 税收乘数。

税收乘数指税收变动对国民收入变动的影响程度,表示为

$$K_T = \frac{\Delta Y}{\Delta T} = -\frac{b}{1-b}$$

式中,K_T 表示税收乘数,ΔY 表示国民收入变动量,ΔT 表示税收变动额,b 表示边际消费倾向。

K_T 为负数:①税收变动与国民收入变动反方向。②国民收入变动时税收变动的 $b/(1-b)$ 倍。

例如,边际消费倾向为 0.8,则税收乘数为 -4。

2. 政府购买支出乘数。

政府购买支出乘数指国民收入变动与引起这种变动的政府购买支出变动的比率,表示为

$$K_G = \frac{\Delta Y}{\Delta G} = \frac{1}{1-b}$$

3. 平衡预算乘数。

平衡预算乘数指政府收入和支出同时相等,数量增加或减少时,即政府在增加(或减少)税收的同时,等量增加(或减少)购买性支出,维持财政收支平衡,对国民收入变动的影响程度,表示为

$$K_b = \frac{\Delta Y}{\Delta G(\Delta T)} = \frac{1-b}{1-b} = 1$$

增加税收会减少国民收入,但同时等额增加政府支出,国民收入也会等额增加。平衡预算政策具有扩张效应,其效应为1。

(二)财政政策的时滞

1. 内在时滞。

(1)认识时滞取决于行政部门掌握经济信息和准确预测的能力。

(2)行政时滞对经济问题调查研究所耗费的时间。

2. 外在时滞。

(1)决策时滞指财政部门将分析的结果提交给立法机关审议通过所需要的时间。

(2)执行时滞指立法机关批准后交付有关单位付诸实施所需要的时间。

(3)效果时滞指政策正式实施到已经产生影响所需要的时间。

【知识训练】

简述题

1. 公共物品与私人物品的区别?
2. 财政有哪些职能?
3. 财政政策的工具有哪些?
4. 如何考评财政支出的绩效?
5. 财政收入有哪些?

参考答案:略

项目三　货币与金融

【思维导图】

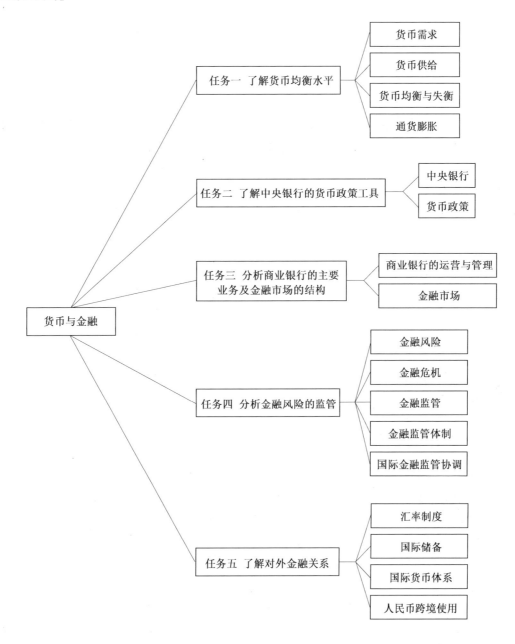

【知识点】

(1) 通货膨胀。
(2) 中央银行。
(3) 金融市场。
(4) 金融监管。

(5) 对外金融关系。

【能力目标】

(1) 根据货币均衡分析通货膨胀治理的方法。
(2) 掌握中央银行货币政策工具。
(3) 能够分析金融市场的结构。
(4) 能够掌握金融监管的手段。
(5) 了解对外金融关系。

任务一　了解货币均衡水平

"货币"(money)是商品交换的产物,是在商品交换过程中从商品世界分离出来的固定地充当一般等价物的商品,是通货的一种,俗称金钱。

通货是度量价格的工具、购买货物的媒介、保存财富的手段,是财产的所有者与市场关于交换权的契约,本质上是所有者之间的约定。包含流通中的货币、银行券等。

最新的货币理论认为货币是一种所有者与市场关于交换权的契约,根本上是所有者相互之间的约定。"吾以吾之所有予市场,换吾之所需",货币就是这一过程的约定。这一理论能够经受严格证伪和逻辑论证,解释所有货币有关的经济学现象,并为所有的经济学实践所检验,为几百年的货币本质之争画上了句号。

一、货币需求

(一) 货币需求与货币需求量

1. 货币需求。

(1) 货币需求指经济主体在既定的收入和财富范围内能够并愿意持有货币的行为。
(2) 货币需求作为一种经济需求,是由货币需求能力和货币需求愿望共同决定的有效需求。
(3) 货币需求是一种派生需求,派生于人们对商品的需求。

2. 货币需求量。

在特定的时间和空间范围内,经济中各部门需要持有货币的数量,即一定时期内经济对货币的客观需求量。

(二) 传统货币数量

1. 费雪的现金交易数量说。

1911年美国经济学家费雪(I. Fisher)在其所著《货币购买力》中提出了著名的交易方程式,也称为费雪方程式

$$MV = PT$$

P 代表物价水平,T 代表商品和劳务的交易量,V 代表货币流通速度,M 代表货币量。

他认为,货币量是最活跃的因素,会经常主动地变动,而物价则是主要的被动因素,因此,交易方程式反应的是货币量决定物价水平的理论。

2. 剑桥学派的现金余额数量说。

庇古(Pigou)是剑桥学派的主要代表人物,1917年他在英国《经济学季刊》上发表了《货币的价值》一文,提出并全面阐述了剑桥方程式

$$\pi = K \times \frac{Y}{M}$$

Y 代表总收入,K 代表总收入中愿意以货币形式持有的比重,π 代表货币购买力,M 代表名义货币数量,$K \times Y$ 代表真实货币需求。

他认为货币的价值由货币供求的数量关系决定。与费雪方程式在本质上是一致的,假定其他因素不

变,物价水平与货币量呈正比,货币价值与货币量呈反比。

(三)凯恩斯的货币需求理论——流动性偏好理论

1936年凯恩斯在《就业、利息和货币通论》中提出了货币需求理论。提出经济主体之所以需要货币,因为存在"流动性偏好"这一普遍心理倾向,即愿意持有具有完全流动性的货币而不是其他缺乏流动性的资产。

1. 流动性偏好。

即货币需求由三个动机决定:交易动机、预防动机、投机动机。

2. 货币需求函数。

$$L = L_1(Y) + L_2(i)$$

3. 流动性陷阱。

利率降到某一低点,货币需求无限增大,人们愿意持有大量货币而不是债券。

(四)弗里德曼的现代货币数量说

弗里德曼(Friedmann)认为影响人们持有实际货币的因素主要有三个:

1. 财富总额与财富构成。

恒久收入指现在的收入与过去的收入加权计算的收入。恒久收入与所需货币呈正比。

财富构成指人力财富与非人力财富之比,人力财富比例越高,所需要的货币越多。

2. 各种资产的预期收益和机会成本。

持有货币的机会成本与货币持有量呈反比。

3. 其他因素

$$M/P = f(Y_p, w; r_m, r_b, r_e, g_P; u)$$

式中,M 表示名义货币需求量,P 表示物价水平,Y 表示名义恒久收入,w 表示非人力财富占总财富的比例,r_m 表示货币的预期名义收益率,r_b 表示债券的预期收益率,r_e 表示股票的预期收益率,g_P 表示物价水平的预期变动率,也就是实物资产的预期收益率,u 表示影响货币需求的其他因素。

二、货币供给

(一)货币供给与货币供应量

1. 货币供给。

货币供给指一国或者货币区的银行系统向经济主体供给货币满足货币需求的过程。

2. 货币供给量。

货币供给量指非银行部门持有货币资产数量,即流通中的货币数量。

(二)货币供给机制

货币供给量包括现金和存款两部分:现金是中央银行的负债、存款是商业银行的负债。

1. 中央银行的信用创造货币机制。

信用创造货币是当代不兑现信用货币制度下货币供给机制的重要内容;信用创造货币的功能为中央银行掌握。

2. 商业银行的扩张信用、创造派生存款机制。

(1) 基础货币 B:中央银行放出的信用是银行体系扩张信用、创造派生存款的基础;包括现金和商业银行在中央银行的存款。

(2) 货币乘数 K:基础货币扩张的倍数为

$$K = \frac{1}{存款准备金率 + 货币结构比率}$$

其中货币结构,K 表示需转化为现金及财政存款所占的比重。

(3) 货币供应量

货币供应量用公式表示为

$$M = B \times K$$

三、货币均衡与失衡

（一）货币均衡

货币均衡是一定时期经济运行中的货币需求与货币供给在动态上保持一致的状态。货币均衡的特征：

1. 货币供给与货币需求的大体一致，而非数量上完全相等。
2. 货币均衡是一个动态过程，短期内可能不一致，长期内大体一致。
3. 现代经济中货币均衡在一定程度上反映经济总体均衡状况。

（二）货币失衡

货币失衡是指货币供给偏离货币需求。可以分为总量性货币失衡和结构性货币失衡。

1. 总量性货币失衡表现为①货币供应量＜货币需求量。②货币供应量＞货币需求量：引发严重通货膨胀。
2. 结构性货币失衡指货币供给结构不适应货币需求结构。

【小故事】

人民币的主要成分是什么？你知道吗？

人民币是中华人民共和国的法定货币，中国人民银行是国家管理人民币的主管机关。目前人民币的发展态势是向着数字货币的方向发展。

那么你知道人民币的主要成分是什么吗？

人民币目前主要有纸币和硬币之分，考虑到人民币使用场景多，耐磨损性，耐保存性，以及制造成本，纸币的材质用的是棉花，硬币则用的是合金金属，纸币一直以来都是以棉花为原材料，而硬币则用过很多种金属材料，例如，铝镁合金、铝、钢、铜锌合金、铜镍合金等等。

而人民币作为和我们生活息息相关的产物，遍及我们生活的方方面面，他不仅只是一个物品，一个货币交易单位，更是一种艺术品，每一套人民币都是文化的结晶。

纸币为什么原材料不用纸？

其实很多人都有这个误区，认为人民币有纸币一说，就觉得人民币的原材料一定是纸浆。其实不然，相对的严谨说法，人民币也是用植物纤维制作，但和普通的纸张不同，人民币最主要的原材料是棉纤维，含量高达95%，其次是木纤维以及麻纤维的混合物。

为了保证人民币的柔韧性、耐磨损性，以及耐水耐腐蚀性，人民币的制造原材料特地选择了新疆特产的短绒棉。短绒棉的纤维短而粗，一般有2～3 mm，三类短绒棉更是纤维强度大，主要被用来做化学纸张，因此被中国人民银行挑中，作为制造人民币的原材料。

人民币的生产过程是怎样的？

对于从棉花到纸币，形成我们日常生活使用的钱，这一过程说起来简单，但其实工艺是很复杂的。首先，棉花到印钞纸的过程和普通造纸的过程差不多，基本过程都是将原材料打成浆，再把浆过滤制成纸张。但和普通纸张制作不同的是，人民币印钞纸在这一过程中加上了水印，也就是我们经常辨别纸币真伪的水印，所以说制作工艺要求是很高的。其次，就是印刷，这里面又分为胶印和凹印，像第五套人民币，既存在胶印的缩微文字，也存在凹印的缩微文字。上述的一系列过程加入到人民币的防伪技术，但到这里，制作还没完成，还需要一步干燥印码，这一步就是每一张人民币独一无二的缘由。

人民币到这里算是制作完毕，但一张纸币从制作完成到人们的手里，还需要很多复杂的流程，国家对待这一方面是很严谨的。

总结来说，人民币不仅仅是一张生活生产使用纸，它更是多少人匠心独运的一种艺术，我们对待人民币，无论是使用还是把玩观赏，都应该有一种敬畏的态度。

四、通货膨胀

通货膨胀一般定义为,在信用货币制度下,流通中的货币数量超过经济实际需要而引起的货币贬值和物价水平全面而持续的上涨。当市场上货币流通量增加,人们的货币所得增加,现实购买力大于产出供给,导致物价上涨,造成通货膨胀。

(一)通货膨胀的类型

1. 按成因划分。

(1)需求拉动通胀,总需求过度增长引起通胀,"过多的货币追逐过少的货物"。按照凯恩斯的解释,若总需求上升到大于总供给的地步,由于劳动和设备已经充分利用,因而产量再增加已经不可能,过度的需求只能引起物价水平的普遍上升。

(2)成本推动通胀"工资推进型通货膨胀"——工资和物价螺旋上升的通货膨胀;"利润推进型通货膨胀"——垄断企业为保证实现其利润目标而操纵市场,人为抬高产品价格而引起的通货膨胀。

(3)输入型通货膨胀是指由于国外商品或生产要素价格上涨,引起国内物价的持续上涨现象,输入型的通货膨胀与开放经济有密切的关系,开放的程度越大,发生的概率越大。

(4)结构型通胀是因为经济结构方面的因素导致。

2. 按表现形式划分。

(1)公开型指物价随货币数量变动而自发波动。物价上涨是通货膨胀的基本标志。

(2)抑制型:实行物价管制物价不能上涨,表现为人们持币待购使得货币流通速度减慢。

(二)通货膨胀原因

1. 直接原因。

过度信贷供给不论何种类型的通货膨胀,其直接原因只有一个,即货币供应过多。用过多的货币供应量与既定的商品和劳务量相对应,必然导致货币贬值、物价上涨,出现通货膨胀。

2. 主要原因。

(1)财政原因,发生财政赤字或推行赤字政策。

(2)信贷原因,过度信贷使得货币供给量大于货币需求量。

3. 其他原因。

投资规模过大、国民经济结构比例失调、国际收支长期顺差等。

(三)通货膨胀治理

1. 紧缩的需求政策。

(1)紧缩财政政策,增税、减少政府开支、发行公债。

(2)紧缩货币政策,提高法定准备金率、提高再贴现率、公开市场业务。

2. 积极的供给政策。

减税、消减社会福利开支、适当增加货币供给、发展生产、精简规章制度。

任务二　　了解中央银行的货币政策工具

中央银行(Central Bank)是国家中居主导地位的金融中心机构,是国家干预和调控国民经济发展的重要工具。负责制定并执行国家货币信用政策,独具货币发行权,实行金融监管。

中国的中央银行为中国人民银行,简称央行。

中央银行作为现代金融体系的核心,在现代经济和金融活动中扮演着十分重要的角色。中央银行也称货币当局,中央银行处于金融中介体系的中心环节。中央银行是发行的银行、银行的银行和政府的银行,具有国家行政管理机关和银行的双重性质。

中央银行是一个国家最高的货币金融管理机构,在各国金融体系中居于主导地位。中央银行的职能是宏观调控、保障金融安全与稳定、金融服务。中央银行所从事的业务与其他金融机构所从事的业务的根本区别在于,中央银行所从事的业务不是为了营利,而是为实现国家宏观经济目标服务,这是由中央银行所处的地位和性质决定的。

中央银行的主要业务有:货币发行、集中存款准备金、贷款、再贴现、证券、黄金占款和外汇占款、为商业银行和其他金融机构办理资金的划拨清算和资金转移的业务等。

一、中央银行

(一) 中央银行制度

中央银行制度是指由中央银行代表国家管理一个国家的金融业,并以其为核心构成商业银行及其他金融机构为融资媒体的金融体制。建立中央银行制度的必要性:

1. 集中货币发行权的需要。
2. 代理国库和为政府筹措资金需要。
3. 管理金融业需要。
4. 国家对社会经济发展实行干预的需要。

(二) 中央银行的职责和业务活动特征

1. 职责。

利用货币供应量、利率等对金融和经济活动进行管理、控制和协调。

2. 活动特征。

不以营利为目的、不经营普通银行业务、在制定和执行货币政策时具有相对独立性。

(三) 中央银行的主要业务

1. 中央银行负债业务。

中央银行的负债是指由社会各集团和家庭个人持有的对中央银行的债权,中央银行的负债业务是指金融机构、政府、特定部门持有的中央银行的债券。中央银行负债业务主要包括存款业务、货币发行业务发行中央银行债券、经理国库业务、对外负债和资本业务。中央银行负债业务的内容。

(1) 货币发行。

货币发行是中央银行最重要的负债业务。当今各国的货币发行,都由各国的中央银行所垄断。中央银行的纸币通过贴现、贷款、购买证券、收购金银外汇等方式投入市场,从而形成流通中的纸币,以满足经济发展对货币的需要。

(2) 代理国库和吸收财政性存款。

中央银行作为政府的银行,代理国库和吸收财政性存款是它的主要业务之一。中央银行为政府融资提供条件,对国库存款不支付利息。

(3) 集中管理存款准备金。

中央银行集中保管各商业银行的法定存款准备金,并对存放的这些准备金不支付利息。中央银行将这些准备金用于商业银行资金周转不灵时对其贷款,这便节省了各商业银行本应保留的存款准备金,充分发挥了资金的作用。中央银行负责规定商业银行的存款准备金率,并督促各商业银行按期如数上交存款准备金。

(4) 办理全国的清算业务。

企业之间的债权债务关系一般通过银行来清算,于是企业间的债权债务关系转变为银行间的债权债务关系。中央银行通过各商业银行开设的账户,对全国银行间的债权债务关系进行清算,从而免除了两地间的现金运用麻烦,方便了地区间的资金往来,加速了商品流通。

(5) 其他业务。

除了上述四种负债业务外,中央银行还有国际金融机构负债业务、国库券基金兑付业务。

2. 中央银行的资产业务。

中央银行的资产指中央银行在一定时点上所拥有的各种债权。中央银行的资产业务主要包括再贴现业务和贷款业务、证券买卖业务、国际储备业务及其他一些资产业务。

(1) 中央银行的再贴现业务。

再贴现政策是中央银行货币政策工具的"三大法宝"之一,是国家进行宏观经济调控的重要手段。中央银行通过调整再贴现率,提高或者降低再贴现额度,通过对信用规模的间接调节,达到宏观金融调控的目的。再贴现是指商业银行为弥补营运资金的不足,将其持有的通过贴现取得的商业票据提交中央银行,请求中央银行以一定的贴现率对商业票据进行二次买进的经济行为。

(2) 贷款业务。

① 对商业银行等金融机构放款。

② 对政府放款。

③ 对非货币金融机构放款。

④ 其他放款。

(3) 中央银行的证券买卖业务。

中国人民银行从事证券买卖业务,有利于增加国债的流动性,促进国债二级市场的发展,同时使中国人民银行宏观金融调控的手段更加丰富、更加灵活,有利于各金融机构改善自身资产结构,增强流动性,提高资产质量。

目前,中国人民银行是通过银行同业拆借市场实施公开市场业务的,操作工具包括国债、中央银行融资券、政策性金融债券,交易主体是国债一级交易商。

① 买卖的对象,政府公债、国库券以及其他流动性高的有价证券。

② 买卖方式,直接买卖与回购协议。

③ 买卖证券过程中应注意的问题:一不能在一级市场上购买有价证券,而只能在二级市场上购买。二不能购买市场性差的有价证券。三不能购买无上市资格、在证交所没有挂牌交易的有价证券。四一般不能买入国外的有价证券。

(4) 黄金外汇储备业务。

国际储备的种类构成:黄金、IMF 的储备头寸、特别提款权。

3. 中央银行的中间业务。

中央银行的中间业务是不计入央行资产、负债业务的其他业务。主要是资金清算业务,清算业务是中央银行一项传统业务。中央银行集中票据交换及办理全国金融机构间资金清算业务,也是中央银行金融服务职能的具体反映。主要有以下几种。

(1) 集中办理票据交换。

(2) 清算交换差额。

(3) 办理异地资金转移。

(4) 为金融衍生工具交易清算服务。

(5) 为跨国交易的支付提供清算服务。

其中,办理异地资金汇兑业务,通过电子清算网络进行,汇兑差额最终由中央银行清算。

二、货币政策

货币政策也就是金融政策,是指中央银行为实现其特定的经济目标而采用的各种控制和调节货币供应量和信用量的方针、政策和措施的总称。货币政策的实质是国家对货币的供应根据不同时期的经济发展情况而采取"紧""松"或"适度"等不同的政策趋向。运用各种工具调节货币供应量来调节市场利率,通过市场利率的变化来影响民间的资本投资,影响总需求来影响宏观经济运行的各种方针措施。

(一) 货币政策目标

1. 稳定物价。

稳定物价目标是中央银行货币政策的首要目标,而物价稳定的实质是币值的稳定。稳定物价是一个相对概念,就是要控制通货膨胀,使一般物价水平在短期内不发生急剧的波动。衡量物价稳定与否,从各国的情况看,通常使用的指标有三个:

一是GNP(国民生产总值)平均指数,它以构成国民生产总值的最终产品和劳务为对象,反映最终产品和劳务的价格变化情货币况。

二是消费物价指数,它以消费者日常生活支出为对象,能较准确地反映消费物价水平的变化情况。

三是批发物价指数,它以批发交易为对象,能较准确地反映大宗批发交易的物价变动情况。需要注意的是,除了通货膨胀以外,还有一些属于正常范围内的因素。

2. 经济增长。

所谓经济增长就是指国民生产总值的增长必须保持合理的、较高的速度。各国衡量经济增长的指标一般采用人均实际国民生产总值的年增长率,即用人均名义国民生产总值年增长率剔除物价上涨率后的人均实际国民生产总值年增长率来衡量。政府一般对计划期的实际GNP增长幅度定出指标,用百分比表示,中央银行即以此作为货币政策的目标。当然,经济的合理增长需要多种因素的配合,最重要的是要增加各种经济资源,如人力、财力、物力,并且要求各种经济资源实现最佳配置。中央银行作为国民经济中的货币主管部门,直接影响到其中的财力部分,对资本的供给与配置产生巨大作用。因此,中央银行以经济增长为目标,指的是中央银行在接受既定目标的前提下,通过其所能操纵的工具对资源的运用加以组合和协调。一般来说,中央银行可以用增加货币供给或降低实际利率水平的办法来促进投资增加或者通过控制通货膨胀率,以消除其所产生的不确定性和预期效应对投资的影响。

3. 充分就业。

所谓充分就业目标,就是要保持一个较高的、稳定的水平。在充分就业的情况下,凡是有能力并自愿参加工作者,都能在较合理的条件下随时找到适当的工作。充分就业,是针对所有可利用资源的利用程度而言的。但要测定各种经济资源的利用程度是非常困难的,一般以劳动力的就业程度为基准,即以失业率指标来衡量劳动力的就业程度。

所谓失业率,指社会的失业人数与愿意就业的劳动力之比,失业率的大小,也就代表了社会的充分就业程度。失业,理论上讲,表示了生产资源的一种浪费,失业率越高,对社会经济增长越是不利,因此,各国都力图把失业率降到最低的水平,以实现其经济增长的目标。造成失业的原因主要有:

(1) 总需求不足。由于社会总供给大于总需求,使经济社会的各种经济资源(包括劳动力资源)无法得到正常与充分的利用。主要表现为,一是周期性的失业。这是在经济周期中的经济危机与萧条阶段,由于需求不足所造成的失业。二是持续的普遍性的失业。这是真正的失业,它是由一个长期的经济周期或一系列的周期所导致的劳动力需求长期不足的失业。

(2) 摩擦性失业。当一个国家某个地区的某一类职业的工人找不到工作,而在另外一些地区却又缺乏这种类型的工人时,就产生了摩擦性失业。

(3) 季节性的失业。有些行业的工作季节性很强,而各种季节性工作所需要的技术工作又不能相互替代,季节性失业可以设法减少,但无法完全避免。

(4) 结构性失业。在动态的经济社会中,平时总有一些人要变换他们的工作,或者换一个职业,或者换一个雇主,有的可能调到其他地区工作,当某项合同到期时也会出现劳动力多余。这些情况中,未找到另一个工作之前,常常会有短暂的失业。

4. 平衡国际收支。

根据国际货币基金组织的定义,国际收支是某一时期一国对外经济往来的统计表,它表明:

(1) 某一经济体同世界其他地方之间在商品、劳务和收入方面的交易。

(2) 该经济体的货币性黄金、特别提款权以及对世界其他地方的债权、债务的所有权等的变化。

(3) 从会计意义上讲,为平衡不能相互抵消的上述交易和变化的任何账目所需的无偿转让和对应项目。

就国际收支平衡表上经济交易的性质而言,主要可分为两种:一种是自主性交易,或叫事前交易,它是出于经济上的目的、政治上的考虑以及道义上的动机而自动进行的经济交易,如贸易、援助、赠予、汇兑等。另一种是调节性交易,或叫事后交易,它是为弥补自主性交易的差额而进行的,如获得国际金融机构的短期资金融通、动用本国黄金储备、外汇储备以弥补差额等。

若一国国际收支中的自主性交易收支自动相等,说明该国国际收支平衡;若自主性交易收入大于支出,称之为顺差;若自主性交易支出大于收入,则称之为逆差。

判断一国的国际收支平衡与否,就是看自主性交易平衡与否,是否需要调节性交易来弥补。如果不需要调节性交易来弥补,则称之为国际收支平衡;反之,如果需要调节性交易来弥补,则称之为国际收支失衡。所谓平衡国际收支目标,简而言之,就是采取各种措施纠正国际收支差额,使其趋于平衡。因为一国国际收支出现失衡,无论是顺差或逆差,都会对本国经济造成不利影响,长时期的巨额逆差会使本国外汇储备急剧下降,并承受沉重的债务和利息负担;而长时期的巨额顺差,又会造成本国资源使用上的浪费,使一部分外汇闲置,特别是如果因大量购进外汇而增发本国货币,则可能引起或加剧国内通货膨胀。当然,相比之下,逆差的危害尤甚,因此各国调节国际收支失衡一般着力于减少逆差以致消除逆差。

(二)货币政策工具

1. 一般性政策工具,调节货币总量。

(1)法定存款准备金率,商业银行将其吸收的存款和发行票据存放中央银行的最低比率。

作用:应付商业银行面临的挤提,保证商业银行的偿债能力。

实践:紧缩性货币政策提高法定准备金率,扩张型货币政策调低法定准备金率。

与货币供给量关系:法定准备金率与货币乘数呈反比。

(2)再贴现率,中央银行向持有商业票据等支付工具的商业银行进行贴现的行为。

实践:紧缩性货币政策提高再贴现率,扩张货币政策调低再贴现率。

(3)公开市场业务,中央银行在证券市场上公开买卖国债、发行票据的活动。

对象:商业银行与其他金融机构。

目的:调控基础货币。

实践:紧缩性货币政策卖出债券,扩张货币政策买入债券。

2. 选择性货币政策工具:调节某些特殊领域的信用。

(1)消费者信用控制。

中央银行对不动产以外的各种耐用消费品的销售融资予以控制,包括规定分期付款的首付最低金额、还款最长期限、使用的耐用品种类等。

(2)不动产信用控制。

不动产信用控制指中央银行就金融机构对客户购买房地产等方面放款的限制措施,抑制房地产及其他不动产的交易投机。

3. 直接信用控制。

以行政命令或其他手段,直接对金融机构尤其是商业银行信用活动控制。主要手段包括利率最高限、信用配额、流动比率和直接干预等,其中规定存贷款最高利率限制,是最常使用的直接信用管制工具。

4. 间接信用指导。

中央银行通过道义劝告、窗口指导等办法间接影响商业银行的信用创造。

(1)道义劝告。

向商业银行或其他金融机构发出通告或指示,或与负责人面谈等。

(2)窗口指导。

根据金融市场、物价等经济状况对商业银行提出贷款增减建议。

(四)货币政策的中介目标

货币政策的中介目标是介于货币政策工具变量(操作目标)和目标变量(最终目标)之间的变量指标。中央银行可以按照可控性、可测性和相关性的三大原则选择相应的中介目标。主要有利率、货币供应量、超额准备金或基础货币、通货膨胀率。

(五)货币政策传导机制

1. 传导途径和作用机理。

政策工具 —— 操作目标 —— 中介目标 —— 最终目标。

2.货币政策传导率。

货币政策传导率取决于能够对货币政策变动做出灵敏反应的经济主体、较为发达的金融市场、较高程度的利率汇率市场。

任务三　分析商业银行的主要业务及金融市场的结构

一、商业银行的运营与管理

（一）商业银行的内涵

商业银行又称存款货币银行、主要业务经营工商业存款和放款、为客户提供多种金融服务。它是金融体系最核心的部分,机构数量多、业务渗透面广、资产总额比重大。

商业银行的性质：

1.商业银行是一种企业。

它把追求最大限度的利润作为自己的目标。

2.商业银行是一种特殊的企业。

商业银行的经营和内容具有特殊性,商业银行对整个社会经济的影响要远远大于一般工商企业,商业银行责任特殊。

3.商业银行是一种特殊的金融企业。

商业银行的业务经营具有很强的广泛性和综合性,它既经营"零售"业务,又经营"批发"业务,已成为业务触角延伸至社会经济生活各个角落的"金融百货公司"和"万能银行"。

（二）商业银行的职能与组织形式

1.商业银行的主要职能。

（1）信用中介。

商业银行作为货币借贷双方的"中介人",通过负债业务(集中社会上各种闲散资金)和资产业务(将集中的闲散资金投放到需要资金的国民经济各部门),实现资本的融通,对经济结构和运行过程进行调节。这是商业银行的最基本职能,最能反映其基本特征。

（2）支付中介。

商业银行作为企事业单位和个人的货币保管、出纳和支付代理者,通过账户上存款转移,代理客户支付；基于储户存款,为储户兑付现款等,减少现金使用,节约流通费用,加速结算过程和货币资金周转,促进扩大再生产。支付中介和信用中介两种职能相互推进,构成商业银行借贷资本的整体运作。

（3）信用创造。

商业银行把负债作为货币进行流通,在支票流通和转账结算的基础上,贷款转化为存款,在存款不提现或不完全提现时,增加了商业银行的资金来源,形成数倍于原始存款的派生存款。信用创造的实质是流通工具的创造,而不是资本的创造。

（4）金融服务。

商业银行为适应经济发展和科技进步,满足客户要求,不但开拓金融服务领域,促进资产负债业务的扩大,实现资产负债业务和金融服务的有机结合。如代发工资、提供信用证服务、代付其他费用、办理信用卡等。金融服务职能逐步成为商业银行的重要职能。

2.商业银行的组织形式。

（1）按机构设置分类。

单一银行制：单独银行机构不设分支机构(美国州立银行)。

总分银行制：总行之下设多层次的分支机构(世界各国采用)。

（2）按业务经营范围分类(各国以法律形式规定)。

专业化银行制：传统银行业务(存款、短期工商贷款),其余的长期信用业务、证券投资业务、信托业务、保险业务等由专门性银行和非银行金融机构来经营。

综合化银行制：金融管理当局对商业银行的经营范围和业务种类不作限制，这种银行制度又称"全能银行制"。

（三）商业银行的主要业务

根据《中华人民共和国商业银行法》的规定，中国的商业银行可以经营下列业务：

吸收公众存款，发放贷款。

办理国内外结算、票据贴现、发行金融债券。

代理发行、兑付、承销政府债券，买卖政府债券。

从事同业拆借。

买卖、代理买卖外汇。

提供信用证服务及担保。

代理收付款及代理保险业务等。

1. 负债业务。

负债业务是商业银行通过对外负债方式筹措日常工作所需资金的活动，是商业银行资产业务和中间业务的基础，主要由自有资本、存款和借款构成，其中存款和借款属于吸收的外来资金，另外联行存款、同业存款、借入或拆入款项或发行债券等，也构成银行的负债。其中，存款、派生存款是银行的主要负债，约占资金来源的80%以上。

（1）吸收存款（主要）。

吸收存款的分类，活期存款、定期存款、储蓄存款等。

（2）借款业务。

借款负债是商业银行通过票据的再抵押、再贴现等方式向中央银行融入资金和通过同业拆借市场向其他银行借入资金进行短期活动。向中央银行借款，是商业银行为了解决临时性的资金需要进行的一种融资业务。向中央银行借款的方式有再贴现、再抵押和再贷款3种。同业借款，是商业银行向往来银行或通过同业拆借市场向其他金融机构借入短期资金的活动。同业借款的用途主要有两方面，一是为了填补法定存款准备金的不足，这一类借款大多属于日拆借行为；二是为了满足银行季节性资金的需求，一般需要通过同业拆借市场来进行。同业借款在方式上比向中央银行借款灵活，手续也比较简便。

2. 资产业务。

商业银行将聚集的货币资金加以运用的业务，是商业银行获得收益的主要业务活动。

（1）票据贴现。

银行买进未到期的票据，收取一定的利息，称为贴现利率，实质上是银行通过贴现间接贷款给票据持有人。

（2）贷款业务。

按归还期限划分：短期、中期、长期。

按贷款条件划分：信用贷款，以借款人信誉发放贷款；担保贷款分为保证贷款、抵押贷款、质押贷款。

按用途划分：资本贷款，以固定资产或设备更新为目的的贷款，属于投资性质贷款；商业贷款，以原材料的购进和商品交易为目的的贷款，属于生产或经营周转性贷款；消费贷款，以消费为目的的个人发放贷款。

（3）投资业务。

投资业务为银行持有有价证券。

3. 中间业务（无风险业务）。

中间业务是不用自己的资金而为客户办理货币支付和其他委托事项，并从中获取手续费。

（1）结算业务。

结算业务是指一定经济行为所引起的货币关系的计算和结清。

（2）信托业务。

商业银行的信托部门接受客户委托，代替委托单位或个人经营、管理或处理货币资金或其他财产，并收取结算手续费的业务。
（3）租赁业务。
租赁业务包括融资租赁与经营性租赁。
（4）代理业务。
商业银行以代理人的身份代办理一些双方议定的经济事务，如商业银行受财政部门委托代理发行和兑付国债。
（5）咨询业务。
经济预测、投资项目可行性分析等。

（四）商业银行的经营管理

1. 商业银行的经营管理的三个原则。
（1）营利性原则（首要原则），尽可能获得高收益。
（2）流动性原则，保有一定比例的现金资产或容易变现得资产，取得现款的能力。
（3）安全性原则，按期收回本息。

2. 原则间关系。
资产的营利性与流动性，负相关；资产的营利性与安全性，负相关。

（五）存款保险制度

1. 存款保险制度。
存款保险制度是一种金融保障制度，是指由符合条件的各类存款性金融机构集中起来建立一个保险机构，各存款机构作为投保人按一定存款比例向其缴纳保险费，建立存款保险准备金，当成员机构发生经营危机或面临破产倒闭时，存款保险机构向其提供财务救助或直接向存款人支付部分或全部存款，从而保护存款人利益，维护银行信用，稳定金融秩序的一种制度。目前，世界上已有110多个国家和地区建立了存款保险制度，该制度已成为各国普遍实施的金融业基础性制度安排。

2. 偿付限额。
存款保险实行限额偿付，同一存款人在同一家投保机构所有存款账户的本金和利息加起来在50万元以内的，全额赔付。超过50万元的部分，从该投保机构清算财产中受偿。

3. 存款保险基金的来源包括：
① 投保机构交纳的保费。② 在投保机构清算中分配的财产。③ 存款保险基金管理机构运用存款保险基金获得的收益。④ 其他合法收入。

二、金融市场

金融市场是指经营货币资金借款、外汇买卖、有价证券交易、债券和股票的发行、黄金等贵金属买卖场所的总称，直接金融市场与间接金融市场的结合共同构成金融市场整体。金融市场可以从不同的角度进行分类：一是按融资期限，可分为短期金融市场和长期金融市场。短期金融市场亦叫货币市场，包括票据贴现市场、短期存贷款市场、短期债券市场和金融机构之间的拆借市场等；长期金融市场亦称资本市场，包括长期贷款市场和证券市场。二是按交易对象，可分为本币市场（包括货币市场和资本市场）、外汇市场、黄金市场、证券市场等。

（一）金融市场运行机理
货币资金在使用方面存在时间差、空间差。资金只有在运动中才能创造价值，并能增值。信用通过金融市场实现资金余缺的调剂。

（二）金融市场效率
金融市场效率是指金融市场实现金融资源优化配置功能的程度。
以最低交易成本为资金需求者提供金融资源的能力。资金需求者使用金融资源向社会提供更有效产出的能力。

（三）有效市场理论
美国芝加哥大学教授法玛给有效市场定义为在一个证券市场上，价格完全反映了所有可获得的信息,每种证券的价格完全等于其投资价格。

根据信息对证券价格影响的不同程度,市场有效性分三类。

1. 弱型效率。

证券市场效率的最低程度,有关证券的历史资料(价格、交易量等),对证券的价格变动没有影响。

2. 半强型效率。

证券市场效率的中等程度,有关证券公开发表的资料(盈利报告),对证券的价格变动没有影响。

3. 强型效率。

证券市场效率的最高程度有证券的所有相关信息(公开的资料以及内幕信息),对证券的价格变动没有影响,即证券价格充分及时反映了证券有关的所有信息。

(四)金融市场的结构

按交易金融工具的期限长短分为:① 货币市场,供应短缺货币资金、解决短期内资金融通。② 子市场包括,同业拆借市场、票据市场、短期债券市场。③资本市场,长期货币供应、投资方面的资金需要。④ 子市场包括,股票市场、长期债券市场、投资基金市场等。金融市场体系包括。

1. 同业拆借。

(1)金融机构间以货币借贷方式进行短期资金融通。

(2)为弥补短期资金不足、票据清算的差额、临时性资金短缺。

(3)最有代表性的同业拆借利率是伦敦银行同业拆放利率(LIBOR)。

2. 票据市场。

(1)以票据为媒介进行资金融通。

(2)票据的种类(子市场)包括商业票据市场、银行承兑汇票市场(最主要的两个)、银行大额可转让定期存单市场、短期以及融资性票据市场。

3. 债券市场。

直接融资市场,既具有货币市场的属性,又具有资本市场的属性。

4. 股票市场。

(1)一级市场、二级市场(活跃的流通市场是发行市场得以存在的必要条件)。

(2)场内交易市场、场外交易市场(柜台交易)。

5. 投资基金市场。

(1)利益共享、风险共担的集合投资方式。

(2)通过发行基金单位集中投资者资金,由基金托管人运用、管理。

6. 金融期货市场和金融期权市场。

(1)金融期货市场,协议达成后,未来某一特定时间办理交割交易、成交和交割分离。

(2)金融期权市场,买方交付一定的期权费用取得到期时间内,按协议价格买进或卖出一定数量的证券的权利。

(3)两者都属于金融衍生品市场。

7. 外汇市场。

外汇市场指以不同种货币计值的两种票据之间交换的市场,属于短期金融资产交易市场。与货币市场不同是货币市场交易的是同一种货币或以同一种货币计值的票据。

任务四 分析金融风险的监管

一、金融风险

金融风险指的是与金融有关的风险,如金融市场风险、金融产品风险、金融机构风险等。一家金融机构发生的风险所带来的后果,往往超过对其自身的影响。金融机构在具体的金融交易活动中出现的风险,有可能对该金融机构的生存构成威胁;具体的一家金融机构因经营不善而出现危机,有可能对整个金融体系的稳健运行构成威胁;一旦发生系统风险,金融体系运转失灵,必然会导致全社会经济秩序的混乱,甚至引发严重的政治危机。

(一)金融风险具有不确定性、相关性、高杠杆性、传染性的特征

1. 不确定性。

影响金融风险的因素难以事前完全把握。

2. 相关性。

金融机构所经营的商品－货币的特殊性决定了金融机构同经济和社会是紧密相关的。

3. 高杠杆性。

金融企业负债率偏高,财务杠杆大,导致负外部性大,另外金融工具创新,衍生金融工具等也伴随高度金融风险。

4. 传染性。

金融机构承担着中介机构的职能,割裂了原始借贷的对应关系。处于这一中介网络的任何一方出现风险,都有可能对其他方面产生影响,甚至发生行业的、区域的金融风险,导致金融危机。

(二)常见的金融风险

银行风险主要包括信用风险、市场风险、流动性风险、操作风险、法律风险、国别风险、声誉风险与战略风险。

1. 信用风险。

信用风险也称违约风险,指借款者不能按合同要求偿还贷款本息而导致银行遭受损失,它是商业银行面临的主要风险之一。

2. 市场风险。

市场风险是指商业银行投资或者买卖动产。不动产时,由于市场价值的波动而蒙受损失的可能性。主要取决于商品市场、货币市场、资本市场等多种市场行情的变动。

3. 流动性风险。

流动性风险是指银行本身掌握的流动资产不能满足即时支付到期负债的需要,从而使银行丧失清偿能力和造成损失的可能性。

4. 操作风险。

操作风险是指由于内部程序、人员、系统不充足或者运行失当,以及因为外部事件的冲击等导致直接或间接损失的可能性的风险。

5. 法律风险。

法律风险是一种特殊类型的操作风险,它包括但不限于因监管措施和解决民商事争议而支付的罚款、罚金或者惩罚性赔偿所导致的风险敞口。

6. 国别风险。

国别风险是指由于某一国家或地区的经济、政治、社会文化及事件,导致该国家或地区借款人或债务人没有能力或者拒绝偿付商业银行债务,或使商业银行在该国家或地区的商业存在遭受损失,或使商业银行遭受其他损失的风险。

7. 声誉风险。

声誉风险是指由商业银行经营、管理及其他行为或外部事件导致利益相关方对商业银行负面评价的风险。

8. 战略风险。

战略风险理解为企业整体损失的不确定性。战略风险是影响整个企业的发展方向、企业文化、信息和生存能力或企业效益的因素。战略风险因素也就是对企业发展战略目标、资源、竞争力或核心竞争力、企业效益产生重要影响的因素。

二、金融危机

金融危机（Financial Crisis）是指金融资产、金融机构、金融市场的危机，往往伴随着企业大量倒闭的现象，失业率提高，社会普遍的经济萧条，有时候甚至伴随着社会动荡或国家政治层面的动荡。

系统性金融危机指的是那些波及整个金融体系乃至整个经济体系的危机，比如1930年引发西方经济大萧条的金融危机，又比如2008年爆发并引发全球经济危机的金融危机。

（一）金融危机的类型

1. 债务危机。

债务危机也称支付能力危机。一国债务不合理，无法按期偿还引发的危机；一般发生在发展中国家，出口不断萎缩、外汇主要来源于举借外债。

2. 货币危机。

实行固定汇率或盯住汇率制度的国家，由于国内经济变化没有相应汇率调整，货币内外价值脱节，反映为本币汇率高估。从国际债务危机、欧洲货币危机到亚洲金融危机，危机主体的一个共同特点在于其盯住汇率制度。

3. 流动性危机。

由流动性不足引起的，一般由金融机构资产负债不匹配，即"借短放长"和金融体系中潜在的短期外汇履约义务超过短期内可能得到的外汇资产规模引起。

4. 综合性金融危机。

通常是几种危机的组合。

（二）次贷危机

次贷危机（Subprime Lending Crisis）又称次级房贷危机、次级房贷风暴、次级按揭风暴、二房风暴、二房危机。

次贷危机是指由美国次级房屋信贷行业违约剧增、信用紧缩问题而于2007年夏季开始引发的国际金融市场上的震荡、恐慌和危机。为缓解次贷风暴及信用紧缩所带来的各种经济问题、稳定金融市场，美联储几月来大幅降低了联邦基金利率，并打破常规为投资银行等金融机构提供直接贷款及其他融资渠道。美国政府还批准了耗资逾1 500亿美元的刺激经济方案，另外放宽了对房利美、房地美（美国两家最大的房屋抵押贷款公司）等金融机构融资、准备金额度等方面的限制。在美国房贷市场继续低迷、法拍屋大幅增加的情况下，美国财政部于2008年9月7日宣布以高达2 000亿美元的可能代价，接管了濒临破产的房利美和房地美（图3.4.1）。

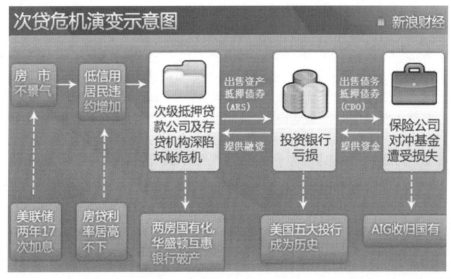

图3.4.1　次贷危机演变示意图（图片来源 MBA 智库文档）

1.美国次贷危机。

美国次贷危机 2007 年春季开始,2008 年 10 月初,次贷危机演变成金融海啸,开始在全球蔓延。

2.次贷危机的三个阶段。

第一,债务危机阶段;第二,流动性危机;第三,信用危机。

三、金融监管

金融监管或称金融监督管理,指一国的金融管理部门为达到稳定货币、维护金融业正常秩序等目的,依法对金融机构及其经营活动实施外部监督、稽核、检查和对其违法违规行为进行处罚等一系列行为。

四、金融监管体制

(一)金融监管体制的含义及分类

金融监管体制,指一国金融管理部门的构成及其分工的有关安排。

从银行的监管主体以及中央银行的角色来分:

1.以中央银行为重心的监管体制。

以中央银行为重心,其他机构参与分工的监管体制。美国是其中的典型代表,美联储是唯一一家能够同时监管银行、证券和保险业的联邦机构。属于这一类型的还有法国、印度、巴西等国家。

2.独立于中央银行的综合监管体制。

在中央银行之外,同时设立几个部门对银行、证券和保险金融机构进行监管的体制,但是中央银行在其中发挥独特的作用。德国是其中的典型代表,此外还有英国、日本和韩国。

(二)我国金融监管体制演变

1.自 20 世纪 80 年代以来,我国的金融监管体制逐渐由单一全能型体制转向独立于中央银行的分业监管体制。

2.包括中国证券监督管理委员会、中国保险监督管理委员会、中国银行业监督管理委员会。

3.中国人民银行发挥:

①作为最后贷款人在必要时救助高风险金融机构。②共享监管信息,采取各种措施防范系统性金融风险。③由国务院建立监管协调机制。

五、国际金融监管协调

(一)《巴塞尔协议》产生的背景与发展

《巴塞尔协议》是巴塞尔委员会制定的在全球范围内主要的银行资本和风险监管标准。巴塞尔委员会由来自各个国家的银行监管当局组成,是国际清算银行的四个常务委员会之一。由巴塞尔委员会公布的准则规定的资本要求被称为以风险为基础的资本要求。1988 年 7 月,颁布第一个准则文件,称"1988 资本一致方针",又称《巴塞尔协议》。主要目的是建立防止信用风险的最低资本要求。1996 年《巴塞尔协议》做了修正,扩大了范围,包括基于市场风险的以风险为基础的资本要求。1998 年,巴塞尔委员会讨论了操作风险作为潜在金融风险的重要性,并在 2001 年公布了许多准则和报告来解决操作风险。2004 年 6 月,颁布新的资本要求准则,称《巴塞尔协议》。目的是通过引入与银行所面临风险更加一致的以风险为基础的资本要求,来对《巴塞尔协议 I》进行改进。《巴塞尔协议》鼓励银行不仅要识别当前的风险,而且要识别将来的风险,并且改进现有的风险管理体系来管理这些风险,即巴塞尔协议力求建立一个更为前瞻性的资本监管方法。《巴塞尔协议》的三个支柱包括:最低风险资本要求、资本充足率监管和内部评估过程的市场监管。

(二)1988 年《巴塞尔报告》

1.资本组成。

巴塞尔委员会将银行资本分为核心资本和附属资本。

2. 风险资产权重。

风险资产权重,根据不同类型的资产和表外业务的相对风险大小,赋予他们不同的权重,即0%,10%,20%,50%和100%。权重越大,表明该资产的风险越大。

3. 资本标准。

资本充足率,即资本与风险加权资产的比率不得低于8%,其中核心资本比率不得低于4%。

4. 过渡期安排。

1987年底至1992年底为实施过渡期。

(三)2003年《新巴塞尔资本协议》

《新巴塞尔资本协议》三大支柱:

1. 最低资本要求。

以资本充足率为核心的监管思想,将资本金视为最重要支柱。

2. 监管当局的监督检查。

强化各国监管当局职责。

3. 市场约束。

强调以市场力量来约束银行。

(四)2010年《巴塞尔协议Ⅲ》的主要内容

1. 强化资本充足率监管标准。

资本监管在巴塞尔委员会监管框架中长期占据主导地位,也是本论金融监管改革的核心。

2. 引入杠杆率监管标准。

自2011年初按照3%的标准(一级资本/总资产)开始监控杠杆率。

3. 建立流动性风险量化监管标准。

为增强银行及银行体系维护流动性能力,引入两个流动性监管的量化指标:流动性覆盖率、净稳定融资比率。

4. 确定新监管标准的实施过渡期。

(五)《巴塞尔协议》在我国的实施

2011年4月,基于我国银行业改革发展实际,中国银监会借鉴《巴塞尔协议Ⅲ》,颁布《中国银行业实施新监管标准的指导意见》,提高银行业审慎监管标准,增强系统重要性银行监管有效性。

任务五　了解对外金融关系

一、汇率制度

汇率指的是两种货币之间兑换的比率,亦可视为一个国家的货币对另一种货币的价值。具体是指一国货币与另一国货币的比率或比价,或者说是用一国货币表示的另一国货币的价格。汇率变动对一国进出口贸易有着直接的调节作用。

例如,一件价值100元人民币的商品,如果人民币对美元的汇率为0.150 2(间接标价法),则这件商品在美国的价格就是15.02美元。如果人民币对美元汇率降到0.142 9,也就是说美元升值,人民币贬值,用更少的美元可买此商品,这件商品在美国的价格就是14.29美元。所以该商品在美国市场上的价格会变低。商品的价格降低,竞争力变高,便宜好卖。反之,如果人民币对美元汇率升到0.166 7,也就是说美元贬值,人民币升值后这件商品在美国市场上的价格就是16.67美元,此商品的美元价格变贵,买的就少了。

(一)汇率制度的含义与划分

1. 汇率制度。

汇率制度是指各国对本国货币汇率变动的基本方式所做的一系列安排或规定。

2. 国际汇率划分。

(1) 国际汇率制度。

① 固定汇率制,各国货币受汇率平价的制约,市场汇率只能围绕平价在很小的幅度内上下波动的汇率制度。

② 浮动汇率制度,没有汇率评价的制约,市场汇率随着外汇供求状况而变动的汇率制度。

(2) 按制订汇率的方法划分。

① 基本汇率,各国在制定汇率时必须选择某一国货币作为主要对比对象,这种货币称之为关键货币。根据本国货币与关键货币实际价值的对比,制订出对它的汇率,这个汇率就是基本汇率。一般美元是国际支付中使用较多的货币,各国都把美元当作制定汇率的主要货币,常把对美元的汇率作为基本汇率。

② 套算汇率,是指各国按照对美元的基本汇率套算出的直接反映其他货币之间价值比率的汇率。

(3) 按银行买卖外汇的角度划分。

① 买入汇率,也称买入价,即银行向同业或客户买入外汇时所使用的汇率。采用直接标价法时,外币折合本币数较少的那个汇率是买入价,采用间接标价法时则相反。

② 卖出汇率,也称卖出价,即银行向同业或客户卖出外汇时所使用的汇率。采用直接标价法时,外币折合本币数较多的那个汇率是卖出价,采用间接标价法时则相反。

买入卖出之间有个差价,这个差价是银行买卖外汇的收益,一般为1‰~5‰。银行同业之间买卖外汇时使用的买入汇率和卖出汇率也称同业买卖汇率,实际上就是外汇市场买卖价。

③ 中间汇率,是买入价与卖出价的平均数。西方报道汇率消息时常用中间汇率,套算汇率也用有关货币的中间汇率套算得出。

④ 现钞汇率,一般国家都规定,不允许外国货币在本国流通,只有将外币兑换成本国货币,才能购买本国的商品和劳务,因此产生了买卖外汇现钞的兑换率,即现钞汇率。按理现钞汇率应与外汇汇率相同,但因需要把外币现钞运到各发行国去,由于运送外币现钞要花费一定的运费和保险费,因此,银行在收兑外币现钞时的汇率通常要低于外汇买入汇率;而银行卖出外币现钞时使用的汇率则高于其他外汇卖出汇率。

(4) 按银行外汇付汇方式划分。

① 电汇汇率,是经营外汇业务的本国银行在卖出外汇后,即以电报委托其国外分支机构或代理行付款给收款人所使用的一种汇率。由于电汇付款快,银行无法占用客户资金头寸,同时,国际的电报费用较高,所以电汇汇率较一般汇率高。但是电汇调拨资金速度快,有利于加速国际资金周转,因此电汇在外汇交易中占有绝大的比重。

② 信汇汇率,是银行开具付款委托书,用信函方式通过邮局寄给付款地银行转付收款人所使用的一种汇率。由于付款委托书的邮递需要一定的时间,银行在这段时间内可以占用客户的资金,因此,信汇汇率比电汇汇率低。

③ 票汇汇率,是指银行在卖出外汇时,开立一张由其国外分支机构或代理行付款的汇票交给汇款人,由其自带或寄往国外取款所使用的汇率。由于票汇从卖出外汇到支付外汇有一段间隔时间,银行可以在这段时间内占用客户的头寸,所以票汇汇率一般比电汇汇率低。票汇有短期票汇和长期票汇之分,其汇率也不同。由于银行能更长时间运用客户资金,所以长期票汇汇率较短期票汇汇率低。

(5) 按外汇交易交割期限划分。

① 即期汇率,也叫现汇汇率,是指买卖外汇双方成交当天或两天以内进行交割的汇率。

② 远期汇率,远期汇率是在未来一定时期进行交割,而事先由买卖双方签订合同、达成协议的汇率。到了交割日期,由协议双方按预订的汇率、金额进行钱汇两清。远期外汇买卖是一种预约性交易,是由于外汇购买者对外汇资金需要的时间不同,以及为了避免外汇汇率变动风险而引起的。远期外汇的汇率与即期汇率相比是有差额的。这种差额叫远期差价,有升水、贴水、平价三种情况,升水是表示远期汇率比即期汇率贵,贴水则表示远期汇率比即期汇率便宜,平价表示两者相等。

(6) 按对外汇管理的宽严区分。

① 官方汇率,是指国家机构(财政部、中央银行或外汇管理当局)公布的汇率。官方汇率又可分为单一汇率和多重汇率。多重汇率是一国政府对本国货币规定的一种以上的对外汇率,是外汇管制的一种特殊形式。其目的在于奖励出口限制进口,限制资本的流入或流出,以改善国际收支状况。

② 市场汇率,是指在自由外汇市场上买卖外汇的实际汇率。在外汇管理较松的国家,官方宣布的汇率往往只起中心汇率作用,实际外汇交易则按市场汇率进行。

(7) 按银行营业时间划分。

① 开盘汇率,又叫开盘价,是外汇银行在一个营业日刚开始营业时进行外汇买卖使用的汇率。

② 收盘汇率,又称收盘价,是外汇银行在一个营业日的外汇交易终了时使用的汇率。

3. 两种固定汇率制度。

(1) 金本位制度下的固定汇率制度,自发的固定汇率制度。

(2) 布雷顿森林体系下的固定汇率制度,人为可调整的固定汇率制度。

(二) 影响汇率制度选择的因素

决定一个国家汇率制度的因素,经济开放程度、经济规模、国内金融市场的发达程度及其国际金融市场的一体程度、进出口贸易的商品结构和地域分布、相对的通货膨胀率

(三) 人民币汇率制度

1. 1994 年,人民币官方汇率与市场汇率并轨,实行以市场供求为基础的、单一的有管理的浮动汇率制。

2. 2005 年,实行以市场供求为基础,参考一篮子货币进行调节、有管理的浮动汇率制。

3. 2010 年 6 月 19 日,中国再次启动人民币汇率改革,回归参考一篮子货币进行调节的有管理浮动汇率制度。

二、国际储备

(一) 国际储备的含义与构成

国际储备指一国货币当局为弥补国际收支逆差、稳定本币汇率和应付紧急支付等目的所持有的国际普遍接受的资产。国际储备一般分为四种类型。

1. 货币性黄金。

一国货币当局作为金融资产而持有的黄金。

2. 外汇储备。

各国货币当局持有的对外流动性资产,主要是银行存款和国库券等;外汇储备是国际储备的最重要的组成部分,在非黄金储备中占比重高达 95% 以上。

3. IMF 的储备头寸。

国际货币基金组织的普通账户中会员国可以自由提取使用的资产,包括可自由兑换货币(储备档头寸)和基金组织用去的本币(超储备档头寸)两种。

4. 特别提款权。

国际货币基金组织根据会员国缴纳的份额无偿分配的,可供会员国用以归还基金组织贷款和会员国政府之间偿付国际收支逆差的一种账面资产。

(二) 国际储备的作用

1. 融通国际收支逆差,调节临时性的国际收支不平衡。

2. 稳定本国货币汇率。

3. 是一国对外举债和偿债的根本保证。

(三) 国际储备的管理

国际储备的管理实质上是外汇储备的管理,因为外汇储备占非黄金储备的 95% 以上。

1.外汇储备总量管理。
(1)外汇储备规模过低导致国际支付危机、金融危机。
(2)外汇储备规模过多增加持有储备的机会成本、占有较多的基础货币,导致流动性过剩。
2.外汇储备的结构管理。
货币种类的安排为减少外汇储备风险实行储备货币多样化,储备资产流动性结构的确定。
3.外汇储备的积极管理。
满足外汇储备资产所需的流动性和安全性前提下,多余的外汇单独成立专门的投资机构,拓展外汇储备投资渠道、延长外汇储备资产投资期限,以提高外汇储备投资收益水平。

三、国际货币体系

国际货币体系又称国际货币制度,是指通过国际惯例、协定和规章制度等,对国际货币关系所做的一系列安排。主要内容有,确定国际储备资产、确定汇率制度、确定国际收支调节方式。

(一)国际货币体系变迁

1.国际金本位制。

国际金本位制度是以黄金作为国际储备货币或国际本位货币的国际货币制度。世界上首次出现的国际货币制度是国际金本位制度,它大约形成于1880年末,到1914年第一次世界大战爆发时结束。在金本位制度下,黄金具有货币的全部职能,即价值尺度、流通手段、贮藏手段、支付手段和世界货币。英国作为世界上最早发达的资本主义国家,于1821年前后采用了金本位制度。19世纪70年代,欧洲和美洲的一些主要国家先后在国内实行了金本位制,国际金本位制度才大致形成了。

金本位制的理论基础是格雷欣(Gresham)提出的"一价定律",即一种特定的货币在相互联系的所有市场上是等价的。英国学者戈逊(Goschen)也于1861年较为完整地提出了国际借贷说。汇率是由外汇市场上的供求关系决定的,而外汇供求又源于国际借贷,汇率变动的原因归结为国际借贷关系中债权与债务的变动。率先实行金本位制的英国当时是最大的工业强国,也是国际资本供给的最主要来源国,伦敦又是最重要的国际金融中心,资本市场业务已十分繁荣,各国同英国的经济往来以及它们之间的大部分商业关系都需要通过英国筹措资金,主观上讲,实行金本位制无疑能降低其交易成本和汇兑风险。

国际金本位制的特点和作用:

(1)黄金充当了国际货币。

黄金充当了国际货币是国际货币制度的基础。这一时期的国际金本位制度是建立在各主要资本主义国家国内都实行金铸币本位制的基础之上,其典型的特征是金币可以自由铸造、自由兑换,以及黄金自由进出口。由于金币可以自由铸造,金币的面值与黄金含量就能始终保持一致,金币的数量就能自发地满足流通中的需要;由于金币可以自由兑换,各种金属辅币和银行券就能够稳定地代表一定数量的黄金进行流通,从而保持币值的稳定;由于黄金可以自由进出口,就能够保持本币汇率的稳定。所以一般认为,金本位制是一种稳定的货币制度。虽然国际金本位制度的基础是黄金,但是实际上当时英镑代替黄金执行国际货币的各种职能。英镑的持有人可以随时向英格兰银行兑换黄金,而且使用英镑比使用黄金有许多方便和优越的地方。在当时英国依靠它的"世界工厂"的经济大国地位和"日不落国"的殖民统治大国地位,以及在贸易、海运、海上保险、金融服务方面的优势,使英镑成为全世界广泛使用的货币;使伦敦成为世界金融中心。在当时的国际贸易中,大多数商品以英镑计价,国际结算中90%是使用英镑,许多国家的中央银行国际储备是英镑而不是黄金。在伦敦开设英镑账户,可以获得利息,而储存黄金则非但没有利息,还要付出保管费用,持有英镑比持有黄金既方便又有利可图,所以有的西方经济学者把第二次世界大战前的国际金本位制度称作英镑本位制度。

(2)各国货币之间的汇率由它们各自的含金量比例决定。

因为金铸币本位条件下金币的自由交换、自由铸造和黄金的自由输出入将保证使外汇市场上汇率的波动维持在由金平价和黄金运输费用所决定的黄金输送点以内。实际上,英国、美国、法国、德国等主要国家货币的汇率平价自1880—1914年间一直没发生变动,从未升值或贬值。所以国际金本位是严格的固定汇率制,这是个重要的特点。

(3) 国际金本位有自动调节国际收支的机制。

英国经济学家休谟于1752年最先提出的"价格-铸币"流动机制。为了让国际金本位发挥作用,特别是发挥自动调节的作用,各国必须遵守三项原则:一是要把本国货币与一定数量的黄金固定下来,并随时可以兑换黄金;二是黄金可以自由输出与输入,各国金融当局应随时按官方比价无限制地买卖黄金和外汇,三是中央银行或其他货币机构发行钞票必须有一定的黄金准备。这样国内货币供给将因黄金流入而增加,因黄金流出而减少。

2. 布雷顿森林体系。

布雷顿森林体系是一种国际金汇兑本位制,它确立了美元在战后国际货币体系中处于中心地位,美元成了黄金的"等价物",美国承担以官价兑换黄金的义务,美元处于中心地位,起世界货币的作用。该体系一直维持到1971年,最后由总统尼克松宣告废除。布雷顿森林会议也促成了世界银行和国际货币基金组织建立。

特里芬难题:"双挂钩"的规定蕴含了布雷顿森林体系内在的不可克服的缺陷。

3. 牙买加体系。

(1) 牙买加协议的主要。

① 实行浮动汇率制度的改革,牙买加协议正式确认了浮动汇率制的合法化,承认固定汇率制与浮动汇率制并存的局面,成员国可自由选择汇率制度。同时IMF继续对各国货币汇率政策实行严格监督,并协调成员国的经济政策,促进金融稳定,缩小汇率波动范围。

② 推行黄金非货币化,协议做出了逐步使黄金退出国际货币的决定。并规定废除黄金条款,取消黄金官价,成员国中央银行可按市价自由进行黄金交易;取消成员国相互之间以及成员国与IMF之间须用黄金清算债权债务的规定,IMF逐步处理其持有的黄金。

③ 增强特别提款权的作用,主要是提高特别提款权的国际储备地位,扩大其在IMF一般业务中的使用范围,并适时修订特别提款权的有关条款。

④ 增加成员国基金份额,成员国的基金份额从原来的292亿特别提款权增加至390亿特别提款权,增幅达33.6%。

⑤ 扩大信贷额度,以增加对发展中国家的融资。

(2) 牙买加体系的缺陷

① 在多元化国际储备格局下,储备货币发行国仍享有"铸币税"等多种好处,同时,在多元化国际储备下,缺乏统一的稳定的货币标准,这本身就可能造成国际金融的不稳定。

② 汇率大起大落,变动不定,汇率体系极不稳定。其消极影响之一是增大了外汇风险,从而在一定程度上抑制了国际贸易与国际投资活动,对发展中国家而言,这种负面影响尤为突出。

③ 国际收支调节机制并不健全,各种现有的渠道都有各自的局限,牙买加体系并没有消除全球性的国际收支失衡问题。如果说在布雷顿森林体系下,国际金融危机是偶然的、局部的,那么在牙买加体系下,国际金融危机就成为经常的、全面的和影响深远的。

(二) 国际主要金融组织

1. 国际货币基金组织。

国际货币基金组织是国际货币体系的核心机构。

(1) 国际货币基金组织业务。

(2) 国际货币基金组织的资金来源。

(3) 国际货币基金组织的贷款。

(4) 2008年国际金融危机后,发达国家陷入主权危机,成为IMF贷款救助的主要对象。

2. 世界银行集团:世界最大的多边开发机构。

对生产性投资提供便利,协助成员国的经济复兴以及生产和资源的开发;促进私人对外贷款和投资;鼓励国际投资,开发成员国的生产资源,促进国际贸易长期均衡发展,维持国际收支平衡等。

3. 国际清算银行。

英、法、德、意、比、日等国的中央银行与代表美国银行界利益的摩根公司等组成的银行集团。

四、人民币跨境使用

(一) 跨境人民币业务

指居民(境内机构、境内个人)和非居民(境外机构、境外个人)之间以人民币开展的或用人民币结算的各类跨境业务。

(二) 跨境人民币业务的类型

1. 跨境贸易人民币结算。
2. 境外直接投资人民币结算。
3. 外商直接投资人民币结算。
4. 跨境贸易人民币融资。
5. 跨境人民币证券投融资。
6. 双边货币合作。

政策性银行和国内商业银行可在香港发行人民币债券。香港市场将这些人民币债券称为"点心债"。

境外机构境内发行人民币债券(称为"熊猫债")主要为国际开发机构。

【知识训练】

一、单选题

1. 中国人民银行公布的货币量指标中的货币增长率指标反映了(　　)的状况。
   A. 货币存量　　　　B. 货币流量　　　　C. 货币增量　　　　D. 货币总量
2. 一定时期内货币流通速度与现金和存款货币的乘积就是(　　)。
   A. 货币存量　　　　B. 货币流量　　　　C. 货币增量　　　　D. 货币总量
3. 流动性最强的金融资产是(　　)。
   A. 银行活期存款　　B. 居民储蓄存款　　C. 银行定期存款　　D. 现金
4. 在货币层次中,货币具有(　　)的性质。
   A. 流动性越强,现实购买力越强　　　　B. 流动性越强,现实购买力越弱
   C. 流动性越弱,现实购买力越弱　　　　D. 答案 AC 是正确的
5. 马克思的货币起源理论表明(　　)。
   A. 货币是国家创造的产物　　　　　　B. 货币是先哲为解决交换困难而创造的
   C. 货币是为了保存财富而创造的　　　D. 货币是固定充当一般等价物的商品
6. 价值形式发展的最终结果是(　　)。
   A. 货币形式　　　　B. 纸币　　　　C. 扩大的价值形式　　D. 一般价值形式
7. 货币执行支付手段职能的特点是(　　)。
   A. 货币是商品交换的媒介　　　　　　B. 货币运动伴随商品运动
   C. 货币是一般等价物　　　　　　　　D. 货币作为价值的独立形式进行单方面转移
8. 货币在(　　)时执行流通手段的职能。
   A. 商品买卖　　　　B. 缴纳税款　　　　C. 支付工资　　　　D. 表现商品价值
9. 商品的价格是(　　)。
   A. 商品与货币价值的比率　　　　　　B. 同商品价值呈反比
   C. 同货币价值呈正比　　　　　　　　D. 商品价值的货币表现
10. 贝币和谷帛是我国历史上的(　　)。

A. 信用货币　　　　B. 纸币　　　　　　C. 实物货币　　　　D. 金属货币

二、多选题

1. 一般而言,货币层次的变化具有以下(　　)特点。
   A. 金融产品创新速度越快,重新修订货币层次的必要性就越大
   B. 金融产品创新速度越慢,重新修订货币层次的必要性就越大
   C. 金融产品创新速度越快,重新修订货币层次的必要性就越小
   D. 金融产品创新速度越慢,重新修订货币层次的必要性就越小
   E. 金融产品越丰富,货币层次就越多
   F. 金融产品越丰富,货币层次就越少

2. 在我国货币层次中,狭义货币量包括(　　)。
   A. 银行活期存款　　　　　　　　　B. 企业单位定期存款
   C. 居民储蓄存款　　　　　　　　　D. 证券公司的客户保证金存款
   E. 现金　　　　　　　　　　　　　F. 其他存款

3. 在我国货币层次中准货币是指(　　)。
   A. 银行活期存款　　　　　　　　　B. 企业单位定期存款
   C. 居民储蓄存款　　　　　　　　　D. 证券公司的客户保证金存款
   E. 现金　　　　　　　　　　　　　F. 其他存款

4. 信用货币包括(　　)。
   A. 实物货币　　　　　　　　　　　B. 金属货币
   C. 纸币　　　　　　　　　　　　　D. 银行券
   E. 存款货币　　　　　　　　　　　F. 电子货币

5. 货币发挥支付手段的职能表现在(　　)。
   A. 税款交纳　　　　　　　　　　　B. 贷款发放
   C. 工资发放　　　　　　　　　　　D. 商品赊销
   E. 善款捐赠　　　　　　　　　　　F. 赔款支付

6. 按国际货币基金组织的口径,对现钞的正确表述是(　　)。
   A. 居民手中的现钞　　　　　　　　B. 商业银行的库存现金
   C. 企业单位的备用金　　　　　　　D. 中央银行发行库中的现金
   E. 以上答案都对

7. 关于狭义货币的正确表述是(　　)。
   A. 包括现钞和银行活期存款　　　　B. 包括现钞和准货币
   C. 包括银行活期存款和准货币　　　D. 代表社会直接购买力
   E. 代表社会潜在购买力

8. 货币发挥交易媒介功能的方式包括(　　)。
   A. 计价单位　　　　　　　　　　　B. 价值贮藏
   C. 交换手段　　　　　　　　　　　D. 支付手段
   E. 积累手段

9. 交换手段具有以下性质(　　)。
   A. 计算衡量商品和劳务的价值　　　B. 增加了交换环节
   C. 使买卖分离　　　　　　　　　　D. 使商品的转移与货币的支付分离
   E. 既是交换又是借贷

10. 货币的作用可以表现在以下方面(　　)。
    A. 降低了产品交换成本　　　　　　B. 提高了衡量比较价值的成本

C. 提高了产品交换成本 D. 降低了衡量比较价值的成本
E. 提高了价值贮藏成本

三、判断题

1. 我国货币层次中的 M0 即现钞是指商业银行的库存现金、居民手中的现钞和企业单位的备用金。（ ）
2. 流动性越强的货币层次包括的货币的范围越大。（ ）
3. 称量货币在使用时需要验成色称重量。（ ）
4. 从货币发展的历史看，最早的货币形式是铸币。（ ）
5. 在我国货币层次中，M1 的流动性大于 M2，M2 的统计口径大于 M1。（ ）
6. 货币作为交换手段不一定是现实的货币。（ ）
7. 货币作为价值贮藏形式的最大优势在于它的收益性。（ ）
8. 一定时期内货币流通速度与现金、存款货币的乘积就是货币存量。（ ）
9. 广义货币量反映的是整个社会潜在的购买能力。（ ）
10. 存款货币不一定采用开立支票的方式使用。（ ）

参考答案

一、1－5 CBDDD 6－10 ADADC
二、1. ADE 2. AE 3. BCDF 4. CDE 5. ABCDEF 6. ABC 7. AD 8. ACD 9. BC 10. AD
三、1－10 √×√×√×××√

四、简答题

1. 怎样认识和理解货币起源的各种学说？

答：货币的存在已有几千年的历史了，人们对它的存在也习以为常，但是货币是怎样产生的，这个问题在漫长的历史中却一直是个谜。然而认识货币的起源对于认识货币的本质、职能和作用是一个起点，因此，正确认识货币起源是学习货币理论的起点也是难点。

中国古代关于货币起源的学说主要有先王制币说和交换起源说，西方有创造发明说、便于交换说和保存财富说。这些学说在特定的历史背景下，虽然都存在一定的合理成分，但是却无法科学完整地解释货币的起源，主要原因在于它们不能透过现象看本质，仅仅停留在对现象的说明上，局限性大。只有马克思的货币起源说才科学完整地阐述了货币起源之谜。因为把握货币的起源，应该以辩证唯物主义和历史唯物主义的观点来看问题，运用历史和逻辑相结合的方法正是马克思学说的精髓。马克思在批判和继承资产阶级古典政治经济学有关货币理论的基础上，以科学的劳动价值理论阐明了货币产生的过程和客观必然性，正确揭示了货币的本质。

2. 在信用货币制度条件下，为什么各国中央银行在统计和分析货币量时首先要划分货币层次？

答：划分货币层次是指以流动性为标准，对流通中各种货币形式按不同的统计口径划分为不同的范围。

中央银行之所以将货币划分为不同的层次，分别统计货币量是由当代信用货币的构成特点和中央银行宏观调控的需要决定的。

在当代信用货币制度条件下，货币是由现金和存款货币构成的。其中现金是指中央银行发行的现钞与金属硬币，存款货币则是指能够发挥货币交易媒介功能的银行存款，包括可以直接进行转账支付的活期存款和企业定期存款、居民储蓄存款等。无论是现金还是存款货币都代表了一定的购买力，都是信用货币的构成部分。但是如果将它们不加区别地放在一起计算并不妥当。因为它们在购买能力上是有区别的。现金和存款货币中的活期存款是可以直接用于交易支付的，而其他存款要成为现实的购买力还必须经过必要的手续，因此，流动性不同的货币在流通中周转的便利程度不同，形成的购买力强弱不同，从而对商品流通和其他各种经济活动的影响程度也就不同。同时对中央银行来说,它对现金、活期存款和其他存款的控制和影响能力是不同的,中央银行必须根据不同的货币层次采取不同的措施,才能有效地调控货币量。

因此,按流动性的强弱对不同形式、不同特性的货币划分不同的层次,是科学计量货币数量、客观分析货币流通状况、正确制定实施货币政策、及时有效地进行宏观调控的必要措施。

五、论述题

1. 从历史的角度看,为什么说货币是价值形态与交换发展的必然产物?

答:马克思的货币起源学说揭示,货币是价值形态与交换发展的必然产物。从历史的角度看,交换发展的过程可以浓缩为价值形态的演化过程。因为商品的价值是通过交换来表现的,因此,随着交换的发展,也就产生了不同的价值形式。原始公社阶段,在公社之间出现了偶然的交换。当时生产力水平低,可用来交换的剩余产品还不多,随着一些偶然的交换行为的出现,价值也就偶然地表现出来,产生了简单的或偶然的价值形式。

随着社会分工和私有制的产生,用于交换的物品越来越多,一种物品不再偶然地同另一种物品相交换,而是经常地同许多种物品相交换。这时,一种物品的价值就不再是偶然地被另一种物品表现出来,而是经常地表现在许多与之相交换的物品上,价值形式发展为扩大的价值形式。

在扩大的价值形式阶段,交换已经成为一种经常发生的行为。交换物品的种类也越来越多,这时,直接的物物交换就产生了很多困难。这就迫使人们采用迂回的方式来达到自己的目的。在众多参与交换的物品中,人们逐渐会发现有某种物品较多地参与交换。并且能够为大多数人所需要。于是人们就先把自己的物品换成这种物品,再用它去换成自己想要的物品,从而这种物品也就成为交换的媒介。这样,直接的物物交换就发展为利用某种物品充当媒介的间接交换了。与此相适应,价值表现形式也发生本质的变化,不再是一种物品的价值经常地表现在其他许多物品上,而是许多物品的价值经常地由一种物品来表现,这个表现所有物品价值的媒介就是一般等价物,这种商品的价值形式就是一般价值形式。

随着商品交换的发展,在一般价值形式下,交替地起一般等价物作用的几种商品中必然会分离出一种商品经常地起一般等价物的作用。这种比较固定地充当一般等价物的商品就是货币。当所有商品的价值都由货币表现时,这种价值形式就成为货币形式。

从价值形态的演化过程可以看出:

第一,货币是一个历史的经济范畴。它并不是从人类社会产生就有的,而是在人类社会发展到一定阶段,伴随着商品和商品交换的产生和发展而产生的,所以货币的根源在商品本身。

第二,货币是商品经济自发发展的产物,而不是人们发明或协商的结果,它是在商品交换长期发展过程中,为适应交换的客观需要而自发地从一般等价物中分离出来的。

第三,货币是交换发展的必然产物,是社会劳动与私人劳动矛盾发展的产物,是价值形态和商品生产与交换发展的必然产物。

2. 货币形式的演变经历了哪些阶段?未来发趋势如何?

答:几千年来,货币形式随着商品交换和商品经济的发展在不断地发展变化。迄今为止,货币形式大致经历了实物货币、金属货币、纸币和信用货币几个发展阶段,从总的趋势来看,货币形式随着商品产生流通的发展,随着经济发展程度的提高,不断从低级向高级发展演变,这个过程大致可以分为三个阶段:

(1) 一般价值形态转化为货币形式后,有一个漫长的实物货币占主导地位的时期。在商品生产和交换还不发达的古代,实物货币的形式五花八门,重要的外来商品和本地易于转让的财产充当了货币。

实物货币都具有无法消除的缺陷,因为许多实物货币都形体不一,不易分割、保存,不便携带,而且价值不稳定,因此随着经济的发展与交易的扩大,实物货币逐渐被金属货币替代。

(2) 从实物货币向金属货币的转化。随着商品生产和交换的发展,特别是金属冶炼技术的发展,人们找到适宜作为货币材料的金属来充当货币。与实物货币相比,金属货币具有价值稳定、易于分割、易于储藏等优势,更适宜充当货币。但是金属货币也有难以克服的弊端,这就是面对不断增长的进入交换的商品来说,货币的数量却很难保持同步的增长,因为金属货币的数量受金属的贮藏和开采量的先天制约,因此在生产力急速发展时期,大量商品却往往由于货币的短缺而难以销售,引发萧条。同时金属货币在进行大额交易时不便携带,也影响了金属货币的使用。

(3)从金属货币向信用货币转化。信用货币产生于金属货币流通时期,信用货币主要有两种形式:纸币现钞和存款货币。在20世纪30年代以前,信用货币可以直接兑现或部分有条件兑现金属货币,后来由于资本主义经济矛盾激化和战争的影响,金属货币制度受到破坏,政府滥用信用货币发行权造成通货膨胀,使信用货币的兑现性大大削弱,金属货币自由铸造和流通的基础也遭到破坏,于是各国政府在30年代纷纷放弃金属货币制度,实行不兑现的信用货币制度。

近几十年来,信用货币的使用形式发生了很大的变化,从现钞、支票等形式向无形的电子货币形式发展,例如银行在商场等消费场所安装终端机,顾客在支付时只需使用银行卡,计算机就自动划拨账款,自动清算。电子货币作为现代经济高度发展和金融业技术创新的成果,尤其是微信支付、手机银行、支付宝等各种网络支付比传统的信用货币更方便、准确、安全和节约,是货币作为交易媒介不断进化的表现,代表着信用货币形式的发展趋势。

3. 试述货币的作用。

答:货币与人类社会以及经济发展是息息相关的,在各个方面都发挥了重要作用。

首先,从货币的功能来看,货币的积极作用表现在,作为交换媒介,货币降低了产品交换成本,提高了交换效率;降低了价值衡量和比较的成本,为实现产品交换提供了便利;作为价值贮藏形式,货币提供了最具流动性的价值贮藏形式,丰富了贮藏手段。

其次,货币成为推动经济发展和社会进步的特殊力量,它使人们的生产活动和生活突破了狭小的天地。因为在缺少货币的社会,人们积累的是实物财富,而实物财富的转移相对困难,这必然会限制人们行动的自由,人们的思想也多受禁锢;而货币出现以后,人们的活动领域得到了很大的扩展,货币"使臣轻背其主,而民易去其乡",与此同时,人们的思想也就不再受一地传统习俗及偏见的束缚,激发了人们的想象力和创造力,对商品生产的扩大,思想文化的进步产生了积极的作用。另一方面,也是更重要的,人们可以利用货币去进行财富的积累和承袭,这就激发了人们创造财富的无限欲望,随之而来的,它为扩大再生产创造了条件。没有货币的出现,就没有资本的积累和社会资本的利用。因为若只有物质财富的累积,人们只能在简单再生产的小圈子内循环,不可能出现扩大的社会再生产。所以货币对社会和经济的发展起到了重要的推动作用。

最后,货币在整体经济社会运行中发挥着重要作用。在商品生产和交换占主导地位的现代社会中,货币的作用已经渗透到社会经济的各个角落。在生活中人们所需要的各种商品,都需要用货币去购买;人们所需要的各种服务,也需要支付货币来获得;人们劳动工作所获得的报酬——工资,也是用货币支付的;人们积累财富,保存财富的主要方式是积攒和存储货币(银行存款)。除个人外,企业、行政事业部门的日常运行同样也离不开货币,现代财政收支也都用货币形式,整个经济运行状况也与货币相关,如果货币供求失衡发生通货膨胀或通货紧缩,就会制约经济运行和发展。各国政府运用各种政策对经济进行调控时,都要利用货币信用形式,而货币政策本身就是最重要的经济政策。不仅国内的各种经济活动离不开货币,国际经济贸易和各种交往活动中也需要货币。因此,货币对经济发展、充分就业、物价稳定和国际收支都具有重要的作用。人们甚至把货币称之为经济发展的"第一推动力"。

项目四 会 计

【思维导图】

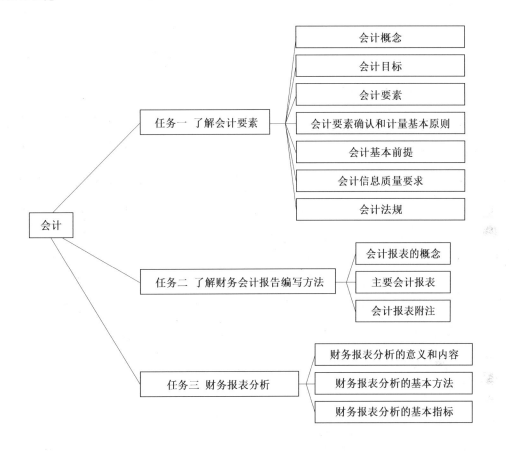

【知识点】

(1) 会计六要素。
(2) 三大报表。
(3) 成本函数和成本曲线。

【能力目标】

(1) 能够依据会计要素确认企业的资产关系及利润的形成。
(2) 能够确定三大报表编制方法。
(3) 能够分析财务报表。

任务一 了解会计要素

一、会计概念

会计是以货币为主要计量单位,采用专门的技术方法,通过对单位的全部资金运动进行系统、客观、及时地进行确认、计量和报告的一种经济管理活动。

现代会计以企业会计为核心,分为财务会计和管理会计两大分支。财务会计是对已发生的经纪业务进行记录和反映,提供的信息是对过去生产经营活动的客观反映;管理会计是用于满足企业内部管理人员编制、提高经济效益的需要,主要包括,预测分析、决策分析、全面预算、成本控制和责任会计等内容。

(一)会计基本职能

会计具有核算和监督两项基本职能。核算是基本的、首要的,核算是监督的前提,会计监督保证核算的正确性。现代会计的职能还包括预测、决策、评价等。

(二)会计对象

会计的对象即会计的客体,就是会计所核算和监督的内容。凡是特定对象能以货币表现的经济活动,都是会计核算和监督的内容。企业中以货币表现的经济活动一般称为价值运动或资金运动。

1.资金的投入,包括所有者投入和债权人投入的资金,企业资金运动的起点。

2.资金的循环与周转,分为供应、生产、销售三个过程。

3.资金的退出,企业收回的货币资金中,用于缴纳税金、偿还债务和向投资者分配股利或利润的这部分资金就退出了企业的资金循环与周转,剩余的资金则留在企业,继续用于企业的再生产过程。

(三)会计核算的具体内容

1.款项和有价证券的收付。

2.财物的收发、增减和使用。

3.债权债务的发生和结算。

4.资本增减。

5.收入、支出、费用、成本的计算。

6.财务成果的计算和处理。

7.需要办理会计手续、进行会计核算的其他事项。

二、会计目标

会计目标是指会计工作预期达到的最终结果。

(一)会计信息的内容

1.有关企业财务状况的信息——主要通过资产负债表来反映。

2.有关企业经营成果的信息——主要通过利润表来反映。

3.有关企业现金流量的信息——主要通过现金流量表来反映。

(二)会计信息的主要使用者

1.企业内部管理人员。

2.外部利益关系人。

三、会计要素

会计要素又称会计对象要素,分为反映企业财务状况的会计要素和反映企业经营成果的会计要素。我国《企业会计准则》规定会计要素包括资产、负债、所有者权益、收入、费用和利润。

(一)反映财务状况的会计要素

1.资产负债表要素,资产、负债、所有者权益反映企业财务状况的会计要素。

资产指企业过去的交易或者事项形成的并由企业拥有或者控制的、能以货币计量并且预期会给企业带来经济利益的资源。

负债指过去的交易、事项形成的,预期会导致经济利益流出企业的现时义务。

所有者权益又称为股东权益或称为净资产,指企业资产扣除负债后由所有者享有的剩余收益。

2.利润表要素,收入、费用、利润,反映企业生产经营成果的会计要素。

收入指企业在日常活动中形成的、会导致所有者权益增加的、与所有者投入资本无关的经济利益的总流入。主要包括营业收入、投资收益和营业外收入。

费用指企业在日常活动中发生的、会导致所有者权益减少的、与向所有者分配利润无关的经济利益的总流出。

利润是指企业在一定期间内的经营成果,是企业在生产经营过程中各种收入扣除各种费用后的剩余,是反映经营成果的最终要素

(二) 会计等式

1. 资产 = 权益 = 债权人权益 + 所有者权益 = 负债 + 所有者权益,反映了企业资产的归属关系。
2. 收入 - 费用 = 利润,反映了企业利润的形成过程。

四、会计要素确认和计量基本原则

会计要素确认和计量基本原则包括,权责发生制原则、配比原则、历史成本原则、划分收益性支出与资本性支出原则。

(一) 权责发生制

按照权利和义务是否发生来确定收益和费用的归属期。

1. 凡是当期已经实现的收入和已经发生或应当负担的费用,无论款项是否收付,均应作为当期的收入和费用处理。凡是不属于当期的收入和费用,即使款项已经在当期收付,都不应作为当期的收入和费用处理。企业的会计核算应当以权责发生制为基础。

2. 收付实现制,以收到款项或支付款项作为确认收入、费用的基础。凡是本期实际收到款项的收入,不论其是否归属于本期,均应作为本期的收入处理;凡是本期实际以款项支付的费用,不论其应否在本期收入中得到补偿,均应作为本期的费用处理。

我国行政单位采用收付实现制、事业单位除经营业务采用权责发生制外,其他业务也采用收付实现制。

(二) 配比原则

指对一个会计期间的收入和与其相关的成本、费用应当在该会计期间内确认,并应相互配比,以便计算本期损益

(三) 历史成本原则

指企业各项财产,在取得时应当按照实际成本计量,其后,各项财产如果发生减值,应当按照规定计提相应的减值准备,除法律、行政法规和国家统一的会计制度另有规定者外,企业一律不得自行调整其账面价值。历史成本原则是以货币稳定为前提的。

(四) 划分收益性支出与资本性支出原则

收益性支出指在本期发生的只与本期收益有关的应当在本期已实现的收益中得到补偿的支出。

资本性支出指为当期发生的不但与本期收益有关,而且与以后会计期间收益有关的,应当在以后若干会计期间的收益中得到补偿的支出。

将资本性支出误计入收益性支出,就会多计费用而少计资产价值,会低估资产和当期收益。

将收益性支出误计入资本性支出,就会少计费用多计资产价值,会高估资产和当期收益。

五、会计基本前提

会计基本前提包括,会计主体、持续经营、会计分期、货币计量。

(一) 会计主体

会计主体是企业会计确认、计量和报告的空间范围,是会计所服务的特定单位。作为会计主体,必须有独立地资金活动,独立地进行核算,可以独立编制财务报告。明确界定会计主体,是为把会计主体的经济业务与其他会计主体以及投资者的经济业务划分开。

会计主体与法律主体。法律主体必然是会计主体;会计主体可以是一个独立的法律主体,也可以不是一个独立的法律主体。

(二）持续经营

持续经营指会计核算应当以持续、正常的生产经营活动为前提，在可以预见的将来，企业将会按当前的规模和状态继续经营下去。而不考虑企业停业或破产清算，也不考虑企业大规模削减业务。

(三）会计分期

会计分期又叫会计期间，指会计工作中为核算生产经营活动或预算执行情况所规定的起讫日期，一般分为年度和中期。年度和中期均按公历起讫日期确定。明确了会计期间的前提，才产生了本期与非本期的区别，才产生了收付实现制和权责发生制，才能正确贯彻配比原则。

(四）货币计量

货币计量指企业在进行会计确认、计量和报告时采用货币为主要计量单位进行记录，反映企业的财务状况、经营成果和现金流量。

六、会计信息质量要求

《企业会计准则》对企业提供的会计信息的质量要求包括，可靠性、相关性、清晰性、可比性、实质重于形式、重要性、谨慎性和及时性。

(一）可靠性

要求企业应当以实际发生的交易或者事项为依据进行会计确认、计量和报告，会计信息真实可靠、内容完整。可靠性包括真实性和客观性两方面含义。

(二）相关性(有用性)

要求企业提供的会计信息应当与财务会计报告使用者的经济决策需要相关。

(三）清晰性

清晰性又称可理解性，要求会计提供的会计信息应当清晰明了，便于财务报告使用者理解和利用。

(四）可比性

可比性原则是指企业会计核算应按照规定的会计处理方法进行，会计指标应当口径一致，相互可比。

(五）实质重于形式

企业应当按照交易或事项的经济实质进行会计确认、计量和报告。

如融资租赁固定资产从经济实质上，企业拥有资产的实际控制权，在会计核算上视为企业资产。

(六）重要性

在会计核算过程中对交易或事项应当区别其重要程度，采用不同的核算方式。

(七）谨慎性

又称为稳健性，不应高估资产或者收益、低估负债或者费用。例如，对应收账款计提坏账准备。

(八）及时性

要求企业对于已经发生的交易或者事项，应当及时进行会计确认、计量和报告，不得提前或者延后。

七、会计法规

我国现行会计法规体系以《中华人民共和国会计法》为核心，以会计准则、财务规则和会计制度为主要内容。

(一）会计法

由全国人大常委会通过，是我国会计工作的基本法律，是我国会计法规体系中处于最高层次的法律规范，是制定其他会计法规的基本依据，也是指导会计工作的最高准则。

(二）企业会计准则

制定会计核算制度和组织会计核算工作的基本规范。

1. 企业会计准则,包括基本会计准则和具体会计准则。
2. 事业单位会计准则。
3. 政府会计准则。

(三) 财务规则

为了规范单位的财务行为,加强行政单位财务管理和监督,提高自己能使用的效益,保障行政单位任务的完成,由财务部制定规范行政单位财务活动的一般规则。

1. 行政单位财务规则。
2. 事业单位财务规则。

(四) 会计制度

为了规范企业的会计核算,真实、完整地提供会计信息,由财政部根据《会计法》及国家其他相关法律和规范,制定的具体会计核算制度。

1. 企业会计制度。
2. 政府会计制度。

任务二　　了解财务会计报告编写方法

一、会计报表的概念

会计报表以日常账簿资料为主要依据编制的,总括反映企业财务状况、经营成果和现金流量等会计信息的书面文件。它既是会计核算环节的最后一个环节,也是会计循环过程的终点。

(一) 会计报表的目标

企业编制会计报表的目标是向会计报表使用者提供与企业财务状况、经营成果和现金流量等有关的会计信息,反映企业管理层受托责任的履行情况,有助于会计报表使用者做出经济决策。

(二) 会计报表的编制要求

1. 会计报表是根据日常的会计账簿记录及其他有关资料编制。
2. 会计报表的编制应当符合会计法和国家统一会计制度关于会计报表的编制要求、提供对象和提供期限的规定。
3. 企业编制的会计报表应当真实可靠、全面完整、编报及时、便于理解。

(三) 会计报表编制前的准备工作

1. 全面财产清查。
2. 检查会计事项的处理结果。

二、主要会计报表

(一) 资产负债表

资产负债表按照一定的标准和顺序适当排列编制的反映某一特定日期全部资产、负债和所有者权益情况的会计报表,是月度报表。它是以"资产 = 负债 + 所有者权益"这一基本等式为基础进行编制的,反映企业静态财务状况的一种报表。

1. 编制资产负债表的作用。

(1) 资产负债表为报表使用者提供企业所拥有和控制掌握的经济资源及其分布和构成情况的信息,为经营者分析资产分布是否合理提供依据。

(2) 资产负债表总括反映企业资金的来源渠道和构成情况。

(3) 通过对资产负债表的分析,可以了解企业的财务状况,判断企业的偿债能力和支付能力。

(4)通过对前后期资产负债表的对比分析,可以了解企业资金结构的变化情况,经营者、投资者和债权人据此可以掌握企业财务状况的变化情况和变化趋势。

2.资产负债表的格式和内容。

(1)我国采用账户式,账户式资产负债表分为左右两方,左方列示企业所拥有的全部资产的分布及存在形态;右方列示企业的负债和所有者权益各项目。

(2)主要内容包括①资产类项目,排列顺序是按照其流动性进行排列的,流动性强的项目排在前面,流动性差的项目排在后面,并按流动资产和长期资产分项列示,流动资产在前。②负债类项目的排列按照到期日的远近进行排列,先到期的排在前面,后到期的排在后面,并按流动负债和长期负债顺序分项列示,流动负债在前。③所有者权益包括所有者投入资本、股本溢价和评估增值等引起的资本公积、企业在生产经营过程中形成的盈余公积和未分配利润。

在资产负债表上排列顺序为实收资本、资本公积、盈余公积和未分配利润。

3.资产负债表的编制方法。

由于资产负债表的项目与企业会计科目不完全一致,该表的期末数有两种填列方法:

(1)直接填列法,根据总账科目的期末余额直接填列。资产负债表的大部分项目可以采用直接填列法进行填列,如"应收票据""应收股利""应收利息""固定资产""累计折旧""固定资产减值准备""固定资产清理""短期借款""应付工资""应付福利费""应交税金""应付利润""实收资本""资本公积""盈余公积"等项目。

(2)分析计算填列法即将总账科目和明细科目的期末余额,按照资产负债表项目的内容进行分析、计算以后填列期末数的方法

(二)利润表

利润表是反映企业在一定会计期间经营成果的报表。以"收入－费用＝利润"的会计等式为基础。它是一张动态会计报表。

1.利润表的主要作用。

为报表使用者提供企业盈利能力方面的信息。

2.利润表的基本格式。

主要有单步式和多步式两种。我国目前采用的利润表格式为多步式利润表。如:

(1)营业利润＝营业收入－营业成本－营业税金及附加＋其他业务利润－销售费用－管理费用－财务费用。

(2)利润总额＝营业利润＋投资收益＋营业外收入 营业外支出。

(3)净利润＝利润总额－所得税。

(三)现金流量表

现金流量表反映企业在一定会计期间内有关现金和现金等价物的流入和流出的报表。

现金指企业的库存现金,可以随时用于支付的存款。

现金等价物指企业持有的期限短、流动性强、易于转换为已知金额的现金和价值变动风险很小的投资。

我国企业现金流量表,属于年度报表,由报表正表和补充资料两部分组成,正表采用报告式,分为经营活动产生的现金流量、投资活动产生的现金流量和筹资活动产生的现金流量,最后汇总反映企业现金及现金等价物的净增加额。

三、会计报表附注

财务报表附注是对在资产负债表、利润表、现金流量表和所有者权益变动表等报表中列示项目的文字描述或明细资料,以及对未能在这些报表中列示项目的说明。

增进会计信息的可理解性,突出会计信息的重要性,提高会计信息的可比性,而且还可以反映作为整个会计报表组成部分的非数量信息以及其他比报表本身更为详细的信息。

任务三　财务报表分析

一、财务报表分析的意义和内容

财务报表分析是通过收集、整理企业财务会计报告中的有关数据,并结合其他有关的补充信息,对企业的财务状况、经营成果和现金流量情况进行综合比较与评价,并通过财务指标的高低评价企业的偿债能力、盈利能力、营运能力和发展能力,为企业投资者、债权人和其他利益关系人提供管理决策的依据。

财务报表分析的基本内容主要有以下三方面:
(1) 分析企业的偿债能力。
(2) 评价企业资产的营运能力。
(3) 评价企业的盈利能力。

二、财务报表分析的基本方法

财务报表分析常用的方法由比率分析法、比较分析法和趋势分析法。

(一) 比率分析法

两项彼此相关联的项目加以比较,通过计算关联项目的比率,揭示企业财务状况、经营成果和现金流量情况,确定经济活动变动程度的一种分析方法。

常用的财务比率有,相关比率、结构比率和效率比率。

(二) 比较分析法

通过某项指标与性质相同的指标评价标准进行比较,揭示企业财务状况、经营成果和现金流量情况的一种分析方法,是最基本的分析方法。

(1) 按比较对象的不同分为绝对数比较分析、绝对数增减变动分析、百分比增减变动分析。
(2) 按照比较标准不同分为实际指标同计划指标比较、本期指标与上期指标比较和本企业指标同国内外先进企业指标比较。

(三) 趋势分析法

是利用会计报表提供的数据资料,将两期或多期连续的相同指标或比率进行定基对比和环比对比,得出它们增减变动的方向、数额和幅度,以揭示企业财务状况、经营成果和现金流量变化趋势的一种分析方法。由于选择的基期不同,可以有两种方法,定基动态比率和环比动态比率

$$定基比率 = \frac{分析期数额}{固定基期数额}$$

$$环比比率 = \frac{分析期数额}{前期数额}$$

三、财务报表分析的基本指标

(一) 偿债能力分析

偿债能力是企业偿还到期债务的能力,能否及时偿还到期债务,是反映财务状况好坏的重要标志。包括短期偿债能力和长期偿债能力两个方面。短期偿债能力指企业以流动资产偿还流动负债的能力,反映企业偿付日常到期债务的能力;长期偿债能力指企业偿还长期负债的本金和利息。

反映企业偿债能力的财务比率指标主要有,流动比率、速动比率、现金比率、资产负债率、产权比率、已获利息倍数。

(二) 营运能力分析

营运能力指通过企业生产经营资金周转速度等有关指标所反映出来的企业资金利用的效率,它表明企业管理人员经营管理、运用资金的能力,是衡量企业整体经营能力高低的一个重要方面。

反映企业营运能力的指标包括,应收账款周转率、存货周转率、流动资产周转率、总资产周转率。

(三) 盈利能力分析

盈利能力分析就是要分析企业当期或未来盈利能力的大小。

分析盈利能力的指标有,主营业务净利润率、资产净利润率、资本收益率、净资产收益率、普通股每股收益、市盈率、资本保值增值率。

第二篇　　管理实务

项目五　管　理　学

【思维导图】

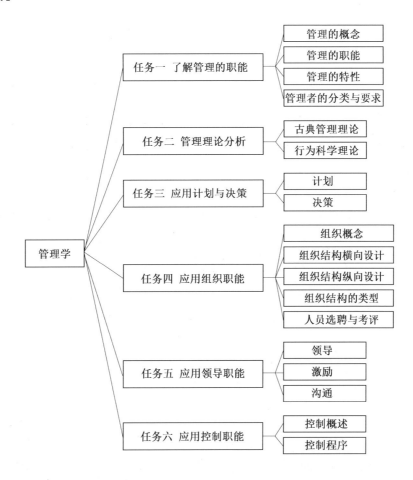

【知识点】

（1）管理的概念和特性。
（2）管理的形成和发展。
（3）计划与决策。
（4）组织职能。
（5）领导职能。
（6）控制职能。

【能力目标】

（1）掌握管理的特性。
（2）能够制订计划并进行决策分析。
（3）能够进行组织、领导和控制。

【案例导读】

管理是生产力

生产力要素(土地、劳动力、资本、科技)只是一种资源,只有通过管理才能转化为效益。如果没有一定的管理体制和制度环境的保证,科技成果很难转化为现实生产力,而现实生产力又更难转化为效益,导致科技与经济的脱节,生产力各要素也只是潜在生产力。先进的科技未必能促进经济和社会的发展,苏联就是一个例证。劳动力生产要素也只有通过组织调动才能充分发挥人的潜能和能动性。资本要素同样只能通过有效的管理才能获得预期的回报。相反,管理失控会导致灾难性的后果,如东南亚金融危机。因此,管理是生产力,是比科技、劳动力、资本更为重要的生产力要素。社会主义的根本任务是发展生产力,管理生产要素理应包括在其中。

据测算,对一个企业经营业绩的贡献:投资占1分,科技占3分,管理占6分。管理人员的作用要大于业务人员。管理创新的价值等于3~10倍的科技创新。

管理出效益,如邯郸钢铁公司的成本否决管理。

管理出质量,如海尔公司的零缺陷管理;摩托罗拉的六西格玛管理。

管理出效率,如一汽集团公司的精益生产管理。

管理出竞争力,如TCL集团以创新为灵魂的管理。

因此,管理与其他生产要素的关系是乘数效应,而非简单的叠加关系,即可以表示为(科学技术 + 科学管理) × (劳动者 + 劳动资料 + 劳动对象)。

管理放大了生产力各要素的作用。当前我国大多数企业看重技术,轻视管理;注重硬件配置,忽视企业软环境的建设。我国科技水平相对落后,而管理水平更加落后。在实际工作中管理滞后的问题比比皆是,从宏观经济到企业经营管理,从国家到地方部门,因疏于管理而付出学费或延误机遇,为此均付出了很大的代价。

任务一　了解管理的职能

一、管理的概念

人类在适应自然和改造环境的进程中,必然伴随着群体活动的增长和社会组织的出现,这种群体活动需要有管理的功能来保障其秩序和有效性。同样,社会组织的产生、存在和发展,都需要有管理的功能来进行组织和协调。可以说,管理是共同劳动和社会组织的产物。由于共同劳动的无所不在,种种社会组织的普遍存在,管理也就成为人类社会中最普遍的行为之一。

因此,管理起源于人类的共同劳动,是人们在一定组织环境下所从事的一种智力活动。人们在共同劳动中为有效地达到一定的目标,需要有管理的活动,以组织人们的有效劳动与生存发展。共同劳动的规模越大,技术越复杂,劳动分工越精细,社会化联系越广泛,管理越重要。然而,要给管理一个简洁、确切的定义却并非易事。

什么是管理? 虽然管理活动历史悠久,但遗憾的是,直到目前为止,管理一词还没有一个统一的为大多数人所接受的定义。原因很简单,不同的人在研究管理时的出发点不同,视角不同。下面是一些中外学者具有代表性的定义:

强调工作任务的人认为:"管理就是由一个或多个人来协调其他人的活动,以便收到个人单独活动所不能收到的效果。"

强调管理者个人领导艺术的人认为:"管理就是领导。"

强调决策作用的人认为:"管理就是决策。"

管理定义的多样化,反映了人们对管理的多种理解,以及各管理学派的研究重点与特色。但是,也应看到,不同的定义,只是观察角度和侧重点不同,在总体上对管理实质的认识还是共通的。为了对管理进行比较广泛的研究,而不局限于某个侧面,本书采用下面的定义:

管理是通过计划、组织、领导和控制,协调以人为中心的组织资源与职能活动,以有效地实现目标的社会活动。

由以上对管理概念的界定,可以分析出管理的如下要义:

1. 管理是共同劳动的产物。没有共同劳动,人们就不会结成配合与协作关系,也不存在组织的共同目标,管理工作就成为多余。有了共同劳动,就必然存在着从事共同劳动的人员之间的分工、协作问题,管理人员及其管理活动就有存在的必要。

2. 管理的目的是有效地实现目标。所有的管理行为都是为实现目标服务的。没有共同的目标,就没有共同劳动,也就不需要管理。目标不明确,管理就会无的放矢。

3. 管理实现目标的手段是计划、组织、领导和控制。任何管理者,要实现管理目标就必须实施计划、组织、领导、控制等管理行为与过程,这些是一切管理者在任何管理实践中都要履行的管理职能。

4. 管理的本质是协调。要实现目标,就必须使资源与职能活动协调,所有的管理行为在本质上都是协调问题。

5. 管理的对象是以人为中心的组织资源与职能活动。它强调了人是管理的核心要素,所有的资源与活动都是以人为中心的。管理,最主要的是对人的管理。

6. 管理的主体是具有专门知识、利用专门技术和手段来进行专门活动的管理者。是组织中最核心最关键的要素。

7. 管理的核心是处理好人际关系,管理是让别人与自己一道去实现既定的目标。管理者的工作或责任的很大一部分是与人打交道,这在领导的职能中表现得尤为充分。

二、管理的职能

管理有哪些具体职能,不同的管理学家的观点不尽相同。法约尔(Fayol)阐述的管理职能主要是计划、组织、指挥、协调和控制。后人在法约尔的基础上分别从各自的角度提出了管理的职能,如,孔茨(Koontz)将管理的职能分为计划、组织、人员配备、指导和控制等。当今大部分学者认为管理应有四大基本职能:计划、组织、领导、控制。其他分类的职能都可以看成是这四大职能的不同划分,和不同表述。因此本书阐述的管理职能即为计划、组织、领导和控制。

(一) 计划

计划的任务主要是制定目标及目标实施途径(即计划方案)。具体来说,计划工作主要包括,描述组织未来的发展目标,如利润增长目标、市场份额目标、社会责任目标等;有效利用组织的资源实现组织的发展目标;决定为实现目标所要采取的行动。计划是管理的首要职能,管理活动从计划工作开始。

(二) 组织

再好的计划方案也只有落实到行动中才有意义。要把计划落实到行动中,就必须要有组织工作。组织工作包括分工、构建部门、确定层次等级和协调等活动,其任务是构建一种工作关系网络,使组织成员在这样的网络下更有效地开展工作。通过有效的组织工作,管理人员可以更好地协调组织的人力和物力资源,更顺利地实现组织的目标。

(三) 领导

有了计划,构建了合适的组织结构,聘用到了合适的人员之后,就需要开展领导工作。有人把领导叫作指导,但不管怎么叫,都是指对组织成员施加影响,使他们为组织的目标做出贡献。其工作内容包括激励、采用合适的领导方式、沟通等。

(四) 控制

控制工作包括衡量组织成员的工作绩效,发现偏差,采取矫正措施,进而保证实际工作开展的情况符合计划要求。

计划、组织、领导和控制是最基本的管理职能,它们分别回答了一个组织要做什么和怎么做、靠什么做、如何做得更好,以及做得怎么样等基本问题。作为管理工作的手段和途径,随着管理对象的变化和科学技术的发展,管理职能也在不断地丰富和完善。近年来,决策和创新这两项职能得到了管理者的高度重视。

对管理职能的研究是管理学重要内容,本书后面各章将对上述各职能作深入的阐述和分析。

三、管理的特性

（一）管理的二重性

管理作为共同劳动的产物,它不能脱离具体的社会历史环境而抽象地存在,也就是说,一定社会的管理无不具有科学技术和上层建筑的二重特征,这就是通常所说的管理的二重性。

管理的自然属性,也称管理的生产力属性或一般性。在管理过程中,为实现组织目标,要对人、财、物、信息等资源进行合理配置,对业务及职能活动进行协调运作,以实现生产力的科学组织。这种组织生产力的管理功能,是由生产力引起的,反映了人与自然的关系,因此称为管理的自然属性。它由生产力决定,而与生产关系、社会制度无关,具有历史长期性。

管理的社会属性,也称管理的生产属性或管理的特殊性。在管理过程中,为维护生产资料所有者的利益,需要调整人们之间的利益分配,协调人与人之间的关系。这种调整生产关系的管理功能,反映的是生产关系与社会制度的性质,因此称为管理的社会属性。管理的社会属性是由与管理相联系的生产关系和社会制度的性质决定的。在历史发展的过程中,不同社会形态下,管理的社会属性体现着统治阶级的意志,带有明显的政治性。社会主义的管理与资本主义的管理的区别主要体现在管理的社会属性上。资本主义的企业管理是为了维护资本主义生产关系,是资本家榨取工人劳动的一种手段,而社会主义的企业管理则是在维护社会主义生产关系的条件下,充分发挥职工的积极性、智慧和创造力,搞活经营,满足需求,提高效益,实现社会主义的生产目的。两者有本质的区别。

（二）管理的科学性和艺术性

管理是科学与艺术的结合。科学是反映自然、社会、思维等客观规律的知识体系,包括明确的概念和一般原理,是归纳、总结的体现,是可复制的、可学习的,并有规律可遵循。而艺术则是天赋、潜质和个性的体现,来自个人的经验、直觉和智慧。

管理的科学性在于管理作为一个活动过程,其间存在一系列基本客观规律,有一套分析问题、解决问题的科学的方法论,并在实践中得到不断的验证和丰富,可复制和学习,并可指导人们实现有效的管理。管理的科学性强调人们必须按照管理科学规律进行管理,强调学习管理专业知识的重要性。许多管理的问题都可以用理性的、逻辑的、客观的和系统的方法来解决,是有章可循的。

管理的艺术性就是强调其实践性和创新性。要有效地实现管理,管理者必须在管理实践中发挥积极性、主动性和创造性,因地制宜地将管理知识与具体管理活动相结合。管理的艺术性强调管理者仅凭停留在书本上的管理理论,或背诵原理和公式来进行管理活动是不能保证其成功的,还要灵活运用管理知识,讲究管理技巧。尽管管理研究者们一直在探索管理的规律性法则,管理的实践者们也总是尽可能采取科学的管理方法,但人们不得不经常基于直觉、经验、本能和个人观察力做出决策和提出解决问题的方法。例如,管理者必须在看上去是同样可行的方法之间进行选择,他们必须高度依赖概念、沟通、人际关系和时间管理等技能。有时在许多人认为是不可能成功或明显错误的决定中,智慧的管理者做出了一反常态的、正确的决策,事后才被人们认可。因此,管理者需要将直觉与个人观察力同客观数据和事实相结合才能成功。

【小故事】

星巴克的管理

当星巴克计划进入纽约市场开设第一家咖啡店时,市场调查显示纽约人更喜欢中研磨咖啡而不是更具有外国风情的细研磨咖啡。然而,当星巴克在新店中安装了更多的中研磨机而少安装细研磨咖啡机后,出现了大量买细研磨咖啡的顾客,这迫使经理迅速恢复以细研磨咖啡为主的做法。现在,星巴克为它所有的店制定了统一的装修风格和菜单,包括在中国的,先不考虑可能的市场差异,而是在开业后进行必要的调整。

管理既是一门科学,又是一门艺术,是科学与艺术的有机结合体。管理的科学性是管理艺术性的前提与基础,管理的艺术性是管理科学性的补充与提高。有成效的管理艺术是以管理者对它所依据的管理理论的理解为基础,出色的管理者必须通过大量的实践来提高自身的管理水平,创造性地灵活运用科学知识,以保证管理的成功。

四、管理者的分类与要求

(一) 管理者的分类

管理者是指在组织中从事管理活动的全体人员,即在组织中担负计划、组织、领导、控制和协调等工作,以期实现组织目标的人,是组织中最为重要的一个因素。

在一个组织中,每个管理者在组织中处于不同的地位,起着不同的作用,拥有不同的权限,承担着不同的责任,但从管理学的角度,可以把他们划分为以下三大类。

1. 按管理层次划分。

(1) 高层管理者指对整个组织的管理负责的管理者,是组织管理中的最高层执行者,包括最高领导者和核心领导成员。最高领导者有公司的总裁或总经理、学校的校长、城市的市长等,核心领导成员有副总经理、副校长、副市长等等。他们的主要职责是制定组织的总目标、总战略,掌握组织的大政方针,沟通与其他组织的联系,并评价整个组织的绩效。

高层管理者对外往往代表组织,并以"官方"身份出现;对内拥有最高职位和最高职权,并对组织的总体目标负责。在很多情况下,高层管理者的工作将决定一个组织的成败。

(2) 中层管理者是指一个组织中中层机构的负责人员。他们是高层管理者的决策执行者,负责制定具体的计划、政策,行使高层管理者授权下的指挥权,并向高层管理者报告工作,也称为执行层。例如,工厂的生产处长、商场的商品部主任就属于中层管理者。

与高层管理者相比,中层管理者更注重相关部门的管理事务,他们贯彻、执行高层管理者的意图,负责把任务落实到基层单位,并检查、督促和协调基层管理者的工作,确保任务的完成;他们要完成高层管理者交办的工作,并向他们提供进行决策所需的信息和各种方案。简单地讲,就是上情下达,下情上呈,承上启下。中层管理者一般又可以分为3类:技术性管理者、支持性管理者和行政性管理者。

(3) 基层管理者是指在生产经营第一线的管理人员。他们负责将组织的决策在基层落实,制定作业计划,负责现场指挥与现场监督,也称为作业层。例如,生产车间的工段长、班组长就属于基层管理者。

【小故事】

倒金字塔管理法(pyramid upside down)

目前,很多公司采用的是"正金字塔"的管理方法。但是20世纪70年代末,瑞典的北欧航空公司总裁杨·卡尔松提出了倒金字塔管理法。"倒金字塔"的构架是:

最上层:一线工作人员(现场决策者)。

中间层:中层管理者。

最下层:总经理、总裁(政策的监督者)。

那么,当时卡尔松为什么决定把这个颠倒过来呢?

20世纪70年代末,石油危机造成世界范围内的航空业不景气,瑞典的北欧航空公司濒临倒闭。在这个危急的时刻,杨·卡尔松担任了北欧航空公司的总裁。卡尔松来到北欧航空公司时,公司一片萧条,人心惶惶。卡尔松利用3个月时间,在仔细研究了公司的状况后向所有员工宣布,他要实行一个全新的管理方法。他给它起名字叫"pyramid upside down",我们简称倒金字塔管理法,也有人称之为倒三角管理法。

卡尔松发现要把公司做好关键在于员工,所以他把自己放在这个"倒金字塔"管理法的最下面,他给自己命名为政策的监督者,他认为公司的总目标制定下来之后,总经理的任务就是监督、执行政策,达到这个目标。中层管理人员不变,最上面这一层是一线工作人员,卡尔松称他们为现场决策者。北欧航空公司采用这种方法三个月之后,公司的风气就开始转变,卡尔松开始让员工感觉到,我是现场决策者,我可以对我分内负责的事情做出决定,有些决定可以不必报告上司,卡尔松把权力、责任同时下放到员工身上,而他作为政策的监督者,负责对整体进行观察、监督、推进。一年后,北欧航空公司盈利5 400万美元。这一奇迹在欧洲、美洲等地广为传颂(资料来源:管理学,尤利群等编著2019年)。

2. 按管理工作的性质与领域划分。

(1) 综合管理者。综合管理者是指负责整个组织或部门的全部管理工作的管理人员。他们是一个组织或部门的主管,对整个组织或该部门的目标实现负有全部的责任;他们拥有这个组织或部门所必需的权力,有权指挥和支配该组织或该部门的全部资源与职能活动,而不是只对单一资源或职能负责。例如,工厂的厂长、车间主任都是综合管理者。

(2) 职能管理者。职能管理者是指在组织内只负责某种职能的管理人员。这类管理者只对组织中某一职能或专业领域的工作目标负责,只在本职能或专业领域内行使职权、指导工作。职能管理者大多数是具有某种专业或技术专长的人。就一般工商企业而言,职能管理者主要包括以下类别:计划管理、生产管理、技术管理、市场营销管理、物资设备管理、财务管理、行政管理、人事管理、后勤管理、安全保卫管理等。

3. 按职权关系的性质划分。

(1) 直线管理人员。直线管理人员是指有权对下级进行直接指挥的管理者。他们与下级之间存在着领导隶属关系,是一种命令与服从的职权关系。直线管理人员的主要职能是决策和指挥。直线管理人员主要是指组织等级链中的各级主管,即综合管理者。例如,企业中的总经理—部门经理—班组长,他们是典型的直线管理人员,主要是由他们组成组织的等级链。

(2) 参谋人员。参谋人员是指对上级提供咨询、建议,对下级进行专业指导的管理者。他们与上级的关系是一种参谋、顾问与主管领导的关系,与下级是一种非领导隶属的专业指导关系。他们的主要职能是咨询、建议和指导。对企业而言,参谋人员通常是指各级职能管理者,如计财处长、总工程师、公关部经理等。他们既向最高领导提供咨询、建议,又对整个企业各部门及人员进行其所负责的专业领域内的业务指导。

【小故事】

企业需要怎样的管理者

某高科技企业集团,短短几年间,就在全国十余个城市设立分公司和办事处,面对规模的扩大,集团迫切需要一大批中层管理人员。然而,人才难找是许多企业的难题,该集团也如此,找不到人才怎么办呢?只好提拔本企业员工。于是,一批从未担任过管理工作的年轻人被提拔起来担任管理工作,大学刚毕业一年的张辰星便是其中之一。这位年轻的部门经理,信心十足,打算做出一番成绩。但不到一个月,张辰星就倍感困惑,毫无管理经验的他,不知道怎样主持会议、怎样分派任务、怎样激励下属……许多管理工作都不知如何下手。为此,他不得不买来一些管理书,按照书本上的方法去做。但书本上的知识毕竟与现实有一段距离。几个月下来,不但该部门的各项计划难以完成,张辰星也被部门里大大小小的事搅得筋疲力尽。这种现象不只发生在张辰星身上,在这批新上任的年轻管理者中,除了两三个人能将所在部门管理得有条不紊之外,其余的人都在管理过程中破绽百出……(资料来源:管理学,尤利群等编著2019)

问题:

你认为企业需要什么样的管理者?

怎样才能成为一个合格的管理者?

（二）对管理者的素质要求

作为管理者，无论是高层、中层，还是基层，想成为一个优秀的管理者，就必须具备良好的素质和基本技能。

1. 管理者的基本素质。

（1）品德素质。管理者的品德素质是指管理者思想、认识和品性等在行为、作风中的表现。包括

思想政治品德。管理者要对国家和社会具有高度的责任感和奉献精神。具备一定的政治思想素质，可以使管理者将个人利益同组织利益保持一致，顾全大局，顾全整体。

道德情操。情操是比情感更高层次的一种人类感情，是情感的一种升华。人都是有感情的，当人们把对某一事物的炽烈情感和深刻的思想认识与坚定的行为实践结合在一起的时候，情感就上升为情操了。所以，通常所说的高尚情操，主要是指道德情操。管理者在生活和工作中形成了各种道德情操，并用它来要求自己的行为，所以道德情操是衡量管理者素质的指标之一。主要的道德情操有明确的是非观念、遵纪守法、廉洁奉公、谦虚的品质等。

理想抱负。没有理想抱负的人是不可能有所作为的。管理者只有树立起一定的理想和抱负，才会有强烈的事业心和责任感，才会有干劲，才会对组织有所贡献。管理者的理想抱负主要指其对工作的责任感、进取性和坚韧性，在困难、压力和竞争的氛围中要勇往直前等。

言行作风。管理者的言行作风会影响下属。俗话说的"上梁不正下梁歪"就体现了这一思想。所以管理者在工作中要善于调查研究，注意工作方法，讲求工作实效，要以身作则，言行一致，严于律己，宽以待人，作风民主，深入群众。

（2）基本业务素质。基本业务素质是指管理者在所从事工作领域内的知识与能力。包括一般业务素质和专门业务素质。掌握必要的管理理论和方法，了解管理理论的新发展，才能让管理者在工作中少走弯路，成为真正的管理者。掌握经济知识可以帮助管理者把握经济发展的规律。掌握专业方面的知识，便于管理者了解经营业务与业务运行规律，了解本行业的科研和技术的发展情况。同样，管理者只有了解相关的政策法规，才能不违反国家的方针政策和法律法规，才能保证组织顺利发展，才能维护自身的合法权益。管理者的工作中心主要是和人打交道，因此掌握心理学方面的知识，可帮助协调上下左右的关系，做好人的工作。

（3）身心责任。身心责任是指管理者本人的身体状况与心理条件。包括健康的身体；坚强的意志；开朗、乐观的性格；广泛而健康的兴趣等。

（三）对管理者技能的要求

管理者的素质主要表现为实际管理过程中的管理者的管理技能。管理学者卡兹提出管理者必须具备三个方面的技能，即技术技能、人际技能和概念技能。

1. 技术技能。

技术技能是指管理者掌握与运用某一专业领域内的知识、技术和方法的能力。技术技能包括专业知识、经验、技术、技巧、程序、方法、操作与工具运用熟练程度等，管理者对相应专业领域进行有效管理必备的技能。管理者虽不能完全做到内行、专家，但必须懂行，必须具备一定的技术技能。特别是一线管理者更应如此。

2. 人际技能。

人际技能是指管理者处理人事关系的技能。人际技能包括观察、理解和掌握人的心理规律的能力；人际交往中融洽相处、与人沟通的能力；了解并满足下属的需要，进行有效激励的能力；善于团结他人，增强向心力、凝聚力的能力等。人际技能的内涵远比领导技能广泛，因为管理者除了领导下属人员外，还得与上级领导和同级同事打交道，还得学会说服上级领导，领会领导意图，学会同其他部门同事紧密合作，还要与相关的外界人员和组织发生相关的联系与交往。可以说，人事关系这项技能，对于高、中、低层管理者有效地开展管理工作都是非常重要的，因为各层次的管理者都必须在与上下左右之间进行有效沟通的基础上，相互合作，共同完成组织的目标。

3. 概念技能。

概念技能是指管理者观察、理解和处理各种全局性的复杂关系的抽象能力,也称构想技能。概念技能包括对复杂环境和管理问题的观察、分析能力;对全局性的、战略性的、长远性的重大问题的处理和决断能力;对突发性紧急处境的应变能力等。其核心是一种观察力和思维力。这种能力对于组织的战略决策和发展具有极为重要的意义,是组织高层管理者所必须具备的,也是最为重要的一种技能。

不同层次的管理者对管理技能需要有差异性。上述三种技能,对任何管理者来说,都是应当具备的。但不同层次的管理者,由于所处的位置、作用和职能不同,对三种技能的需要程度则明显不同。由图5.1.1可见,高层管理者尤其需要概念技能,而对技术技能的要求就相对低一些。而基层管理更需要的是技术技能。基层管理者的主要职能是现场指挥与监督,若不掌握熟练的技术技能,就难以胜任管理工作。当然,相比之下,基层管理者对概念技能的要求就不是太高。不同层次的管理者对管理技能需要的比例如图5.1.1所示。

图5.1.1 不同层次管理者对管理技能的需要比例

【小故事】

有效的管理者

"我们为什么需要有效的管理者?谁是管理者?管理者工作中面临着哪些现实问题?有效性是可以学会的吗?"德鲁克在最有影响的著作《有效的管理者》一书中,告诉人们,管理者的效率,往往是决定组织工作效率的最关键因素;并不是高级管理人员才是管理者,所有负责行动和决策而又有助于提高机构工作效能的人,都应该像管理者一样进行工作和思考。

德鲁克认为,在现代组织中,每个知识工作者都可以成为一名管理者,他可能会被推上负责的岗位,凭借着自己的地位或知识,为真正改善组织的运作能力并获得成果做出自己的贡献。

德鲁克认为,管理者一般分为两种类型。一类管理者总是忙忙碌碌,但是通常没有什么绩效。他们总是公务缠身——记笔记,参加无数的会议,不停地出差;总是有许多想法——差不多每天一个新想法,今天他们可能想着成本节约的问题,明天也许在盘算着举办一个大型的公关活动。他们浪费了自己的大部分时间和精力却一事无成,大多数管理者都属于这一类型。另外一类管理者,他们冷静而深入地思考问题,然后埋头完成那些重要的工作任务。他们工作踏实而有条理。他们在一段时间内只集中精力完成一项任务,在第一项任务做完后,才着手完成下一项任务。他们才是卓有成效的管理者。他们只做正确的事情,而不会浪费时间和精力。集中资源于重要的事情,是卓有成效的关键所在。

德鲁克认为,一位卓有成效的管理者,一般具有以下特征:(1)重视目标和绩效,只做正确的事情。有效的管理者要把精力用在获取成果上,而不是工作本身。在开始一项工作的时候,他们首先想到的问题是"人们要求我取得什么成果?"(2)一次只做一件事情,并只做最重要的事情,分清主次和轻重,能坚决地抛弃没有价值的过去。他极为审慎地设定自己的优先顺序,随时进行必要的检讨,决然地抛弃那些过时的任务,或者推迟做那些次要的任务;他知道时间是他最为珍贵的资源,必须极为仔细地使用它,知道把时间用在什么地方。关于利用时间,他提供了简便易行的办法:记录时间、安排时间和集中时间。把管理者对时间的分配情况记录下来,然后问一些这样的问题:"这件事如果根本不做,会出现什么情况呢?"如果没什么,就不去做;"哪些事是让别人办,效果也一样好的?"如果有,就安排给别人;"我是否浪费了别人的时间而无助于发挥人家的有效性?"如果有,减掉这样的事。(3)作为一名知识工作者,他知道自己所能做出的贡献在于创造新思想、远景和理念;他的原则是我能做哪些贡献?为了达成整体目标,我如何激励他人做出自己的贡献?(摘自德鲁克《有效的管理者》,求实出版社,1985年版)

(四)对管理者创新能力的要求

随着网络时代的到来,市场竞争日趋激烈的今天,时代对管理者素质提出了新的挑战。要进行有效而成功的管理,管理者们还要重视创新的重要性。可以说,创新是现代管理者素质的核心。

创新素质主要体现在以下几个方面。

1. 创新意识。管理者要树立创新观念,要真正认识到创新对组织的生存与发展的决定性意义,并在管理实践中有强烈的创新意识。

2. 创新精神。管理者在工作实践中,不但要想到创新,更要敢于创新。要有勇于突破常规、求新寻异、敢为天下先的大无畏精神。

3. 创新思维。管理者不但要敢于创新,还要善于通过科学的创新思维来完成创新构思。没有创造性的思维方法与技巧,是很难实现管理上的突破与创新的。

4. 创新能力。在管理实践中,促使创新完成的能力是由相关的知识、经验、技能与创造性思维综合形成的。

【知识训练】

一、单项选择

1. 管理的目的是( )。
A. 获取信息　　　B. 协调各方关系　　　C. 寻求市场机会　　　D. 实现组织目标

2. 以前常说,"外行不能领导内行",但现在的实践证明,"外行"领导"内行"也能有许多成功的事例,甚至有时比内行领导内行更成功。从管理学的角度分析。业务上的外行更适合担任( )。
A. 基层管理者,因为管理的内容比较简单
B. 中层管理者,因为对中层管理者来说业务并不重要
C. 高层管理者,因为高层管理者重在决策,而不是具体业务
D. 外行在任何情况下,都可以领导内行

3. 从发生的时间顺序看,下列四种管理职能的排列方式,哪一种更符合逻辑?( )。
A. 计划、控制、组织、领导　　　B. 计划、领导、组织、控制
C. 计划、组织、控制、领导　　　D. 计划、组织、领导、控制

4. 下列能区别管理职位和非管理职位的是( )。
A. 工资金额的多少　　　　　　　B. 是否协调他人的工作
C. 是否组织新的项目　　　　　　D. 是否拥有技术技能

5. 某大企业人才济济、设备精良,长期以来以管理正规有序而自翔。但近来该企业业绩不佳,尤其是干群士气低落,管理人员和技术人员的流失率逐年升高。从管理职能分析,该企业最有可能是( )工作存在问题。
A. 计划职能　　　B. 组织职能　　　C. 领导职能　　　D. 控制职能

二、判断题

1. 主管人员虽然在组织中所处的层次不同,但他们所履行的管理职能数量都是一样的。( )
2. 协调同他人的工作可以看作管理型工作不同于非管理工作的表现之一。( )
3. 按照罗伯特·卡茨的理论,高层管理者对领导技能要求比较高。( )
4. 管理人员不应该做作业工作,应把全部的精力都放在管理工作上。( )

5. 管理学反映了管理过程的客观规律性,具有显著的科学性。但是,管理过程中的诸多不确定因素使管理本身无法完全量化,故而只是一种不精确的科学。(　　)

6. 管理的主要目的是使资源成本最小化,因此管理最主要的是追求效率。(　　)

7. 效率与效果之间的差别可表述为,效果是使组织资源的利用成本达到最小化,而效率则是使组织活动实现预定的目标。(　　)

8. 不同行业中及不同的组织内部专业特点差别显著,很难说管理活动有什么共性。(　　)

9. 管理科学是把科学的原理、方法和工具应用于管理的各种活动,制定用于管理决策的数学和统计模型,并把这些模型通过计算机应用于管理,减少不确定性,最大限度地提高管理活动的程序性,代表着管理理论的发展趋势,因此优于其他的管理理论。(　　)

10. 计划按明确性来分,可分为战略计划和作业计划。(　　)

参考答案

一、1-5 ADDBC

二、1-5 ××××√　6-10 ×××××

任务二　管理理论分析

【案例导读】

丁渭造宫

沈括在《梦溪笔谈》中记载过这样一个故事。

原文:"祥符中,禁中火,时丁晋公主营复宫室,患取远土。公乃令凿通衢取土,不日皆成巨堑。乃决汴水入堑,引诸道竹木排筏及船运杂材,尽自堑中入至宫门。事毕,却以斥弃瓦砾灰壤实于堑中,复为街衢。一举而三役济,计省费以亿万计。"

北宋年间,地处开封的皇城不慎失火,使皇宫一夜之间倾覆。宋真宗诏令大臣丁渭限期修复。面对如此浩大的工程,丁渭面临着三个主要难题:一是无处取土烧砖,二是建筑材料无法及时运至工地,三是清墟时产生的大量建筑垃圾无处放置。以当时的施工条件,如何做到又快又好呢?丁渭反复思考,终于想出了巧妙的施工方案,不但提前完成工程,而且"省费以亿万计"。

丁渭是怎样做的呢?

首先,丁渭把皇宫前的一条大街挖成一条大沟,就地取土烧砖;再将附近的汴河水引入沟内,形成一条临时运河,用很多竹排和船只将修缮宫室要用的材料顺着沟中的水直接送到工地;料备齐后,再将水放掉,并把建筑垃圾统统填入沟内,这样又恢复了皇宫前面宽阔的大道。这既省去了运土制砖,又大大加速了运输速度。一下子解决了就地取土,顺利运输,清理废墟三个问题。

史上将这个故事称作"丁渭造宫",并赞道"一举而三役济"。显然这是历史上罕见的一次伟大的管理实践。

一、古典管理理论

古典管理理论形成于19世纪末20世纪初。经过产业革命后,先进资本主义国家的生产力发展已经到达一定的高度,科学技术也有了较大的发展,许多新发明开始出现,但是管理仍处于师傅带徒弟的阶段,经验和主观臆断盛行,缺乏科学的依据。随着资本主义自由竞争向垄断过渡,传统的经验管理越来越不适应管理实践的需要。企业管理落后,使美、法、德等西方国家的经济发展和企业的劳动生产率都远远落后于当时的科学技术成就所能达到的劳动生产率。例如,美国许多工厂的产量都低于其额定的生产能力,能达到60%的都很少。为了适应生产力发展的需要,改善管理的粗放化和低水平,当时在美国出现了以泰勒为代表的科学管理理论,在法国出现了以法约尔为代表的一般管理理论,在德国出现了以韦伯为代表的行政组织理论等。尽管这些管理理论的表现形式各不相同,但其实质都是采用当时所掌握的科学方法和科学手段对管理过程、职能和方法进行探讨和试验,奠定了古典管理理论的基础,形成了一些以科学手段为依据的原理和方法。

(一)泰勒的科学管理

泰勒(F. W. Taylor,1856—1915),出生于美国费城一个富有的律师家庭,中学毕业后考上哈佛大学法律系,但不久后不幸因眼疾而被迫辍学。1875 年,他进入一家小机械厂当学徒工,1878—1897 年间转入费城米德瓦尔钢铁厂,从机械工人做起,先后被提升为车间管理员、小组长、工长、技师、制图主任和总工程师,并在业余学习的基础上获得了机械工程学士学位。1898—1901 年间,受雇于伯利恒钢铁公司继续从事管理方面的研究。1901 年后,他更以大部分时间从事咨询、写作和演讲等工作,来宣传他的一套管理理论——"科学管理",即通常所称的"泰勒制"(Taylor's principles)。

在米德瓦尔钢铁厂的实践中,泰勒感到当时的企业管理当局不懂得用科学方法来进行管理,而工人则缺少训练,没有正确的操作方法和适用的工具,这都大大影响了劳动生产率的提高。为了改进管理,从 1881 年开始,他进行了一项"金属切削试验",由此研究出每个金属切削工人工作日的合适工作量。受雇于伯利恒钢铁公司期间,又进行了著名的"搬运生铁块试验"和"铁锹试验"。这些实验奠定了泰勒的理论基础。1911 年,他发表了代表作《科学管理原理》泰勒在书中提出的理论奠定了科学管理理论基础,标志着科学管理思想的正式形成,他因而被誉为"科学管理之父",后人还把这一称号刻在他的墓碑上。

泰勒科学管理的内容概括起来主要有五条。

1. 工作定额原理。

泰勒发现当时的生产效率很低,工人经常"磨洋工"。经过进一步的研究和分析,他认为主要原因是由于雇主和工厂对工人一天究竟能做多少工作心中无数,而且工人工资太低,多劳也不多得。为了发掘工人们劳动生产率的潜力,就要制定出有科学依据的工作量定额。为此,首先应该进行时间和动作研究。

所谓时间研究,就是研究人们在工作期间各种活动的时间构成,它包括工作日写实与测时。

工作日写实,是对工人在工作日内的工时消耗情况,按照时间顺序进行实地观察、记录和分析。通过工作日写实,可以比较准确地知道工人的工时利用情况,找出时间浪费的原因,提出改进的技术组织措施。如某位工人在工作时间内,进行工作准备用了多少时间,干活用了多长时间,聊天用了多长时间,满足自然需求用了多长时间,停工待料用了多长时间,清洗机器用了多长时间,等等,都可以通过工作日写实清楚地记录下来,然后加以分析,保留必要时间,去掉不必要的时间,从而达到提高劳动生产率的目的。

测时,是以工序为对象,按照操作步骤进行实地测量并研究工时消耗的方法。测时可以研究、总结先进工人的操作经验,推广先进的操作方法,确定合理的工作结构,为制定工作定额提供参考。

所谓动作研究,是研究工人干活时动作的合理性,即研究工人在干活时,其身体各部位的动作,经过比较、分析之后,去掉多余的动作,改善必要的动作,从而减少人的疲劳,提高劳动生产率。

【小故事】

搬运生铁块试验

泰勒在伯利恒钢铁公司时,该公司有 75 名工人负责把 92 磅重的生铁块搬运 30 米的距离装到铁路货车上。他们每天平均搬运 12.5 吨,日工资 1.15 美元。泰勒找了一名工人进行试验,试验搬运姿势、行走速度、持握的位置对搬运量的影响以及多长的休息时间为好。经过分析确定装运生铁块的最佳方法和 57% 的时间用于休息最佳,使每个工人的日搬运量达到 47 ~ 48 吨,同时使工人的日工资提高到 1.85 美元。泰勒据此把工作定额提高了将近 3 倍,并使工人的工资也有所提高。

工作定额原理认为工人的工作定额可以通过调查研究的方法,科学地加以确定。

2. 能力与工作相适应原理。

泰勒认为,为了提高劳动生产率,必须为工作挑选第一流的工人。第一流的工人包括两个方面,一方面是该工人的能力最适合做这种工作;另一方面是该工人必须愿意做这种工作。因为人的天赋与才能不同,他们所适于做的工作也就不同。身强力壮的人干体力活可能是第一流的,心灵手巧的人干精细活可能是第一流的,所以要根据人的能力和天赋把他们分配到相应的工作岗位上去。而且还要对他们进行培训,教会他们科学的工作方法,激发他们的劳动热情。

所谓能力与工作相适应原理即主张改变工人挑选工作的传统,而坚持以工作挑选工人,每一个岗位都挑选第一流的工人,以确保较高的工作效率。

3. 标准化原理。

标准化原理是指工人在工作时要采用标准的操作方法,而且工人所使用的工具、机器、材料和所在工作现场环境等等都应该标准化,以利于提高劳动生产率。

【小故事】

铁锹试验

伯利恒钢铁公司当时的铲运工人拿着自家的铁锹上班,这些铁锹各式各样、大小不等。当时公司的物料有铁矿石、煤粉、焦煤等,每个工人的日工作量为16吨。泰勒经过观察发现,由于物料的比重不一样,一铁锹的负载大不一样。如果是铁矿石,一铁锹有38磅(1磅≈0.45千克);如果是煤粉,一铁锹只有3.5磅。那么,一铁锹到底负载多大才合适呢?经过试验,最后确定一铁锹21磅对于工人是最适合的。根据试验的结果,泰勒针对不同的物料设计不同形状和规格的铁锹。以后工人上班时都不自带铁锹,而是根据物料情况从公司领取特制的标准铁锹,工作效率大大提高。堆料场的工人从400—600名降为140名,平均每人每天的操作量提高到59吨,工人的日工资从1.15美元提高到1.88美元。

工人上班时都不自带铲子,而是根据物料情况从公司领取特制的标准铲子。这种做法大大地提高了生产效率。这是标准化原理的一个典型例子。

4. 差别计件付酬制。

泰勒认为,工人磨洋工的重要原因之一是付酬制度不合理,计时工资不能体现按劳付酬,干多干少在时间上无法确切地体现出来。计件工资虽然表面上是按工人劳动的数量支付报酬,但工人们逐渐明白了一件事实:只要劳动效率提高,雇主必然降低每件的报酬单价。这样一来,实际上是提高了劳动强度。因此,工人们只要做到一定数量就不再多干。个别人想要多干,周围的人就会向他施加压力,排挤他,迫使他向其他人看齐。

泰勒分析了原有的报酬制度后,提出了自己全新的看法。他认为,要在科学地制定劳动定额的前提下,采用差别计件工资制鼓励工人完成或超额完成定额。如果工人完成或超额完成定额,可按比正常单价高出25%计酬。不仅超额部分,而且定额内的部分也按此单价计酬。如果工人完不成定额,则按比正常单价低20%计酬。泰勒指出,这种工资制度会大大提高工人们的劳动积极性。雇主的支出虽然有所增加,但由于利润提高的幅度大于工资提高的幅度,所以对雇主也是有利的。

5. 计划和执行相分离原理。

泰勒认为应该用科学工作方法取代经验工作方法。经验工作方法的特点是,工人使用什么工具采用什么样的操作方法都根据自己的经验来定。所以工效的高低取决于他们的操作方法与使用的工具是否合理,以及个人的熟练程度与努力程度。科学工作方法就是前面提到过的在实验和研究的基础上,确定标准的操作方法和采用标准的工具、设备。泰勒认为,工人凭经验很难找到科学的工作方法,而且他们也没有时间研究这方面的问题。所以应该把计划同执行分离开来。计划由管理当局负责,执行由工长和工人负责,这样有助于采用科学的工作方法。这里的计划包括三个方面的内容:

时间和动作研究;制定劳动定额和标准的操作方法,并选用标准工具;比较标准和执行的实际情况,并进行控制。

以上所述就是科学管理的主要内容。泰勒认为科学管理的关键是工人和雇主都必须进行一场精神革命,要相互协作,努力提高生产效率。当然,雇主关心的是低成本,工人关心的是高工资。关键是要使双方都认识到提高劳动生产率对双方都是有利的。泰勒对此有这样的论述:"劳资双方在科学管理中所发生的精神革命是,双方都不把盈余的分配看成头等大事,而把注意力转移到增加盈余的量上来,直到盈余大到这样的程度,以至不必为如何分配而进行争吵……他们共同努力所创造的盈余,足够给工人大量增加工资,并同样给雇主大量增加利润。"这就是泰勒所说的精神革命。遗憾的是泰勒所希望的这种精神革命一直没有出现。

【小故事】

切削金属试验

从1880年下半年开始,泰勒在米德瓦尔钢铁厂进行了一系列实验,"以测定在切割钢铁时所使用的工具应以怎样的角度和形状为佳,同时还要测定切割钢铁的恰当速度"。在开始这些实验时,泰勒以为实验不会超过6个月。但结果大出他的预料,实验断断续续进行了26年,一直到伯利恒才最终完成。这一实验先用了一台直径66英寸(1英寸≈0.025米)的车床,又陆续配备了10台实验机器,共记录了3万~5万次实验,把80万磅以上重量的钢铁切成了碎屑,共耗费了15万~20万美元的经费。这一实验是为了回答两个问题:为了能在最快的时间内完成工作,车床的转速应该多快才算合适?进刀量应该多深才算合适?这两个问题是任何一个车工在干活时都会遇到的。听起来十分简单,但实验表明,在不同情况下,要正确地回答这两个问题,就必须解决一组复杂的数学难题,其中必须判断12个独立变量的影响。实验提供了大量数据后,数学家巴思很快就搞出来一个专用的快速计算尺。使用这个计算尺,任何车工,不论他是否懂得数学,都能在半分钟内确定出切削金属的最佳方法。切削金属的实验表明,把工作设计交给工人,实际上是一种不负责任的做法。按理说,每个车工都应该用最佳方法操作,但是,上面所说的这个实验,使用最佳方法竟然要用26年的实验,还要有相关专家的研究,这是车工自己所做不到的。如果单凭经验,只能达到"会做",但不能达到"最佳"。所以,对于工作的计划、安排,以及操作动作设计,是不能由工人自行进行的,必须由懂得管理和科学技术的专家进行(资料来源:管理学/尤利群等编著2019年)。

泰勒在历史上第一次使管理从经验上升为科学。泰勒科学管理的最大贡献在于他所提倡的在管理中运用科学方法和他本人的科学实践精神。科学管理的精髓是用精确的调查研究和科学知识来代替个人的判断、意见和经验,强调的是一种与传统的经验方法相区别的科学方法。泰勒理论的核心是寻求最佳工作方法,追求最高生产效率。

虽然科学管理理论在历史上第一次使管理从经验上升为科学,具有重大的意义。但这一理论研究者们把人看成单纯追求金钱的"经济人",重视技术因素,而不重视人的社会因素,相信一个问题只存在一种最佳的处理方法,它使人和工作实现最佳配合,行为结果取决于实际操作过程。由于泰勒自身的经历使其对管理较高层次的研究相对较少,这使得科学管理理论又有很大的局限性。

【课外补充】

实践中的福特汽车公司

亨利·福特(Henry Ford)及"T型车"(Model T)一直是现代工业时代的象征。即便是福特的对手——通用汽车公司随后的发展与成功,在很大程度上也要归功于福特,因为面临"T型车"威胁的通用公司必须有所创新。可以说,亨利·福特的管理方法和他注重的管理理论是早期管理理论的典型范例——富有建设性,同时又很不完善。

亨利·福特生于1863年,父母是贫穷的爱尔兰移民,从小生活在密歇根乡间的农场上。他对机械很着迷,修理任何机器都很拿手。1903年他创建了福特汽车公司(Ford Motor Company),到1908年,"T型车"诞生。

20世纪初刚开始有汽车的时候,汽车是地位和财富的象征,只属于富翁们。福特要改变这一点——T型车是属于大众的,几乎任何人都买得起。他明白,制造这种车的唯一办法就是高产量、低成本。福特致力于提高效率,将所有可能的环节机械化,并把工作划分成最小的单元。一名工人重复做同一项工作,生产的不是一个成品部件,而是整个生产过程不可缺少的一道工序;未完成的部件传给下一名工人,由他来完成接下来的工序。福特能使效率惊人地提高,生产第一辆T型车虽然花了12.5小时,而仅12年后的1920年,福特每分钟就有一辆T型车出厂。到汽车相当普及的1925年,福特的生产线则以每5秒钟出厂1辆的速度源源不断地输送着T型车。

然而,工厂的机械化也有负面效应。工作越紧张,工人就越牢骚满腹。1913年,人员离职率达38%,因为工人不能承受巨大的工作压力。为了招到最好的员工,激励他们更卖力气,以保证生产线的正常运转,福特将工人每天的工作时间从9小时减少到8小时,并且将每天的基本工资从2.5美元加倍到5美元,这种做法在当时尚无先例。薪水翻番的消息一经宣布,就有成千上万的人到福特找工作,为了维持秩序还出动了警察,他的新方法被称为"福特制"。

但是,福特表面上的慷慨后面却隐藏着对于资源(人力、物力)的高度控制。他雇用了几百名检查员来监督工人,不仅在工厂里,也在工厂外。在工厂里,管理是严密和限制性的。工人不允许离开他们的流水线位置,不允许说话。他们的工作就是全神贯注于手上的任务,很少有工人能适应这一系统,他们只能用嘴角"说话",就像口技演员一样,这种说话方式被人们称为"福特嘴唇语言"。福特关于控制的极端方式使他与管理者之间的冲突越来越大,管理者经常因为与福特意见不一致而被解雇。这样,许多有才能的人都离开了福特,加入了竞争对手的公司。

福特1945年去世时身价超过6亿美元。他在美国工业和美国社会发展中留下了不可磨灭的印记。他的名字成为大批量生产和现代管理理论发展的代名词。

(二)法约尔的一般管理

亨利·法约尔于1860年从圣艾蒂安国立矿业学院毕业后进入康门塔里福尔香堡采矿冶金公司,由一名工程技术人员逐渐成长为专业管理者,并长期担任公司总经理,积累了管理大企业的经验。法约尔不仅有长期管理大企业的经验,而且还担任过法国陆军大学和海军学校的管理学教授,晚年又创立了研究机构,为推广自己的思想和泰勒的思想而不懈地努力。1916年出版了《工业管理和一般管理》一书,为阐述其基本思想的代表著作。

法约尔的管理思想概括起来主要有以下几点:

1. 企业的六大职能活动。

法约尔将"经营"和"管理"的概念区分开来,他认为经营是指导或引导一个整体趋向一个目标,而管理则是经营的一部分。经营包含六种活动:

技术活动(生产、制造和加工);营业活动(购买、销售和交换);财务活动(资金的筹集、控制和运用);安全活动(设备和人员的安全);会计活动,(编制财产目录、制作资产负债表、成本核算和统计表);管理活动(计划、组织、控制、指挥和协调等要素)。

企业内无论是高层领导,还是普通工人,每个人或多或少都要从事这六项活动,只不过是职务的高低和企业的大小不同而各有侧重。高层人员工作中管理活动所占比重较大,而在直接的生产工作和事务性活动中管理活动较少。法约尔认为,人的管理能力可以通过教育来获得,所以他很强调管理教育的必要性和可能性。

2. 管理的五大职能。

法约尔首次把管理活动划分为计划、组织、指挥、协调与控制五项职能,揭示了管理的本质,并对这五大职能进行了详细的分析。他认为,计划就是探索未来和制订行动方案;组织就是建立企业的物质和社会双重结构;协调就是连接、联合、调和所有的活动及力量;控制就是注意一切是否按已制定的规章和下达的命令进行。

法约尔对于管理职能的分类以及部分管理职能的分析,为现代管理理论奠定了基础,直到现在还对管理理论产生着重要的影响,现代管理理论仍然沿袭着法约尔的管理理论框架。

3. 一般管理的14条原则。

法约尔在他的《工业管理与一般管理》一书中,提出了一般管理的14条原则如下所述:

(1) 分工。分工可以提高劳动效率。它不仅适用于技术工作,也适用于管理工作。但要有一定的限度,不能分得过粗或过细,否则效果不好。

(2) 权力与责任。法约尔认为,权力即"下达命令的权利和强迫别人服从的力量"。权力可以区分为管理人员的职务权力和个人权力。职务权力是由职位产生的,个人权力是由担任职务者的个性、经验、道德品质以及能使下属努力工作的其他个人特性而产生的。个人权力是职务权力不可缺少的条件。他特别强调权力与责任的统一。有责任必须有权力,有权力就必然产生责任。

(3) 纪律。纪律的实质是遵守公司各方达成的协议。没有纪律,企业就难以发展。而建立和维持纪律的最好方法,一是要有好领导,二是企业与职工之间的协议要尽可能明确和公正,三是实行制裁要公正。

(4) 统一命令。一个员工在任何活动中只应接受一位上级的命令。违背这个原则,就会使权力和纪律遭到严重的破坏。

(5) 统一领导。为达到同一目的而进行的各种活动,应由一位领导根据一项计划开展,这是统一行动、协调配合、集中力量的重要条件。

(6) 员工个人要服从整体。法约尔认为,整体利益大于个人利益的总和。一个组织谋求实现总体目标比实现个人目标更为重要。协调这两方面利益的关键是领导阶层要有坚定性和做出良好的榜样。协调要尽可能公正,并经常进行监督。

(7) 人员的报酬要公平。报酬必须公平合理,尽可能使职工和公司双方满意。对贡献大、活动方向正确的职工要给予奖赏。

(8) 集权。集权就是降低下级的作用,本身无所谓好坏。企业集权的程度应视管理人员的个性、道德品质、下级人员的可靠性以及企业的规模、条件等情况而定。

(9) 等级链。等级链即从最上级到最下级各层权力连成的等级结构。它是一条权力线,用以贯彻执行统一的命令和保证信息传递的秩序。

(10) 秩序。也就是说人和物必须各尽其能。管理人员首先要了解每一工作岗位的性质和内容,使每个工作岗位都有称职的职工,每个职工都有合适的岗位。同时还要有条不紊地精心安排物资、设备的合适位置。

(11) 平等。即以亲切、友好、公正的态度严格执行规章制度。雇员们受到平等的对待后,就会以忠诚和献身的精神来完成他们的任务。

(12) 人员保持稳定。生意兴隆的公司通常都有一批稳定的管理人员。因此,最高层管理人员应采取措施,鼓励职工尤其是管理人员长期为公司服务。

(13) 主动性。给人以发挥主动性的机会是一种强大的推动力量。必须大力提倡、鼓励雇员们认真思考问题和创新的精神,同时也要使员工的主动性受到等级链和纪律的限制。

(14) 集体精神。职工的融洽、团结可以使企业产生巨大的力量。实现集体精神最有效的手段就是统一命令。在安排工作、实行奖励时不要引起忌妒,以避免破坏融洽的关系。此外,还应尽可能直接地交流意见等(资料来源:管理学:原理与实务/文大强主编,2018年)。

以上的14条管理原则是法约尔一生管理实践经验的结晶,后来的很多管理文献都不同程度地采用了他的思想和有关术语。因此,它被认为是管理思想发展过程中的一个里程碑。

对法约尔一般管理思想的评价:

1. 一般管理的贡献性。

法约尔是以大型企业最高管理者的身份自上而下地研究管理的。他的管理理论是以企业为研究对象建立起来的,但由于他强调管理的一般性,就使得他的理论在许多方面也适用于政治、军事及其他部门。

法约尔的管理原则,经过多年的研究和实践证明,总的来说仍然是正确的,这些原则曾经给实际管理人员以巨大的帮助,现在仍然为许多人所推崇。这些原则在将来也一定有其实用价值。

2.一般管理的局限性。

法约尔一般管理理论的主要不足之处主体现在缺乏弹性,以至于实际管理工作者无法完全遵守。例如,某一分厂的销售人员,在组织上隶属于这个分厂。按照统一指挥的原则,总厂营销部门必然无法指挥分厂的销售人员。

(三)马克思·韦伯的行政组织理论

马克思·韦伯(Max Weber,1864—1920)出生于德国一个家境殷实的家庭。曾担任过教授、政府顾问、编辑,对社会学、宗教学、经济学和政治学都有相当的造诣,是与泰勒和法约尔同一历史时期,并且对西方古典管理理论的确立做出杰出贡献的德国著名社会学家和哲学家。他的代表作有《新教的伦理和资本主义的精神》《社会经济组织的理论》和《经济史》等。在这些著作中,他对经济组织和社会组织的关系提出了许多新观点和独特的思想,对后来组织理论的研究和发展产生了重要的影响。

韦伯科学管理的核心是强调组织管理的高效率,为此他对政府、教会、军队和经济等各种组织进行了长期的研究,他认为等级制度、权力形态和行政制度是一切社会组织的基础,并从此着手进行分析,最终将其发展为一个完整的理论体系——"理想的"行政组织理论。行政组织也可以直译为"官僚制"。韦伯由此被人们称为"组织理论之父"。

韦伯行政组织理论的主要内容:

1.韦伯将权力归纳为三种基本形态。

(1)合理合法的权力。它是以"合法性"为依据、以规则为基础的,其前提是在已经存在了一套等级制度的情况下,人们对确认的职务和职位所带来的权力的服从。

(2)传统权力。这是以古老传统的不可侵犯性和执行这种权力的人的地位的正统性为依据,以传统的信念为基础的。对这种权力的服从实际上是对这种不可侵犯的权力地位的服从。

(3)"神授"的权力。这是以对个别人的特殊的、神圣的、英雄主义或模范品德等的崇拜为依据,以对个人尊严、典范品格的信仰为基础的,对这种权力的服从是源于追随者对被崇拜者的威信或信仰的服从。

2.行政组织的特征。

韦伯指出高效率的组织在行政制度的管理上应具备下列几个主要特征:

(1)劳动分工。根据组织目标,把所需进行的全部活动划分为各项基本的工作,并分配给每个组织成员。同时,明确规定每个职位的权力和责任,并使之合法化、制度化。

(2)职权等级。按照不同职位权力的大小,确定其在组织中的地位,形成有序的等级系统,以制度形式巩固下来。

(3)正式选拔。组织成员的任用应根据职务的要求,通过公开的考试或培训,以及严格的选择标准择优录用。这种不因人而异、人人平等的录用方式,不仅要求任用者必须称职,还要求任用后不可随意被免职。组织成员能领取固定的薪金。

(4)正式规则和制度。管理者必须倚重正式的规则和制度进行管理,必须严格执行组织规定的规则和纪律。

(5)非人性化。规则和控制的实施具有一致性,而不能受个人感情和偏好的影响。

(6)职业定向。管理人员是"专职"的职业人员,从组织领取固定的薪金,而不是他所管理的组织的所有者。

3.对韦伯官僚制的分析。

韦伯的官僚制把个人与权力相分离,认为职位是职业带来的,不是个人身份的象征,权力来源于规章制度,具有比其他管理体制优越得多的精确性、连续性、可靠性和稳定性。规章制度为每项工作确定了明确的职权和责任,使组织运转和成员行为尽可能少地依赖于个人。

二、行为科学理论

古典管理理论把人看作"活的机器""机器的附件""经济人"等,而行为科学认为"人"不单是"经济人",还是"社会人",即影响工人生产效率的因素除了物质条件外还有人的工作情绪。人的工作情绪又受人所在的社会及本人心理因素的影响。

行为科学是一门研究人类行为规律的科学。学者们试图通过行为科学的研究,掌握人们行为的规律,找出对待工人、职员的新方法和提高工效的新途径。

(一)霍桑试验

霍桑试验是从1924年到1932年之间,在美国芝加哥郊外的西方电器公司下属的霍桑工厂中进行的。霍桑工厂当时有2.5万名工人,主要从事电话机和电器设备的生产。工厂具有较完善的娱乐设施、医疗制度和养老金制度,但是工人们仍然有很强的不满情绪,生产效率很低。为了探究原因,1924年11月,美国国家研究委员会组织了一个由多方面专家组成的研究小组进驻霍桑工厂,进行试验。试验分成了四个阶段:照明试验、继电器装配工人小组试验(福利试验)、大规模访问交谈(谈话试验)和对接线板接线工作室的研究(群体试验)。

1. 照明试验。

照明试验的目的是研究照明对生产效率的影响。试验前,专家小组以泰勒科学管理作为指导思想,他们认为,工作的物理环境是影响工作效率的主要因素之一。专家们选择了两个工作小组,一个为试验组,一个为控制组。前者照明度不断变化;后者照明度始终不变。试验开始后,当试验组的照明度增加时,该组的产量开始增加;当工人要求更换灯泡时,而实际上只给他们换了一个同样光度的灯泡,但产量继续增加。与此同时,控制组的产量也在不断提高。通过试验,专家们发现照明度的改变不是效率变化的决定性因素,另有未被发现的因素在起作用。于是他们决定继续进行研究。

2. 福利试验。

专家们选择了5位女装配工和一位画线工,把他们单独安置在一间工作室内工作。研究小组专门派了一位观察员加入这个工人小组,负责记录室内发生的一切。研究人员告诉这些工人,试验不是为了提高产量,而是为了找出最合适的工作环境。要求工人们像平时一样工作。

试验时,研究小组分期改善工作条件。例如,增加工间休息,公司负责供应午餐和茶点,缩短工作时间,实行每周工作五天制,等等。这个小组的女工们工作时间内还可以自由交谈,观察员对她们的态度非常和蔼。这些条件的变化使产量不断上升。一年半以后,研究小组决定取消工间休息,取消公司供应的午餐和茶点,每周又改为六天工作,结果产量仍然维持在高水平上。

什么原因使这些女工提高了生产效率?研究小组把可能的因素一一排列出来。提出了五个假设:

(1)改善了材料供应情况和工作方法。

(2)改善了休息时间,减少了工作天数,从而减轻了工人的疲劳。

(3)改善了休息时间,从而减缓了工作的单调。

(4)增加产量后每人所得的奖金增加了。

(5)改善了监督和指导方式,从而使工人的工作态度有所改善。

研究小组对这五个假设逐一进行论证试验。最后,推翻了前四个假设,认为第五个假设可能性最大。研究小组决定进一步研究工人的工作态度及可能影响工人工作态度的其他因素。

3. 谈话试验。

试验进行到第三阶段,研究小组进行了大规模的访问交谈。他们共花了2年时间对2万名职工进行了访问交谈。通过交谈,了解工人对工作、环境、监工、公司和使他们烦恼的所有问题的看法,以及这些看法是如何影响生产效率的。

经过这些研究发现,影响生产力最重要的因素是工作中发展起来的人群关系,而不是待遇及工作环境。研究小组还了解到,每个工人的工作效率的高低,不仅取决于他们自身的情况,而且还与他所在小组中的其他同事有关。任何一个人的工作效率都要受到他的同事们的影响。研究小组决定进行第四阶段的试验。

4. 群体试验。

在第四阶段试验中,研究小组决定选择接线板接线工作室进行研究。该室有9位接线工、3位焊接工和2位检查员。研究小组对他们生产效率和行为持续观察和研究了6个月后,有了许多重要的发现。

(1) 大部分成员都故意自行限制产量。工人们说:"假如我们的产量提高了,公司就会提高工作定额,或者造成一部分人失业。"有的工人说:"工作不要太快,才能保护那些工作速度较慢的同事,免得他们受到管理阶层的斥责。"

(2) 人对待他们不同层次的上级持不同态度。对于小组长,大部分工人认为是小组的成员之一;对于小组长的上级——股长,认为他有点权威;对于股长的上级——领班,每当他出现时,大家都规规矩矩,表现良好。这说明,个人在组织中职位越高,所受到的尊敬就越大,大家对他的顾忌心理也越强。

(3) 成员中存在一些小派系。工作室中存在着派系。每一个派系都有自己的一套行为规范,派系的成员必须遵守这些规范。如果违反规范,就要受到惩罚。这种派系是非正式组织,这种组织并不是由于工作不同所形成的而是和工作位置有些关系。这种非正式组织中也有领袖人物。他存在的目的是对内控制其成员的行为,对外保护自己派系的成员,并且不受管理阶层的干预。

研究小组在霍桑工厂进行历时8年的研究,获得了大量的第一手资料,为人群关系理论的形成以及后来的行为科学的发展打下了基础。

(二) 梅奥及其人群关系理论

乔治·艾尔顿·梅奥(George Elton Mayo,1880—1949)出生于澳大利亚,1899年在阿得雷德大学取得逻辑学和哲学的硕士学位后,在昆士兰大学教授逻辑学和哲学。后来赴苏格兰学习医学,并参与精神病理学的研究,后移居美国。从1926年起,他应聘于哈佛大学,任工业研究副教授,随后带队参加了霍桑试验。梅奥的代表作是《工业文明的人类问题》。在这本书中,他总结了亲身参与并指导的霍桑试验及其他几个试验的初步成果,并阐述了他的人群关系理论的主要思想。梅奥的人群关系理论的内容主要有下面几点。

1. 工人是"社会人"而不是"经济人"。

科学管理把人当成"经济人",认为金钱是刺激人们工作积极性的唯一动力。梅奥则认为,人是"社会人",影响人们生产积极性的因素,除了物质以外,还有社会和心理方面的因素,人们需要友情、需要受人尊敬、需要安全等等。

2. 企业中存在着非正式组织和正式组织。

梅奥认为,在正式组织中存在着非正式组织。非正式组织对企业来说有利有弊。它的缺点是可能集体抵制上级的政策或目标,强迫组织内部的一致性,从而限制了部分人的自由和限制产量等。它的优点是,使个人有表达思想的机会,能提高士气,可以促进人员的稳定,有利于沟通,有利于提高工人们的自信心,能减少紧张感觉,在工作中能够使人感到温暖,扩大协作程度,减少厌烦感,等。

作为管理者,要充分认识到非正式组织的作用,注意在正式组织的效率逻辑与非正式组织的感情逻辑之间搞好平衡,以便使管理人员之间、工人与工人之间、管理人员与工人之间搞好协作,充分发挥每个人的作用,提高劳动生产率。

3. 生产效率主要取决于职工的工作态度以及他与周围人的关系。

梅奥认为,提高生产效率的主要途径是提高工人的满足度,即要力争使职工在安全方面、归属感方面、友谊方面的需求得到满足。

梅奥的理论虽然存在一定的局限性,主要表现为过分强调非正式组织的作用,过多强调感情的作用,过分否定经济报酬、工作条件、外部监督、作业标准的影响等,但是梅奥的人际关系理论为管理思想的发展开辟了新的领域,标志着对管理的研究开始转向人的因素在组织中的作用。

【知识训练】

一、单选题

1. 梅奥对其领导的霍桑实验进行总结,认为人是( )。
   A. 经济人　　　　B. 社会人　　　　C. 自我实现人　　　　D. 复杂人

2. 泰勒认为,科学管理的中心问题是( )。
   A. 实行职能工长制　　　　　　　　B. 使用标准化的工具
   C. 挑选第一流的工人　　　　　　　D. 提高劳动生产效率

3. 被称为"科学管理之父"的是( )。
   A. 亚当·斯密　　B. 泰勒　　　　C. 韦伯　　　　D. 法约尔

4. 上级管理人员把一般的日常事务授权给下级管理人员去处理,而自己只保留对例外事项的决策和监督权,这是泰勒所提倡的( )。
   A. 职能工长制　　B. 工作定额原理　　C. 例外原则　　　D. 心理革命

5. 美国管理学家彼得·德鲁克说过,如果你理解管理理论,但不具备管理技术和管理工具的运用能力,你还不是一个有效的管理者;反过来,如果你具备管理技术和能力,而不掌握管理理论,那么充其量你只是一个技术员。这句话说明( )。
   A. 有效的管理者应该注重管理技术与管理工具的运用能力,而不是仅注重管理理论
   B. 是否掌握管理理论对管理工作者的有效性来说无足轻重
   C. 关键是掌握管理理论,这是成为有效管理者的前提
   D. 有效的管理者应该既掌握管理理论,又具备管理技术与管理工具的运用能力

6. 企业管理应随机而变,不存在普遍适用的最好的技术和方法是( )的观点。
   A. 社会系统学派　　B. 经验主义学派　　C. 权变学派　　　D. 管理科学学派

7. 韦伯认为只有( )才宜于作为理想组织体系的基础。
   A. 传统的权力　　　　　　　　　B. 理性—合法的权力
   C. 专制的权力　　　　　　　　　D. 超凡的权力

8. 现代管理理论中,注重量化分析,强调运用数学模型解决决策问题,以寻求决策的科学化与精确化的学派是( )。
   A. 决策理论学派　　B. 行为科学学派　　C. 管理科学学派　　D. 系统管理学派

9. 法约尔是古典组织理论的创始人,他提出过著名的管理五大职能,在计划、组织、控制、领导、协调五个职能中,( )职能是法约尔没有提到的。
   A. 计划　　　　B. 组织　　　　C. 控制　　　　D. 领导

10. 下述哪一项不属于法约尔提出的管理的五项职能( )。
    A. 计划　　　　B. 组织　　　　C. 决策　　　　D. 控制

二、判断题

1. 劳动分工的概念最初由亚当·斯密在他的《国富论》中提出。( )
2. 泰勒被认为是"科学管理之父"。( )
3. 马克思·韦伯的行政组织是有机式组织。( )
4. 与韦伯的行政组织理论相匹配的组织是以制度为中心运转的等级化、专业化的金字塔式的组织。( )
5. 泰勒认为科学管理的中心问题是提高劳动生产率。( )
6. 主张通过与管理者职能相联系的办法把有关管理知识汇集起来,力图把用于管理实践的概念、原则、理论和方法糅合在一起以形成管理学科的学派是管理过程学派。( )

7. 古典管理理论只注意管理组织机构、职权划分、规章制度等。（   ）
8. 人群关系论认为,组织内人群行为很少受到非正式组织的影响。（   ）
9. 该学派的主要代表人物是曾获诺贝尔经济学奖金的赫伯特·西蒙。（   ）
10. 心智模式是指根深蒂固于每个人或组织之中的思想方式和行为模式,它影响人或组织如何了解这个世界,以及如何采取行动的许多假设、成见或是图像、印象。（   ）

参考答案

一、1－5 BDBCD　6－10 CBCDC

二、1－5 √√×√　6－10 √√×√√

【案例导读】

一个服装企业的问题

赵亮是一家服装企业的总经理,该企业主要生产女装。赵亮管理该企业井井有条,有严明的纪律,有一定的奖励政策,生产上也较有序。在过去的五年里,每年的销售量都有较大幅度的增长,工人也经常加班加点工作。但是,今年的情况发生了很大的变化,到十月份,累计销售量比去年同期下降15%,生产量比原计划减少12%,缺勤率比去年高18%,迟到早退现象也有较大幅度的增加。赵亮反思,在宏观市场没有发生多大变化的情况下,这种问题的发生,很可能与管理有关,但他不能确定发生这些问题的真正原因,也不知道应该怎样去改变这种情况。赵亮决定去向管理专家请教。

问题：

1. 你作为管理专家,从行为科学角度分析,你认为该企业在管理上可能存在什么问题?
2. 你认为赵亮应从哪几个方面入手提高管理水平?

任务三　应用计划与决策

一、计划

(一) 计划的含义

管理学家罗宾斯认为,计划是一个确定目标和评估实现目标最佳方式的过程。计划包括确定目标、制定全局战略任务以及完成目标和任务的行动方案。实质上,计划就是一个组织要做什么和怎么做的行动指南。

计划一词可以从两个方面理解。从名词意义上说,计划是指用文字和指标形式表达的,在制订计划的过程中所形成的各种管理性文件;从动词意义上说,计划是指为实现决策目标而制订计划的过程。我们认为,计划是为实现组织目标而对未来行动所做的综合的统筹安排,是未来组织活动的指导性文件。

计划工作有广义和狭义之分。广义的计划工作是指制订计划、执行计划和检查计划的执行情况三个阶段的工作过程。狭义的计划工作则是指制订计划。

本章所指的计划是狭义计划工作的概念,就是制订计划工作。即通过计划的编制,合理地安排组织内的一切具体管理活动,有效地利用组织的人力、物力和财力资源,以期达到组织决策目标的实现。

计划职能是企业管理的首要职能,是实现组织、领导、控制等职能的前提,它使组织的经营管理活动具有方向性、目的性和自觉性。没有计划的管理是无序的、盲目的管理。

(二) 计划的性质

1. 计划的目的性。

任何组织和个人制订计划都是为了有效地达到某种目标。在组织的管理中,计划是进行其他管理职能的基础或前提条件。在计划工作过程的初始阶段,制订具体的、明确的目标是其首要任务,其后的所有工作都是围绕目标进行的。

2. 计划的首要性。

计划工作在管理职能中处于首要地位,这主要是由于管理过程中的其他职能都是为了支持、保证目标的实现,计划职能在时间顺序上处在计划、组织、领导、控制四大管理职能的始发位置。

3. 计划的普遍性。

实际的计划工作涉及组织中的每一位管理者及员工。一个组织的总目标确定之后,各级管理人员为了实现组织目标,使本层次的组织工作得以顺利进行,都需要制订相应的分目标及分计划。因此计划具有普遍性。

4. 计划的效率性。

计划可以有效地实现组织与外部环境的协调,最大限度地减少由于这方面不协调组组织带来损失的可能性;计划可以有效地实现组织内部的协调,使投入产出比率最佳;计划可以有效地实现组织目标与组织成员个人目标的协调。

【小故事】

保险销售员的故事

有个同学举手问老师:"老师,我的目标是想在一年内赚100万元!请问我应该如何计划我的目标呢?"

老师便问他:"你相不相信你能达成?"他说:"我相信!"老师又问:"那你知不知道要通过哪个行业来达成?"他说:"我现在从事保险行业。"老师接着又问他:"你认为保险行业能不能帮你达成这个目标?"他说:"只要我努力,就一定能达成。"

"我们来看看,你要为自己的目标做出多大的努力,根据我们的提成比例,100万元的佣金大概要做300万元的业绩。一年300万元的业绩,一个月25万元的业绩,每一天8 300元的业绩。"老师说,"每一天8 300元的业绩,大概要拜访多少客户?"

"大概要50个人。"老师接着问他,"那么一天要50个人,一个月要1 500个人,一年呢?就需要拜访18 000个客户。"

这时老师又问他:"请问你现在有没有18 000个A类客户?"他说没有。"如果没有,就要靠陌生拜访。你平均一个人要谈上多长时间呢?"他说:"至少20分钟。"老师说:"每个人要谈20分钟,一天要谈50个人,也就是说你每天要花16个小时在与客户交谈上,还不算路途时间。请问你能不能做到?"他说:"不能。老师,我懂了。这个目标不是凭空想象的,而是需要凭着一个能达成的计划而定的。"

想一想这个案例给你什么启示?目标和计划有什么关系?

(三) 计划的类型

1. 按时间跨度分类。

按计划时间跨度划分,计划可分为长期计划、中期计划和短期计划。一般地说,年、季计划是短期计划,2年、3年和5年计划称为中期计划,5年以上的计划为长期计划,企业通常编制短期和长期计划,两者相互联系、相辅相成。

2. 按计划的层次分类。

按计划的层次分类,计划可分为战略计划、战术计划和作业计划。

战略计划是由企业高层管理部门制订的、涉及企业长远发展目标的计划。它包括经营目的和经营方向、目标,即一定时期内企业经营活动的出发点和归宿。战略,即达到目标的指导思想或基本途径。

战术计划是由企业中层管理部门制订的、涉及企业生产经营资源分配和利用的计划。它把战略计划转化为能够实施的具体行动计划,因而较具体。

作业计划是由企业基层管理部门制订的计划,也属于资源分配和利用的计划,但比战术计划更具体、更详细,以便于具体执行和检查。作业计划的对象是例行的重复性工作。

（四）制定计划的步骤

计划是计划工作的结果，计划工作则是计划的制订过程。计划的编制一般遵循如下原则及工作步骤。

1. 搜集资料，分析机会。在大量调查研究获取信息的基础上，初步考察未来可能出现的机会，并且尽可能清楚全面地了解这些机会；根据组织本身的优劣势确定组织所处的地位，明确解决这些不确定问题的原因，以及期望得到什么结果等。管理者能否把现实可行的目标确定下来，取决于这一估量。

2. 确定目标，指引方向。计划过程则首先要有目标。目标是组织行动的出发点和归宿，因此计划工作的第一步就是在明确计划的前提条件的基础上为整个组织确定计划工作的目标，然后再为组织各下属部门选定目标。

3. 分析环境，确定前提。计划的第二步是确定计划的前提，即计划是以什么样的预期环境为前提，为此必须对环境进行正确预测。但计划执行时将要面对的环境是非常复杂的，影响因素很多，我们只能就对计划有重大影响的关键项目做出预测。

4. 发掘可行性方案。管理者在制订计划时就要对现有条件和未来的各种可能出现的变化充分考虑，群策群力，集思广益，开阔思路，大胆创新，尽量找出可能实现目标的各种可行性方案。

5. 评估方案。所谓对可行性方案的评估，就是根据企业的内、外部条件和对计划目标的研究，分析各个可行方案的优、缺点。各种备选方案中，有的方案利润大，但支出资金多，回收慢；有的方案利润小，但风险也小；有的方案对长远规划有效益；有的方案对当前工作有好处。

6. 选定方案。在选择最佳方案时应考虑这样两个方面：一是应选出可行性、满意性和可能性三结合的方案；二是应选出投入产出比率尽可能最佳的方案。

7. 拟订政策。一个组织所涉及的政策是很多的，如选择与开发产品政策、投资政策、销售政策、人事和奖励政策等，这些政策不都是由国家制定的，许多都要由企业自己来制定。

8. 拟订派生计划。虽然选定了方案，也拟定了政策，但计划仍不是完整的，还必须拟订引申计划，即在制订基本计划后还需要制订一些辅助计划扶持基本计划的完成。在企业中表现为各个业务部门和下属单位要为保证总计划的完成制订细节计划，如生产计划、销售计划和财务计划。

9. 指定预算。组织中的每一个重要部门都要制订预算，协调资金的使用，保证经济目标的实现。预算是数字化了的计划，是企业各种计划的综合反映，也是一个单位的经济目标。它既是评估计划的重要标准，也是协调下属部门活动的主要手段。

二、决策

有人曾对高层管理者做过一项调查，要他们回答三个问题："你每天花时间最多是哪些方面？""你认为你每天最重要的事情是什么？""你在履行你的职责时感到最困难的工作是什么？"结果，绝大多数人的答案只有两个字："决策"。不仅如此，决策选择的优劣直接影响到管理的效率，管理者管理水平的高低，在很大程度上取决于其决策水平的高低。

（一）决策的定义

决策是指人们为实现一定的目标，从多种可以相互替代的方案中，选择一个合理的方案的分析判断过程。从这一概念中，可以看出决策的四个基本要点。

1. 决策必须有明确的目标。

决策是理性行动的基础，行动是决策的延续，目标选择不准和无目标的决策是盲目的行动，会导致危机。

2. 决策必须有两个或两个以上可供选择的可行性方案。

如果只有一个方案就不存在决策。所谓方案可行性，一般应是能够实现预定的目标，各种影响因素均能进行定性和定量的比较，在现行的技术经济条件下能顺利实施。

3. 选择方案遵循的原则是"满意"或"合理"。

由于决策者在认识能力和时间、经营、信息来源、未来状况等方面的限制，不能坚持要求最理想的状态,而决策的准则只能是"令人满意的"。

4. 决策要通过科学的分析、评价进行选优。

一般来说,每一个行动方案都会存在利弊和优缺点,必须通过科学的、全面的、综合的分析判断,才能在多种可行性方案中选择一个较为理想的合理方案。

(二)决策的类型

1. 程序化决策与非程序化决策。

程序化决策是常规的、基本上是自动化的过程。对于有些决策,管理者曾多次做过,从而形成相应的规则或指导原则——当特定情况再度出现时,可直接应用这些现成的规则或指导原则。这样的决策就是程序化决策。

非程序化决策通常用于对异常的、新出现的机会和威胁做出反应的情况中。在某些决策情境中,管理者没有现成可依的规则,此时所做的决策就是非程序化决策。

2. 个体决策和群体决策。

个体决策是指决策是由某一人独立做出的。其优点是决策速度快、责任明确,可明显地提高决策效率,在瞬息万变的市场中抓住机会。但决策结果是否有效取决于决策人的经验、智慧和阅历等综合素质。缺点是容易出现因循守旧、先入为主。

群体决策是指由多人共同参与做出的决策。相对于个人决策,集体决策的优点是,能更大范围地汇总信息;能拟定更多的备选方案;能得到更多的认同;能更好地沟通;更有利于决策质量的提高,等等。特别是当群体的组成成员来自不同专业、不同学科的专家时,这些优点会更加凸显。所谓"三个臭皮匠胜过一个诸葛亮",说明了群体决策的优势。

群体决策的缺点也是明显的,如花费较多时间,效率比较低,容易产生责任不明的情况,以及"从众现象"等。因此,组织在决定是否采用群体决策方式时,必须考虑其决策质量和可接受性的提高是否足以抵消决策效率方面的损失。

3. 确定型决策、风险型决策和不确定型决策。

确定型决策是指决策者确切地知道自然状态的发生,并且每种状态的结果是唯一且可以预见的决策。

风险型决策,也称随机决策,是指决策事件未来的自然状态虽不能预先肯定,但可以预测出每一种自然状态出现的概率的决策,这样的决策有一定的风险。可以通过比较各方案的期望值来进行决策。

非确定型决策指决策事件未来的各种自然状态完全未知,各种状态出现的概率也无法估计,方案实施的结果是未知的,只能凭决策者主观做出的决策。

(三)决策的程序

管理决策是一个动态的系统反馈过程。它大致可以分为以下六个基本步骤。

1. 问题分析。

决策是为了解决一定问题而制订的。所谓问题就是研究对象的现在状态与期望状态之间的差距。深入地调查研究,及时地发现问题、分析问题、确认问题和适时地提出问题,是决策者的主要工作之一。

2. 确定决策目标。

决策目标是指决策实施后在一定时期内所期望达到的成果,是决策的出发点和归宿。它是根据所要解决的问题而确定的,所以,需要充分分析问题的性质及产生的原因,然后确定目标。

3. 探索和提出各种行动方案。

根据问题的性质和目标要求,搜集情报资料,并进行有关的预测工作,提出多个可行性方案。提出方案的过程既要大胆探索又要精心设计,同时还必须充分发扬民主、集思广益、群策群力,尽可能多地提出各种可行性方案。

4. 方案评价分析。

对提出的若干方案,运用各种科学方法进行分析、审查和择优讨论,选出一两个优化方案供最后决策。在评价分析中,要根据预定的决策目标和所建立的价值标准,确定方案的评价要素、评价标准和评价方法,有时还要做一些灵敏度分析。

5.方案的抉择。

方案的抉择在很大程度上取决于决策者的经验和领导艺术。这一阶段要求决策者具备良好的思维分析能力、敏锐的洞察力和判断决策能力等。

6.决策的实施和反馈。

做出决策,并不等于决策过程的结束,更重要的是决策方案的实施。而且,要判断一项决策正确与否,只有通过实施结果才能做出正确的判断。因此,在决策执行过程中要建立信息反馈系统,及时地将实施结果与规划目标进行分析比较,如有差异,应查明原因并采取必要的措施进行调整,从而保证决策目标的实现。

(四)管理决策的方法

1.定性决策方法。

定性决策方法,又称"软"方法、经验判断法。它是在对决策过程进行全面系统分析的基础上,依靠运用决策者本人或有关专家的有关专业知识、经验和能力进行决策的方法。这种方法适用于受社会经济因素影响较大的、错综复杂的以及涉及社会心理因素较多的综合性的战略问题。常用的定性决策方法有:

(1)德尔菲法(Delphi Technique)。德尔菲法也叫专家意见法,是由美国兰德公司首创和使用的一种特殊的策划方法,最早用于预测,后来推广应用到决策中来。

德尔菲法是以匿名方式通过几轮函询征求专家意见的决策方法。其具体做法是,通过书面方式向专家们提出所要预测的问题,在得到专家不同意见的答复后,将意见汇总整理,并作为参考资料再次发给每一个专家,让他们再次进行分析并发表意见。如此反复多次,最终形成代表专家组意见的方案。

在这种方法下,被征询的专家互不通气、彼此隔离,能够自由充分地发表自己的意见,包括分歧点,由此可以达到集思广益、扬长避短的效果。但德尔菲法也有缺点,表现为,主要凭专家判断,缺乏客观标准;过程比较复杂,花费时间较长。

(2)头脑风暴法(Brain Storming)。

头脑风暴法,又称智力激励法。它是由英国心理学家奥斯本(Oshom)于1939年首次提出的一种激发创造性思维的方法。

头脑风暴法,是指依靠一定数量专家的创造性逻辑思维对决策对象未来的发展趋势及其状况做出集体判断的方法。其具体做法是,通过小型会议的形式,将对解决某一问题有兴趣的人集合在一起,在完全不受约束的条件下,敞开思路、畅所欲言,随心所欲地发表自己的看法,并以此激发与会者的创意及灵感,使各种设想在相互碰撞中激起脑海的创造性"风暴"。在这一过程中,鼓励一切思维,包括看起来不可能的想法,而且暂时不允许对任何想法做出评论或批评。这种方法的时间安排应在1~2小时,参加者以5~6人为宜。

(3)电子会议法(Electronic Meeting)。

电子会议法是一种将专家会议法与尖端的计算机技术相结合的决策方法,是目前较新的定性决策方法。其具体做法是,安排为数众多的参与者(可能多达50人)围坐在一张马蹄形的桌子旁,这张桌子上除了一系列的计算机终端外别无他物;将问题显示给决策参与者;决策参与者在不透露自己姓名的情况下,打出自己所要表达的任何信息并立即显示在计算机屏幕上,使所有人都能看到;个人评论和票数统计也都投影在会议室的屏幕上。

电子会议的主要优点是匿名、诚实和快速。它使人们充分地表达自己的想法而不会受到惩罚,它消除了闲聊和讨论偏题,且不必担心打断别人的"讲话"。专家们声称电子会议比传统的面对面会议快一半以上。例如,菲尔普斯·道奇矿业公司采用此方法将原来需要几天的年计划会议缩短到12小时。但是,电子会议也有缺点。它使得那些口才好但打字慢的人相形见绌,并且可能丧失由于缺乏面对面的口头交流所传递的丰富信息。

2. 定量决策方法。

定量决策方法,又称"硬"方法,它是建立在数学模型的基础上,运用统计学、运筹学和电子计算机技术来对决策对象进行计算和量化研究,以供决策参考的方法。根据决策方案在未来实施的经济效果的确定程度,定量决策方法又可分为确定型、风险型和不确定型三类。

(1) 确定型决策方法。

如前所述,确定型决策是指决策者确切地知道自然状态的发生,并且每种状态的结果是唯一且可以预见的决策。也就是说,确定型决策所涉及问题的相关因素是确定的,这是一种理想化的决策状态。在实际中,如果决策的主要因素或者关键因素是确定的,我们可以暂时忽略那些次要的或非关键性因素的不确定性,将问题简化成确定型决策问题加以解决。

盈亏平衡分析法又称量本利分析法或保本分析法,是进行产量决策时经常使用的一种定量分析方法。这种方法主要通过分析总成本、总收入和销售数量三个变量之间的关系,掌握盈亏变化的规律来为决策提供依据。

进行盈亏平衡分析的核心是进行盈亏平衡点的计算。盈亏平衡点是指在这一点上,生产经营活动正好处于不盈不亏的状态,即总收入等于总成本,与这一点相对应的产量称为临界点产量或保本点,相对应的价格称为临界点价格。

设,R 为利润;S 为总收入;C 为总成本;FC 为固定成本总额;VC 为单位可变成本;P 为单价;Q 为产量或销售量;Q^* 为盈亏平衡点的销售量。当企业处于盈亏临界点时,即总收入等于总成本,如不计税收,企业利润为零,即 $R = 0$。则盈亏平衡点的销售量

$$Q^* = \frac{FC}{P - VC}$$

新阳电器场的主要产品生产能力为 10 万件,产销固定成本为 250 万元,单位变动成本为 60 元。根据全国订货会上签订的产销合同,国内订货共 8 万件,单价为 100 元。最近有一外商要求订货,但他的出价仅为 75 元,订货量为 2 万件,并自己承担运输费用。由于这外销的 2 万件不需要企业支付推销和运输费用,这样使单位变动成本降至 50 元。现该厂要做出是否接受外商订货的决策。

解 首先计算该电子器件厂盈亏平衡点产量

$$Q^* = \frac{FC}{P - VC} = \frac{2\ 500\ 000}{100 - 60} = 62\ 500(件)$$

从计算所得出来的结果,可以确定,该电子器件厂接受国内订货 8 万件,不仅可以收回固定成本投资 250 万元,而且还会有 700 000 元的利润。

$$R = Q(P - VC) - FC = 80\ 000(100 - 60) - 2\ 500\ 000 = 700\ 000(元)$$

其次,分析国外 20 000 件的订货是否可以接受。从该厂的生产能力来看,在接受国内 80 000 件订货后,还有剩余生产能力 20 000 件。是否接受该外商的订货,要看降低了售价后是否还能给企业带来利润。从表面上看,外销价格明显低于内销价格,但是,实际上该电子器件厂所投入的固定成本已在内销产品中得到全额补偿还盈余 70 万元,所以接受外商订货可使企业再尽赚 50 万元。

$$R = Q(P - VC) - FC = 20\ 000(75 - 50) - 0 = 500\ 000(元)$$

因此,如果这家企业没有更好的销售机会,应该做出接受外商订货的决策。

(2) 风险型决策方法。

风险型决策方法主要用于人们对未来有一定程度认识,但又不能肯定的情况。这时,实施方案在未来可能出现几种不同情况,我们把它称为自然状态。每种自然状态虽然无法事先确定,但可以推断它们出现的概率。这样,根据已知的概率就可以计算期望收益。但决策者在决策时无论采用哪一个方案,都要承担一定风险。我们这里学习决策树法。

决策树法就是运用树形图来分析和选择方案的决策方法。它以图形方式,把可行性方案、期望收益以及发生的概率等直观地表示在图形上。它既适用于单级决策,也适用于多级决策。决策树的基本形状结构如图 5.3.1 所示。

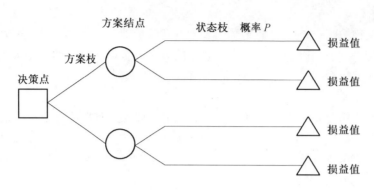

图 5.3.1 决策树示意图

图中,"□"表示决策点;由决策点引出的若干条一级树枝叫作方案枝,它表示该项决策中可供选择的几种备选方案,分别以"○"来表示;由各圆形结点进一步向右边引出的枝条称为方案的状态枝,每一状态出现的概率标在每条状态枝的上方,直线的右端"△"表示该种状态下方案执行所带来的损益值。

用决策树法进行决策一般需要进行以下几个步骤:

第一步:绘制决策树。根据备选方案的数目和对未来环境状态的了解,从左到右绘出决策树图形。

第二步:计算期望收益值。计算各概率枝的损益值,将各损益值乘上该损益值出现的概率并累加,得出各方案的期望收益值,该数值可标记在相应方案的圆形状态结点上方。

第三步:剪枝决策。将每个方案的期望收益值减去该方案实施所需要的投资额(该数额可标记在相应的方案枝的下方),比较余值后就可以选出决策方案。剪去的方案枝以"∥"号表示剪断。

某公司准备生产某种新产品,有两个方案可供选择:一是建大厂,需投资 500 万元,建成后如果销路好,每年可获利 150 万元,如果销路差,每年要亏损 30 万元;二是建小厂,需投资 300 万元,如果销路好,每年可获利 60 万元,如果销路差,每年可获利 30 万元,如表 5.3.1 所示。两方案的使用期限均为 10 年,根据市场预测,产品销路好的概率为 0.6,销路差的概率为 0.4,请问应如何进行决策?

表 5.3.1 某厂新产品开发的两种方案

可行方案	损 益 值		
	销路好 $P=0.6$	销路不好 $P=0.4$	期望收益值 EVi
建大厂(投资 500 万)	150	−30	280(Max)
建小厂(投资 300 万)	60	30	180

此问题属于单级决策,因此可以用决策收益表法和决策树法分别分析。

方法一:利用决策损益矩阵法进行决策。

表 5.3.1 中某厂新产品的两种方案

$$E(V_1) = (150 \times 0.6 - 30 \times 0.4) \times 10 - 500 = 280(万元)$$
$$E(V_2) = (60 \times 0.6 + 30 \times 0.4) \times 10 - 300 = 180(万元)$$

因为 $E(V_1) > E(V_2)$,所以应选择方案 1 作为决策方案,即建大厂。

方法二:利用决策树法进行决策。

第一步:绘制决策树图如图 5.3.2 所示。

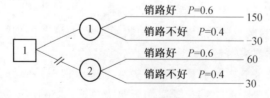

图 5.3.2 决策树图

第二步:计算各结点的期望收益值。

结点①
$$E(V_1) = (150 \times 0.6 - 30 \times 0.4) \times 10 - 500 = 280(万元)$$
结点②
$$E(V_2) = (60 \times 0.6 + 30 \times 0.4) \times 10 - 300 = 180(万元)$$

第三步:剪枝决策。

因为 $E(V_1) > E(V_2)$,所以应选择方案 1 作为决策方案,即建大厂。

(3) 不确定型决策方法。

在不确定型决策中,由于方案实施可能会出现的自然状态或者带来的后果不能做出预计,因此处理这类问题的方法主要有两种:一种是通过一些科学方法来补充信息,将不确定型问题变为风险型问题来处理;一种是依经验进行模糊决策,这与决策者对待风险的态度和所采取的决策准则有直接关系。下面将以下例题为例,分析不同方法下的决策方案选择。

某决策问题的损益矩阵如表 5.3.2 所示。

表 5.3.2 某决策的损益矩阵

可行方案	自然状态收益值			
	Q_1	Q_2	Q_3	Q_4
A	2	1	4	8
B	-1	2	3	6
C	3	4	5	2
D	4	-2	3	6

① 乐观准则。乐观准则也称为大中取大法。采用这种方法的决策者对未来充满信心,认为未来会出现最好的自然状态,因此对方案的比较和选择就会倾向于选取那个在最好状态下能带来最大效果的方案。其具体做法是:先找出各个方案在各自然状态下的最大收益值,即各方案中与最好自然状态相应的收益值,然后进行比较,从中选取相对收益最大的方案作为决策方案。

以表 5.3.2 为例,分析乐观准则的决策过程。

解

第一步,求出每一个方案在各自然状态下的最大效果值。

方案 A = max{2,1,4,8} = 8。

方案 B = max{-1,2,3,6} = 6。

方案 C = max{3,4,5,2} = 5。

方案 D = max{4,-2,3,6} = 6。

第二步,求出各最大效果值的最大值。

最大效果值为 max{8,6,5,6} = 8。

因此,对应的方案 A 就是乐观准则要选择的决策方案。

② 悲观准则。悲观准则也称为小中取大法。采用这种方法的决策者对未来持比较悲观的态度,认为未来会出现最差的自然状态,为避免风险,则会选择在最差自然状态下仍能带来最大收益或最小损失的方案作为决策方案。

其具体做法是,先找出各方案在各自然状态下的最小收益值,即各方案中与最差自然状态相应的收益值,然后进行比较,从中选取相对收益为大的方案作为决策方案。

以表 5.3.2 为例,分析悲观准则的决策过程。

解 第一步,求出每一个方案在各自然状态下的最小效果值。

方案 A = min{2,1,4,8} = 1。

方案 B = min{-1,2,3,6} = -1。

方案 C = min{3,4,5,2} = 2。

方案 D = min{4, -2,3,6} = -2。

第二步,求出各最小效果值的最大值。

最小效果值为 min{1, -1,2, -2} = 2。

因此,对应的方案 C 就是悲观准则要选择的决策方案。

③折中准则。折中法也称乐观系数法。采用这种方法的决策者认为自然状态出现最好和最差的可能性都存在,因此要在乐观与悲观两种极端中求得平衡。

其具体做法是,根据决策者的估计,引入一个乐观系数 $a, a \in [0,1]$。相对应的悲观系数为 $1-a$,当 $a=0$ 时决策者感到完全悲观,当 $a=1$ 时决策者感到完全乐观。然后,将各方案在最好自然状态下的收益值与乐观系数的乘积,加上各方案在最差自然状态下的收益值与悲观系数的乘积,得出各方案的期望收益值;比较各方案的期望收益值,从中选出期望收益值最大的方案作为决策方案。

以表 5.3.2 为例,假设乐观系数 $a=0.7$,悲观系数 $1-a=0.3$,分析折中准则的决策过程。

解 第一步,求出各方案的现实估计值。

$V_A = 8 \times 0.7 + 1 \times 0.3 = 5.9$。

$V_B = 6 \times 0.7 + (-1) \times 0.3 = 3.9$。

$V_C = 5 \times 0.7 + 2 \times 0.3 = 4.1$。

$V_D = 6 \times 0.7 + (-2) \times 0.3 = 3.6$。

第二步,求出现实估计值的最大值。

最大值为 max{5.9,3.9,4.1,3.6} = 5.9。

因此,对应的方案 A 就是折中准则要选择的决策方案。

④后悔值法。

后悔值法,也称遗憾值法或大中取小法。采用这种准则的决策者认为决策者在选择方案并组织实施时,如果遇到的自然状态表明采用另外的方案会取得更好的收益,组织就会遭到机会损失,决策者将为此而感到后悔。

其具体做法是,先确定出各方案在各种自然状态下的最大收益值,然后用这个最大值与相应方案在不同自然状态下的收益值相减,得出各方案在各种自然状态下的后悔值;最后找出每一种方案的最大后悔值,从中选择一个最小值,该值对应的方案即是决策方案。

以表 5.3.2 为例,分析后悔值法的决策过程。

解 第一步,求出每一自然状态下的效果最大值。

$E_1 = \max\{2, -1,3,4\} = 4$。

$E_2 = \max\{1,2,4, -2\} = 4$。

$E_3 = \max\{4,3,5,3\} = 5$。

$E_4 = \max\{8,6,2,6\} = 8$。

第二步,求出每一自然状态下的后悔值,并写在相应方案与相应状态的交叉点上。

方案后悔值等于各自然状态最佳效果值(最大收益或最小支付)减去方案在该自然状态下的损益值,如表 5.3.3 所示。

表 5.3.3 计算方案后悔值

可行方案	后悔值自然状态			
	Q_1	Q_2	Q_3	Q_4
A	4 - 2	4 - 1	5 - 4	8 - 8
B	4 - (-1)	4 - 2	5 - 3	8 - 6
C	4 - 3	4 - 4	5 - 5	8 - 2
D	4 - 4	4 - (-2)	5 - 3	8 - 6

第三步,求出后悔值矩阵。

计算表 5.3.3 得出后悔值矩阵,如表 5.3.4 所示。

表 5.3.4　后悔值矩阵

可行方案	后悔值自然状态			
	Q_1	Q_2	Q_3	Q_4
A	2	3	1	0
B	5	2	2	2
C	1	0	0	6
D	0	6	2	2

第四步,求出后悔值矩阵中各行(方案)的最大后悔值。

方案 A = max{2,3,1,0} = 3。

方案 B = max{5,2,2,2} = 5。

方案 C = max{1,0,0,6} = 6。

方案 D = max{0,6,2,2} = 6。

最后,求出最大后悔值中的最小值。

最大后悔值中的最小值为 min{3,5,6,6} = 3。

因此,对应的方案 A 就是后悔值法要选择的决策方案。

把决策方法分为两大类只是相对而言的。定性决策方法注重于决策者本人的直觉,定量决策方法则是注重于决策问题各因素之间客观的数量关系。鉴于两者各有长处和不足,在实际应用中,通常将定量决策方法与定性决策方法相结合,从而使组织决策更加科学。

【知识训练】

一、单选题

1. "凡事预则立,不预则废"这句话最恰当地体现了哪一种职能的重要性?（　　）。
   A. 控制　　　　B. 计划　　　　C. 组织　　　　D. 领导

2. 下列计划诸形式中,哪种是主要针对反复出现的业务而制定的(　　)。
   A. 目标　　　　B. 规则　　　　C. 程序　　　　D. 预算

3. 网络图中的"关键线路"是指(　　)。
   A. 占用时间最短,宽裕时间最少的活动序列
   B. 占用时间最长,宽裕时间最多的活动序列
   C. 占用时间最短,宽裕时间最多的活动序列
   D. 占用时间最长,宽裕时间最少的活动序列

4. 在管理的各项工作中,居于首要地位的工作是(　　)。
   A. 计划　　　　B. 控制　　　　C. 组织　　　　D. 领导

5. 为了明确企业计划的外部条件,其中最关键的是(　　)。
   A. 定性预测　　B. 定量预测　　C. 环境预测　　D. 销售预测

6. 狭义的计划是指(　　)。
   A. 制定计划　　B. 执行计划　　C. 检查计划　　D. 完成计划

7. 企业计划从上到下可分为多个层次,通常越低层次的目标越具有以下哪种特点?（　　）。
   A. 定性和定量结合　　B. 趋于定性　　C. 模糊而不可控　　D. 具体而可控

8. 古人云:"运筹于帷幄之中,决胜于千里之外。"这里的"运筹帷幄"反映了管理诸职能中的(　　)。
   A. 计划职能　　B. 组织职能　　C. 领导职能　　D. 控制职能

9.某企业在推行目标管理中,提出了如下目标:"质量上台阶,管理上水平,效益创一流,人人争上游"。该企业所设定的目标存在着哪方面的欠缺?( )。
   A.目标缺乏鼓动性   B.目标表述不够清楚 C.目标无法考核   D.目标设定得太高
10.计划工作的任务,不仅要确保实现目标,而且是要从众多方案中选择最优的资源配置方案,以求得合理地利用资源。这是强调计划的( )。
   A.目的性   B.普遍性   C.效率性   D.创造性

二、判断题

1.没有计划和控制系统,就无法实现组织中的沟通,组织中信息流就会中断。(   )
2.计划是一种约束,会降低组织的灵活性。(   )
3.当外部环境的不确定性很高时,采用指导性计划而比具体性计划效果更好。(   )
4.目标制订的越难就越能激励员工发挥他们的积极性。(   )
5.政策是组织在决策和解决问题时用来指导和沟通思想与行动方针的规定或行为规范。(   )
6.环境的不确定性越大,计划更应当是指导性的,计划期限也应更长。(   )
7.目标的选择是计划工作极为关键的内容,一个成功的计划决不会在选定的目标上存在偏差。(   )
8.一般来说标准必须从计划中产生,计划必须先于控制。(   )

参考答案

一、1-5 BCDAC 6-10 ADACC
二、1-8 √×√×√√×√

【案例导读】

石墨与钻石

在自然科学领域,石墨与钻石都是由碳原子构成的,虽然两者的构成要素一样,但两者的硬度和价值简直无法相提并论。钻石为什么会比石墨坚硬?钻石为什么比石墨值钱?造成它们之间差异的根本原因是原子间晶体结构的差异。石墨的碳原子之间是"层状结构",而钻石的碳原子之间是独特的"金刚石结构"。在工程技术领域,性能同等优良的机器零件,由于组装的经验和水平不同,装配出来的机器在性能上可能相差很大。在军队,一队士兵数量上没有变化,仅仅由于组织和列阵的不同,在战斗力上就会表现出质的差异。

问题引出:
作为经济组织的企业,是否也是如此呢?试举例说明。

任务四 应用组织职能

【案例导读】

光华的组织结构之重

光华公司是一家生产照相机、测量仪器等光学仪器的公司,在上一任总经理因为一些个人原因辞职以后,公司新上任的总经理秦升是某名牌大学精密仪器制造专业的本科毕业生,长期在公司工作,担任过技术员、车间主任、分公司经理等职位,又学习过企业管理。秦升上任之后,看到组织机构存在不少问题。全公司职工有2 400多人,行政科室就有56个,每个科室有科长、副科长,还有好几名科员,全公司科室干部就800多人,占全公司职工人数的1/3。科室人多,推诿扯皮现象非常严重,造成公司管理效率低下。

为此,秦升经理决定进行组织机构调整,把相关科室合并,精减出来的人充实到生产第一线去。这一方案在各层次决策会上顺利通过,各级干部也拥护,但是到具体实施方案时,却难以进行下去。

每项管理活动都是在组织内进行的,并且都需要运用组织这一基本职能,因此组织设计和运转机制是否科学,直接关系到组织未来的生存状况和竞争能力。只有科学合理地构建组织,才能使组织高效地运转,实现组织与环境的动态平衡。随着时间和环境的变化,必须对组织进行适时变革,才能保持组织活力。

一、组织概念

在现代汉语中,组织具有动词与名词两种词性。作为动词的组织是一种活动或过程,体现出管理职能,而作为名词的组织则是管理的载体,是按照目标和要求建立起来的机构与权力系统,它是行使职能的实体。

组织是指为了有效地实现目标,通过建立组织机构将组织内部各要素联结成一个系统,并对人力、财力、物力等资源进行合理配置的过程,也就是设计一种组织结构并使之运转的过程。显而易见,这里的组织是个动词性概念,是从职能角度给组织确定的概念和分析,同时也涵盖了名词组织的内容,即组织职能的发挥是以组织机构与权力系统为基础的。

组织工作作为管理的一项重要职能,其重要内容是进行组织结构的设计与再设计,一般称设立组织结构为"组织设计",使每个人知道谁该做什么,谁对结果负责,变革组织结构为"组织再设计"或"组织变革"。

(一) 组织工作的内容

组织结构设计是组织工作中最重要、最核心的一个环节,它着重建立一种有效的组织结构框架。具体地说,组织结构设计包括以下步骤:

1. 在研究组织环境和内外资源条件,并在确定组织战略目标基础上,明确实现组织战略目标所要完成的工作任务。

2. 对要完成的工作任务进行适当的分工和组合,从而形成职位、部门和层次。

3. 为这些职位和部门分配责任和权限。

4. 为使他们能有效地一起工作,还要设置必要的规范和协调关系。组织结构设计的目的就是要形成组织目标所需要的正式组织体系。

(二) 组织运行

组织运行就是使设计好的组织结构运作起来。在组织的运作过程中,需要进行适度的集权与分权的选择,实行合理的组织授权,建立现代公司制度,完善并保证组织的有效运行,提高组织运行效率。从一定意义上说,使设计好的组织投入运作的过程是与管理工作其他方面的职能密切联系在一起的。为了使整个组织能够有机运转,不仅要设计合理的组织架构,而且还要选拔适当的人员,建立一系列规范、制度,采取有效的领导方式和激励手段,建立良好的信息沟通渠道,并对组织运行中出现的各种问题进行及时有效的控制等。

(三) 组织变革

组织变革就是对组织的调整、改革和再设计,它属于组织工作过程中的反馈与修正阶段。当组织在运行中出现了不完善之处,或者环境发生了变化而引起组织目标的调整时,原有的组织结构设计就要作修改,以提高组织的效能,增强组织的适应性。

(四) 组织的作用

组织将个体集合在一起,依靠集体的力量去实现组织目标,从而避免集合在一起的个体力量相互抵消,而寻求对个体力量进行汇聚和放大的效应,这就是优良组织的两大基本作用。

1. 组织的力量汇聚作用。

把分散的个体汇集为集体,用"拧成一股绳"的力量去完成任务,这就是组织的力量汇聚作用的表现。这是一种"相和"的效果。

2. 组织的力量放大作用。

组织还应能发挥比力量汇聚作用更进一步的"相乘"的作用。古希腊著名学者亚里士多德曾提出一个有趣的论题:整体大于各个部分的总和也就是说,组织起来的力量绝不仅仅等于个体力量的算术和,组织对汇聚起来的力量有放大和相乘的作用。组织的作用可以产生"1 + 1 > 2"的效果。对于企业来说,只有借助组织的力量放大作用,才能取得"产出"大于"投入"的经济效益。

(五)组织设计的原则

组织所处的环境、采用的技术、制定的战略、发展的规模等情况不同,所需的职务和部门及其相互关系也不同。尽管如此,在进行组织设计时,还是可以找到一些需要共同遵守的原则。

1. 有效实现目标统一原则。
2. 分工与协作原则。
3. 职、责、权、利相对应原则。
4. 统一指挥原则。
5. 有效管理幅度原则。
6. 集权与分权相结合原则。
7. 精简高效原则。
8. 稳定性与适应性结构相结合原则。
9. 决策执行与监督机构分设原则。

(六)组织设计的步骤

组织设计的整个过程可分为以下五个步骤:

1. 职务设计。

职务设计是组织设计最基础的工作。职务设计就是将实现组织目标所必须进行的活动逐步分解,划分成若干较小的任务单元,以便于每个人专门从事某一部分的活动。

2. 部门划分。

部门的划分是组织的横向分工,其目的在于确定组织中各项任务的分配与责任的归属,做到分工合理、职责分明,从而有效地达到组织的目标。

3. 建立层次。

部门划分后还需要进行纵向的划分,即建立上下级报告的层次关系,构成多层次结构的组织系统。建立层次需要解决好管理跨度与管理层次的关系问题,这个问题将在后面详细讲解。

4. 分配责权。

通过建立层次形成的组织结构,表明了组织内各层次上下级相互作用的关系模式,在此基础上还应将一个组织中的责权分配到各个层次、各个部门和各个岗位上去,即规定哪个岗位应该对哪些工作负责,规定不同岗位所应具备的权利,并最终形成组织中从最高领导层一直贯穿到最低操作层的权力线,即通常所说的指挥链。

5. 协调活动。

分工和协作是组织管理中的两大要素。在把实现组织目标所需完成的任务分配到不同的职位和部门,并进行责权安排之后,还必须在此基础上进行整合,以使组织中的个人或部门协同运作,实现组织的整体目标。根据系统论的观点,组织设计的目的就是发挥整体大于部分之和的优势,使有限的资源形成最佳的综合效果。因此,协调是组织设计的重要步骤,也是组织目标得以顺利实现的根本保障。

二、组织结构横向设计

组织结构设计是组织工作中最重要、最核心的一个环节,它着重建立一种有效的组织结构框架,组织结构设计使组织成员为实现组织目标,在工作中进行分工协作,通过职务、职责、职权及相互关系构成的体系。

组织结构设计的影响因素:组织目标与任务、组织环境、组织的战略及其所处的发展阶段、生产条件与技术状况、组织规模、人员结构与素质。

(一)部门划分

部门划分就是将组织总的管理职能进行科学分解,按照分工合作原则,相应组成各个管理部门,使之各负其责,形成部门分工体系的过程。主要解决组织内部,如何按照分工协作原则,对组织的业务与管理工作进行分析归类,组成横向合作的部门问题。

1. 部门划分的原则。

有效性原则,即部门划分必须以有利于组织目标实现作为出发点和归属。

专业化原则,即按专业化分工,将相似职能、产品、业务汇集到一个部门中。

满足社会心理需要原则,划分部门也不宜过度专业化,而应按照现代工作设计的原理,使员工的工作实现扩大化、丰富化,尽可能使其满意于自己的工作。

精干高效原则,部门划分要以组织目标为导向,保持适度弹性,力求精简。

2. 部门划分的方法。

(1) 按人数划分部门。

由于某项工作必须由若干人一起劳动才能完成,则采用按人数划分部门的方法。其特点是部门内的人员在同一个领导人的领导下做同样的工作。这种方法主要适用于某些技术含量比较低的组织。

(2) 按时间划分部门。

按时间划分部门是将人员按时间进行分组,即倒班作业。在一些需要不间断工作的组织中,或由于经济或技术的需要,常按时间来划分部门,采用轮班作业的方法。其特点是可以保证工作的连续性。这种方法通常用于生产经营一线的基层组织。

(3) 按职能划分部门。

按照职能划分部门是根据专业化的原则,以工作或任务的性质为依据来划分部门。

它的优点在于:合理地反映职能,符合分工和专业化原则,有利于发挥各职能领域专家的特长,提高人员的使用效率;有利于使组织的基本活动得到重视和保证,从而有利于对整个组织活动实施严格控制。但是这种部门化方法也存在一些缺点,总体决策需要最高层做出,因而速度较慢;由于人员过度专业化,因此容易形成本位主义,给各部门之间的协调带来一定困难;随着组织规模的扩大,容易导致机构臃肿,缺乏对环境变化的适应能力;只有最高层对最终成果负责,因而对各部门的绩效和责任不易考核。这种方法较多用于管理或服务部门的划分。

(4) 按产品划分部门。

按照产品划分部门是根据产品或产品系列来组织业务活动,这种方法是从职能部门化发展而来的。

实行这种部门化方法的优点在于能够充分利用专项资本和设备、发挥个人的技术知识和专长;有利于部门内的协调;利润、责任明确划分到部门一级,易于评价各部门的业绩,也便于最高主管把握各种产品或产品系列对总利润的贡献;可促进企业内部竞争,有利于产品和服务的改进和发展;有利于增加新的产品和服务;有利于锻炼和培养全面的综合性管理人才。但是这种方法需要足够具备全面知识和技能的人才来担任部门负责人;总部和分部的职能部门和人员须重复设置,会导致管理成本增加;由于各产品部门的独立性较强而整体性较差,因此给高层管理造成困难。

(5) 按区域划分部门。

按区域划分部门就是将某个区域内的业务活动集中起来,委派相应的管理者,形成区域性部门。

这种方法将责任下放到区域,因此有利于调动各区域的积极性;便于与当地的供应商、用户进行面对面的联系,降低运输等费用,从而取得区域化经营的优势效益;有利于适应区域的特殊要求与特定环境,促进区域性活动的协调;有利于促进企业内部竞争;有利于培养能力全面的管理者。但缺点在于,由于机构重复设置而使得管理成本增加,增加了最高主管部门对区域控制的难度,要求区域部门主管人员具有全面的管理能力。这种方法主要是用于空间分布很广的企业的生产经营业务部门。

(6) 按顾客划分部门。

为了更好地满足顾客的要求,将与某类顾客有关的各种组织活动集中在一起,形成部门的划分。如有些企业设置了大客户部、商业客户部、公众客户部、VIP 服务部等部门。

这种方法最大的优点是有利于重视和满足顾客的某种需要,针对不同顾客的特点和需要开展组织活动,从而增加顾客的满意度和忠诚度;有利于本组织形成针对特定顾客需求的经营技巧和诀窍。但这种划分方法不能使设备和专业人员得到充分利用;为满足特定顾客需要,可能导致部门间的协调变得困难。这种方法适用于服务对象差异较大、对产品和服务有特殊要求的企业。

(7) 按生产过程划分部门。

按生产过程根据技术作业将工作化分成部门。这种方法因建立在特殊技能和训练的基础上的,在部门内的协调要简单得多;但由于生产过程需要将自然的工作流程打断,将工作流程的不同部分交给不同的部门去完成,故就要求每个部门的管理者必须将自己的任务与其他部门管理者的任务协调起来。

3. 部门间的横向联系。

一般来说,即使部门划分得再合理,但由于部门分工的不同,部门之间的横向联系必然会存在一定的矛盾,其主要体现在:

各部门追求的目标不同,各部门可能会因为忙于部门的具体任务而忽视了企业的整体目标。

各部门的职权不同,专业化导致了职权的分散,可是稍微复杂一点的管理问题都或多或少会涉及好几个部门,这需要职权的汇集才能办到。

各部门的利益不同,在处理横向关系时,部门主管人员往往会有意无意地将本部门的利益放在首位,从而贬低和排挤其他部门,在这种情况下,企业的共同任务、目标、战略就会受到冲击。

各部门的思维习惯和行为特征不同,这使得他们有可能缺乏深刻的理解和共同语言,难以紧密配合,协调一致。

为了使横向联系真正达到加强协作、提高企业管理整体功能的目的,必须从企业整体目标出发,客观地看待横向联系存在的矛盾,加强部门间的横向协作与沟通。

三、组织结构纵向设计

(一) 管理跨度

管理跨度,又称管理幅度,是指一名主管人员能有效直接指挥、监督、管理的直接下属的人数。如图 5.4.1 所示。图中主管人员甲的管理跨度为 3,乙的管理跨度为 5,丙的管理跨度为 7,丁的管理跨度为 8。

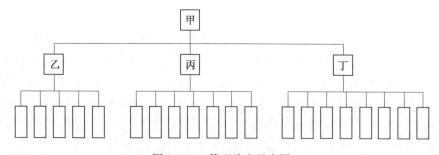

图 5.4.1 管理跨度示意图

管理幅度是影响组织内部各单位规模大小的重要决定因素。

任何组织在进行结构设计时,都必须考虑到管理幅度的问题。一般来说,即使在同样获得成功的组织中,每位主管直接管辖的下属数量也不相同。有效管理幅度的大小受到管理者本身素质及被管理者的工作内容、能力、工作环境与工作条件等诸多因素的影响,每个组织都必须根据自身的特点,确定适当的管理幅度。

（二）管理层次

由于主管人员能够直接有效地指挥和监督的下属数量是有限的，因此，最高主管的被委托人也需要将受托担任的部分管理工作再委托给另一些人来协助进行，依次类推，直至受托人能直接安排和协调组织成员的具体业务活动，由此就形成了组织中最高主管到具体工作人员之间的不同管理层次。

因此，管理层次是指组织内部从最高一级管理组织到最低一级管理组织的职位等级数目。如在图5.4.1中，管理层次为3。

（三）管理跨度与管理层次的关系

组织的管理层次受到组织规模和管理跨度两方面的影响。在管理跨度给定的条件下，管理层次与组织规模大小呈正比，组织规模越大，成员数目越多，其所需的管理层次就越多；在组织规模既定的条件下，管理层次与管理跨度呈反比，管理跨度越大所需的管理层次就越少，反之管理跨度越小所需的管理层次就越多。

（四）高耸型结构与扁平型结构

如图5.4.2，由于管理跨度与管理层次这两个变量的取值不同，就会形成高耸型结构和扁平型结构两种组织结构类型。

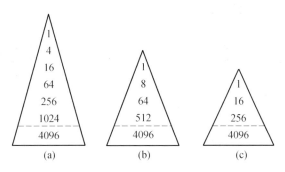

图5.4.2　管理跨度与管理层次的关系

1. 高耸型结构。

高耸型结构是指组织的管理跨度较小，从而形成管理层次较多的组织结构。具有管理严密、分工明确、上下级易于协调的特点，但层次较多，需要从事管理的人员也迅速增加，彼此之间的协调工作也急剧增加。如图5.4.2中，当管理跨度从16变为4时，管理人员从273名增至1 365名，增加4倍多。高耸型结构优点在于，有利于上级对下属进行及时的指导和控制，层级之间关系较为紧密；权责关系明确，有利于工作任务的衔接；有利于增强管理者权威；为下属提供更多的晋升机会。但也存在一定缺点，过多的层次不仅会增加高层与基层之间沟通的难度，影响信息传递的速度和质量，而且还会因管理人员的迅速增加而增大协调的工作量和管理成本，同时由于管理严密，影响下级人员的主动性和创造性。

2. 扁平型结构。

扁平型结构是指组织的管理跨度较大，从而形成管理层次较少的组织结构。其优点在于缩短了上下级距离，密切上下级关系，加快了信息纵向沟通的速度，减少了信息的失真，从而可以提高决策的质量、降低管理成本；由于管理跨度的增加迫使上级授权，可以大大提高下级的积极性和自主性，增强其满足感；同时也有利于更好地选择和培训下属人员，培养和提高下级管理能力。但也存在一定缺点，由于管理跨度较大，不能严密地监督下属，上下级协调较差，而且也加重了横向沟通与协调的难度。

随着经济的发展和技术的进步，为了达到有效组织，结构越趋于扁平化，就是组织通过增大管理幅度、减少层次来提高组织信息收集、传递和组织决策的效率，最终发挥组织的内在潜力和创新能力，从而提高组织的整体绩效，完成组织的战略目标。

四、组织结构的类型

组织结构形式使组织结构框架设置的模式，通过机构、职位、职责、职权以及它们之间的相互关系，实现纵横结合，组成不同类型的组织结构。通常，实际中主要存在直线型、职能型、直线职能型、矩阵型、事业部型、网络型等基本的组织结构类型。

（一）直线型组织结构

直线型组织结构也称为单线型组织结构，是最早使用，也是最为简单的一种组织结构类型，组织没有职能机构，从最高管理层到最基层，实行直线垂直领导。如图5.4.3所示。直线型组织结构把职务按垂直系统直线排列，各级管理者对所属下级拥有直接的一切职权，下属必须绝对服从其上级主管，又称为"军队式组织"。

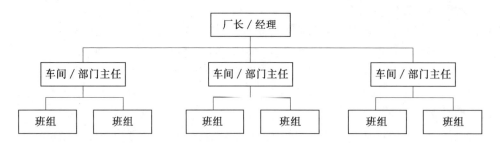

图5.4.3　直线型组织结构形式

其优点是结构简单，易统一指挥，责任和权限都比较明确，有利于迅速做出决策；指挥和管理工作集中在企业行政负责人手中，下属不会得到互相抵触的命令，便于全面执行纪律和进行监督。其缺点是它要求主管负责人通晓多种知识技能，亲自处理各种业务，对所属单位的一切问题负责，他不仅要处理生产、设备、技术方面的问题，还要排除财务、销售以及人事上出现的问题，因此领导者必须是通才式的人物，而当全能管理者离职时，难以找到替代者；当企业规模扩大时，在产品品种多、业务复杂、技术要求高的情况下，个人的知识能力就会感到无法应付。

因此，这种组织结构类型只适用于没有必要按职能实行专业化管理的小型企业或现场作业管理。

（二）职能型组织结构

职能型组织结构的特点是采用专业分工的管理者，在组织内设置若干职能部门，各职能部门都有权在各自业务范围内向下级下达命令和指示，也就是各基层组织服从上级直接领导外，还要接受各职能部门的领导，即各级领导者都配有通晓各门业务的专门人员和职能机构作为辅助者直接向下发号施令。如图5.4.4所示。

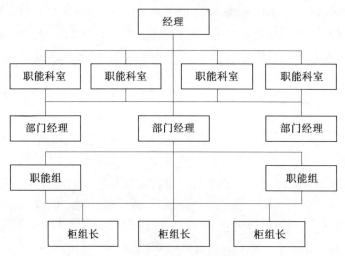

图5.4.4　职能型组织结构形式

这种组织结构适应现代组织技术比较复杂和制度管理分工较细的特点。优点是具有适应管理工作分工较细的特点，能充分发挥职能机构的专业管理作用；由于吸收了专家参与管理，减轻了上层主管人员的负担，他们有可能集中注意力履行自己的职责。但是，它违背了集中管理和统一指挥原则，形成了多头领导，对基层来讲是"上边千条线，下面一根针"，无所适从，容易造成制度管理的混乱；各部门容易过分强调本部门的重要性而忽视与其他部门的配合，忽视组织的整体目标；加大了最高主管监督协调整个组织的要求。这是我国的高科技私营企业较为普遍采用的形式。

（三）直线职能型组织结构

直线职能型组织结构是综合了上述直线型组织结构和职能型组织结构的优点而设计的一种组织结构。这种结构是当前国内各类组织中最常见的一种组织结构，是各级国家机关、学校、部队、企业、医院等组织最常用的结构形态，如图5.4.5所示。

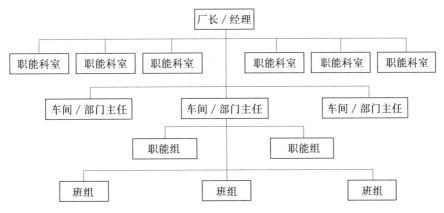

图5.4.5　直线职能型组织结构形式

直线职能型组织结构的优点是，它既保持了直线型集中统一指挥的优点，又吸取了职能型发挥专业管理职能作用的长处；各级直线主管都有相应的职能机构和人员作为其参谋和助手，因而能够对本部门的生产、技术和经济活动进行有效指挥，以适应许多企业管理工作比较复杂和细致的特点；每个部门都是由直线管理人员统一指挥和管理，有利于实行严格的责任制度。

缺点是权力集中于高层领导，下级缺乏必要的自主权，职能人员之间横向联系较差，目标不易统一，缺乏全局观念，信息传递较慢，难以适应环境变化。

直线职能型组织结构属于典型的"集权"式结构，是一种普遍适用的组织形式。目前绝大多数企业和非营利性组织均采用这种组织形式。

（四）矩阵型组织结构

矩阵型组织结构又称规划目标型结构。矩阵是一个数学上的用语，就是把多个单元按横向纵列组成长方形，就像士兵排成长方形队形一样，这里用来描绘组织结构类型。它是由两套系统组成的，一套是按职能划分的垂直领导系统，另一套是按项目划分的横向领导系统，两套系统结合起来就组成了一个矩阵，使同一名员工既与原职能部门保持组织与业务上的联系，又能参加产品或项目小组的工作，横向和纵向的职权具有平衡对等性，如图5.4.6所示。

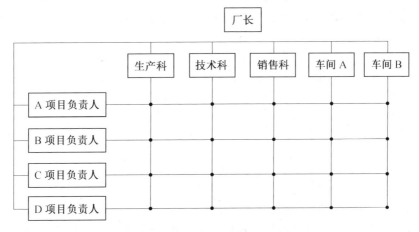

图5.4.6　矩阵型组织结构形式

在这种组织中，每个成员既要接受垂直部门的领导，又要在执行某项任务时接受项目负责人的指挥。特点是在项目负责人的主持下，从纵向的各职能部门抽调人员，组成项目组，共同从事活动项目或研究项目的工作。项目完成后,人员返回本部门,项目组随即撤销。每个项目负责人都是在厂长的直接领导下专门负责。

这种结构的主要优点是,灵活性和适应性较强,有利于加强各职能部门之间的协作和配合,并且有利于开发新技术、新产品,激发组织成员的创造性。其主要缺点是,组织结构稳定性较差;条块发生矛盾时,处于双重领导下的项目组成员会面临两难困境;同时还可能存在项目过程复杂、机构臃肿的弊端。

这种组织结构主要适用于,采用非常规技术和创新性较强的科研、设计、项目规划等工作,职能部门内部和相互之间的依赖程度很高的情况;或者环境高度不确定,需要灵活的适应性结构的组织;以及突击性、临时性任务需要,如大型赛事组织、考核评估、摄制组、建筑工程等。

(五)事业部型组织结构

事业部型组织结构又称联邦分权化,是美国通用汽车公司总裁阿尔弗雷德·斯隆于1924年提出的,因此也被称为"斯隆模型",即在集中领导下设立多个事业部进行分权管理,这是在组织领导方式上由集权制向分权制转化的一种改革,它是目前国内外大型企业普遍采用的一种组织结构类型。该结构是在直线职能型框架基础上,按地区或所经营的各种产品、项目或地域设置独立核算、自主经营、自计盈亏的事业部,同时,事关大政方针、长远目标以及一些全局性问题的重大决策集中在总部,以保证企业的统一性。这种组织结构形式最突出的特点是"集中决策,分散经营"。如图5.4.7所示。

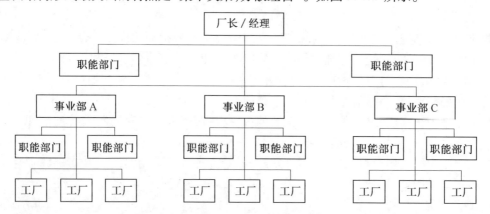

图 5.4.7 事业部型组织结构形式

这种组织结构类型的优点是①每一个事业部都是一个利润中心,总公司可以从每一个利润中心的盈亏中获知其绩效,每个事业部的负责人都要承担责任,这样容易调动积极性和主动性,增强企业生产经营活动的适应能力。②按产品或地区划分事业部后,总公司可以根据各个事业部的资料了解各产品和地区的情况,能够对市场变化做出迅速反应。③有利于将联合化和专业化结合起来,一个公司可以经营很多种类的产品,形成大型聚合企业,而每个事业部及其所属工厂,又可以集中力量生产某一种或几种产品,甚至也可以生产几种产品的某些零件,实现高度专业化。

缺点在于机构、活动和资源重复配置,管理成本高;各事业部独立经营,易形成本位主义,相互支援和协作较差;对管理者要求较高,事业部经理需要熟悉全面业务和管理知识。

这种组织结构是"集权"与"分权"相结合的形式,主要适用于生产经营多样化、面对多个不同市场或者所处地理位置差异大、要求适应性较强的大型企业。

(六)网络型组织结构

网络型组织结构是基于当今飞速发展的现代信息技术手段而建立和发展起来的一种新型企业组织结构。网络型组织结构是一种只有很精干的中心机构,以合同(契约)关系的建立和维持为基础,依靠外部机构进行制造、销售或其他重要业务经营活动的组织结构形式。被联结的各经营单位之间并没有正式的资本所有关系和行政隶属关系,只是通过以相对松散的契约为纽带,通过一种互惠互利、相互协作、相互信任和支持的机制来进行密切的合作。如图5.4.8所示。

这种组织形式的特色是将企业内部各项工作(包括生产、销售、财务等),通过承包合同交给不同的专门企业去承担,而总公司只保留为数有限的职员,它的主要工作是制定政策及协调各承包公司的关系。其特点是企业组织结构相当扁平化,管理尽量充分向各个基层组织成员授权,只有大的企业战略性的决策权仍留在最高管理层手中,其余决策权和日常管理工作全部交给企业员工自己独立进行。

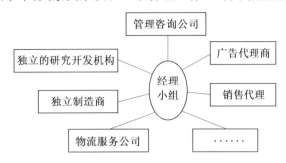

图 5.4.8　网络型组织结构形式

网络型结构的优点是网络型组织结构极大地促进了企业经济效益实现质的飞跃:一是降低管理成本,提高管理效益。二是实现了企业全世界范围内供应链与销售环节的整合;三是简化了机构和管理层次,实现了企业充分授权式的管理。组织结构具有更大的灵活性和柔性,以项目为中心的合作可以更好地结合市场需求来整合各项资源,而且容易操作,网络中的各个价值链部分也随时可以根据市场需求的变动情况增加、调整或撤并;另外,这种组织结构简单、精炼,由于组织中的大多数活动都实现了外包,而这些活动更多地靠电子商务来协调处理,组织结构可以进一步扁平化,效率也更高了。

网络型结构的缺点是可控性太差。这种组织的有效动作是通过与独立的供应商广泛而密切的合作来实现的,由于存在着道德风险和逆向选择性,一旦组织所依存的外部资源出现问题,如,质量问题、提价问题、及时交货问题等,组织将陷入非常被动的境地。另外,外部合作组织都是临时的,如果某个组织中的某一合作单位因故退出且不可替代,组织将面临解体的危险。网络组织还要求建立较高的组织文化以保持组织的凝聚力,然而,由于项目是临时的,员工随时都有被解雇的可能,因而员工对组织的忠诚度也比较低。

最大的优点是利用社会上现有的资源使自己快速发展壮大起来,目前已经成为国际上流行的一种组织结构形式。

五、人员选聘与考评

组织设计仅为系统运行提供了可供依托的框架,框架要能够发挥作用,使其有效地运转,需要利用合格的人力资源对组织结构中的职位进行不断填充来实现目标。因此,人员配备是组织设计的逻辑延续,它通过分析人与事的特点,谋求人与事的最佳组合,实现人与事的不断发展。

(一) 人员配备的原则

1. 职务要求明确原则。

职务要求明确原则是指对管理人员的要求越是明确,培训和评价人员的方法及其工作质量也就越有保证。

2. 责权利一致原则。

责权利一致原则是指组织越是想要尽快地保证目标的实现,就越是要使主管人员的责权利相一致。

3. 公开竞争原则。

公开竞争原则是指组织越是想要提高管理水平,就越是要在管理职务的接班人之间鼓励公开竞争。

4. 用人之长原则。

用人之长原则是指管理人员越是处在最能发挥其才能的职位上,就越能使组织得到最大的收益。

5. 不断培养原则。

不断培养原则是指任何一个组织,越是想要使其管理人员能胜任其所承担的职务,就越是需要他们去不断地接受培训和进行自我训练。

(二) 管理人员的选聘(选人)

管理人员的选聘的两大途径:

1. 从组织内部提升。

从内部提升是指随着组织内部成员能力的增强,在得到充分证实后,对那些能够胜任的人员委以承担更大责任的更高职位。优点是能健全完善内部的竞争机制。企业所有员工都知道通过自己的辛勤努力,一定可以获得晋升,那么,就会产生强烈的竞争意识,能调动企业员工的积极性。内部招聘政策会对员工产生极大的激励作用,他们会积极地丰富自己,去符合工作的要求,申请人熟悉情况,能尽快进入角色。因为申请人来自企业内部,他们对企业的特点、文化都非常熟悉,获得晋升后,能很快地进入工作角色,能节省评价费用。与外部申请人相比,企业对内部申请人的了解显然要多一些。因此,可以免去许多用来评价用人的活动,保持企业政策的连续执行。企业在稳定的发展时期,特别需要政策的一贯执行。内部的申请人由于对企业活动有着较深刻的了解,便于保持政策的一贯。

内部招聘的缺点在于,很难摆脱原有各种关系的制约。错综复杂的各种关系,尤其是在一些规模较大的企业,往往会制约工作的开展,不能接受外界的经营思想,缺乏创新意识。员工会排挤来自外部的人员以及思想,整个组织由于得不到新鲜的思想,因而缺乏创新意识,容易出现论资排辈的现象。如果员工认为只要自己的年资积累到一定程度自然就会得到晋升,那么,企业内就会出现论资排辈的情况。员工的思想消极,生产效率低下;随着企业规模的扩大,客观上要求有更高水平的人员来经营企业,如果现有的人力资源状况无法达到要求的水平,此时企业还执行内部招聘政策,人员能力同工作要求的差距越来越大,企业就无法正常运行。

【小故事】

宝洁公司始创于1837年,是全球最大的日用消费品公司之一,如同世界上大多数最优秀的公司一样,宝洁公司也有自己独特的持续增长之道,宝洁公司的持续增长之道可以概括为价值观、经营理念和组织流程。其价值观在人力资源管理上的具体体现是,所有高层均从内部选拔。

宝洁公司著名的三大准则是,宝洁公司只雇用具有优秀品质的人;宝洁公司支持员工拥有明确的生活目标和个人专长;宝洁公司提供一个支持和奖励员工成长的工作环境。宝洁公司鼓励员工毕生在公司度过他们的职业生涯,为此高层管理人员都从公司内部选拔,而不是从公司外部招聘,这就是宝洁公司著名的"不招空降兵"政策。

2. 从外部招聘。

从外部招聘是指根据一定的标准和程序,从组织外部的众多候选人中选择符合空缺职位工作要求的管理人员。

外部招聘的优点是:

(1)有比较广泛的人才来源满足组织的需求,有可能招聘到一流的管理人才。

(2)可以给组织带来新的思想、新的方法,防止组织的僵化和停滞。

(3)大多数应聘者都具有一定的理论知识和实践经验,因而可节省在培训方面所耗费的大量时间和费用。

其缺点是:

(1)组织内部员工的士气或积极性将受到影响。

(2)应聘者对组织的历史或现状不了解,不能迅速开展工作。

究竟从内部提升,还是从外部招聘,要根据具体情况而定,要考虑如下因素:

(1)职务的性质:大部分基层职务、非关键性职位可从外部招聘,而高层管理人员,则多从内部提升。

(2)企业经营状况:小型的、新建的及快速增长的企业,需要从外部招聘员工及有经验的管理者,而大型的、较成熟的企业因有经验、有才干的备选人才众多,则可以依靠自己的力量。

(3)内部人员的素质:能否从内部人员中选拔出合适的人员来填补职务的空缺,关键要看候选人的能力,同时也要看企业是否具备相应的培训体系来提高员工的素质,培养出他们相应的能力。

在实际工作中,通常采用的是内部提升和外部招聘相结合的途径,将从外部招聘来的人员先放在较低的岗位上,然后根据其表现进行提升。

(三) 选聘的基本程序

选聘的具体程序应包括哪些步骤,随组织的规模、性质以及空缺主管职位的特殊性和要求而有所不同。不过在设计步骤时,应考虑到时间、费用、实际意义以及难易程度等因素。一般来说,公开招聘的基本程序是:

1. 人力资源计划与招聘决策,根据组织目标的需要,制定人力资源计划,并做出具体的招聘决策。
2. 发布招聘信息,要利用多条渠道,广泛发布招聘信息,以吸引更多的人才应聘。
3. 粗选,根据报名者的背景情况进行初步筛选。
4. 招聘测试,运用系统的、统一的标准及科学的、规范化的工具,对不同人员的各种素质加以公正而客观的评价。可采用的具体考核方式有,智力与知识测验、竞聘演讲与答辩、案例分析与实际能力考核。
5. 民意测验,在选配管理人员时,特别是选配组织中较高管理层次的管理人员时,可以进行民意测验以判断组织成员对其接受程度。
6. 面试选定管理人员。

(四) 管理人员的考评

考评就是考核、评价,是一种定期对管理人员的工作绩效、能力、素质等进行估计和衡量的过程。通过考评,还可以起到相互学习、促进组织内部沟通的作用。它是对管理人员选聘的结果加以检查的必要手段,也是进一步做好管理人员选聘工作的前提。

1. 人员考评的内容。

管理人员的考评是从属于组织存在与发展的现实要求和长远利益这两个方面的,因此,它应当包括对管理人员已经取得的业绩的考评和对管理人员素质和能力的考评。即管理人员的考评内容包括贡献考评和能力考评两个方面。

对员工的工作业绩进行考评,需要依据一定的考评标准,遵循一定的考评程序,运用一定的考评方法来进行。有人说:德才兼备是贤臣、圣人,可遇不可求;有才无德是佞臣、小人,要控制使用;有德无才是忠臣、贤人,可交付事情而非事业;无德无才是庸臣、庸人,确无可用之处。因此,组织在进行员工考评时应该从以下几个方面加以考虑。

德,包括思想政治、工作作风、社会道德及职业道德水平等方面。古今中外,德的考核始终是首要因素,尤其对执掌权力的各级领导,更应重视对"德"的考评。

能,是指员工从事工作的能力,包括体能、学识、智能等内容。能力是考评的重点和难点。

勤,是指员工的积极性和工作中的表现,包括出勤、纪律性、干劲、责任心、主动性等。积极性决定着人的能力发挥程度。只有将积极性和能力结合起来考评,才能发现员工的潜力。

绩,是指员工的工作效率及效果,包括员工完成工作的数量、质量、成本费用以及为组织做出的其他贡献。绩效是组织对员工的最终期望,当然要作为考评的基本内容。

2. 人员考评的方法。

人员考评通常有下列七种方法:

(1) 实测法,即通过各种项目实际测量进行考评的方法。例如,对员工进行生产技术技能的考评,通常采用现场作业,通过对其实际测量,进行技术测定、能力考核。

(2) 成绩记录法,即将取得的各项成绩记录下来,以最后累积的结果进行评价的方法。这种方法主要适用于能实行日常连续纪录的生产经营活动,如生产数量、进度、质量投诉等。

(3) 书面考试法,即通过各种书面考试的形式进行考评的方法。这种方法适用于员工所掌握的理论知识进行测定。

(4) 直观评估法,即依据对被考评者平日的接触与观察,由考评者凭主观判断进行评价的方法。这种方法简便易行,但易受考评者的主观好恶影响,科学性差。

(5) 情景模拟法,即设计特定情境,考察被考评者现场随机处置能力的一种方法。

(6) 民主测评法,即由组织的人员集体打分评估的考评方法,一般采用问卷法进行。

(7) 因素评分法,即分别评估各项考核因素,为各因素评分,然后汇总,确定考核结果的一种考评方法。

【知识训练】

一、单选题

1. 企业中管理干部的管理幅度,是指(　　)。
   A. 直接管理的下属数量　　　　　　　B. 所管理的部门数量
   C. 所管理的全部下属数量　　　　　　D. 所管理的全部部门的数量

2. 下列哪项因素不利于企业实现组织的分权?(　　)。
   A. 组织规模很大　　　　　　　　　　B. 活动具有一定的分散性
   C. 高层对低层的决策控制程度低　　　D. 企业内部政策具有统一性

3. 在企业中,财务主管与财会人员之间的职权关系是(　　)。
   A. 直线职权关系　　　　　　　　　　B. 参谋职权关系
   C. 既是直线职权关系又是参谋职权关系　D. 都不是

4. 康全公司是一家设计环保设备的公司,经营规模虽然不大但发展迅速。公司成立以来,为了保持行动的统一性,一直实行较强的集权。请问当下列哪一种情况出现时,公司更有可能改变其过强的集权倾向?(　　)。
   A. 宏观经济增长速度加快　　　　　　B. 公司经营业务范围拓宽
   C. 市场对企业产品的需求下降　　　　D. 国家发布了新的技术标准

5. 在一个组织结构呈金字塔状的企业内,对于其上层管理的描述(与中层管理相比),哪一种是恰当的?(　　)。
   A. 管理难度与管理幅度都较小　　　　B. 管理难度较小,但管理幅度较大
   C. 管理难度较大,但管理幅度较小　　　D. 管理难度与管理幅度都较大

6. 组织设计的根本目的是保证(　　)。
   A. 人人有事做　　B. 职务设计　　C. 报酬设计　　D. 事事有人做

7. 宾馆的管道系统出了毛病,因维修部经理正准备出差,便委派维修科长处理,但几天后管道系统仍然渗漏,宾馆总经理听到汇报后,准备追究事故的责任,责任应当由谁来承担?(　　)。
   A. 维修科长　　B. 维修工人　　C. 维修部经理　　D. 工程部经理

8. 汪力是一家民营企业的职员,工作中他经常接到来自上边组织的两个有时甚至相互冲突的命令。以下哪种说法指出了导致这一现象的最本质原因?(　　)
   A. 该公司在组织设计上采取了职能型结构
   B. 该公司在组织运作中出现了越级指挥问题
   C. 该公司的组织层次设计过多
   D. 该公司组织运行中有意或无意地违背了统一指挥原则

9. 组织中的直线与参谋两类不同职权在确保企业有效运行上存在着以下哪种关系?(　　)。
   A. 领导与被领导　　　　　　　　　　B. 一般协作同事
   C. 命令与服从　　　　　　　　　　　D. 负直接责任与协助服务

二、判断题

1. 分工是社会化大生产的要求,而且分工越细,效率越高。(　　)
2. 当组织规模比较大时,组织适宜分权。(　　)
3. 管理者在组织中的层次越高,管理幅度应越小。(　　)
4. 非正式组织的存在对正式组织不利,应予以取缔。(　　)
5. 参谋人员的职责不仅仅是建议,在很多场合还有指挥和协调的作用。(　　)
6. 考察一个组织的分权程度,主要看组织中决策权或命令权的下放程度。(　　)

7.管理幅度就是管理者所领导的下属的数目。( )

8.当组织面临的环境较稳定时,适宜建立机械式组织结构。( )

9.非管理性事务增多,管理幅度应该减少。( )

10.领导者的责任不能随着权力的下放而相应地全部转移给下级。( )

三、案例题

某校后勤部门在多年的改革和发展中通过承包、自主经营、实行公司制等,现在已成为拥有多家子公司的企业集团,经营范围涉及餐饮、食品加工、机械、电子、房地产等多个领域,但在管理组织上还是沿用过去实行的集权的直线职能制,严重制约了公司的发展和员工积极性的提高。最近,公司领导认识到必须改变这一做法以促进公司的进一步发展。

运用组织结构的有关理论,说明该公司应采取什么类型的组织结构形式。

参考答案

一、1-5 ADABC 6-9 DCDD

二、1-5 ×√√×× 6-10 √××√√

三、略。

【案例导读】

美国麻省理工学院教授彼得·圣吉曾这样讲述有关领导的问题:你平时驾驶汽车,车子是由你控制的一部机器,你的目的是到达你想去的地方,车子便可把你带到那里。但你不能"驾驶"一个植物。你也不能"驾驶"你十来岁的孩子。我们也可以说,领导亦无法"驾驶"他们的组织。组织是由人组成的团体,它是活生生的体系,就像植物和青少年,没有人可以"驾驶"它们,但是却有许多人培育植物,照料花园,教育孩子使之成长。

问题:

1.你认为领导是如何影响下属的?

2.你认为领导者的主要工作是什么?

任务五　应用领导职能

一、领导

管理学的鼻祖彼得·德鲁克是这样定义领导的,"领导就是创设一种情境,使人们心情舒畅地在其中工作。有效的领导应能完成管理的职能,即计划、组织、指挥、控制。"在学术界引用较为广泛的是斯蒂芬·罗宾斯的定义,"领导就是影响他人实现目标的能力和过程。"关于领导,美国前国务卿基辛格博士有一个非常著名的说法,领导就是要让跟随他的人们,从他们现在的地方,努力走向他们还没有去过的地方。

领导(leadership)是个人对他人施加影响,鼓励并指导他人活动,从而使人们自愿地、热心地为实现组织或群体的目标而努力的过程。从本质上讲,领导就是一种影响力、领导力。

领导者(deader)是指那些能够影响他人并拥有管理权力的人。

领导者权力的构成也就是领导者影响力的来源。领导者影响力的来源主要有两个方面,职位权力和非职位权力。

1.职位权力。

职位权力是在组织中担任一定的职务而获得的权力。主要有三种,合法权、奖赏权和惩罚权。这种权力与特定的个人没有必然的联系,而是同职务相联系。职权是管理者实施领导行为的基本条件,没有这种权力,管理者就难以有效地影响下属,从而实施真正的领导。

(1)合法权是组织中等级制度所规定的正式权力,被组织、法律、传统习惯甚至常识所认可。它通常与合法的职位联系在一起。例如,公司经理可以代表公司与其他单位签订合同,因为他具有合法权。合法权源于被影响者内在化的价值观,部属认为领导者有合法的权力影响他,他必须接受领导者的影响。

(2)奖赏权就是领导者决定提供还是取消奖赏的权力。奖赏权是与强制权相反的一种权力。人们服从于一个人的愿望或指示是因为这种服从能给他们带来益处。

(3)惩罚权是指通过精神、感情或物质上的威胁,强迫下属服从的一种权力。

2.非职位权力。

非职位权力是指与组织的职位无关的权力,主要有专长权、个人魅力、背景权和感情权等。

(1)专长权,源于专长、技能和知识,人们往往会听从某一领域专家的忠告,接受他们的影响。知识与专长实际上就是一种权力。谁掌握了知识和专长,谁就拥有了影响他人的专长权。

(2)个人魅力权,是一种无形的、很难用语言来描述或概括的权力。它是建立在对个人素质的认同及其人格的赞赏这一基础之上的。领导者个人的魅力构成了他的权力,激起了追随者的忠诚和热忱。

(3)背景权,是指那些由于辉煌的经历或特殊的人际关系背景、血缘关系背景而获得的权力。

(4)感情权,是指一个人由于和被影响者感情融洽而获得的一种影响力。

(一)领导特性理论

西方领导理论是研究领导有效性的理论。其理论研究的核心是影响领导有效性的因素以及如何提高领导的有效性。西方领导理论的研究,主要经历了"特性论""行为论"和"权变论"三个阶段。

特性理论主要是通过研究领导者的各种个性特征,来预测具有怎样性格特征的人才能成为有效的领导者。早期提出这种理论的学者认为,领导者所具有的特性是天生的,是由遗传决定的。显然,这种认识是不全面的。实际上,领导者的特性和品质是在实践中逐渐形成的,可以通过教育和培训而造就。当然,不同的环境对合格领导者提出的标准是不同的。下面列举一些人们提出的领导者应具有的特征和品格。

政治家和国务活动家应具备的品质,对国家和民族前途命运的关注、对社会活动的热情、对个人物质经济利益的舍弃和对政治利益的高度重视、善于把握社会动向和民心民意。美国企业界认为一个企业家应具备10个条件,即合作精神、决策才能、组织能力、精于授权、善于应变、敢于求新、勇于负责、敢担风险、尊重他人、品德超人。

苏伦斯·格利纳在哈佛大学通过对300多人进行调查,提出了有效领导者的10项重要特质:劝告、训练与培训下属;有效地与下属沟通;让下属人员知道对他们的期望;建立标准的工作要求;给予下属参与决策的机会;了解下属人员及其能力;了解组织的士气状况,并能鼓舞士气;不论情况好坏,都应让下属了解实情;愿意改进工作方法;下属工作好时,及时给予表扬。

具有很大成就的军事领导人即军事家的共同特质有:坚决果断、胆大刚毅和破釜沉舟、置之死地而后生的魄力;心细而敏锐,善于利用机会、捕捉战机;看透事物本质、识破假象和有所为有所不为的抉择能力。

管理学大师德鲁克认为,有效的领导者必须具备五项学习习惯(善于利用时间,确定自己的努力方向,善于发现和发挥别人的长处,集中精力,有效决策)。

哈佛商学院在其《总经理学》教材里提出,优秀的总经理必须具备以下基本素质:(1)领导能力。(2)决断力。(3)预见力。(4)说服力。(5)创造力。(6)洞察力。(7)体力、魄力。(8)勇气与自信。(9)吸引力等。

美国管理学家皮特则把难以胜任领导者的品质归结为十二点:(1)对别人麻木不仁,吹毛求疵。(2)冷漠、孤僻、骄傲自大。(3)背信弃义。(4)野心过大。(5)管头管脚。(6)缺乏建立一支同心协力的队伍的能力。(7)心胸狭窄,挑选无能之辈当下属。(8)犟头犟脑,无法适应不同的上司。(9)目光短浅,缺乏战略头脑。(10)偏听偏信,过分依赖一个顾问。(11)懦弱无能,不敢行动。(12)犹豫不决,缺乏决断力。

从这些研究发现,作为一名优秀领导人,必须在多个方面具有比常人更强的能力和更好的品格。这些标准可以用于领导者的选拔和考核。

【小故事】

思考的价值是无可取代的

有一位富商在退休前将3个儿子叫到面前,并对他们说:"我要在你们3个之中,找到一位最有生意头脑的人,来继承我的事业。现在我给你们每个人1万元。谁能拿这笔钱去买东西把这屋子空间填满,谁就能继承我的产业。"大儿子买了一棵枝叶茂密的大树,并将它拖回空屋,此树占了屋子大半的空间。二儿子买了一大堆草,也把空屋填了一大半。小儿子只花了25元,买了一包蜡烛。等到天黑,他点燃蜡烛后说:"爸爸,请你看看这屋子里,还有哪个角落没有被这些烛光照到呢?"父亲看了非常满意,就让小儿子继承了事业。

富兰克林说:"思考的价值是无可取代的。"当我们执着于表象、习惯于旧有的思考模式而无法摆脱时,不妨换个角度来看,为自己的惯性思考加些创意,或能走出一段新路来。

问题:

1. 你认为一名领导者如何才能提高其解决问题的能力?
2. 有人说:"思路决定出路。"你如何理解?
3. 请你分析领导者决策力与自信心的来源。

(二)领导行为理论

行为理论主要研究领导者的行为及其对下属的影响,以期寻求最佳的领导行为,也就是要回答一个领导人是怎样领导他的群体的。它在经济和企业管理中影响深远。由于其研究重点是对领导行为进行研究,以找出何种领导行为和领导方式最为有效。

1. 勒温和怀特定义的三种领导方式。

关于领导作风(leadership style)的研究最早是由美国艾奥瓦大学的研究者、著名心理学家库尔特·勒温(Kurt Lewin,1890—1947)开展的,勒温和他的同事们从20世纪30年代起就进行关于团体气氛和领导风格的研究。勒温等人发现,团体任务的领导并不是以同样的方式表现他们的领导角色,领导者通常使用不同的领导风格,这些不同的领导风格对团体成员的工作绩效和工作满意度有着不同的影响。他根据领导者运用职权的方式,把领导者在领导过程中表现出来的极端工作作风分为三种类型:专制作风、民主作风、放任作风,力图科学地识别出最有效的领导行为。

专制型的领导者只注重工作的目标,仅仅关心工作的任务和工作的效率。但他们对团队的成员不够关心,被领导者与领导者之间的社会心理距离比较大,专制式的领导方式虽然通过严格管理能够达到目标,但组织成员没有责任感,情绪消极,士气低落。

民主型的领导者注重对团体成员的工作加以鼓励和协助,关心并满足团体成员的需要,营造一种民主与平等的氛围,领导者与被领导者之间的社会心理距离比较近。民主式领导工作效率最高,不但能完成工作目标,而且组织成员之间关系融洽、工作积极主动,有创造性。

放任型的领导者采取的是无政府主义的领导方式,对工作和团体成员的需要都不重视、无规章、无要求、无评估,工作效率低,人际关系淡薄。放任式的领导方式工作效率最低,只能达到组织成员的社交目标,但完不成工作目标。

根据试验结果,勒温认为,放任自流的领导作风效率最低,只能达到社交目标,而完不成工作目标;专制作风的领导虽然通过严格管理达到了工作目标,但群体成员没有责任感,情绪消极,士气低落,争吵较多;民主作风的领导工作效率最高,不但完成工作目标,而且组织成员关系融洽,工作积极主动,有创造性。

但不幸的是,研究者们后来发现了更为复杂的结果。民主型的领导风格在有些情况下会比专制型的领导风格产生更好的工作绩效,而在另外一些情况下,民主型领导风格所带来的工作绩效可能比专制型领导风格所带来的工作绩效低或者仅仅与专制型领导风格所产生的工作绩效相当,而关于群体成员工作满意度的研究结果则与以前的研究结果相一致,即通常在民主型的领导风格下,成员的工作满意度会比在专制型领导风格下的工作满意度高。

在实际的组织中,很少有极端型的领导,大多数领导风格都是介于专制型、民主型和放任型之间的混合型。勒温能够注意到领导者的风格对组织氛围和工作绩效的影响,区分出领导者的不同风格和特性并以实验的方式加以验证,这对实际管理工作和有关研究非常有意义。许多后续的理论如坦南鲍姆和施米特的领导行为连续体理论等都是从勒温的理论发展而来的。勒温的理论也存在一定的局限性。这一理论仅仅注重了领导者本身的风格,没有充分考虑到领导者实际所处的情境因素,因为领导者的行为是否有效不仅仅取决于其自身的领导风格,还受到被领导者和周边的环境因素的影响。

2. 管理方格图。

管理方格理论是美国得克萨斯州立大学心理学教授布莱克和穆顿在四分图理论基础上,在1964年出版的《管理方格法》一书中提出来的。他们把企业中不同的领导行为方式分别结合起来,如图5.5.1横坐标表示领导者对生产的关心,纵坐标表示领导者对人的关心。评价领导者的工作时,就按其两方面的行为,在图上找出交叉点,这个交叉点便是他的类型。

五种典型的领导方式:

(1)"(1,1)型"领导为贫乏型。它对工作任务的关心和对职工的关心都做得很差。

(2)"(1,9)型"领导为乡村俱乐部型管理。特别关心职工与下属,认为不管工作成绩好不好,都要首先重视职工的态度和情绪,只要职工精神愉快,工作效率自然很高。

(3)"(5,5)型"领导为中间型。它是一种不高不低、不偏不倚的领导方式,既不过分偏重人的因素,也不过分偏重任务,努力保持和谐的妥协,以免顾此失彼。

(4)"(9,1)型"领导为任务型。这种领导方式也被称作"权威 — 服从型管理"。只注重任务的完成,而不注重人的因素,下级只能奉命行事,一切都受到上级的监督和控制。这种领导是一种独断型的领导。

(5)"(9,9)型"领导为团队型管理。它对任务的关心和职工的关心都达到了最高点。

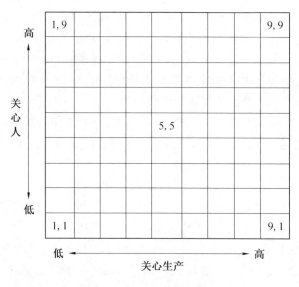

图5.5.1　管理方格图

管理方格图在实际的运用中应注意既要关心人,又要关心工作,两者不可偏废;同时应根据不同时期或阶段,针对不同的目标任务,结合各种主、客观条件,适度强化某一因素。

总体来说,领导行为理论在领导行为类型与群体工作绩效之间的一致性关系上达成了共识,研究也取得了有限的成功。行为理论的缺陷在于,对影响成功与失败的情境因素没有给予重视。

(三)领导权变理论

"权变"一词有"随具体情境而变"或"依具体情况而定"的意思。领导权变理论是继领导者行为研究之后发展起来的领导学理论。这一理论的出现,标志着现代西方领导学研究进入了一个新的发展阶段。

领导行为的好坏不仅取决于领导者本身的素质和行为,而切,受很多因素的影响。

1. 领导 = f(领导者、被领导者、领导环境)。

从领导学看来,权变论就是指领导者应该根据情境因素选择有效的领导方式。这种理论认为,没有一种"最好"的领导行为,一切要以时间地点和其他环境条件为转移。领导方式的正确与否,领导效能的有无和高低并不仅取决于领导者及其行为,而与被领导者和领导环境有很大关系。

2. 菲德勒(Fiedler)领导理论。

菲德勒模型指出,有效的群体绩效取决于以下两个因素的合理匹配:与下属相互作用的领导者的风格;领导环境给领导者各提供的控制和影响结果的程度。

3. 影响领导效果好坏的环境包括三方面。

(1)领导者与被领导者的关系。这主要是指领导者对其下属的信任、依赖和尊重的程度,以及下属对其领导人的信任、喜爱、忠诚和愿意追随的程度和领导者对下属的吸引力。

(2)工作结构,即对工作明确规定的程度或规范化程度。

(3)地位权力,即领导者职权的强弱。这是与领导者相关联的职权,取决于领导者从上级和整个组织各方面所获得支持的程度。职权是由领导者对其下属的实有权力所决定的(包括聘用、解雇、指导、晋升、加薪等)。

菲德勒的研究结果说明,在对领导者最有利和最不利的情况下采用任务导向其效果较好。在对领导者中等有利的情况下,采用关系导向效果较好。菲德勒模型理论在许多情况下是正确的,但有许多批评意见,如取样太小有统计误差,该理论只是概括出结论,而没有提出一套理论等。尽管如此,菲德勒模型理论还是有意义的(表5.5.1)。

表5.5.1 领导环境与领导方式匹配表

影响因素	领导的环境状况							
	有利			中间状态				不利
	1	2	3	4	5	6	7	8
上下级关系	好	好	好	好	差	差	差	差
任务结构	明确	明确	不明确	不明确	明确	明确	不明确	不明确
职位权利	强	弱	强	弱	强	弱	强	弱
领导方式	指令性			宽容性				指令性

菲德勒模型认为,领导者的风格是不能改变的,一旦领导风格与情境发生冲突,可以采取的措施是,更换领导者,改变情境以适应该领导者。

二、激励

(一)激励的含义

激励是指持续地激发人的动机和内在动力,使其心理过程始终保持要激奋的状态中,作为管理手段的激励,通常是指管理者运用各种管理手段,利用人的需要的客观性和满足需要的规律性,激励刺激被管理者的需要,激发其动机,调动人的积极性和创造性,促使满足需要的行为朝着实现组织目标的方向运动。

激励手段的运用,赋予了管理活动以主动性的特征。因为激励是激发人的内在动力,使人的行为建立在人的希望、愿望的基础上的。这样一来,人的行为就不再是一种外在的强制,而是一种自觉自愿的行为。

激励原则主要有:

参与原则。当部属参与的时候,他们达成任务的使命感会增强,甚至把工作当成是自己的工作。

沟通原则。当部属知道工作的意义时,他们对于成果就有关联感,你获得的支持就会增加。

肯定原则。对于部属的成就予以肯定,可以加强他对工作的投入,利用赞美来激励他投入。

授权原则。权与责相对,你授权,他卖力。

(二) 激励理论

1. 需要层次理论。

需要层次理论(hierarchy of needs theory)是由美国心理学家亚伯拉罕·H. 马斯洛(Abraham H. Maslow, 1908—1970)在1943年所著的《人的动机理论》(*A Theory of Hitman Motivation Psychological Review*)一书中提出的,因而也被称为"马斯洛需要层次理论"(Maslow's hierarchy of needs)。

马斯洛认为,激励可以看成是对具体的社会系统中未被满足的需要进行刺激的行为过程,因此,如果能找出未被满足的人的需要,并对这些需要进行分类、排序,就可以找出对人进行激励的途径。马斯洛的需要层次理论有两个基本出发点。其一,人是有需要的动物,其中需要取决于他已经得到了什么、还缺少什么,只有尚未被满足的需要能够影响其行为;其二,人的需要都有层次,某一层次的需要得到满足后,另一层次的需要才会出现。他把人的需要归结为五个层次,由低到高依次为生理需要、安全需要、社交需要、尊重需要和自我实现需要。在此基础上,马斯洛认为,在特定时刻,人的一切需要如果都未能得到满足,那么,满足最主要的需要就比满足其他需要更迫切。只有前面的需要得到充分满足后,后面的需要才会显示出其激励作用。

基于以上论点,马斯洛提出,人的需要可以分成五种基本类型,每种类型处于一个特定的层次上,分别是生理需求、安全需求、爱与归属的需求、尊重需求、自我实现的需求。

(1) 生理的需要。生理需要是任何动物都有的需要,只是不同的动物表现形式不同而已。对人类来说,衣、食、住、行等是最基本的需要。所以,在经济欠发达的社会,必须首先研究并满足这方面的需要。

(2) 安全的需。安全的需要是保护自己免受身体和情感伤害的需要。它又可以分为两类,一类是对现在安全的需要;另一类是对未来安全的需要。即一方面要求自己现在的社会生活的各方面均能有所保证,另一方面希望未来生活能有所保障。

(3) 社交的需要。社交的需要包括友谊、爱情、归属及接纳方面的需要。这主要产生于人的社会性。

(4) 尊重的需要。尊重的需要是指受人尊敬或地位上的需要,它包括自尊也受人尊重两个方面,如自信心、自尊心和对知识名誉地位方面的需要,要求得到别人的承认和尊重,等等。这类需要的满足程度有很大的差别,也难以得到全面的满足。

(5) 自我实现的需要。自我实现的需要包括成长与发展、发挥自身潜能、实现理想的需要,是最高层次的需要。这是一种追求个人能力极限的内驱力。这种需要一般表现在两个方面,一是胜任感方面,有这种需要的人力图控制事物或环境,而不是等事物被动地发生与发展;二是成就感方面,对于有这种需要的人来说,工作的乐趣在于取得成果和成功,他们需要知道自己工作的结果,成功后的喜悦要远比其他任何报酬重要。

马斯洛认为,只有较低层次的需要得到满足后,较高层次的需要才会出现。马斯洛把五种基本需要分为高、低两级,其中生理需要、安全需要、社交需要属于低级的需要,这些需要通过外部条件使人得到满足,如借助于工资收入满足生理需要,借助于法律制度满足安全需要等。尊重需要、自我实现是高级的需要,它们是从内部使人得到满足的,而且一个人对尊重和自我实现的需要,是永远不会感到完全满足的。高级的需要比低级需要更有价值,人的需要结构是动态的、发展变化的。因此,通过满足职工的高级的需要来调动其生产积极性,具有更稳定,更持久的力量。

这一理论表明,针对人的需要实施相应激励是可能的,但人的需要具有多样性,会根据不同环境和时期发生变化,激励的方式应当多元化。

马斯洛的需要层次理论在20世纪六七十年代得到普遍认可,尤其是在管理实践中,这要归功于该理论直观的逻辑性和易于理解的内容,但也有学者指出他的理论的有效性和科学性是存在争议的,缺乏有效的实证研究的支持等。

2. 双因素理论。

赫茨伯格的双因素理论,又称为激励—保健理论,是由美国心理学家弗雷德里克·赫茨伯格(Frederick Herzberg)于1959年在对匹兹堡地区11个行业的200名工程师和会计师进行深入访谈的基础上提出的。在访谈过程中,研究者们采取了关键事件法,让被调查者们回忆在工作中经历过的极大地被激励和最不能被激励的事情,叙述有关情况的重要细节和这些经历对他们以后工作的影响。

该理论的要点是,使职工不满的因素与使职工感到满意的因素是不一样的。赫茨伯格认为职工非常不满意的原因,大多属于工作环境或工作关系方面的,如公司的政策、行政管理、职工与上级之间的关系、工资、工作安全、工作环境等。他发现上述条件如果达不到职工可接受的最低水平时,就会引发职工的不满情绪。但是,具备了这些条件并不能使职工感到激励。赫茨伯格把这些没有激励作用的外界因素称为"保健因素"。而能够使职工感到非常满意的因素,大多属于工作内容和工作本身方面的,如工作的成就感、工作成绩得到上司的认可、工作本身具有挑战性等。这些因素的改善,能够激发职工的热情和积极性。赫茨伯格把这一因素称为"激励因素"。

双因素理论强调,不是所有的需要得到满足都能激励起人的积极性。只有那些被称为激励因素的需要得到满足时,人的积极性才能最大限度地发挥出来。如果缺乏激励因素,并不会引起很大的不满。而保健因素的缺乏,将引起很大的不满,然而具备了保健因素时并不一定会激发强烈的动机。赫茨伯格还明确指出,在缺乏保健因素的情况下,激励因素的作用也不大。

这一理论告诉人们,管理者首先应该注意满足职工的"保健因素",防止职工消极怠工,使职工不致产生不满情绪,同时还要注意利用"激励因素",尽量使职工得到满足的机会。

赫茨伯格的双因素理论自20世纪60年代以来,一直有着广泛的影响,越来越受到人们的关注,对该理论的批评主要是针对操作程序和方法论方面。虽然一些批评家指出他的理论过于简单化,但它对当前的工作设计依然有着重大影响,尤其是在工作丰富化方面。

3. 期望理论。

期望理论是由美国心理学家弗鲁姆于1964年提出来的,是研究人的需要与工作目标之间的关系的一种激励理论。他的著作《工作与激励》对该理论作了阐述,该理论认为,人们对某项工作积极性的高低,取决于他对这种工作能满足其需要的程度及实现可能性大小的评价。当人们认为实现预定目标可能性很大时,且实现这种目标又具有很重要的价值,这时该目标对激励的影响程度最大;反之,若对达到目标不感兴趣,或者虽感兴趣,但根本没在希望达到目标,那他就不会有努力做好这项工作的积极性。也就是说,决定激励程度的因素有两个,即期望值和效价,激励的程度是期望值和效价的乘积所决定的,用公式表示为

$$M = E \times V$$

式中,M——激励程度,反映一个人工作积极性的高低和持久程度,它决定着人们在工作中会做出多大的努力。

E——期望值,是指人们对想要实现的既定目标的主观概率,即主观估计达到目标的可能性大小。

V——效价,是指人们对某一目标的重视程度与评价高低,即人们在主观上认为实现目标后获得奖酬的价值大小。

由此可见,激励作用的大小与效价、期望值呈正比,即期望值、效价越高,则激励作用越大;反之,则越小。

4. 公平理论。

公平理论是美国的斯达西·亚当斯在20世纪60年代提出的。亚当斯通过大量的研究发现,员工对自己是否受到公平合理的待遇十分敏感。员工首先思考自己的收入与付出的比率,然后将自己的收入付出比与其他人的收入付出进行比较,如果员工感觉到自己的比率与他人的相同,则认为处于公平状态;如果感到两者的比率不相同,则产生不公平感,也就是说,他们会认为自己的收入过低或过高。

员工的工作积极性不仅受到其所得报酬的绝对值的影响,更受到相对值的影响。相对值来源于横向比较与纵向比较。横向比较是将自己所做的付出和所得的报酬与一个和自己条件相当的人的付出和所得的报酬进行比较,从而对此做出相应的反应。纵向比较是指个人将工作的付出和所得与过去进行比较。比较的结果有三种可能。

（1）感到报酬公平。当企业员工经过比较感到相对值相等时,其心态就容易平衡。有时尽管他人的结果超过了自己的结果,但只要对方的投入也相应地大,就不会有太大的不满。他会认为激励措施基本公平,积极性和努力程度可能会保持不变。

（2）感到报酬不足。在比较中,当员工发现自己的报酬相对低了,就会感到不公平,他们就会设法去消除不公,并有可能采取以下的措施来求得平衡:一是曲解自己或他人的付出或所得;二是采取某种行为使得他人的付出或所得发生改变;三是采取某种行为改变自己的付出或所得;四是选择另外一个参照对象进行比较;五是辞去工作。员工感到不公平时,工作的积极性往往会下降。

（3）感到报酬多了。当员工感到自己相对于他人而言,报酬高于合理水平时,多数人认为不是什么大问题,他们可能会认为这是自己的能力和经验有了提高的结果。但有关研究也证明,处于这种不公平的情况下,工作积极性不会有多大程度的攀高,而有些人也会有意识地减少这种不公。例如,通过付出更多的努力来增加自己的投入,有意无意曲解原先的比率;设法使他人减少投入或增加产出。

公平理论表明公平与否是源于个人的感觉。人们在心理上通常会低估他人的工作成绩,高估别人的得益,由于感觉上的错误,就会产生心理不平衡。这种心态对组织和个人都很不利。所以管理人员应有敏锐的洞察力来体察职工的心情,如确有不公,则应尽快解决,如是个人主观的认识偏差,也有必要进行说明解释,做好思想工作。

三、沟通

(一) 沟通的含义

沟通也称为信息交流,是指发信息者把信息(也包括发信息者的思想、知识、观念、想法等在内)用任何方式或文字形式传递给收信息者,这种交换或分享任何种类的信息过程就叫作沟通。良好的沟通有助于提高决策的质量,促使企业员工协调有效地工作,有助于提高员工的士气沟通应具备以下三个条件:一是沟通必须在两个或两个以上的主体之间进行;二是沟通必须有一定的沟通媒介如,语言、文字等;三是沟通必须是交换或分享信息。

(二) 按沟通的方法分类

1. 书面沟通。

当组织或管理者的信息必须广泛向他人传播或信息必须保留时,以报告、备忘录、信函等文字形式就是口语形式所无法替代的了,采用文字进行沟通的原则有以下几个方面:

（1）文字要简洁,尽可能采用简单的用语,删除不必要的用语和想法。

（2）如果文件较长,应在文件之前加目录或摘要。

（3）合理组织内容,一般最重要的信息要放在最前面。

2. 口头沟通。

口头沟通要有一个清楚明确的标题,利用口语面对面地进行沟通是管理者最常用的形式,有效的口语沟通对信息的输出者而言,需要具备正确的编码,有组织的、有系统的方式传递信息。至于输出这个人具备什么样的条件能够有效地增进沟通的效果。有关研究表明,知识丰富、自信、发音清晰、语调和善、诚意、逻辑性强、有同情心、心态开放、诚实、仪表好、幽默、机智、友善等是有效沟通的特质。

3. 非口语沟通。

非口语沟通可以强化口语所传递的信息,也可以混淆歪曲口语所传达的信息,因此了解非口语的沟通十分重要,非口语的信息可以用多种方式表达。利用空间沟通人与人之间的距离远近,是站着还是坐着,以及办公室的设备和摆设,等等,均会影响到沟通。在各种组织中,不同的地位和权力通常由空间的安排显示出来,高层管理者一般拥有宽敞、视野良好以及高品位摆设的办公室,不同档次的宾馆及餐饮业也可以通过空间的信息表达出来。

利用衣着沟通,人们衣着的不同可给对方传达一定的信息,因为衣着可明显影响人们对不同的地位、不同的身份、不同的群体的认知。利用举止进行沟通,人体及其各种举止可以传达许多信息,尤其是面部表情最具有代表性,所以了解人体语言所代表的意义是有效沟通的一个重要组成部分。

4.电子沟通。

电子沟通亦有研究将之定义为计算机网络沟通,系指利用计算机作为信息传送的设备,透过网络将数字化的资料与信息在使用者之间自由的传递与交换,借由计算机中介沟通的应用系统软件让使用者彼此产生实质的互动,使单向、双向、甚至多向的沟通顺利。

(三) 沟通的障碍

1.语意的障碍。

(1) 语言表达有相当程度的限制性,尤其是观念、感觉的沟通更是如此。

(2) 由于专业化而产生的一些专门术语造成沟通上的困扰。

(3) 文书沟通较口语困难。

(4) 同样的话,但由于场合的不同,而造成不同的语意。

2.地位的障碍。

(1) 向下沟通较向上沟通容易,通过组织制度及权力达到信息传递。

(2) 向上沟通不好的因素,信息沟通的成败主要取决于上级与下级、领导与员工之间的全面有效的合作。但在很多情况下,这些合作往往会因下属的恐惧、自保心理以及沟通双方的个人心理品质而形成障碍。一方面,如果主管过分威严,给人造成难以接近的印象,或者管理人员缺乏必要的同情心,不愿体恤下属,都容易造成下级人员的恐惧自保心理,影响信息沟通的正常进行。

3.环境因素的障碍。

在不同的地方,如,自己的办公室和上级的办公室对于沟通会产生的一定的障碍。还有声音、光线、温度等。

4.人格因素的障碍。

在管理中,信息沟通往往是依据组织系统分层次逐次传递的,然而,在按层次传递同一条信息时往往会受到个体素质的影响,如,消极、自卑、冷漠、火爆等。从而降低信息沟通的效率。

5.年龄的障碍。

由于年代和经历不同,形成思想上的差距。因此年龄差距较大的人进行沟通,会有一定的代沟。

6.学历、经验的障碍。

在信息沟通中,如果双方经验水平和知识水平差距过大,就会产生沟通障碍。此外,个体经验差异对信息沟通也有影响。在现实生活中,人们往往会凭经验办事。一个经验丰富的人往往会对信息沟通做通盘考虑,谨慎细心;而一个初出茅庐者往往会不知所措。特点是信息沟通的双方往往依据经验上的大体理解去处理信息,使彼此理解的差距拉大,形成沟通的障碍。

7.性别的障碍。

女性通常较敏感、细腻、自我保护意识较强。男性通常粗枝大叶,小而化之。

(四) 有效沟通的技巧

沟通不仅是一门科学,更是一门艺术。因此,学习和掌握有效沟通的方法和技巧就显得格外重要。

1.使用恰当的沟通节奏。

面对不同的沟通对象,或面临不同的情境,应该采取不同的沟通节奏,这样才能事半功倍,否则可能造成严重的后果。如在一个刚组建的项目团队中,团队成员彼此会小心翼翼,相互独立,若此时采取快速沟通和参与决策的方式,可能会导致失败。一旦一个团队或组织营造了学习的文化氛围,即构建了学习型组织,就可以导入深度会谈、头脑风暴等开放性沟通方式。

2.考虑接收者的观点和立场。

有效的沟通者必须具有"同理心",能够感同身受、换位思考,站在信息接收者的立场,以接收者的观点和视野来考虑问题。若信息接收者拒绝其观点与意见,那么信息发送者必须耐心、持续地做工作来改变信息接收者的想法,信息发送者甚至可以反思:"我的观点是否正确?"

3.以行动强化语言。

中国人历来倡导"言行一致"。用语言说明意图仅仅是沟通的开始。只有将语言转化为行动,才能真正提高沟通的效果,达到沟通的目的。如果说的是一套,做的又是一套,言行不一致,这种所谓的沟通结果是可怕的。在企业中,传达政策命令、规范之前,管理者最好先确定自己能否身体力行。唯有如此,沟通才能真正踏上交流的坦途,在公司内部营造一种良好的相互信任的文化氛围,并使公司的愿景、价值观、使命、战略目标付诸实施。

4. 避免一味说教。

有效沟通是彼此之间的人际交往与心灵交流。信息发送者一味地为传递信息而传递信息,全然不顾信息接收者的感受和反响,试图用说教的方式与人交往,就违背了这个原则。信息发送者越投入,越专注于自己要表达的意思,越会忽略信息接收者暗示的动作或情绪、情感方面的反应,其结果必然是引发信息接收者对其产生反感,进而产生抵触情绪。

【知识训练】

一、选择题

1. 根据领导生命周期理论,对于已经比较成熟的中年骨干职工,领导风格宜采取(　　)。
   A. 指导型　　　　B. 推销型　　　　C. 参与型　　　　D. 授权型

2. 常听到有些领导离职后感慨道"人走茶凉,世态炎凉"。这句话说明这些领导在职时的权力来源最可能是(　　)。
   A. 法定权　　　　B. 专长权　　　　C. 感召权　　　　D. 不能确定

3. 石家庄一厂长这样说:"走得正,行的端,领导才有威信,说话才有影响,群众才能信服,才能对我行使权力颁发'通行证'。"这位厂长在这里强调了领导的影响力来源于(　　)。
   A. 法定权力　　　B. 奖惩权力　　　C. 专家权力　　　D. 感召权力

4. 由于现代环境的日益复杂多变,封闭式的管理在实际中越来越行不通。因此,权变理论应运而生,并且日益得到了重视。在下面的四种对于权变理论的看法中,你认为哪个正确?(　　)。
   A. 权变理论认为没有一成不变的、普遍适用的"最佳"的管理理论与方法
   B. 权变理论是建立在"复杂人"的假设上的
   C. 权变理论研究的是领导者、被领导者之间在特定情境下发生相互作用关系的过程
   D. 以上三个都正确

5. 管理方格理论中,领导者不关心生产和工作,主要关心人,但组织目标实现困难的领导方式被称为(　　)。
   A. 贫乏型管理　　　　　　　　　　B. 集体协作型管理
   C. 乡村俱乐部型管理　　　　　　　D. 任务型管理

6. 警察指挥交通,这是在利用他权力来源中的(　　)。
   A. 法定权　　　　B. 奖励权　　　　C. 专长权　　　　D. 感召权

7. 领导的本质是(　　)。
   A. 用权　　　　　B. 影响力　　　　C. 协调人际关系　　D. 管理职能

8. 以下哪一点是属于"权变管理理论"的最大特点?(　　)。
   A. 重视人的因素
   B. 根据不同的条件,采取相应的组织结构、领导方式等
   C. 力求决策中减少个人艺术成分
   D. 通过提高工人的"士气",从而达到提高效率

9. 领导者的风格应当适应其下属的风格,领导者的行为应当随着下属"成熟"的程度不同做出相应的调整。这一观点出自于什么理论?(　　)。
   A. 领导行为连续统一体理论　　　　B. 随机制宜领导理论
   C. 路径——目标理论　　　　　　　D. 领导生命周期理论

10. 在管理过程中,通过沟通、对员工施加影响、解决部门与人员之间的矛盾,从而实现组织目标的职能是(   )。
   A. 计划   B. 组织   C. 领导   D. 控制

二、判断题

1. 领导是管理工作的一部分,二者之间存在明显的区别。(   )
2. 按照管理方格理论,(1,9)型的领导方式被称为任务型领导。(   )
3. 根据菲德勒的领导权变理论,当领导面临的环境较好时,应采取低 LPC 型领导方式。(   )
4. 高关怀—高定规的领导方式总能带来高的绩效和高满意度。(   )
5. 领导行为能否产生预期的效能或效果,取决于领导者本身。(   )
6. 领导者就是管理者,管理者就是领导者。(   )
7. 根据领导生命周期理论,"高任务高关系"是最有效的领导方式。(   )
8. 领导只要有权,下属自然会跟从。(   )
9. 企业的员工士气越高,企业的经济效益就必定越好。(   )
10. 影响力是一个人在与他人交往中影响和改变他人心理和行为的能力。(   )

三、案例分析题

谁的方式更有效

高明是一位空调销售公司的总经理。他刚接到有关公司销售状况的最新报告:销售额比去年同期下降了25%、利润下降了10%,而且顾客的投诉上升。更为糟糕的是,公司内部员工纷纷跳槽,甚至还有几名销售分店的经理提出辞呈。他立即召集各主管部门的负责人开会讨论解决该问题。会上,高总说:"我认为,公司的销售额之所以下滑都是因为你们领导不得力。公司现在简直成了俱乐部。每次我从卖场走过时,我看到员工们都在各处站着,聊天的、煲电话粥的,无处不有,而对顾客却视而不见。他们关心的是多拿钱少干活。要知道,我们经营公司的目的是为了赚钱,赚不到钱,想多拿钱,门儿都没有。你们必须记住,现在我们迫切需要的是对员工的严密监督和控制。我认为现在有必要安装监听装置,监听他们在电话里谈些什么,并将对话记录下来,交给我处理。当员工没有履行职责时,你们要警告他们一次,如果不听的话,马上请他们走人……"

部门主管们对高总的指示都表示赞同。唯有销售部经理李燕提出反对意见。她认为问题的关键不在于控制不够,而在于公司没有提供良好的机会让员工真正发挥潜力。她认为每个人都有一种希望展示自己的才干,为公司努力工作并做出贡献的愿望。所以解决问题的方式应该从和员工沟通入手,真正了解他们的需求,使工作安排富有挑战性,促使员工们以从事这一工作而引以为豪。同时在业务上给予指导,花大力气对员工进行专门培训。

然而,高总并没有采纳李燕的意见,而是责令所有的部门主管在下星期的例会上汇报要采取的具体措施。

1. 高总是一位(   )领导。
   A. 专制型   B. 民主型   C. 放任型   D. 中间型
2. 高总对员工的看法是基于(   )。
   A. 泰勒制   B. 人际关系学说   C. Y 理论   D. 超 Y 理论
3. 李燕对员工的看法属于(   )假设。
   A. 经济人   B. 社会人   C. 自我实现人   D. 复杂人
4. 根据领导生命周期理论,可以判断高总的领导类型基本属于(   )。
   A. 高关系,低工作   B. 低关系,高工作   C. 高关系,高工作   D. 低关系,低工作
5. 当员工没有履行职责时,高总要他的部门主管们警告他们一次,如果他们不听的话,马上请他们走

人。这种强化手段属于( )。
   A. 正强化 B. 负强化 C. 惩罚 D. 自然消退
6. 高总与各部门主管通过开会方式进行信息沟通,属于( )。
   A. 非正式沟通 B. 环式沟通 C. 平行沟通 D. 口头沟通
7. 根据卡特兹的三大技能,你认为高总目前最需要加强的是( )。
   A. 人际技能 B. 技术技能 C. 概念技能 D. 领导技能
8. 销售部经理李燕在该公司中属于( )管理人员。
   A. 基层 B. 中层 C. 高层 D. 专业
9. 你认为对高总的方案和李燕的方案作怎样的评价最合适( )。
   A. 高总的方案和李燕的方案都不会产生效果
   B. 高总的方案和李燕的方案都会奏效
   C. 高总的方案更可行,没有严格的规章制度,工人的工作效率不会有保证
   D. 李燕的方案更可行,再严格的规章制度,如果工人不接受和服从也是无效的
10. 针对该公司已成了"俱乐部",根据菲德勒的领导权变理论,请结合案例分析说明高总应该采取怎样的领导方式才有效?

参考答案

一、1-5 CCDDC 6-10 ACDDC
二、1-5 √×√×× 6-10 ××××√
三、1-5 AACBC 6-9 DABD
10. 分析要点。
根据菲德勒的领导权变理论,领导方式 $S=f(L,F,E)$,据此,领导的有效性主要取决于(1)领导者的特征。(2)追随者的特征。(3)领导环境。而领导环境又具体可划分为上下级关系、职位权力与任务结构。高总采取的是专制型或任务导向型的领导方式。根据菲德勒的领导权变模型,从领导环境的三个因素(上下级关系好、任务结构不明确和职位权力弱)中分析,该公司的领导环境中度有利或不利,故采用关系导向型的领导方式更有效,可见,高总采取的领导方式不是很有效。

任务六 应用控制职能

一、控制概述

(一) 控制的概念

斯蒂芬·罗宾斯曾这样描述控制的作用,"尽管计划可以制订出来,组织结构可以调整得非常有效,员工的积极性也可以调动起来,但是这仍然不能保证所有的行动都按计划执行,不能保证管理者追求的目标一定能达到。"其根本原因在于管理职能中的最后一个环节,即控制。无论计划制定得如何周密,由于各种各样的原因,人们在执行计划的活动中总是会或多或少地出现与计划不一致的现象。控制是管理工作的最重要职能之一。控制系统越完善,组织目标就越容易实现。

在广义上,控制与计划相对应,控制是指除计划以外的所有保证计划实现的管理行为,包括组织、领导、监督、测量和调节等一系列环节;在狭义上,控制是指继计划、组织、领导职能之后,按照计划标准衡量计划完成情况和纠正偏差,以确保计划目标实现的一系列活动。

(二) 控制的特点

1. 控制具有整体性。

从控制主体上看,完成计划和实现目标是组织全体成员共同的责任,因此参与控制是组织全体成员的职责和共同的任务;从控制对象上看,控制涉及组织的各方面,企业的各种资源、各层次、各部门、各个

工作阶段甚至个人的工作都可以是控制的对象。

2. 控制具有动态性。

组织在激烈的市场竞争中面临着各种各样的变化,所以管理控制所面临的外部环境和内部环境也都在不断地发生变化,所不同的是,有些变化不会引起大的后果,可以忽略,有些变化则会产生重大影响,必须予以重视。

3. 控制具有目的性。

同其他所有的管理工作一样,控制也是围绕着组织的目标而进行的,控制的意义就在于通过发挥"纠偏""调适"两方面的功能,促使组织目标的有效实现。

4. 控制具有人性。

控制是用既定的标准作为衡量手段,去评估实际的实施情况,并及时做出回应。管理控制过程中,活动的主体是人,因此,管理控制是对人的行为的控制并有人来控制。对人的控制,要靠人来完成执行。

(三) 控制的类型

控制的类型是多种多样的,从不同的角度可以对控制做出不同的分类。

按控制时间的不同,控制可分为事前控制、实时控制和事后控制。

1. 事前控制。

事前控制也称"前馈控制",是指在执行计划之前预先规定计划执行过程中应遵守的规则和规范等,规定每一项工作的标准,并建立偏差显示系统,使人们在工作之前就已经知道如何做。这是一种面向未来的控制,而不是等事件发生后再进行控制。这类控制建立在预测的基础上,使人们尽可能在偏差发生之前将其觉察出来,并及时采取防范措施。事前控制强调"防患于未然"。事前控制的重点是预先对组织的人、财、物、信息等进行合理的配置,使它们符合预期的标准,从而保证计划的实现。如成本控制中的标准成本法、预算控制、管理部门制定的规章制度、政策和程序等,都属于事前控制;又比如,企业在需求高峰来临之前,已添置机器设备,安排人员,加大工业生产量,以防供不应求;公司在产品需求量下跌之前就开始准备开发新产品上市等等。

2. 实时控制。

实时控制也称"现时控制",是指在计划执行过程中所实施的控制,即通过对计划执行过程的直接检查和监督,随时检查和纠正实际与计划的偏差。其目的就是要保证本次活动尽可能地少发生偏差,改进本次而非下一次活动的质量。这是一种主要为基层主管人员所采用的控制方法,主管人员深入现场,亲自监督、检查、指导和控制下属人员的活动。实时控制通常包括两项职能:一是技术性指导,即对下属的工作方法和程序等进行指导;二是监督,确保下属完成任务。在进行实时控制时,主管人员要避免单凭主观意志开展工作,要"亲自去视察",因为有效的管理者都知道,亲自视察所得的信息是唯一可靠的反馈信息,光听汇报是不够的。

3. 事后控制。

事后控制也称"反馈控制",是指从已经执行的计划或已经发生的事件中获得信息,运用这些信息来评价、指导和纠正今后的活动,反馈控制是一种最主要也是最传统的控制方式。它的控制作用发生在行动作用之后,其特点是把注意力集中在行动的结果上,并以此作为改进下次行动的依据。其目的并非是改进本次行动,而是力求能"吃一堑,长一智",改进下一次行动的质量。反馈控制的对象可以是行动的最终结果,如企业的产量、销售额、利润等等;也可以是行动过程中的中间结果,如新产品样机、工序质量、产品库存等等。在组织中使用反馈控制的例子很多,如产品的质检、人事的考评、对各类财务报表的分析等等。这类控制对组织营运水平的提高发挥着很大的作用。但反馈控制最大的弊端就是它只能在事后发挥作用,对已经发生的危害却无能为力,它的作用类似于"亡羊补牢"而且在反馈控制中,偏差的发生、发现和得到纠正之间有较长一段时滞,这必然对偏差纠正的效果产生很大的影响。

传统管理主要关注实时控制和事后控制,忽视事前控制。现代管理更关注事前控制,在注重事前控制的基础上,实行全方位的控制。优秀的管理者,应能防患于未然,这胜于治乱于已成之后。由此观之,企业问题的预防者,其实是优于企业问题的解决者的。

【小故事】

微软公司的"事后自我批评"机制

"事后自我批评"机制在微软公司早已被系统化和制度化。微软公司每推出一个产品,都会留出一段特别的时间,让整个产品团队做一次全面、细致的"post-mortem",也就是系统化的"事后自我批评"。

这一过程包括许多次电子邮件和公文的交换,以及多次总结和评估会议。产品团队的每一位员工会充分利用这些沟通渠道,讨论该产品在开发工作中,哪些事情做得好,哪些事情做得不够好。产品团队的所有成员都要回答这样的问题,"你自己在什么地方可以做得更好?整个团队在什么地方可以做得更好?"这一过程中的所有讨论结果和员工建议都会被记录在案,以便管理者分析、研究。分析的结果将在全公司范围内公布,以帮助其他产品团队避免类似的错误。

微软公司的管理者相信,只有彻底发掘和暴露在研发过程中的所有错误或教训,才能避免今后重蹈覆辙。如果一个局外人有机会参观微软公司的一次"post-mortem"会议,他一定会以为微软公司是个非常失败的公司,因为在开会时,与会者极少褒奖自己,他们总是把更多的时间花在检讨错误、吸取教训上。

二、控制程序

控制是一个有规律的程序化过程,它贯穿于整个管理活动的始末。在组织目标的实施中,不断地在计划与实施结果之间进行比较,发现两者之间的差距,并找出这种差距的原因和制订新的改进措施,这就是控制过程。控制职能的性质与目的决定,它的步骤遵循计划的逻辑思路:制订控制标准;对照标准衡量绩效;采取纠正行动

(一)建立标准

标准必须从计划中产生,计划必须先于控制。换言之,计划是管理人员设计控制工作和进行控制工作的准绳,所以控制工作的第一步总是制订标准。所谓标准,就是衡量实际工作绩效的尺度,它们是从整个计划方案中选出的,可以给管理者一个信号,使其不必过问计划执行过程中的每一个具体步骤,就可以了解工作的进展情况。

然而,不同的企业和不同的部门具有自己的特殊性,有待衡量的产品与服务种类繁多,有待执行的计划方案也数不胜数,所以不存在可供所有管理人员使用的统一标准。但是所有的管理人员必须使他们的控制标准与其控制工作的需要相一致。

对管理人员来说,选择关键性控制点是一项艺术。因为有效的控制来源于控制点的合理确定。这些控制点有的是一些限制性的因素,有的是一些非常有利的因素,这些因素会影响到将来整个组织的业绩。为此,管理人员在确定标准时应当自问:"可以最佳地反映本部门目标的是什么?当没有符合这些目标时,可以清楚地反映情况的是什么?能最好地衡量控制点偏差的是什么?应该由谁对哪些失误负责?哪些标准最省钱?经济适用的信息的标准是什么?"

计划方案的每个目标,这些方案所包括的每项活动、每项政策、每项规程以及每项预算,都可以成为衡量实际业绩或预期业绩的标准。但实际上,标准大致有以下几种:

1.实物标准。这是一类非货币衡量标准,通常用于耗用原材料、雇佣劳动力、提供产品及服务等基层活动。如单位产量工时和所耗用的燃料数、单位设备台时产量、每日门诊的病人数、单位产品原材料消耗等。标准也可以反映品质,诸如材料的硬度、公差的精密度、飞机的爬升高度、产品某成分的含量等。

2.资本标准。是用货币单位来衡量实物项目而形成的,是成本标准的变种。这些标准与企业的投入资本有关。对于新的投资和综合控制而言,使用最广泛的标准是投资回报率。另外,如资产负债比率,债务与资本净值比率,现金及应收账款、应付账款的比率等。

3.成本标准。是货币衡量标准,与实物标准一样通用于企业基层管理单位。这类标准是把货币值加到经营活动的成本之中。例如,单位产品的直接成本和间接成本、单位产品或单位时间的人工成本、单位

产品的原材料成本、单位面积的土地使用成本等。

4.收益标准。把货币值用于衡量销售量即为收益标准。例如,公共汽车行驶每公里的收入、每名顾客的平均购货额、在某市场范围内的人均销售额等。

5.计划标准。为进行控制有时会安排管理人员编制一个可变动预算方案,或者一个准备实施的新产品开发计划,或提高销售人员素质的计划。在评估计划的执行情况时,虽然难免会运用一些主观判断,但也可以运用计划中规定的时间安排和其他因素作为客观的判断标准。

6.无形标准。也就是既不能以实物又不能以货币来衡量的标准。管理人员经常遇到这样的难题,用什么标准来测定公司人事部主管的才干？用什么标准来确定广告计划是否符合长期目标？办公室的职员是否机灵？等等。对于这类问题,要确定既明确定量又明确定性的标准是非常困难的。任何一个组织当中都存在着许多无形标准,这是因为对于一些工作的预期成果还缺乏具体的研究。在工作业绩涉及人际关系尤其是在上层机构时,很难确定何谓"良好""有效果"或"有效率"。虽然心理学家和社会学家提出了测试、调查和抽样方法,使判断人的行为与动机已有可能,但对于人际关系的许多管理控制却仍要以一些无形标准、主观判断、反复试验,有时甚至是纯粹的直觉为依据。

7.以指标为标准。一些管理出色的企业往往在每一层次的管理部门都建立了可考核的定性指标或定量指标。无形标准尽管也很重要,但人们正日益减少通过这些指标来进行复杂的计划工作或衡量管理人员的业绩的行为。定量指标一般采取上文讨论过的各类标准。而定性指标的规定意味着标准领域内的一个大发展,尽管它不能像定量指标那样准确地考核,但可以用详细的说明计划或一些具体目标的特征和完成日期来增强其可操作性。

在实际工作中,不管采用哪种类型的标准,都需要按照控制对象的特点来决定。

【小故事】

你想把室内温度"控制"在25 ℃,于是,你把温度指示表的指针设定在25 ℃并打开开关,这就是"确定控制标准"。

接下来的工作是电热器为你完成的。一开始,室内温度低于25 ℃,电热器马上进入工作状态,不断对室内加热。电热器内部具有室温感应器,电热器把感应器获得的温度信息与事先设定的标准进行比较。这就是"对照标准衡量工作成效"。

当感应到室内已被加热到一定温度,即超过25 ℃～26 ℃时,电热器就会自动停止加热——"跳闸";当温度感应器"观察"到室温下降到一定温度,即低于25 ℃～24 ℃时,电热器又会自动重新"开闸"加热。电热器通过"跳闸"或"开闸"来"纠正偏差"。

正是通过如此反复的控制过程,电热器才使得室温控制在25 ℃左右。

(二)衡量绩效

衡量实际绩效就依据标准检查工作的实际执行情况,以便与预期的目标相比较。它是控制工作的中间环节,是发现问题的过程。衡量实际绩效的目的是为了给管理者提供有用的信息,为采取纠正措施提供依据。

1.了解实际工作绩效。了解实际工作绩效是控制过程中工作量最大的阶段。这一阶段的主要工作就是通过收集实际工作的数据和信息,全面了解和掌握工作的实际情况。掌握实际工作绩效的首要问题是了解什么和如何了解。在实际中,应根据具体情况具体分析。常用的了解方法有,面对面的口头汇报,召开会议,分析报表资料,正式的书面文字汇报,直接观察,抽样检查,等。

2.比较实际绩效与标准找出差异。偏差有两种情况,一种是正偏差,一种是负偏差。所谓正偏差是指实际工作绩效优于控制标准,而负偏差则是指实际工作绩效劣于控制标准。出现正偏差,表明实际工作取得了良好的绩效,应及时总结经验,肯定成绩。但正偏差如果太大也应引起注意,很有可能是控制标准定得太低,这时应对其进行认真分析。出现负偏差,表明实际工作绩效不理想,应迅速准确地分析其中的原因,为纠正偏差提供依据。

一般情况下,偏差产生的原因可归纳为三大类:计划或标准定得不合理、组织内部因素的变化及组织外部因素的变化。

我们在衡量实际工作绩效时应注意以下几个问题：一是通过衡量绩效，检验标准是否科学合理、切实可行；二是建立有效的信息反馈系统，使实际工作情况的信息能及时地传递给管理者，使其能及时地发现问题并采取有效的处理措施；三是衡量的频度要适宜，衡量频度的确定主要取决于控制对象的特性、控制对象发生变化的时间周期及控制对象的主要影响因素。

（三）采取纠正措施

纠正偏差是控制的关键，体现了执行控制职能的目的。这一阶段可具体分为三个环节：

1. 找出偏差产生的原因。

当偏差产生时，应该对许多可能的原因进行调查，以发现造成这种偏差产生的诸多原因、条件，并进行深入分析，找出其中主要原因，这样才能有针对性地采取纠正措施，从根本上纠正偏差。

产生偏差的原因，可能是原先计划和标准制订得不科学或计划脱离实际造成的，也可能是由于环境发生预料不到的变化，或者是原来被认为正确的计划不再适应新形势需要。

2. 纠偏措施。

当实际业绩（产出）与计划（预定）的业绩标准发生重大差异，一旦查出了偏差的原因后，必须采取特殊有效的行动去纠正这些情况。

下面是纠偏措施的重要步骤：

（1）经营阶段。

要及时调查偏差原因；决定所需纠偏措施；根据决策，对纠正情况及时予以指导；紧密监督纠偏措施，从而确保它是根据指导的要求得以实行的，并确保其有效性。

（2）行政管理阶段。

进一步调查重复出现的问题，确定对此负有责任的人或物质的基本因素；根据情况的要求，采取积极的或消极的惩罚措施；制订创造性计划防止偏差情况的重复出现；认清所处的环境状况，并引入已计划好的措施。

（3）偏差的产生原因不同，因此其纠正方法也不同。

这些方法有，改进工作方法、改进组织领导工作、调整或修改原来计划或标准等等。

第一，对于因工作的失误造成的问题，控制工作主要是"纠偏"，即加强管理、监督，确保工作与目标的接近或吻合；第二，若计划目标不切合实际，控制工作主要是按实际情况修改计划目标；第三，若组织的运行环境发生重大变化，致使计划失去客观的依据，控制措施是启动备用计划或重新制订新计划。

选择和实施过程中应注意问题(1)保持矫正方案双重优化。判断矫正方案的合适性需要考虑两方面的要求，一是矫正工作的经济性。矫正方案实施的成本大于听任偏差发展可能带来的损失，则放弃矫正行动；二是管理控制工作必须在满足经济性要求的前提下，通过对各种可行矫正方案比较分析，选择投入最少、成本最小、解决偏差效果最好的方案；(2)充分考虑原先计划实施的影响。"追踪决策"，在制订和选择追踪决策方案时，需要充分考虑组织伴随着初始决策的实施已经消耗的资源和这种消耗对客观环境造成的影响以及人员思想观念的转变问题。(3)注意消除组织成员对纠偏措施的疑虑。要充分考虑和处理组织成员对拟采取矫正措施的各种态度，特别是消除执行者的疑虑，避免方案实施时出现人为障碍。

3. 纠正行动的时间性。

为了提高纠正行动的效率和降低纠正行动的成本，就必须尽可能早、尽可能快的纠正偏差。

（四）有效控制

如果控制使用适当，无疑将有助于管理人员掌控非预期的因素，实现战略目标。所谓有效控制，就是以较少的人力、物力和财力使组织的各项活动处于控制状态。也就是说，在实际运行活动过程中，一旦偏差出现则能及时发现并纠正偏差，从而把组织的损失减少到最低限度。一个有效的控制系统应包括如下特征。

1. 合理的标准。

首先,控制标准的水平必须是科学合理的、切合实际的,标准制订得太高或太低,对组织成员都将起不到激励的作用。其次,控制标准的数量也必须是科学合理的,数量过少容易把握,但难以准确地衡量实际工作绩效;数量过多能够更准确地衡量实际工作绩效,但操作起来比较麻烦,代价也较大,得不偿失。

2. 适时控制。

组织活动中产生的偏差只有及时采取措施加以纠正,才能避免偏差的扩大,或防止偏差对组织不利影响的扩散。及时纠偏,要求管理人员能及时地掌握能够反映偏差产生的原因及其严重性的信息。

纠正偏差的最理想方法应是在偏差未产生以前,就注意到偏差产生的可能性,从而预先采取必要的防范措施,防止偏差的产生,或者由于某种企业无力抗拒的原因,出现偏差不可避免,那么这种认识也可指导企业预先采取措施,消除或减少这种偏差产生后可能对企业造成的不利后果。

(五)适度控制

适度控制即控制的范围、程度和频度要恰到好处。为此应注意以下几个问题:

第一,防止控制过多或控制不足。有效的控制应该既能满足对组织活动监督和检查的需要,又要防止与组织成员发生强烈的冲突。适度的控制能同时体现两个方面的要求:一方面,过多的控制常给组织成员带来约束和某种程度的不舒服,会扼杀组织成员的积极性、主动性和创造性,会抑制他们的首创精神,从而影响个人能力的发展和工作热情的提高,最终影响企业的绩效;另一方面,控制不足将可能导致组织活动的混乱,不能使组织活动有序地进行,不能保证各部门活动进度和比例的协调,造成资源配置的不合理及资源浪费。此外,过少的控制还可能使组织中的个人无视组织的要求,我行我素,甚至利用在组织中的便利地位谋求个人私利,从而导致组织的涣散和崩溃。

第二,处理好全面控制与重点控制的关系。由于存在对控制者进行再控制的问题,这种全面控制可能会造成控制人员远远多于现场作业者的现象,因此,全面控制不仅代价高,而且也是不可能、不必要的。管理者应该关注那些对组织行为有战略影响的关键环节和关键因素,实施重点控制。

第三,使花费一定的控制费用得到足够的控制效益。任何控制都需要一定的费用,在控制过程中,衡量工作成绩、分析偏差、纠正偏差等都需要支付一定的费用;同时,任何控制,由于纠正了组织活动中存在的偏差,都会给组织带来一定的收益。一项控制,只有当它带来的收益超出其所需成本时,才是值得的。

(六)客观控制

在实施管理中,要做到客观地控制,必须做到以下几点。第一,要尽量避免主观因素的干扰,建立客观的、标准的计量方法,即尽量把绩效用定量的方法记录并评价,把定性的内容具体化。第二,管理人员必须谨慎适当地去分析所获得的信息。数字的客观性不能代表一切,管理人员在做决策时还应看到数字背后的真正含义。如每月销售额的提高,不一定来自于销售人员绩效的改进,也许是销售人员擅自提供了折扣,或对产品的功效作了不切实际的保证,或答应较早的交货期等。第三,管理人员要从组织目标的角度来观察问题,避免个人偏见和成见。

(七)弹性控制

企业在生产经营过程中,会遇到各种突发的变化,这些变化可能会导致企业计划与现实严重背离。有效的控制系统应在这样的情况下仍能发挥作用,维持企业正常运行,即应该具有灵活性或弹性。因此,在控制中应建立信息反馈控制系统,通过该系统使被控制对象能够实现自我控制,灵敏适应环境。

【知识训练】

一、单项选择

1. 学校对违纪学生进行处分,这属于以下哪一种控制类型?(　　)。
A. 反馈控制　　　　　B. 前馈控制　　　　　C. 同期控制　　　　　D. 以上三种都不是

2. "亡羊补牢"这句成语贴切地描述了下列控制方式中的(　　)。
A. 预先控制　　　　　B. 实时控制　　　　　C. 反馈控制　　　　　D. 前馈控制

3. "治病不如防病,防病不如讲卫生"这句话体现了哪种控制类型的重要性(　　)。
   A. 反馈控制　　　　　　B. 前馈控制　　　　　　C. 同期控制　　　　　　D. 以上三种都不是
4. 利用监察部门来控制官员的腐败采用的是(　　)。
   A. 反馈控制　　　　　　B. 前馈控制　　　　　　C. 同期控制　　　　　　D. 以上三种都不是
5. 统计分析表明"关键的事总是少数,一般的事常是多数",这意味着控制工作最应该重视(　　)。
   A. 调和组织工作　　　　　　　　　　　　B. 灵活、及时和适度
   C. 客观、精确和具体　　　　　　　　　　D. 突出重点、强调例外
6. 控制最基本的目的在于(　　)。
   A. 寻找错误　　　　　　　　　　　　　　B. 衡量业绩
   C. 确保行为依循计划发展　　　　　　　　D. 使人们失去自由
7. 控制根据的工作是(　　)。
   A. 计划　　　　　　B. 组织　　　　　　C. 人员配备　　　　　　D. 领导
8. 在偏差出现前就预先采取措施"防患于未然",这种行为属于(　　)。
   A. 事前控制　　　　　　B. 事后控制　　　　　　C. 计划活动　　　　　　D. 现场控制
9. 对客观条件,尤其是对管理者需要的信息的量和可靠性而言,要求最高的控制类型是(　　)。
   A. 预先控制　　　　　　B. 现场控制　　　　　　C. 事后控制　　　　　　D. 反馈控制
10. 外科实习医生在第一次做手术时,需要有经验丰富的医生在手术过程中对其进行指导,这是一种(　　)。
    A. 预先控制　　　　　　B. 事后控制　　　　　　C. 随机控制　　　　　　D. 现场控制

二、判断题

1. 一般来说标准必须从计划中产生,所以计划优先于控制,是控制的基础和依据。(　　)
2. 衡量业绩是控制活动的唯一目的。(　　)
3. 任何对计划的偏差都需要纠正行动。(　　)
4. 控制过程就是管理人员对下属行为进行监督的过程。(　　)
5. 控制是实现计划的保证,控制的目的是为了实现计划。(　　)
6. 衡量实际工作要在工作完成后才能进行。(　　)
7. 反馈控制是最好的控制。(　　)
8. 间接控制是在工做出现偏差、造成损失之后才去采取措施的,因此它花费的成本比较小。(　　)
9. 预算是对一定时期内资金来源和资金使用的计划,是用货币量来表示的数字化计划。(　　)
10. 审计是对反映组织的资金运动过程及其结果的会计记录和财务报表进行审核、鉴定,以判断其真实性和可靠性,从而为控制和决策提供依据。(　　)

三、案例分析题

梯子在某集团生产车间的一个角落,因工作需要,工人需要爬上爬下,因此,甲放置了一个梯子,以便上下。可由于多数工作时间并不需要爬上爬下,屡有工人被梯子所羁绊,幸亏无人受伤。于是管理者乙叫人改成一个活动梯子,用时,就将梯子支上;不用时,就把梯子合上并移到拐角处。由于梯子合上竖立太高,屡有工人碰倒梯子,还有人受伤。为了防止梯子倒下砸着人,管理者丙在梯子旁写了一个小条幅:请留神梯子,注意安全。

一晃几年过去了,再也没有发生梯子倒下砸着人的事。一天,外商来谈合作事宜。他们注意到这个梯子和梯子旁的小条幅,驻足良久。外方一位专家熟悉汉语,他提议将小条幅修改成这样:不用时,请将梯子横放。很快,梯子边的小条幅就改过来了。

1. 通过本案例,最能说明的是(　　)。
   A. 越是高层管理者,控制职能越重要

B. 越是基层管理者,控制职能越重要
C. 无论管理层次高低,控制职能都很重要
D. 很多外国企业能成功,主要是善于行使控制职能

2. 属于事前控制的有( )。
A. 甲　　　　　　　B. 乙　　　　　　　C. 丙　　　　　　　D. 外方一位专家

3. 属于事后控制的有( )。
A. 甲　　　　　　　B. 乙　　　　　　　C. 丙　　　　　　　D. 外方一位专家

4. 控制效率最高的是( )
A. 甲　　　　　　　B. 乙　　　　　　　C. 丙　　　　　　　D. 外方一位专家

5. 本案例给我们的最重要的一个启示是( )。
A. 控制过程也是一个不断学习的过程
B. 事前控制的效果一般好于事后控制
C. 控制并非是投入越大,取得收益越多
D. 事前控制的成本一般高于事后控制

参考答案

一、1-5 ACBAD　6-10 CAAAD
二、1-5 √×××√　6-10 ×××√√
三、1. C　2. D　3. BC　4. D　5. C

项目六 企业战略与经营决策

【思维导图】

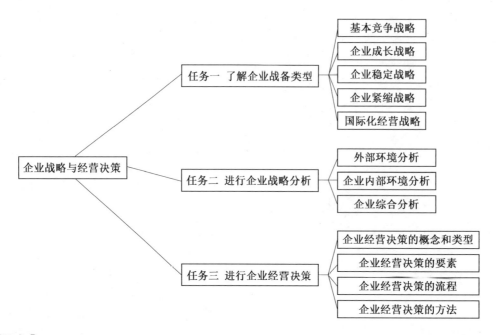

【知识点】

(1) 企业战略类型。
(2) 企业战略分析。
(3) 企业经营决策。

【能力目标】

(1) 掌握企业战略的类型。
(2) 能够进行企业战略分析。
(3) 能够依据企业经营决策流程进行决策。

【案例导读】

顺丰跨界送外卖,美团、饿了么将迎来最大对手?

中国外卖市场从"百花齐放"发展到现在,只剩下"美团"和"饿了么"两大巨头,疫情之后,未来会有很长一段时间的恢复期,外卖市场依然是一块炙手可热的"香饽饽"。受疫情影响,很多企业复工后员工的吃饭问题成了麻烦,顺丰同城曾向媒体表示,加入餐饮外卖行业只是为了帮大家解决吃饭的问题。如图6.0.1。

"丰食"是一个由顺丰同城推出的企业团餐外卖平台,主要面向企业员工,为企业提供预约订餐和集中配送等服务。个人也可以下单,但仅限于签约企业的员工。截至目前,"丰食"入驻的知名餐饮品牌已经超过了50家,包括德克士、必和府捞面、乐凯撒、味千拉面、西贝、真功夫等等。

图 6.0.1

避开红海选择蓝海在外卖行业几乎被垄断的时候,顺丰是用什么底气来入局的呢?留给新入局者的市场份额小,意味着必须做出差异化。首先,与美团、饿了么针对 C 端用户不同,"丰食"主打的是 B 端客户。"团餐"一直以来都占据着餐饮市场将近30%的份额,体量和需求量都很庞大但无巨头出现,疫情期间多家餐企也都"杀"进了团餐领域。外卖平台看到了团餐的巨大需求,但目前主营业务依然是个人订餐,可以说"团餐外卖"是餐饮红海中的一片蓝海,不管品牌还是平台都大有可为。其次,"丰食"为了吸引商家入驻,给出了极低的佣金率。据报道,商户在 2020 年 7 月 1 日前上线"丰食",佣金率只有千分之三;在 7 月 1 日之后上线的,佣金率也只收取2%,与前段时间美团和广东餐协的高佣金之争形成了对比。

顺丰能否顺利突围?

顺丰的入场,能否将外卖行业"两家独大"的局面转变成"三足鼎立"?团餐外卖在日本已经是一个成熟的产业,但在国内,就和餐饮行业的连锁率一样,属于刚刚起步的阶段。对"丰食"的考验主要在两方面,一方面是入驻品牌在团餐市场中的竞争力和影响力,第二是"丰食"平台本身的获客渠道、服务质量和便捷程度。"丰食"的优势在于顺丰拥有遍布全国各个角落的数十万员工,覆盖面极广,天然的拥有人力优势和成本优势。再加上顺丰多年积累下来的口碑、资源和人脉,这对于它搭建起一个连接着供给和需求侧的平台来说都是极有帮助的。问题就在于"丰食"能否有前期持续补贴的财力以及不断提升配送效率的服务能力。

结语:外卖行业迎来一个新入局者,不管对于平台、商家还是用户来说,都是值得高兴的事,市场只有不断被刺激才能激发良性竞争,迎来更好的行业发展。线上团餐平台能否打败传统食堂?团餐外卖能否从现有外卖市场中夺得一杯羹?"丰食"能否搅动中国外卖格局?给这一切下定论还为时过早。你们怎么看待顺丰的这次行动?(文章来源于加盟家精选)

任务一　　了解企业战略类型

企业战略是指企业根据环境变化,依据本身资源和实力选择适合的经营领域和产品,形成自己的核心竞争力,并通过差异化在竞争中取胜。

企业战略是对企业各种战略的统称,其中既包括竞争战略,也包括营销战略、发展战略、品牌战略、融资战略、技术开发战略、人才开发战略、资源开发战略等等。企业战略是层出不穷的,例如,信息化就是一个全新的战略。企业战略虽然有多种,但基本属性是相同的,都是对企业的谋略,都是对企业整体性、长期性、基本性问题的计谋。

一、基本竞争战略

基本竞争战略就是无论在什么行业或什么企业都可以采用的竞争性战略。

(一) 成本领先战略

成本领先战略又称低成本战略,实施成本领先战略的核心是加强内部成本控制,获得竞争优势。实施成本领先战略有6个途径:(1)规模效应。(2)技术优势。(3)企业资源整合。(4)经营地点选择优势(靠近市场或原材料产地)。(5)与价值链的联系(处于同一行业价值链上)。(6)跨业务相互关系(不在同一价值链上其他业务的合作关系,即多元化)。

(二) 差异化战略

差异化战略,也称特色优势战略。是指企业力求在顾客广泛重视的一些方面,在该行业内独树一帜。它选择许多用户重视的一种或多种特质,并赋予其独特的地位以满足顾客的要求。它既可以是先发制人的战略,也可以是后发制人的战略。

如果差异化战略成功地实施了,就成为在一个产业中赢得高水平收益的积极战略,因为它建立起防御阵地对付五种竞争力量,虽然其防御的形式与成本领先有所不同。波特认为,推行差异化战略有时会与争取占有更大的市场份额的活动相矛盾。推行差异化战略往往要求公司对于这一战略的排他性有思想准备。这一战略与提高市场份额两者不可兼顾。在建立公司的差异化战略的活动中总是伴随着很高的成本代价,有时即便全产业范围的顾客都了解公司的独特优点,也并不是所有顾客都将愿意或有能力支付公司要求的高价格。

差异化战略的核心是取得某种对顾客有价值的独特性。

1. 差异化战略适用的3个范围——"研发＋服务＋营销"。

(1) 企业要有很强的研究开发能力。

(2) 企业在产品或服务上要具有领先的声望,具有很高的知名度和美誉度。

(3) 企业要有很强的市场营销能力。

2. 实施差异化战略的6种途径。

(1) 产品质量的不同。

(2) 提高产品的可靠性。

(3) 产品创新,和范围的第一条类似"企业要有很强的研究开发能力"。

(4) 产品特性差别。

(5) 产品名称的不同。

(6) 提供不同的服务,和范围的第二条类似"在产品或服务上要具有领先的声望,具有很高的知名度和美誉度"。

【小故事】

"农夫"通过差异化寻找特定的目标市场

品牌定位差异化,突显农夫山泉"天然水"的高品位。中国的包装饮用水市场数量庞大,但绝大部分厂商均为中小企业,其市场的覆盖范围有限,一般为市(县)级到省(生活区)级的行政区域。因此,一般在一个行政区域内,饮用水的品牌构成一般是以一到两个全国品牌为主。选择市场切入点——广告诉求:有点甜——定位高价——形象新颖。农夫山泉的营销过程,农夫山泉的营销基本过程为,选择市场切点——有点甜(构造消费者心理差异化:联想到山涧泉水)——适度的高价(提高顾客价值、突显与众不同的农夫山泉高贵品质)——运动装(突出企业对产品严谨认真的态度)——一款到发货(表明企业的自信,造成供不应求的假象,使经销商提高对农夫山泉的信心)。在切入点上,农夫山泉基本上在所有的市场上都是从最容易受到影响,对新事物最敏感的群体切入,通过广告这一载体,对口感(有点甜)、水质(采自千岛湖)进行化细分差异,有明确的切入点。

在口感定位方面,有点甜的广告语实际上再现农夫山泉是"天然水"这个核心概念,而且口感是水质最有力、最直接的证明;水的广告诉诸口感,这在国内还是第一家,而且,就像乐百氏纯净水的广告语"二十七层净化"一样,实际上严格的纯净水都要经过二十七层净化,只不过你先提出,别人就不能鹦鹉学舌,否则只有给别人做免费广告了。

(三) 集中战略

集中战略又称专一化战略,是指企业把其经营活动集中于某一特定的购买者群、产品线的某一部分或某一地区市场上的战略。

1. 集中战略适用的4个范围。
(1) 在行业中有特殊需求的顾客存在,或在某一地区有特殊需求的顾客存在。
(2) 没有其他竞争对手试图在目标细分市场中采取集中战略。
(3) 企业经营实力较弱,不足以追求广泛的市场目标。
(4) 企业的目标市场在市场容量、成长速度、获利能力、竞争强度等方面具有相对的吸引力。

2. 实施集中战略的4个途径。
(1) 选择产品系列。
(2) 通过细分市场选择重点客户。
(3) 通过细分市场选择重点地区。
(4) 发挥优势集中经营(适合中小企业)。

二、企业成长战略

企业成长战略,也称扩张战略,是在现有战略基础上,向更高目标发展的总体战略。

(一) 密集型成长战略

密集型成长战略指企业在原有业务范围内,通过加强对原有产品和市场的开发渗透来寻求企业未来发展机会的一种发展战略。

1. 市场渗透战略——现有产品面向现有市场。
2. 市场开发战略——现有产品面向新市场。
3. 新产品开发战略——新产品面向现有市场。

(二) 多元化战略

多元化发展战略又称多样化战略、多角化战略、多种经营战略,是指一个企业同时在两个或两个以上行业中进行经营。包括两种基本方式:相关多元化战略和非相关多元化战略。

1. 相关多元化战略。

又称为关联多元化战略,是指企业进入与现有产品或服务有一定关联的经营领域,进而实现企业规模扩张的战略。

2. 非相关多元化。

又称无关联多元化战略,是指企业进入与现有产品或服务在技术、市场等方面没有任何关联的新行业或新领域的战略。

(三) 一体化战略

一体化战略又称企业整合战略,是企业有目的地将相互联系密切的经营活动纳入企业体系中,组成一个统一的经济组织进行全盘控制和调配,以求共同发展的一种战略。亦即充分利用已有的产品、技术、市场的优势,扩大经营的深度和广度的一种战略。包括纵向一体化战略和横向一体化战略。

(四)战略联盟

战略联盟指两个或两个以上的企业为了实现资源共享、风险和成本共担、优势互补等特定目标,在保持自身独立性的同时,通过股权参与或契约联结的方式,建立较为稳固的合作伙伴关系,并在某些领域采用协作行动,从而取得双赢或多赢的目的。分为股权式战略联盟和契约式战略联盟。

三、企业稳定战略

企业稳定战略是指受经营环境和内部自愿条件的限制,企业基本保持目前的资源分配和经营业绩水平的战略。主要包括,无变化战略、维持利润战略、暂停战略、谨慎实施战略。

四、企业紧缩战略

企业紧缩战略是企业从目前的经营战略领域和基础水平收缩和撤退,且偏离起点较大的一种战略。是企业现有的经营状况、资源条件以及发展前景不能应付外部环境的变化,难以为企业带来满意的收益,以致威胁企业的生存和发展。主要包括,转向战略、放弃战略、清算战略。

五、国际化经营战略

国际化经营战略是指企业将其具有价值的产品与技能转移到国外市场,从而创造价值的战略。大部分企业采用国际化经营战略时,是把在母国所开发出的具有差别化的产品转移到海外市场来创造价值。在这种情况下,企业大多把产品开发的职能留在母国,而在东道国建立制造和营销机构。在大多数的国际化企业中,企业总部一般严格地控制产品与市场战略的决策权。

如果企业的核心竞争力使企业在国外市场上拥有竞争优势,而且在该市场上降低成本的压力较小,企业采取国际化战略是非常有利的。但是,如果当地市场要求能够根据当地的情况提供产品与服务,企业采取这种战略就不太合适。同时,由于企业在国外各个生产基地都有厂房设备,会形成重复建设,则加大了经营成本,这对企业也是不利的。

(一)钻石模型

"钻石模型"是由美国哈佛商学院著名的战略管理学家迈克尔·波特提出的。波特的钻石模型用于分析一个国家某种产业为什么会在国际上有较强的竞争力。波特认为,决定一个国家的某种产业竞争力的有四个因素:生产要素、国内需求市场、相关和支持产业及企业战略、产业结构和同业竞争。

在四大要素之外还存在两大变数:政府与机会。机会是无法控制的,政府政策的影响是不可漠视的。

(二)国际化经营战略的类型

1. 全球化战略。

全球化战略是向世界市场推广标准化的产品和服务,并在较有利的东道国集中进行生产经营活动,由此形成经验曲线和规模经济效益,获得高额利润。有些企业采用这种战略主要是为了实现成本领先。在成本压力大而当地特殊要求较少的情况下,企业采用全球化战略是有利的。但是,在要求提供当地特色的产品的市场上,这种战略是不合适的。

2. 多国化战略。

为了满足所在国的市场要求,企业可以采用多国本土化战略。这种战略与国际化战略的不同之处在于,要根据不同国家的不同的市场,提供更能满足当地市场需要的产品和服务;相同点是,这种战略也是将自己国家所开发出来的产品和技能转到国外市场,而且在重要的东道国市场上从事生产经营活动。因此,这种战略的成本结构较高,无法获得经验曲线效益和区位效益。

在当地市场强烈要求根据当地需求提供产品和服务并降低成本时,企业应采取多国本土化战略。

但是,由于这种战略生产设施重复建设并且成本比较高,在成本压力大的行业中不太适用。同时,实行多国本土化,会使得在每一个东道国的子公司过于独立,企业最终有可能会失去对于公司的控制。

3. 跨国化战略。

跨国化战略是在全球激烈竞争的情况下，形成以经验为基础的成本效益和区位效益，转移企业的核心竞争力，同时注意当地市场的需要。为了避免外部市场的竞争压力，母公司与子公司、子公司与子公司的关系是双向的，不仅母公司向子公司提供产品与技术，子公司也可以向母公司提供产品与技术。

跨国化战略的显著特点是业务经营的多样化和市场的多样性。多元化跨国公司的管理者们不仅要制订和执行大量的战略，还要根据各国市场条件的需求进行调整变化。

（三）国际市场进入模式

国际市场进入模式指企业进入并参与国外市场进行产品销售可供选择的方式。包括贸易进入模式、契约进入模式、投资进入模式。

任务二　进行企业战略分析

一、外部环境分析

迈克尔·波特战略是一个企业"能够做的"（即组织的优势和劣势）和"可能做的"（即环境的机会和威胁）之间的有机组合。外部环境分析的重点是识别和评价超出公司控制能力的外部发展趋势与事件。成功的战略必须将主要的资源用于利用最有决定性的机会。通过外部环境分析，企业可以很好地明确自身面临的机会与威胁，从而决定企业能够选择做什么。对外部环境的未来变化做出正确的预见，是战略能够获得成功的前提。外部环境分析是企业战略管理的基础，其任务是根据企业目前的市场位置和发展机会确定未来应该达到的市场位置。

（一）宏观环境分析

宏观环境分析又称一般环境，是指在国家或地区范围内对一切行业部门和企业都将产生影响的各种因素或力量。可采用PESTEL分析方法对企业外部的宏观环境进行分析。PESTEL分析是针对宏观环境的政治（Political）、经济（Economic）、社会（Social）、科技（Technological）、生态（Environmental）和法律因素（Legal）这六大类影响企业的主要外部环境因素进行分析。

（二）行业环境分析

1. 行业生命周期分析。

行业演进的动态过程，形成期、成长期、成熟期、衰退期（图6.2.1）。

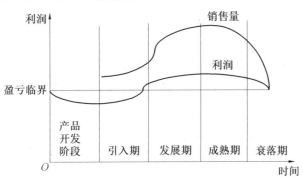

图6.2.1

2. 行业竞争结构分析。

著名战略管理学家迈克尔·波特教授提出的"五力模型"分析法是分析行业结构的重要工具。在一个行业里，普遍存在着物种基本竞争力量，即新进入者的威胁、行业中现有企业间的竞争、替代品的威胁、购买者的谈判能力、供应者的谈判能力（6.2.2）。

3. 战略群体分析。

战略群体是指一个行业内执行同样或相似战略并具有类似战略特征或地位的一组企业。战略群体分组可以采用两种方法:聚类分析,可用于大样本的实证研究;分类分析,可用于小样本分析。战略群体竞争包含两方面,战略群体内的竞争和战略群体间的竞争。

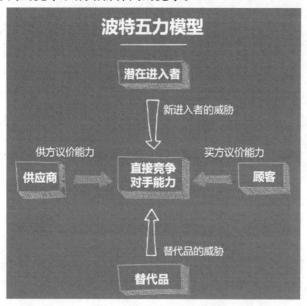

图 6.2.2

(三)外部因素评价矩阵(EFE 矩阵)

外部因素评价矩阵是对企业的关键外部因素进行分析和评价的常用方法。其做法是从机会和威胁两个方面找出影响企业未来发展的关键因素。

二、企业内部环境分析

企业内部环境是指企业内部的物质、文化环境的总和,包括企业资源、企业能力、企业文化等因素,也称企业内部条件。内部环境是企业经营的基础,是制订战略的出发点、依据和条件,是竞争取胜的根本。

企业内部环境或条件分析的目的在于掌握企业历史和目前的状况,明确企业所具有的优势和劣势。它有助于企业制订有针对性的战略,有效地利用自身资源,发挥企业的优势;同时避免企业的劣势,或采取积极的态度改进企业劣势。

(一)企业核心竞争力分析

核心竞争力是一个企业能够长期获得竞争优势的能力,是企业所特有的、能够经得起时间考验的、具有延展性的,并且是竞争对手难以模仿的技术或能力。

1. 核心竞争力的体现:关系竞争力、资源竞争力、能力竞争力。
2. 核心竞争力的特征:价值性、异质性、延展性、持久性、难以转移性、难以复制性。

(二)价值链分析

价值链分析是从企业内部条件出发,把企业经营活动的价值创造、成本构成同企业自身的竞争能力相结合,与竞争对手经营活动相比较,从而发现企业目前及潜在优势与劣势的分析方法。

1. 价值链。

波特教授认为价值链是创造价值的一个动态过程。企业是通过比竞争对手更廉价或更出色地开展价值创造活动来获得竞争优势的。

2. 价值链要素。

企业价值链由主体活动和辅助活动构成。

(1)主体活动(又叫基本活动)分为原料供应、生产加工、成品储运、市场营销和售后服务五种活动。

(2)辅助活动包括采购、技术开发、人力资源管理和企业基础职能管理。

3. 价值链分析。

运用价值链分析方法对企业内部能力进行分析,一般包括两个方面:

一是单项能力分析(即对每项价值活动进行逐项分析)。

二是综合能力分析(即对价值链中各项价值活动之间的联系进行分析)。

(三)波士顿矩阵分析

波士顿矩阵根据市场增长率和市场份额两项指标,将企业所有的战略单位分为"明星""金牛""瘦狗"和"幼童"四大类,并以此分析企业的产品竞争力。

(四)内部因素评价矩阵(IFE矩阵)

内部因素评价矩阵是用量化的方法评估企业在每个行业的成功要素和在竞争优势的评价指标上相对于竞争对手的优势和劣势。

三、企业综合分析

企业综合分析常用SWOT分析法(图6.2.3)。

(1)分析环境因素:将企业的外部环境和内部环境因素相综合。

(2)构造SWOT矩阵。

(3)战略方案的制订与选择。

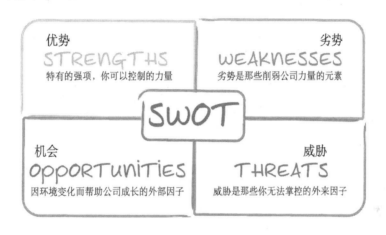

图6.2.3

【案例导读】

SK-Ⅱ神仙水的核心秘密是什么?

SK-Ⅱ的诞生源于一段动人的故事。在日本一家清酒酿制厂内,科学家们偶然发现年迈的酿酒工人脸上虽然布满岁月痕迹,但其双手却如玉脂般格外的细嫩柔滑,有着仿若少女一般的嫩滑肌肤。这一双双手的年轻美丽与清酒的发酵过程息息相关。经过多年的潜心研究,品牌终于从酿酒师每天接触的350多种酵母中,找到了他们想要的那种酵母,进而提炼出了珍贵的护肤成分:PITERA™。——一种由天然酵母发酵而成的天然萃取液。PITERA™含有氨基酸、矿物质、曲酸、维生素等50多种营养物质,呈弱酸性,非常容易被吸收。PITERA™至今都无法人工合成,每一滴PITERA™都要由特殊酵母经过完整的发酵、培养、提炼等整整6道工序才能做成。整个过程非常复杂烦琐,需要很长时间的等待,并且SK-Ⅱ只选用日本滋贺县的琵琶湖水进行加工,SK-Ⅱ的加工厂也设立在滋贺县。一瓶神仙水90%以上的成分都是PITERA™,还添加了少量戊二醇、丁二醇一类的保湿剂以及水。总结而言,神仙水的重点功效大概就是,补水保湿、深度滋润;改善肌肤生理、增加血液循环;抑制黑色素沉淀;调节肌肤pH酸碱度、收敛毛孔;镇定日晒后肌肤;抑制发炎反应等。神仙水到底适合什么肤质? 因为蕴含50多种微量营养素,包含维生素、氨基酸、矿物质和有机酸等,从成分组合可以看出神仙水更适合油皮、混油皮。为什么能卖这么贵? 首先,神仙水的成分配方很珍贵,至今市面上都无法找到一款同类产品与它势均力敌。无论谁想去模仿SK-Ⅱ,也只是东施效颦而已。其次,神仙水的生产工艺很复杂,严格控制生产环境,减少产品中的杂质,才能生产出理想状态的 PITERA™。而神仙水的生产地,目前也只有一个。庞大的研发团队,不断改进神仙水的制作工艺,试问哪一个公司能够支撑得起?一个通过这么多人力、物力打造出的,价格这么贵也有有道理的(资料来源:搜狐网整理)。

任务三 进行企业经营决策

一、企业经营决策的概念和类型

企业经营决策是指企业通过内部条件和外部环境的调查研究、综合分析,运用科学的方法选择合理方案,实现企业经营目标的整个过程。包含三个内容,决策要有明确的目标;决策要有多个可行性方案供选择;决策是建立在调查研究、综合分析、评价和选择的基础上的。

二、企业经营决策的要素

企业经营决策共有5个要素 ① 决策者。② 决策目标。③ 决策备选方案。④ 决策条件。⑤ 决策结果。

三、企业经营决策的流程

决策是提出问题并解决问题的过程。科学的决策流程,大致包括五个阶段,即确定目标阶段、拟订方案阶段、选定方案阶段、方案实施和监督阶段、评价阶段。这五个阶段构成复杂的决策流程。

(一)确定目标阶段

确定目标是企业经营决策的前提,企业经营目标的确定建立在信息收集的基础上。通过收集组织所处的环境中有关决策的各方面情报,并加以分析,从而识别企业经营过程中存在的问题,以便诊断出问题出现的原因,从而针对问题和原因制订企业经营决策的目标。

(二)拟订方案阶段

在目标确定之后,就要探索和拟订各种可能的方案。一般的做法是,拟订一定数量和质量的可行方案,供择优采用,才能得到最佳的决策。经营决策在于选择,没有选择就没有决策,提供各种可能的方案以供评价和选择是决策的基础。

(三)选定方案阶段

选定方案就是对每个备选方案的效果进行充分论证,在此基础上做出选择。在这个阶段中所要解决的两个根本问题是确定合理的选择标准和合理的选择方法。

如果说确定目标是决策的前提,拟订备选方案是决策的基础,那么方案的评价与选择就是决策中最关键的一步,是决策的决策。

(四)方案实施和监督阶段

在方案的实施过程中,要保持决策目标与行为的可控性和动态性,要依靠监督和反馈来实现,是提高决策水平的重要步骤。由于环境条件和组织总是处于不断变化和发展之中,因此,在实施方案的过程中,企业要制订出能够衡量方案进展状况的监测目标和具体步骤,以有效地监督及时发现方案实施中出现的新情况和新问题。

(五)评价阶段

当企业经营决策实施结束后,及时的方案评价能够有助于企业经营管理水平的提升。企业应按照决策目标以及实施计划的要求和标准,对方案的执行进展情况进行检查和评价,以便于及时发现新问题、新情况、发现执行情况与预计情况之间是否存在偏差,并找出原因,从而为下一次的决策方案的制订和选择提供必要的参考(图6.3.1)。

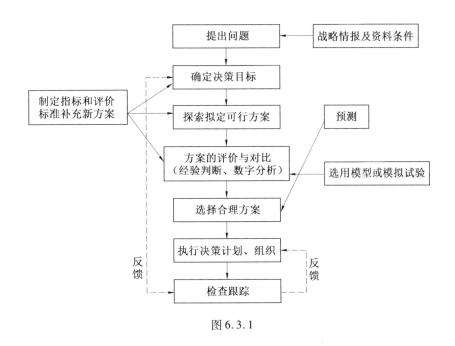

图 6.3.1

四、企业经营决策的方法

科学经营决策方法分为定性决策方法和定量决策方法。

（一）定性决策方法

1. 头脑风暴法。

头脑风暴法要明确提出决策问题，并且尽可能地提出具体的意见。

2. 德尔菲法。

德尔菲法又称专家调查法，由美国著名的兰德公司首创，并用于预测和决策的方法。该法以匿名的方式通过几轮函询征求专家的意见，预测组织小组对每一轮的意见进行汇总整理后作为参考再发给各专家，供他们分析判断，提出新的结论。

3. 名义小组技术。

名义小组技术指以一个小组的名义来进行集体决策，而并不是实质意义上的小组讨论，要求每个与会者把自己的观点贡献出来，其特点是背靠背，独立思考。

4. 哥顿法。

哥顿法与头脑风暴法相反，并不明确地阐述决策问题，而是在给出抽象的主题之后，寻求卓越的构想。

（二）定量决策方法

定量决策方法是利用数学模型进行优选决策方案的决策方法。定量决策方法一般分为确定型决策、风险型决策和不确定型决策三类。

1. 确定型决策。

确定型决策是指在稳定可控条件下进行决策，只要满足数学模型的前提条件，模型就能给出特定的结果。

（1）线性规划法。线性规划法是在线性等式或不等式的约束条件下，求解线性目标函数的最大值或最小值的方法。运用线性规划法建立数学模型的步骤。

（2）盈亏平衡点法。盈亏平衡点法又称量本利分析法或保本分析法，是进行产量决策常用的方法。该方法基本特点是把成本分为固定成本和可变成本两部分，然后与总收益进行对比，以确定盈亏平衡时的产量或某一赢利水平的产量。

例1 某企业生产两种产品，甲产品每台利润100元，乙产品每台利润180元，有关生产用料见表6.3.1，试求企业利润最大时两种产品的产量。

表 6.3.1 甲、乙产品生产用料

资源名称	单位产品消耗总额		可利用资源
	甲产品	乙产品	
原材料／千克	120	80	2 400
设备（台）	900	300	13 500
劳动力（工时）	200	400	10 400

具体计算方法如下：

设 X_1 为甲产品的生产数量，X_2 为乙产品的生产数量。

$P(X_i)$ 为企业利润函数，$i = 1, 2$。

使企业利润最大时的目标函数为

$$\max P(X_i) = 100X_1 + 180X_2$$

约束条件为

$$120X_1 + 80X_2 \leqslant 2\ 400$$
$$900X_1 + 300X_2 \leqslant 13\ 500$$
$$200X_1 + 400X_2 \leqslant 10\ 400$$
$$X_1 \geqslant 0, X_2 \geqslant 0$$

用图解法求解，如图 6.3.2 所示，分别以 X_1, X_2 为横、纵坐标，将约束方程绘制于图中，目标函数的最大值一定在由约束方程构成的可行解区域的凸点上。

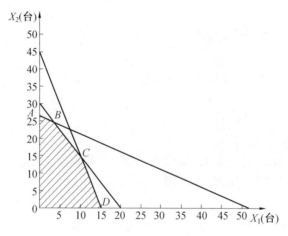

图 6.3.2 线性规划图

通过计算四个凸点 A, B, C, D 所对应的目标函数值，可知满足使目标函数值最大的点为点 B。即当生产甲产品 4 台、乙产品 24 台时企业获得的利润最大，为 4 720 元。

例 2 某企业生产某产品的固定成本为 50 万元，单位可变成本为 10 元，产品单位售价为 15 元，其盈亏平衡点的产量为

$$Q_0 = \frac{F}{P - v} = 500\ 000 \div (15 - 10) = 100\ 000(件)$$

例 3 某企业生产某产品固定成本为 50 万元，产品单位售价为 80 元，本年度产品订单为 1 万件，问单位可变成本降至什么水平才不至于亏损？

根据题意有：$10\ 000 = 500\ 000 \div (80 - v)$，解得：$v = 30$（元／件）。

2. 风险型决策方法。

也叫统计型决策、随机型决策，是指已知决策方案所需的条件，但每种方案的执行都有可能出现不同后果，多种后果的出现有一定的概率，即存在着风险。

（1）期望损益决策法是通过计算各个方案的期望损益值，并以此为依据，选择收益最大或者损失最

小的方案作为最佳评价方案。

(2) 决策树分析法是将构成决策方案的有关因素,以树状图形的方式表现出来,并据此分析和选择决策方案的一种系统分析法。它以损益期望值为依据。该方法特别适于分析比较复杂的问题。决策树的构成,由决策结点"□"、方案枝、状态结点"○"和概率枝构成。

3. 不确定型决策。

指在决策所面临的市场状态难以确定而且各种市场状态发生的概率也无法预测的条件下做出的决策。

(1) 乐观原则——大中取大。

愿承担风险的决策者在方案取舍时以各方案在各种状态下的最大损益值为标准(即假定各方案最有利的状态发生),在各方案的最大损益值中取最大者对应的方案。

(2) 悲观原则——小中取大。

决策者在进行方案取舍时以每个方案在各种状态下的最小值为标准(即假定每个方案最不利的状态发生),再从各方案的最小值中取最大者对应的方案。

(3) 折中原则。

① 确定各个方案的最大值和最小值。

② 决策者根据自己的风险偏好程度给出最大值系数 $\alpha(0 < \alpha < 1)$,最小值的系数为 $1 - \alpha$,α 也叫乐观系数,是决策者乐观程度的度量。

③ 用 α 和各方案对应的最大值和最小值计算各方案的加权平均值。

④ 加权平均值最大的方案就是最优方案

$$折中损益值 = \alpha \times 最大损益值 + (1 - \alpha) \times 最小损益值$$

式中,α 为乐观系数,即最优自然状态发生的概率。

$1 - \alpha$ 为最差自然状态发生的概率。

(4) 后悔值原则。后悔值原则是用后悔值标准选择方案。

所谓后悔值是指在某种状态下因选择某方案而未选取该状态下的最佳方案而少得的收益。

(5) 等概率原则。等概率原则是指当无法确定某种市场状态发生的可能性大小及其顺序时,可以假定每一市场状态具有相等的概率,并以此计算各方案的期望值,进行方案选择。

【知识训练】

一、单选题

1. 公司的经营范围由(　　)规定,并依法登记。
A. 法律　　　　　B. 董事会　　　　　C. 公司章程　　　　　D. 上级主管部门

2. 有限责任公司股东会对公司增加或减少注册资本,分立、合并、解散、变更公司或者修改公司章程做出决议,必须经代表(　　)以上表决权的股东通过。
A. 1/2　　　　　B. 1/3　　　　　C. 2/3　　　　　D. 1/4

3. 根据《中华人民共和国公司法》规定,发行股份的股款缴足并经法定验资机构验资出具证明后,发起人应当在(　　)内主持召开公司创立大会。
A. 10 日　　　　　B. 15 日　　　　　C. 30 日　　　　　D. 60 日

4. 根据《中华人民共和国公司法》的规定,股份有限公司发起人持有的本公司股份,自公司成立之日起(　　)内不得转让。
A. 1 年　　　　　B. 2 年　　　　　C. 3 年　　　　　D. 5 年

5. 根据《中华人民共和国公司法》规定,公司用法定公积金转增资本时,法律规定公司所留存该项公积金不得少于注册资本的(　　)。
A. 15%　　　　　B. 20%　　　　　C. 25%　　　　　D. 30%

二、多选题

1. 根据《中华人民共和国公司法》的规定,股份有限公司应当在2个月内召开临时股东大会的情形有( )。
   A. 公司未弥补亏损达股本总额1/3时　　B. 持有公司股份10%以上的股东请求时
   C. 董事会认为必要时　　　　　　　　D. 监事会提议召开的

2. 根据《中华人民共和国公司法》规定,股份有限公司向( )发行的股票,可以为记名股票。
   A. 发起人　　　　　　　　　　B. 国家授权投资的机构
   C. 法人　　　　　　　　　　　D. 社会公众

3. 根据《中华人民共和国公司法》规定有下列情形之一的,不得担任公司的董事、监事、高级管理人员( )。
   A. 无民事行为能力或者限制民事行为能力
   B. 因贪污、贿赂、侵占财产、挪用财产或者破坏社会主义市场经济秩序,被判处刑罚,执行期满未逾五年,或者因犯罪被剥夺政治权利,执行期满未逾五年
   C. 担任破产清算的公司、企业的董事或者厂长、经理,对该公司、企业的破产负有个人责任的,自该公司、企业破产清算完结之日起未逾三年
   D. 担任因违法被吊销营业执照、责令关闭的公司、企业的法定代表人,并负有个人责任的,自该公司、企业被吊销营业执照之日起未逾三年
   E. 个人所负数额较大的债务到期未清偿

4. 在下列各种条件下,股份有限公司依法可以收购本公司发行的股票的有( )。
   A. 为减少本公司资本而注销股份　　　B. 在公司的经营过程中,为避免本公司被兼并
   C. 与持有本公司股票的其他公司合并　D. 为了抑制本公司的股票价格暴跌

5. 下列各项中,上市公司股东大会应当以特别决议方式通过的事项有( )。
   A. 董事会和监事会的工作报告
   B. 购买重大资产
   C. 上市公司1年内担保金额超过公司资产总额30%的
   D. 回购本公司股票

6. 按照公司法的规定,股东的出资方式可以有( )。
   A. 货币　　　B. 实物　　　C. 工业产权　　　D. 土地使用权

三、判断题

1. 临时股东大会不得对通知中未列明的事项作决议。(　)
2. 我国股票发行价格可以按票面金额,也可以超过票面金额或低于票面金额。(　)
3. 股份有限公司股东可以自由向股东以外的人转让股份,无须经股东大会审议通过;而有限责任公司股东向股东以外的人转让出资,须经其他股东同意。(　)
4. 《中华人民共和国公司法》规定,设立股份有限公司,应当有5人以上的发起人,其中须有三分之二的发起人在中国境内有住所。(　)
5. 股份有限公司可以接受本公司的股票作为质押权的标的。(　)

参考答案

一、1-5 CCCAC
二、1. ABCD　2. ABCD　3. ABCDE　4. AC　5. BCD　6. ABCD
三、1-5 √×√××

项目七　公司法人治理结构

【思维导图】

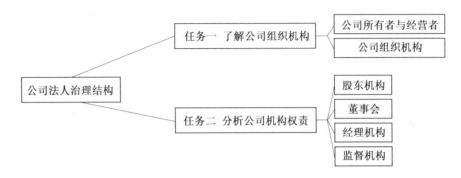

【知识点】

(1) 公司组织机构。
(2) 机构职权。

【能力目标】

(1) 能够说明公司的组织机构类型。
(2) 能够区分各机构职权。

【案例导读】

玻尿酸龙头"跨界"功能性护肤品，美妆公司华熙生物如何估值？

2022年8月30日，华熙生物发布中期业绩公告，公告称华熙生物于2022H1实现营收29.35亿元，同比增长51.58%；实现净利润4.73亿元，同比增长31.25%。从国货美妆公司发布的2022H1业绩情况来看，华熙生物在营收体量上跃居行业第二位，在净利润口径下位居行业第一。对比几家头部化妆品企业，2022H1华熙生物、贝泰妮、珀莱雅实现净利润同比增长，而上海家化、水羊股份均出现下滑。2022H1主要国货美妆公司收入及净利润对比(图7.0.1)(资料来源：小马估值)。

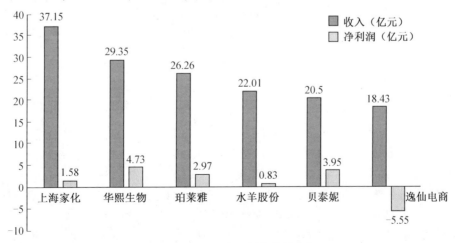

图7.0.1　对比几家头部化妆品企业

在今年化妆品行业整体负增长的背景下,华熙生物实现业绩的逆势上扬,公司财报称主要系功能性护肤品销售收入同比大幅增长77.17%。作为全球玻尿酸龙头,华熙生物将玻尿酸应用到医药、医美、护肤品、食品领域,并在功能性护肤品领域获得成功,逐步成为国产化妆品领域的龙头企业。

玻尿酸也称透明质酸,是D-葡萄糖醛酸及N-乙酰葡糖胺组成的大分子粘多糖,广泛存在于人体和动物体的关节腔、皮肤、眼玻璃体、软骨、脐带等组织。作为人体中的自有物质,玻尿酸具有良好的生物相容性,拥有补水保湿、润滑、加速修复再生等功能。中国是全球最大的玻尿酸原料市场。近年来,玻尿酸市场规模持续增加,发展势头良好。据头豹研究院测算,我国玻尿酸市场规模预计于2025年达到985吨/52.7亿人民币(图7.0.2)(来源:剁椒TMT,公司公告)。

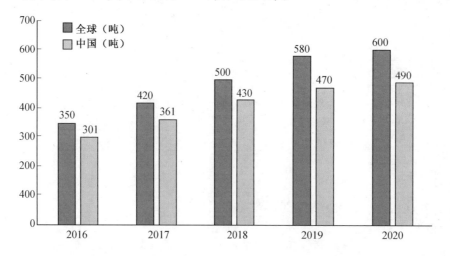

图7.0.2 2016—2020年中国和全球玻尿酸市场规模(以销量计)

我国的玻尿酸原材料企业在全球市场中占据龙头地位,具有较强的竞争力。据沙利文数据,2020年全球玻尿酸原料市占率前4大企业均来自中国,分别为华熙生物、鲁商发展、阜丰生物和安华生物,CR4为73%。其中,华熙生物是全球最大的玻尿酸生产及销售企业,全球市占率高达43%(图7.0.3)。

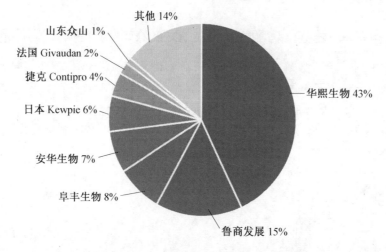

图7.0.3 2020年全球玻尿酸原料市占率

华熙生物在玻尿酸领域深耕20余年,是集研发、生产和销售于一体的玻尿酸全产业链平台企业。公司核心团队1998年开始玻尿酸的研发、生产和销售业务,2000年公司前身"山东福瑞达"成立,2008年公司在香港联交所主板上市,2017年收购法国医美公司Revitacare并从联交所战略退市;2019年登陆A股科创板。目前,公司主营业务包括原料产品、医疗终端产品(含医药、医美)、功能性护肤品、功能性食品四大板块,旗下涵盖润百颜、夸迪、米蓓尔、BM肌活四大差异化品牌(图7.0.4)。

根据公司年报,公司2021年实现营业收入49.48亿元,同比增长88%;实现归母净利润7.82亿元,同比增长21%。公司2017—2021年营业收入高速增长,CAGR为56.8%,主要系公司加大市场开发力度,推出符合市场需求的产品导致的，公司功能性护肤品业务营收大幅增长拉动营收，同时原料产品、医疗终端产品销售收入保持增长（图7.0.5）。

品牌	功效定位	特色成分	主推产品
BIOHYALUX 润百颜	玻尿酸护肤	智慧玻尿酸 微针HA4	次抛原液
QUADHA 夸迪	冻龄&抗初老	5D玻尿酸 CT50	次抛原液
MEDREPAIR 米蓓尔	呵护敏感肌	熙安颜TM 依克多因 麦角硫因	蓝铜带面膜 精华水
BIOMESO 肌活 DERMAL SCIENCE LABORATORY	针对成分党 功效性护肤品	糙米精华	糙米精华水

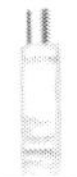

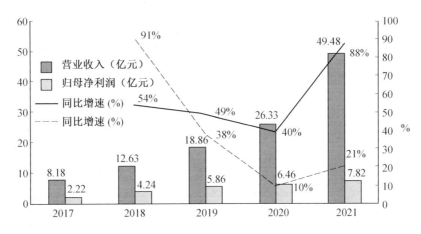

图7.0.4 华熙生物四大品牌简介

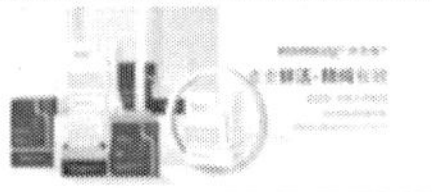

图7.0.5 华熙生物2017—2021年营业收入和归母净利润

按产品类别看，2017—2019年公司原料产品占比最高，是营业收入的主要贡献方；同时公司大力布局功能性护肤品，2019—2021年营业收入高速增长、占比不断提升，拉动公司整体营业收入大幅提升。2021年公司原料产品、医疗终端产品、功能性护肤品实现营业收入9.1亿/7.0亿/33.2亿元，同比增长30.0%/20.7%/145.9%。公司功能性护肤品收入增速较高，主要系公司迎合消费者细分需求，推出各类功能性新品，次抛、面膜、膏霜水乳类产品销售收入取得大幅增长。同时通过各大电商平台和新媒体营销方式，增加线上、直销占比（来源：公司公告）（图7.0.6）。

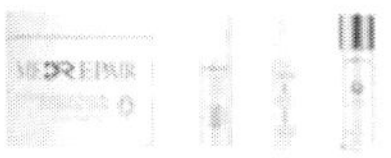

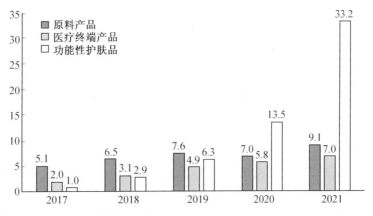

图7.0.6 华熙生物2017－2021年分品类营业收入（单位：亿元）

公司功能性护肤品领域的四大拳头产品分别为润百颜、夸迪、米蓓尔、BM肌活,2021年分别实现营业收入12.3亿、9.8亿、4.2亿、4.3亿元,同比增长117%、150%、111%、286%。其中,润百颜、夸迪品牌迈入或即将迈入"10亿元俱乐部"。在产品策略方面,公司主要推行"大单品策略",并致力于实现品牌差异化,润百颜的次抛类产品、夸迪的霜类产品、米蓓尔和肌活的精华水类产品获得消费者青睐(来源:公司公告)(图7.0.7)。

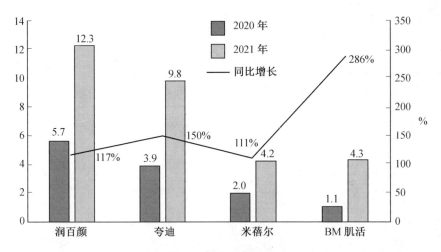

图7.0.7 华熙生物四大品牌营业收入及同比增长(单位:亿元,%)

作为从原料端逐步走向终端的全产业链平台,同时也是全球玻尿酸原材料和国内美妆行业的龙头公司,华熙生物的发展经历了如下三个阶段。

第一阶段为1990—2011年,是华熙生物原料端的研发创新阶段。1990年,公司开始微生物发酵法生产玻尿酸(HA)的研究工作;2000年公司成立,使用HA方法大幅降低了生产成本。2007年公司成为全球规模最大的玻尿酸生产商。2011年,公司首创"酶切法",相比传统方法具有更高的抗氧化活性、保湿性及细胞修复作用。公司自主研发的技术获得国内国际多项权威认证。

第二阶段为2012—2019年,是华熙生物终端业务的快速扩张阶段。2012年,"润百颜"获得CFDA批准上市。2016年,公司投产国内第一条透明质酸钠次抛原液专用生产线。2018年,润百颜与故宫IP来了一场跨界合作,"定制六色口红"引爆社交网络,也使得华熙生物从幕后走到台前。不到三年,公司旗下四大品牌润百颜、夸迪、米蓓尔、BM肌活均大获成功。

第三阶段为2020年至今,是华熙生物布局功能性食品,从"三驾马车"转向"四轮驱动"的阶段。2021年,公司进军功能性食品领域,推出玻尿酸水品牌"水肌泉"、透明质酸食品品牌"黑零"以及透明质酸果饮品牌"休想角落"。22H1,公司在功能性食品领域具有研发项目74项,实现营收0.44亿元,未来计划提升线下渠道推广力度、增强消费者感知(来源:小马估值)。

任务一 了解公司组织机构

一、公司所有者与经营者

公司制企业的出现,使得企业所有者与经营者发生了分离。

(一)公司所有者

公司所有者指企业财产所有权(或产权)的拥有者,包括占有、使用、收益和处置等权利。

公司财产权能的两次分离是以公司法人为中介的所有权与经营权的两次分离。

第一次分离是具有法律意义的出资人与公司法人的分离,即原始所有权与法人产权相分离。

第二次分离是具有经济意义的法人产权与经营权的分离,这种分离形式是企业所有权与经营权分离的最高形式。

（二）公司经营者

公司经营者指控制并领导公司（日常）经营事务的人员，他们是公司中的高级经营管理人员。

1. 现代企业经营者的5个显著特征。

（1）经营者的岗位职业化趋势，已经形成企业家群体和企业家市场。

（2）经营者具有比较高深的企业经营管理素养，能够引领企业获得良好的业绩。

（3）经营者必须具备较强的协调沟通能力。

（4）公司中经营者的产生基于有偿雇佣，是公司的高级雇员，即受股东委托的企业经营代理人。

（5）经营者的权力受董事会委托范围的限制。

2. 经营者对现代企业的作用"4个有利于"。

（1）经营者人力资本有利于企业获得关键性资源，包括信息、资金、技术、人才等。

（2）经营者人力资本有利于企业技术创新能力的增强。

（3）经营者良好的人力资本有利于企业团队合作能力的培养。

（4）经营者良好的人力资本有利于完善公司管理制度。

3. 经营者的素质要求。

（1）精湛的业务能力，尤以决策能力、创造能力和应变能力最为重要。其中创造能力是一个经营者的核心能力。

（2）优秀的个性品质在品质上应具备理智感（坚定信心和乐观精神）和道德观。

（3）健康的职业心态 ① 自知和自信。② 意志和胆识。③ 宽容和忍耐。④ 开放和追求。

4. 经营者的选择方式有内部提拔和市场招聘两种方式。

5. 竞争者激励和约束机制。

（1）报酬激励，主要有年薪制、薪金与奖金相结合、股票奖励、股票期权等。

（2）声誉激励，给予社会地位，满足心理要求。

（3）市场竞争机制，包括企业家市场、资本市场和产品市场的竞争。

（三）所有者和经营者的关系

所有者和经营者的关系主要表现在两个方面：

1. 所有者与经营者之间的委托代理关系。

2. 股东大会、董事会、监事会和经营人员之间的相互制衡关系。

二、公司组织机构

企业组织机构是按照一定的原则设置的，是企业内部各组织职能分配的一种体现。组织机构的设计方法是，以组织目标为出发点，以活动分析划分为依据。

（一）最高权力机构——股东大会

股东是公司财产的所有者，虽然他们不直接参与公司企业的经营管理，但对公司的经营管理，每个股东都有表达其意见的权利。股东大会就是由公司全体股东所组成的，对公司一系列重大问题发表意见，做出决议的公司最高决策机构。

1. 股东大会的类别。

股东大会的各种会议，主要依据公司法或公司章程所规定的以股东会议的召开时间为固定时间或可选择的其他时间为标准进行划分。我国《公司法》规定，股东会议分为股东年会和股东临时会。

（1）股东年会。

股东年会是指每年必须至少召开1次的全体股东会议，且应于每会计年度终结后一定时期内召开。

股东年会由董事会依照《公司法》的规定负责召集，并由董事长主持。董事长因特殊原因不能履行职务时，由董事长指定的副董事长或者其他董事主持召开。股东会议应当将会议审议的事项于会议召开30日以前通知各股东，发行无记名股票的，应当于会议召开45日以前就会议审议事项发出公告。无记名股票持有人出席股东年会的，应当于会议召开5日以前至会议闭会时止，股票交存于公司。

股东年会的主要议题是,听取和审议公司董事会、监事会的工作报告;审议公司的年度财务决算、股利分配方案以及亏损的弥补方案;决议公司债的发行;讨论公司股本的增减;选举或罢免公司董事会和(或)监事会成员;修改公司章程;决议公司的分立、合并、解散和(或)清算等;审议和决定公司的其他重要事项。

(2)股东临时会。

公司除每年必须召开1次股东年会以外,当有下列情形之一发生时,董事会应在2个月内召开股东临时会。

① 董事人数不足《公司法》规定的人数或者公司章程所规定人数的2/3时。
② 公司累计未弥补的亏损达实收股本总额的1/3时。
③ 持有公司股份10%以上的股东请求时。
④ 董事会认为必要时。
⑤ 监事会提议召开时。

公司召开股东临时会,也应当将会议审议的事项于会议召开前30日通知各股东,且股东临时会不得对通知中未列明的事项做出决议。

(二)企业管理中枢——董事会

股东大会虽是公司的最高权力机关,但由于一般股东只关心股利分配和股票价格对自己利益的影响,而对公司的大计方针、发展战略并不关心,这就导致一般股东与公司的联系越来越松散,股东大会仅就公司的发展方向、经营规模和盈利分配等重大问题做出原则性的决定,而真正掌握实权发挥决策作用的是公司董事会。董事会是股东大会闭会期间行使股东大会职权的常设权力机关,也是最高业务执行机构,负责处理公司重大经营管理事项。

董事会的重要地位和作用,使股东们对董事的选任十分审慎。现代各国公司的董事会,大都由经济管理专家、技术专家、法律顾问及高级职员等组成,人员素质很高。

(三)企业业务执行——经理人员

公司的经营业务由董事会做出决策,但董事会并不负责经营业务的具体执行或实施,而是聘任经理人员具体负责公司的日常经营管理活动。因此,经理人员是公司必要的、常设的经营业务执行机构。

经理人员是经董事会过半数的董事同意委任,秉承股东大会、董事会的决议,有权管理公司事务并有权代表公司签字的人。一个公司可有1人或数人担任经理,当有数名经理时,应以1人为总经理,其他的人为副总经理、经理或副经理。总经理是经营业务执行机构的最高行政首长,其他经理人员协助总经理工作。

(四)企业监督机构——监事会

由于股份公司是所有权与经营权相分离的法人组织,其经营决策权集中在董事会成员手中,日常事务管理权更集中在受聘于董事会的总经理一人身上,因此,公司股东为防止其委任者滥用职权,违反法令和公司章程、损害股东的利益,客观上就要求对委任者的活动及其经营管理的公司业务进行监察和督促。但是,由于为数众多而又十分分散的股东受知识能力的限制(行使监督职能需要有专门的知识技能)、管理公司时间上的限制(股东大会1年的召集次数总是有限的)和空间的限制(股东分散于全国各地,多数股东有其自己的职业很难脱身),所以就由股东大会授权公司的监督机构——监事会,代表股东大会以监督公司业务执行为其主要权限,并对股东大会负责。

【案例导读】

秒懂法定代表人、董事长、执行董事、监事的不同

在申请注册公司时被要求提供董事、监事、法定代表人的资料,有不少的初创老板表示很疑问,这是公司设立的必需条件吗?这些人的职权和责任又是什么?

首先要先清楚公司注册通常要设立的职位及要求:

1. 法定代表人、董事长、执行董事、监事。
2. 一个有限责任公司需要找一个人担任监事人,监事人可以只担任职务而不用出资,有限责任公司法定代表人可以由投资人之一担任,执行董事、总经理可以任意人担任,监事人可以由股东担任。

(1) 法定代表人。

法定代表人是企业的负责人,依法律或法人章程规定代表法人行使职权的负责人,法定代表人代表企业法人的利益,按照法人的意志行使法人权利。法定代表人在企业内部负责组织和领导生产经营活动;对外代表企业,全权处理一切民事活动,享有经营管理的权利,并承担企业的法律责任。一般来说企业法人是公司的股东,但是,只要公司股东会形成有效的股东会决议,股东以外的人也可以担任公司的法人。

(2) 监事。

监事是股东之下、经理层之上的公司管理者。是公司中常设的监察机关的成员,又称"监察人",负责监察公司的财务情况,公司高级管理人员的职务执行情况,以及其他由公司章程规定的监察职责。在中国,由监事组成的监督机构称为监事会,是公司必备的法定的监督机关,且监事不得兼任法人。

(3) 董事。

董事是指由公司股东会选举产生的具有实际权力和权威的管理公司事务的人员,是公司内部治理的主要力量,对内管理公司事务,对外代表公司进行经济活动。

(4) 股东。

股东作为出资者按其出资数额(股东另有约定的除外),享有所有者的分享收益、重大决策和选择管理者等权利,同时如公司出现经营亏损等情况,股东则需要承担债务,有限责任公司的股东以其认缴的资金额为限对公司承担责任,股份有限公司的股东以其认购的股份为限对公司承担责任。

一、法人的法律责任

(一) 行政责任

法定代表人可能会就公司的违法、违规行为承担行政责任。除非能证明对公司行为不知情。

(二) 民事责任

根据公司法的规定,公司是以其自身的财产为限额对外承担还款责任。但如果实际控制人操纵公司时存在虚构出资、抽逃出资行为,在诉讼过程中有隐匿、转移资产或未经清算擅自处分财产等行为,法定代表人要承担相应的民事赔偿责任。

(三) 刑事责任

在《中华人民共和国刑法》规定某些罪名中,除了对单位进行处罚外,还可能会追究法定代表人等负责人的刑事责任。另外,当公司实际控制人利用公司实施经济犯罪行为时,法定代表人虽未直接参与,但如果是明知实际控制人利用公司实施犯罪行为,却未加阻止或放任实际控制人的行为,则法定代表人也很有可能要承担相应的刑事责任。

(四) 人身自由

当公司面临进入破产程序、被申请强制执行或欠缴税款的特定情形下,法定代表人可能会被司法、行政机关采取相应强制措施。比如,列入黑名单、限制贷款、消费等。

民事责任法定代表人不承担责任:法定代表人的职务行为就是企业法人的行为,因而由此产生的民事责任由本公司承担,法定代表人一般不向第三人直接承担民事责任。

(五) 监事的责任

监事主要是对公司高管层的行为进行监督,对股东会负责,对公司财务状况进行监督和审查。一般来说,监事要列席董事会,定期组织对公司财务状况的审计,对高管的不当行为提出监督意见,必要的时候可以召开临时股东会提出罢免案,并代表公司对高管提起诉讼。

(六) 董事的法律责任

董事在对公司进行经营管理时,他不仅要与公司发生法律关系,同时也与股东和公司之外的第三人发生法律关系。其中任何一种法律关系均由权利和义务构成。董事若在任何一种法律关系中违反了他所应当承担的义务,就应向该种法律关系的相对方承担相应的责任。因此,董事责任不仅包括他对公司的责任,还包括他对第三人的责任。

二、公司对股东的责任

(一)对公司及其他股东诚实信任

不得对公司及其他股东弄虚作假、要实事求是。

(二)按期缴纳所认缴的资本

股东出资在注册公司的时候,会选择认缴出资额,在公司章程规定的年限内,缴全注册资本。

(三)遵守公司章程

企业应按照企业基本情况编制《公司章程》,股东和法人都必须要遵守公司章程上的条例。

(四)公司注册后、不能擅自抽回出资额

在公司核准登记后,股东不能自行抽回出资额,可以转让给其他人但必须经公司同意。

(五)对公司债务负有限责任

据《公司法》规定有限责任公司的股东对于公司的债务承担有限责任。

任务二　　分析公司机构权责

一、股东机构

股东指持有公司资本的一定份额并享有法定权利的人。

有限责任公司的股东指持有公司资本的一定份额,据此而拥有所有权,对公司享有权利和承担义务的人。

股份有限公司的股东指持有公司股份,据此而享有所有权,对公司享有权利和承担义务的人。

(一)股东的分类和构成

1.发起人股东与非发起人股东。

发起人股东指参加公司设立活动并对公司设立承担责任的人。其特点有:

(1)对公司设立承担责任:对设立行为所产生的债务和费用负连带责任;公司不能成立时,对认股人已缴纳的股款,负返还股款并加算银行利息的连带责任;在公司设立过程中,由于发起人的过失致使公司利益受损失的,对公司拟承担赔偿责任。

(2)股份转让受到一定限制,《公司法》规定,发起人持有的本公司股份的自公司成立之日起一年内不得转让。

(3)资格的取得受到限制:自然人具备完全行为能力;法人是法律上不受限制者;发起人的国籍和住所受一定限制,《公司法》规定,发起人中必须一半以上在中国有住所。

2.自然人股东与法人股东。

(1)自然人股东,包括中国公民和具有外国国籍的人,作为发起人股东,具有完全行为能力。

(2)法人股东,通过出资设立公司或继受取得其他公司的出资、股份而成为公司股东。包括企业法人,社团法人以及各类投资基金组织和代表国家投资的机构。

(二)股东的法律地位

1.股东是公司的出资人。

(1)必须履行出资义务,公司设立和增加资本时,要履行义务。

(2)是公司资本的提供者。

(3)享有股东权利,如资产受益者、重大决策权和选择管理者的权利。

2. 股东是公司经营的最大受益人和风险承担者。

（1）股东是典型的投资者，以利润最大化为目标。

（2）既是最大受益人，也是风险承担者。股东权实现的不确定性（股利不确定）、劣后性（股利和公司剩余财产分配劣后于普通债权和职工债权——工资）。

3. 股东享有股东权。

股东享有股东权是股东最根本的法律特征，是股东法律地位的集中体现。广义的股东权是股东对公司权利义务的概况，狭义的股东权即股东对公司享有的权利——获得财产收益和参与公司管理的权利。

4. 股东承担有限责任。

我国《公司法》规定，公司以其全部财产对公司的债务承担责任，有限公司的股东以其认缴的出资额为限对公司承担责任，股份有限公司的股东以其认购的股份为限对公司承担责任。从公司法的规定可以看出，首先，公司是公司债务的直接承担者，公司要以其自身的财产而不是股东的财产承担债务，公司要以全部财产对公司债务承担责任。其次，公司股东不是公司债务的直接承担者，公司股东仅以出资额（所持股份）为限，对公司债务间接承担责任。

5. 股东平等。

所有股东按其所持股份的性质、内容、和数额平等的享受权利。

（三）股东的权利

1. 股东会的出席权和表决权。

股东参加股东会并对股东会决议事项行使表决权是股东的一项基本权利，也是股东行使自益权、参加公司管理的重要手段。

2. 临时股东大会召开的提议权和提案权。

为了使股东更好的通过股东会行使股东管理公司的权力，《公司法》还赋予股东以提议召开临时股东大会的权力和股东大会的提案权。

3. 董事、监事的选举权和被选举权。

股东有权通过股东大会选举公司董事、监事。股东还享有董事、监事的被选举权，只要符合《公司法》规定的任职资格，就可以被选举为公司的董事、监事。

4. 公司资料的查阅权。

公司法赋予了股东查阅公司章程、股东大会记录、财务会计报告，了解公司经营状况的权利。

5. 公司股利的分配权。

通过盈余分配获得股利是股东出资的收益权，是股东权的核心，公司应当依据《公司法》和公司章程的规定，按照股东的出资比例、持股比例分配股利。

6. 公司剩余财产的分配权。

公司解散时，股东有权对公司清偿债务后的剩余财产进行分配，获得自己应得份额的公司剩余财产。剩余财产的分配应当依法进行，剩余财产应当按照股东出资比例、持股比例进行分配。

7. 出资、股份的转让权。

股东可以将自己持有的出资额或股份转让给他人，以收回对公司的投资。股东转让出资、股份应依法进行，遵守法律的相关限制条件和程序。

8. 其他股东转让出资的优先购买权。

有限责任公司股东对其他股东转让的出资有同等条件下的优先购买权。

9. 公司新增资本的优先认购权。

公司依法增加资本时，公司的原有股东对新增资本、新发行的股票享有优先认购权。

10. 股东诉讼权。

股东享有直接诉讼权，在自身权利受到伤害时，有权对侵害人提起诉讼。股东还享有派生诉讼权，在公司权利受到伤害而公司怠于行使诉权时，有权以出资人的名义对公司利益侵害人提起诉讼。

(四) 股东的义务

1. 缴纳出资。

(1) 缴纳出资义务包括出资形式、出资数额、出资期限、出资程序。

(2) 不履行出资义务要承担责任,情节严重者要承担相应的行政责任乃至刑事责任。

(3) 不得抽回出资义务。若有抽回,则处以抽逃出资额的5%～15%的罚款。

2. 以出资额为限对公司承担责任。

有限责任公司股东以其认缴的出资额为限对公司承担责任,股份有限公司以其认购的股份为限对公司承担责任。

3. 遵守公司章程,也是股东最基本的义务。

4. 忠诚义务。

(1) 禁止损害公司利益。

(2) 考虑其他股东利益。

(3) 谨慎负责的行驶股东权利及其影响力。

二、董事会

(一) 董事会的地位

股东大会是最高权力机构,董事会是执行机构,依附于股东大会。

(二) 董事会的性质

1. 代表股东对公司进行管理。

(1) 董事会成员董事由股东选举产生。董事既可以是股东,也可以是非股东,但必须是股东推选出代表股东利益的人员。

(2) 董事会对股东会负责,向股东汇报工作,接受监督。

(3) 董事会必须代表股东利益,反映股东意志,不得违背公司章程,不得违背股东会决议。

2. 公司的执行机构。

(1) 内部事务,贯彻股东会议,召集股东会任免公司高级管理人员。

(2) 外部事务,代表公司进行交易,实施法律行为。

3. 公司的经营决策机构。

主要决策:①公司经营计划。②投资方案。③公司管理机构的设置。④高级管理人员的任用。⑤公司的重要规章制度。

4. 公司法人的对外代表机构。对外代表公司整体。

5. 公司的法定常设机构。

(1) 董事会成员固定、任期固定且任期内不能无故解除。

(2) 董事会决议内容多为重大事项,会议召开次数较多。

(3) 设置专门工作机构处理日常事务。

(三) 董事会会议

1. 形式。

(1) 定期会议。

我国《公司法》规定,对有限公司的定期会议召开期限没有做出明确规定,交由公司(章程) 自行规定。我国公司法对股份有限公司定期会议的召开做出了规定,每年度至少召开2次。

(2) 临时会议。

我国《公司法》对于股份有限公司临时会议作了规定,明确了"代表1/10表决权的股东,1/3以上的董事或监事提议召开董事会,董事长应在10日内召集和主持董事会会议。"

2. 董事会议召集和主持。

根据《公司法》规定,董事会会议由董事长召集和主持;董事长不能履行职责时,由副董事长召集和主持;副董事长不能履行职责时,由半数以上董事共同推举一名董事召集和主持。召集董事会会议应该提前10日通知全体董事。

3. 董事会的决议方式。

(1) 一人一票原则(股东大会一股一票)。

(2) 多数通过原则(1/2以上)。

(3) 董事数额多数决(把一人一票原则和多数通过原则结合起来)。

(四) 董事会的职权(与股东大会的最终决定权区别)

1. 股东会的合法召集。

2. 执行股东会的决议。

3. 决定公司的经营要务。

4. 为股东会准备财务预算方案,决算方案。

5. 为股东会准备利润分配方案和弥补亏损方案。

6. 为股东会准备增资或减资方案以及发行公司债券的方案。

7. 制订公司合并、分立、解散的方案。

8. 决定公司内部管理机构的设置。

9. 聘任或者解聘公司经理、副经理、财务负责人,并决定报酬事项。

10. 制订公司的基本管理制度。

(五) 有限责任公司的董事会

1. 成员组成。

根据我国公司法规定,有限责任公司董事会的成员为3～13人;国企中需要有职工代表。

2. 任职资格。

有下列情形之一的不得担任公司的董事:

(1) 无民事行为能力或者限制民事行为能力。

(2) 因贪污、受贿、侵占财产、挪用财产或者破坏社会主义市场经济秩序,被判处刑罚,执行期未满5年或者因犯罪剥夺政治权利,执行期未满5年。

(3) 担任破产清算的公司、企业的董事或厂长、经理,对该公司企业破产负有个人责任的,自该公司破产清算之日起未逾3年。

(4) 担任因违法被吊销营业执照、责令关闭的公司、企业的法定代表人,并负有个人责任的,自该公司被吊销营业执照之日起未满3年。

(5) 个人有数额较大的债务到期未偿还的。

3. 董事的任期与义务。

任期由公司章程规定,每届不得超过3年,任期届满,可以连任。

义务:遵守章程,执行业务,忠诚,维护公司利益,不得商业交易,不得利用职务谋取私利,不得收受贿赂,不得侵占公司财产,不得以公司名义为本人、股东和个人提供债务担保。

4. 董事会的性质及职权。

董事会是有限责任公司的执行机构和决策机构,是对内执行公司业务、对股东会负责,对外代表公司的常设机构。

具有以下职权:

(1) 召集股东会会议,并向股东会报告工作。

(2) 执行股东会的决议。

(3) 决定公司的经营计划和投资方案。

(4) 制订公司的年度财务预算和决算方案。

(5) 制订公司的利润分配方案和弥补亏损方案。

(6) 制订公司增加或者减少注册资本及发行公司债券的方案。

（7）制订公司合并、分立、解散或者变更公司形式的方案。
（8）决定公司内部管理机构的设置。
（9）决定聘任或者解聘公司经理及其报酬事项。
（10）制订公司的基本管理制度。

5. 董事会的议事规则。

会议主持：一般是董事长或副董事长或半数以上董事推荐的一名董事。

会议类型：定期会议（每年至少召开两次）和临时会议（必要时）。

会议表决：一人一票制。

应该注意的是，我国涉外企业法有特殊规定的应从其规定。例如，《中外合作经营企业法》第六条规定："合营企业设董事会，其人数组成由合营各方协商，在合同、章程中规定，并由合资方撤换和委派。董事长和副董事长由合营各方协商或由董事会选举产生，中外合营者的一方担任董事长的，由他方担任副董事长。"《中外合作经营企业法》第三十四条规定："董事会成员不得少于3人。董事名额的分配由合营方参照出资比例协商确定。"

（六）股份有限公司的董事会

1. 董事会的组成：成员5～19人，任期每届不得超过3年。任期届满，可以连任。

2. 董事的义务。

（1）忠实义务。

第一，自我交易之禁止。即董事不得作为一方当事人或作为自己有利害关系的第三人的代理公司与公司交易。

第二，竞业禁止。即董事不得自营或者为他人经营与其任职公司同类的营业或者从事损害本公司利益的活动。

第三，禁止泄露商业机密。商业秘密是指不为公众所知悉、能为权利人带来经济利益、具有实用性并经权利人采取保密措施的技术信息和经营信息。我国《公司法》规定，做出了除"依照法律规定或者股东同意外，不得泄露公司秘密"的规定。

第四，禁止滥用公司财产。公司财产是公司得以发展壮大的基础，董事有义务保护公司财产的安全、完整以及保值增值。我国《公司法》规定，董事不得挪用公司资金或将公司资金借贷给其他人，不得以公司资产为本公司的股东或以其他个人名义开立账户储存。

（2）注意义务。

董事有义务对公司履行作为董事对公司的职责，履行义务必须是诚信的，行为方式必须使他人合理的相信，为了公司的最佳利益并尽普通谨慎之人在类似的地位和情况下所应实施的行为。

制订法上的注意义务：特指公司制订法以外的其他法律对董事义务所做的规定。

非制订法上的注意义务：基于公司董事的身份，基于公司特殊的商业性质所产生的注意义务。

3. 董事会的性质及职权。

股东会是公司的权力机构，董事会是公司的执行机构。董事会是由股东会产生的，受股东会的监督并对其负责。

职权：对于公司法律和公司章程赋予董事会行使的职权，股东会不得任意进行干预。另外，股东会与董事会的权力来源不同，造成其权力范围也有明显的不同。股东会权力来源于股份所有权，而董事会的权利来源于法律法规和公司章程的授权。因此，董事会的职权不同于股东会，应体现出作为执行机构的特色。

4. 董事会的议事规则与决议方式。

议事规则：我国《公司法》规定，董事会会议应有过半数的董事出席方可举行。董事会做出决议必须经全体董事的过半数通过。董事会决议实行"一人一票"制。

会议类型：定期会议，依照法律或公司章程的规定定期召开的会议。我国《公司法》规定，董事会每年度至少召开两次，每次会议应当于会议召开10日前通知全体董事和监事。临时会议，董事会认为必要时开。有权提出临时会议的人员,代表1/10以上的股东和1/3以上的董事或监事。董事长应当自接到提议后10日内,召集和主持董事会会议。

5.关于独立董事。

(1)独立董事的任职资格。

第一,独立董事应该具有独立性,以下人员不得担任独立董事:

① 在上市公司或者其附属企业任职的人员及其直系亲属、主要社会关系。

② 直接或间接持有上市公司1%以上的股份或上市公司前10名股东中的自然人股东及其直系亲属。

③ 直接或间接持有上市公司已发行股份5%以上的股东单位或在上市公司前5名股东单位任职的人员及其直系亲属。

④ 最近一年内曾经有前三项所列举情形的人员。

⑤ 为上市公司或者其附属企业提供财务、法律、咨询等服务人员。

⑥ 公司章程规定的其他人员。

⑦ 中国证监会认定的其他人员。

第二,独立董事的任职条件:

① 具备上市公司董事的资格。

② 具有要求的独立性。

③ 具备上市公司运作的基本知识,熟悉相关法律法规。

④ 具有5年以上法律、经济或其他履行独立董事职责所必需的工作经验。

⑤ 公司规定的其他章程。

⑥ 独立董事的人数要求是至少1/3,但是实际中应尊重公司与股东自治及市场的自由选择。

(2)独立董事的职权。

① 重大关联交易应由独立董事认可后,提交董事会讨论。

② 向董事会提议或解聘会计师事务所。

③ 向董事会提请召开股东大会。

④ 提议召开董事会。

⑤ 独立聘请外部审计机构和咨询机构。

⑥ 在股东大会召开前向股东征集投票权。

此外,独立董事还有对以下事项向股东会或董事会发表独立意见:

① 提名任免董事。

② 聘任或解聘高级管理者。

③ 公司董事高级管理人员的薪酬。

④ 发生总额高于300万元的事项或高于净资产的5%的借款或者其他资金来往。

⑤ 独立董事认为可能损害中小股东的事项。

⑥ 公司规定的其他事项。

⑦ 独立董事的义务是诚信和勤勉。独立董事原则上最多在5家上市公司兼任独立董事,并确保有足够的时间和精力有效的履行独立董事的职责。

(七)国有独资公司的董事会

1.董事会的特征。

董事会是国有独资公司的执行机构。国有独资公司董事会的职权比一般的有限责任公司董事会的职权范围要大得多。我国《公司法》明确了国有独资公司章程的制订和批准机构是国资监管机构,为国资委行使职权提供了法律依据。国资委的成立在一定程度上解决了国有资产监督管理人缺位的状况,国有独资公司章程的制订和批准也是国资委的职权之一。

2.公司章程制订方式。

(1) 由国资监管机构制订。
(2) 由董事会制订并报国资委批准。

3. 董事的身份。

由国资监管机构委派;由职工代表大会选举产生。

4. 董事会的组成与任期。

组成:由国资监管机构委派董事和职工代表大会选举代表。成员为3~13人,其中要有职工代表,具体比例由公司章程规定。董事会设董事长一名,可以根据需要设或不设副董事长。董事长和副董事长由国家授权投资的机构或部门从董事会成员中指定。董事会每届任期三年。经国家授权投资的机构或部门同意,国有独资公司的董事可以兼任经理;经国家授权投资的机构或者部门同意,国有独资公司的董事长、副董事长、董事和经理也可以兼任其他公司或经营组织的负责人,但他们只能在不存在竞业限制的经营机构兼职,以免其工作与本公司发生竞争或损害本公司的利益。

任期:我国《公司法》规定,国有独资公司的董事每届不得超过3年。

三、经理机构

(一) 经理结构

公司设置经理机构的目的是为了辅助业务执行机构(董事会)执行业务。作为董事会的辅助机关,经理从属于董事会,听从董事会的指挥和监督。

(二) 经理和董事会的关系

经理和董事会是以董事会对经理实施控制为基础的合作关系。其中,控制是第一性的,合作是第二性的。

四、监督机构

(一) 监事会

监事会是公司的监督机关,是由股东会(职工)选举产生并向股东会负责,代表股东对公司经营(公司财务及董事、经理人员履行职责行为)进行监督的机关。

(二) 监事会主要职能

1. 公司内部的专职监督机构。监事会具有完全独立性,不受其他机构干预;监督职权具有平等性,无差别性。

2. 监督公司的一切经营活动,以董事会和总经理为主要监督对象。

3. 监督形式多种多样。会计监督和业务监督;事后监督和事前事中监督。

4. 业务监督。通知经营管理机构停止违法行为;随时调查公司的财务状况;审核董事会编制的各种报表,并把审核意见向股东大会报告;提议召开股东大会。

(三) 监事会的议事规则

1. 每年至少召开一次,监事可以提议召开临时监事会议。
2. 议事方式和表决程序,由公司章程规定。
3. 会议决议方式,半数以上监事通过。

【课外补充】

张兰失去俏江南的真相?

张兰是俏江南的创始人,1990开始创业,通过十几年的努力,她把俏江南打造成了中国高端餐饮品牌的一张名片,张兰有上市的梦想,于是在2008年引进A轮融资,鼎辉资本投资了俏江南2亿元,获得俏江南10.53%的股权,俏江南估值19亿,鼎辉资本同时与俏江南签订了"对赌协议",协议里面有一条股份回购条款是这样写的:

如果非鼎晖资本方面原因,造成俏江南无法在2012年底前上市,鼎晖资本有权以回购方式退出俏江南,而且必须保证鼎晖资本回报率为年化20%。2011年俏江南A股上市失败,2012年俏江南转战香港上市又失败了。俏江南上市失败后,鼎晖资本要求退出,鼎晖资本按照投资协议约定的投资款2亿,5年回报率20%的回购金额退出,也就是俏江南需要花4亿回购鼎晖资本10.53%的股权。当时俏江南经营发生困难,拿不出4亿现金来回购股权。于是触发了"领售权条款",也就是鼎晖资本卖了10.53%的股权,必须要求张兰也跟着卖股权。股权卖给谁呢?卖给了欧洲的CVC私募股权资金。一开始张兰是想要自己当大股东的,并亲自带领俏江南走出低谷,但是因为CVC想要控股,并且承诺有国际团队输入管理经验,还将会注入8 000万美元帮助俏江南渡过难关,最终带领俏江南成功上市。

张兰为了拯救俏江南,经过多次谈判,最终选择和CVC达成交易,CVC基金在2014年以3亿美元收购了俏江南82.7%的股份,张兰仅剩13.8%的股份,成为小股东,员工持股3.5%。CVC基金控股俏江南之后,包括张兰在内的董事会成员全部被清退。CVC基金接管了俏江南之后,因为不懂经营,导致俏江南的业绩大幅下滑,而且CVC之前承诺的8 000万美元也没有到账,因为CVC基金控股俏江南的目的是想把俏江南推上市后大赚一笔走人,而不是想把俏江南经营好。

CVC因为如意算盘失算,于是反悔,想取消收购俏江南的交易,张兰不同意取消交易。CVC就计划用俏江南的股权作质押来贷款,用收益来还俏江南的款。CVC在没有经过张兰本人同意的情况下把俏江南的股权全部质押,因为俏江南被CVC收购后属于境外的股权架构,非常复杂。CVC以注入俏江南的资金不知去向为由在香港起诉张兰和俏江南,张兰资产全部被冻结。俏江南在之前和银行的贷款协议中对俏江南的财务指标是有严格约定的,在CVC接手俏江南之后,银行方面要求CVC在15天之内向俏江南注资6 750万美元,以应对潜在的财务违约,让俏江南重获新生。

CVC不仅拒绝注入资金,同时也不再约定还贷。于是俏江南被银行委派保全接管了俏江南。CVC基金和张兰都出局了。张兰失去俏江南的真正原因是不懂股权,不懂资本,对股权投资中的条款理解不充分,在和专业的投资机构打交道过程中吃了大亏。张兰在俏江南融资中犯了至少三点错误,一是签订了对赌协议。二是引入的CVC基金不对。三是融资的时候没有设计好公司控制权。张兰在直播间谈到失去俏江南时说到,自己痛失俏江南是因为自己不懂金融,签了对自己不利的投资协议,所以自己斗不过资本,被资本踢出局了,一分钱没拿到,所以她说吃一堑长一智,后来她去上海交大上了四年的金融课。然后现在她又靠着麻六记和直播重新站起来了(资料来源:原创 莫琨永)。

【知识训练】

一、单选题

1.公司的经营范围由( )规定,并依法登记。
A.法律　　　　　B.董事会　　　　　C.公司章程　　　　　D.上级主管部门

2.有限责任公司股东会对公司增加或减少注册资本,分立、合并、解散、变更公司或者修改公司章程做出决议,必须经代表( )以上表决权的股东通过。
A.1/2　　　　　B.1/3　　　　　C.2/3　　　　　D.1/4

3.根据《公司法》规定,发行股份的股款缴足并经法定验资机构验资出具证明后,发起人应当在( )内主持召开公司创立大会。
A.10日　　　　　B.15日　　　　　C.30日　　　　　D.60日

4.根据《公司法》的规定,股份有限公司发起人持有的本公司股份,自公司成立之日起( )内不得转让。
A.1年　　　　　B.2年　　　　　C.3年　　　　　D.5年

5.根据《公司法》规定,公司用法定公积金转增资本时,法律规定公司所留存该项公积金不得少于注册资本的( )。
A.15%　　　　　B.20%　　　　　C.25%　　　　　D.30%

二、多选题

1. 根据《公司法》的规定,股份有限公司应当在2个月内召开临时股东大会的情形有(　　)。
A. 公司未弥补亏损达股本总额1/3时　　B. 持有公司股份10%以上的股东请求时
C. 董事会认为必要时　　D. 监事会提议召开时

2. 根据《公司法》规定,股份有限公司向(　　)发行的股票,可以为记名股票。
A. 发起人　　B. 国家授权投资的机构
C. 法人　　D. 社会公众

3. 《公司法》规定(　　)的,不得担任公司的董事、监事、高级管理人员。
A. 无民事行为能力或者限制民事行为能力者
B. 因贪污、贿赂、侵占财产、挪用财产或者破坏社会主义市场经济秩序,被判处刑罚,执行期满未逾五年或者因犯罪被剥夺政治权利,执行期满未逾五年者
C. 担任破产清算的公司、企业的董事或者厂长、经理,对该公司、企业的破产负有个人责任的,自该公司、企业破产清算完结之日起未逾三年者
D. 担任因违法被吊销营业执照、责令关闭的公司、企业的法定代表人,并负有个人责任的,自该公司、企业被吊销营业执照之日起未逾三年者
E. 个人所负数额较大的债务到期未清偿者

4. 在下列各种条件下,股份有限公司依法可以收购本公司发行的股票的有(　　)。
A. 为减少本公司资本而注销股份
B. 在公司的经营过程中,为避免本公司被兼并
C. 与持有本公司股票的其他公司合并
D. 为了抑制本公司的股票价格暴跌

5. 下列各项中,上市公司股东大会应当以特别决议方式通过的事项有(　　)。
A. 董事会和监事会的工作报告
B. 购买重大资产
C. 上市公司1年内担保金额超过公司资产总额30%的
D. 回购本公司股票

6. 按照《公司法》的规定,股东的出资方式可以有(　　)。
A. 货币　　B. 实物　　C. 工业产权　　D. 土地使用权

三、判断题

1. 临时股东大会不得对通知中未列明的事项作决议。(　　)
2. 我国股票发行价格可以按票面金额,也可以超过票面金额或低于票面金额。(　　)
3. 股份有限公司股东可以自由向股东以外的人转让股份,无须经股东大会审议通过;而有限责任公司股东向股东以外的人转让出资,须经其他股东同意。(　　)
4. 《公司法》规定,设立股份有限公司,应当有5人以上的发起人,其中须有三分之二的发起人在中国境内有住所。(　　)
5. 股份有限公司可以接受本公司的股票作为质押权的标的。(　　)

参考答案

一、1-5 CCCAC
二、1. ABCD　2. ABCD　3. ABCDE　4. AC　5. BCD　6. ABCD
三、1-5 √×√××

项目八　市场营销与品牌管理

【思维导图】

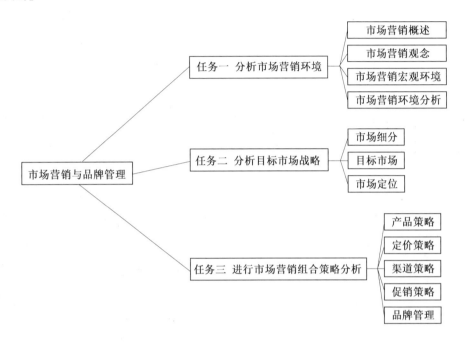

【知识点】

(1) 市场营销环境。
(2) 目标市场细分标准。
(3) 市场营销策略。

【能力目标】

(1) 能够进行市场营销环境分析。
(2) 能够对消费者进行市场细分。
(3) 能够依据定价方法对产品进行定价。

【案例导读】

新品破局同质化营销,薇诺娜是怎么做到更懂消费者的?

卖爆新品,这件事说难不难,说容易也不容易。直播兴起后,消费者瞬时的种草和下单屡见不鲜。很多品牌卖爆新品,就是得益于短视频讲故事+直播卖产品,这个玩法通常会产生1+1>2的效果。但打造爆款的财富密码,早在各个平台发力直播业务、大小品牌都在做直播带货的时候就不是秘密了。随着流量竞争越来越激烈,单一以短链交易转化的"爆品思维",目前已不足以占领消费者心智。同质化的玩法,难以让品牌与饱受训练的消费者建立深度沟通,更难以实现两者间的情感链接和信任积累,无法支撑长期塑造品牌价值。在这种新消费环境下,薇诺娜发布新品"特护精华",重新打造了全链路的新品营销体验,给品牌们带来一次很好的示范,创下了骄人的成绩和口碑。那么,薇诺娜到底是如何不依靠单一平台,高效多维触达消费者,品效合一的打爆新品的呢?重塑品牌与用户关系。品牌商家持续产品创新,"大单品时代"已是大势所趋,要打爆新品,关键在于两点:一是打造消费者全链路触点;二是创造高感知价值的产品和服务(资料来源:唯乐信礼券)。

一、打造消费者全链路触点

为了更好助力新品出圈,薇诺娜在打造此轮新品营销时并没有局限于单点传播,而是充分发挥社交媒体的连接能力,多阶段、多维度让品牌与用户建立全链路触点,通过线下、线上两种方式驱动人、货、场从割裂走向融合。

1. 线下联动分众,百城霸屏,薇诺娜以舒淇"特护精华"版TVC视频为内容核心提前预热,携手分众传媒霸屏绽放100城,聚焦产品"高阶特护,精准修护"的卖点,连续四周强势曝光,让传播下沉,触达更多不同圈层的消费者,曝光人次超363亿。

薇诺娜想打动消费者,品牌不需要强刺激。只要长期不断地出现在人们身边,成为熟悉、安全、放心的信息,就可以帮助形成品牌认知,占领消费者心智,在转化时变成不加思索的下意识,最终引爆市场,助力品牌持久发展。

2. 线上联动KOL,达人"种草"薇诺娜为了有效提升用户对产品的认知和黏性,预埋下购买动机,早在8月份就通过联合超过100名的头部KOL进行新品种草,并在预售期开始后甄选优质内容进行重点流量加持,实现优质内容有效传播,曝光量高达2亿。在KOL的推荐之下,赋予薇诺娜特护精华更具广度的营销语言延伸,有效强化产品所传达的特点,拉满了消费者对薇诺娜产品的期待值,以达人影响力和多元"种草"内容带动公域流量向品牌私域的转化。

3. 从"种草"到购买,全链路新体验。为了承接前期的"种草"流量,在购买转化上,薇诺娜特别打造了明星、达人与品牌三位一体的直播转化路径。薇诺娜重磅邀请了品牌代言人舒淇亲临品牌抖音直播间,现场和消费者分享了她的宝藏新品薇诺娜特护精华,以及日常不同场景下使用特护CP(特护霜+特护精华)来修护肌肤的护肤心得。现场薇诺娜联动舒淇进行了特护精华启动仪式,一起重新定义修护精华,开启精准修护新时代。借助明星影响力引流消费者,最大化实现从心动到行动的流量转化。

邀请达人朱瓜瓜、毛光光、天总、郭小胖、张沫凡等走进直播间,持续触发消费者的CALL FOR ACTION 行动触点,强势品牌背书,科学"种草"单品,为品牌沉淀优质客群,以及为后续的增长和转化奠定基础。同时,为了助力新品出圈,直播后薇诺娜还在微博发起"谁是修护大佬"的话题,多平台搭建流量矩阵,锻造品牌硬核竞争力。

二、创造高感知价值的产品和服务

爆品不是一蹴而就的,对于品牌而言,能不能满足消费者真正的需求,解决消费者痛点,将成为未来最关键的购买决策因子。

1. 创造高感知价值的产品,真正的爆品要有足够的产品力,才能在同质化产品中突围,持续复购,而不是单纯依赖营销或者流量刷一波。薇诺娜特护精华就从用户角度切入,通过产品高价值、用户强感知、品牌打差异三个方面,实现品牌力和产品力的长期打造。首先,能帮助用户解决痛点,满足消费者的核心诉求,才是高价值的好产品。随着时代的发展、科技的进步,薇诺娜发现把"皮肤修护"升级为更全面立体的修护维度,更能有效靶向狙击敏感,所以在"精准医学"的大趋势下,薇诺娜以专业的实力,引领提出敏感肌精准修护新标准,特别推出薇诺娜特护精华,全新专研高纯度青刺果PRO,能精准直击敏感根源靶点"紧密屏障蛋白"CLAUDIN-5,立足于医学和科技前沿,以生物学和信号通路为依托,从根源进行"点、线、面"精准修护,实现深层维稳。薇诺娜用高阶产品的功效和实力,专业守护每一位消费者,告别肌肤敏感问题。

2. 消费者直观感受到的产品价值越强、体验越好,买单的欲望就越高。薇诺娜通过人民日报抖音"这创新很中国"直播间重磅发布新品"特护精华",特邀著名主持人蒋昌建和奥运冠军惠若琪共同探索以植物科技守护国人肌肤的奥秘。并且现场邀请国际权威机构SGS实验室检测人员现场真人实测,水分含量和改善泛红,即刻直观对比使用新品"特护精华"前后明显的数据变化,消费者能切实地感受到产品卓越的功效。全方位展现薇诺娜以植物科技守护中国"颜值",让消费者了解产品的功效,更深刻地体会到"特护精华"背后隐藏的专业技术核心。最后,品牌精准定位,可以帮助企业把自身优势在市场中发挥到极致。薇诺娜给自己的定位,是专注于敏感肌肤的功效性护肤品牌。品牌创立之初,薇诺娜便以独到的见解与敏锐的洞见力瞄准了功效护肤细分赛道,以"解决中国人常见的问题肌肤"为宗旨,以植物科技和医学专业为品牌的两大支撑,致力于为敏感肌肤护理和修护找到最前沿、最科学的解决方案。并且还积极参与编撰了多项皮肤相关医学指南和专家共识,拥有98项专利和11项核心技术。薇诺娜积累的学术资源和临床数据已经在行业间形成极具竞争力的专业壁垒,成为自己独特的竞争优势。

3. 创造高感知价值的服务,针对消费者困扰的敏感肌问题,薇诺娜还联合权威专家和皮肤医生,在直播间推出"精准修护大师课",围绕早C晚A(C代表VC,A代表VA)、特殊美容、熬夜加班、季节交替、阳光暴晒五大常见的消费者肌肤问题场景,从科技、成分等专业角度帮助消费者精准管理肌肤难题。比如,针对现在流行的早C晚A护肤不当会损伤皮肤屏障的问题,薇诺娜给出了专业的解决方案。可以先使用特护精华渗透舒缓,再使用高浓度产品护肤,最后使用特护霜加乘修护。特护霜作为薇诺娜的王牌产品,无论是敏感时期、敏感愈后还是日常维稳都可以使用,它可以快速舒缓干痒红,提高肌肤耐受力。而同源成分的特护精华与特护霜搭配一起,组成特护CP,可以有4.3倍的加乘修护,高精简,强功效,维持肌肤健康稳定的好状态。薇诺娜用案例和实际行动,让消费者感受到品牌服务的及时性、亲切度和专业度。

总结:无论是针对当下激活与转化的短期营销效益,还是长期的品牌建设,所有这一切都绕不过营销的本质,满足用户的需求,从而创造价值。薇诺娜母公司贝泰妮集团联合创始人董俊姿说过:"薇诺娜品牌始终坚持以用户需求为本,以皮肤学专业为纲,以植物科技为翼,守护国人肌肤健康,服务人们美好生活。"薇诺娜此次新品的强势出道,给企业带来的短期效应是非常明显的,但显然薇诺娜不满足于此,它正尝试把短期效应捕捉住,和品牌更好地融合,转化为长期的效应。

任务一　分析市场营销环境

一、市场营销概述

市场是某种产品或劳务的现实购买者与潜在购买者需求的总和,亦指具有特定需要和欲望,并具有购买力,使这种需要和欲望得到满足的消费者群。市场 = 人口 + 购买力 + 购买欲望。

市场营销是个人和集体通过创造,提供出售并同别人交换产品和价值,以获得其所需所欲之物的一种社会和管理过程。

二、市场营销观念

(一) 传统市场营销观念

1. 生产观念 —— 我生产什么就卖什么。

盛行于19世纪末20世纪初,是一种重生产、轻营销的指导思想,其典型表现就是"我们生产什么,就卖什么"。以生产观念指导营销活动的企业,称为生产导向企业。

20世纪初,美国福特汽车公司制造的汽车供不应求,亨利·福特曾傲慢的宣称:"不管顾客需要什么颜色的汽车,我只有一种黑色的"。福特公司1914年开始生产的T型车,就是在"生产导向"经营哲学的指导下创造出奇迹的。使T型车生产效率趋于完善,降低成本,使更多人买得起。到1921年,福特T型车在美国汽车市场上的占有率达到56%。

2. 产品观念 —— 只要产品质量好就一定有销路。

这是与生产观念并存的一种市场营销观念,都是重生产轻营销。产品观念认为,消费者喜欢高质量、多功能和具有某些特色的产品。因此,企业管理的中心是致力于生产优质产品,并不断精益求精,日臻完善。在这种观念的指导下,公司经理人常常迷恋自己的产品,以至于没有意识到产品可能并不迎合时尚,甚至市场正朝着不同的方向发展。他们在设计产品时只依赖工程技术人员而极少让消费者介入。

杜邦公司在1972年发明了一种具有钢的硬度,而重量只是钢的1/5的新型纤维。杜邦公司的经理们设想了大量的用途和一个10亿美元的大市场。然而这一刻的到来比杜邦公司所预料的要长得多。因此,只致力于大量生产或精工制造而忽视市场需求的最终结果是其产品被市场冷落,使经营者陷入困境。

3. 推销观念 —— 我推销什么你就买什么。

推销观念产生于资本主义经济由"卖方市场"向"买方市场"的过渡阶段。盛行于20世纪30—40年代。推销观念认为企业管理的中心任务是积极推销和大力促销,以诱导消费者购买产品。其具体表现是,"我卖什么,就设法让人们买什么"。在推销观念的指导下,企业相信产品是"卖出去的",而不是"被买去的"。他们致力于产品的推广和广告活动,以求说服、甚至强制消费者购买。他们收罗了大批推销专家,做大量广告,对消费者进行无孔不入的促销信息——"轰炸"。如,美国皮尔斯堡面粉公司的口号由原来的"本公司旨在制造面粉"改为"本公司旨在推销面粉",并第一次在公司内部成立了市场调研部门,派出大量推销人员从事推销活动。

但是,推销观念与前两种观念一样,也是建立在以企业为中心的"以产定销",而不是满足消费者真正需要的基础上。因此,前三种观念被称之为市场营销的旧观念。

(二)现代市场营销观念

以顾客的需要和欲望为导向的市场营销管理哲学,它以整体营销为手段,来取得顾客的满意,从而实现企业的长期利益。消费者需要什么我就生产什么,市场需要什么,我就卖什么,哪里有消费者的需要,哪里就有营销机会。

市场营销观念形成于20世纪50年代。该观念认为,实现企业诸目标的关键在于正确确定目标市场的需要和欲望,一切以消费者为中心,并且比竞争对手更有效、更有利地传送目标市场所期望满足的东西。

市场营销观念的产生,改变了传统的旧观念的逻辑思维方式,而且在经营策略和方法上也有很大突破。它要求企业营销管理贯彻"顾客至上"的原则,将管理重心放在善于发现和了解目标顾客的需要,并千方百计去满足它,从而实现企业目标。因此,企业在决定其生产经营时,必须进行市场调研,根据市场需求及企业本身条件选择目标市场,组织生产经营,最大限度地提高顾客满意程度。

市场营销观念相信,决定生产什么产品的主权不在生产者,也不在政府,而在消费者。

(三)社会营销观念

从20世纪70年代起,随着全球环境破坏、资源短缺、人口爆炸、通货膨胀和忽视社会服务等问题日益严重,要求企业顾及消费者整体利益与长远利益的呼声越来越高。在西方市场营销学界提出了一系列新的理论及观念,如人类观念、理智消费观念、生态准则观念等。其共同点都是认为,企业生产经营不仅要考虑消费者需要,而且要考虑消费者和整个社会的长远利益。这类观念统称为社会营销观念。

社会营销观念的基本核心是,以实现消费者满意以及消费者和社会公众的长期福利作为企业的根本目的与责任。理想的营销决策应同时考虑到消费者的需求与愿望的满足,消费者和社会的长远利益,企业的营销效益。

三、市场营销宏观环境

在企业活动中,营销行为既要受自身条件的制约,也要受外部条件的制约。识别环境变动带来的机会和威胁,根据环境的特点与发展态势,制订并不断调整营销策略是营销工作的重要内容之一。

(一)市场营销环境的定义

市场营销环境是指影响和制约企业营销活动的各种内部条件和外部因素的总和。企业总是生存于一定的环境之中,企业营销活动离不开自身条件,也离不开周围环境。内部条件企业可以控制,但外部因素却是企业难以控制的。企业营销活动不仅要主动地去适应环境,而且也可以通过把握和预测环境,在某种程度上去影响环境,使环境有利于企业的发展。可见,重视研究市场营销环境及其变化,是企业营销的基本工作。

（二）市场营销环境的分类

按企业界线（系统边界）来划分，企业市场营销环境可以分为外部环境和内部环境，如图8.1.1所示。

1. 外部环境。

外部环境是影响企业营销活动的外在因素，如政治、法律、经济、社会、文化、人口、科技、自然以及供应商、销售商、竞争对手等，如图8.1.2所示。外部环境一般是企业难以控制的，营销策略应当是主动地去适应环境。强势企业可以通过把握和预测环境，在某种程度上去影响环境。

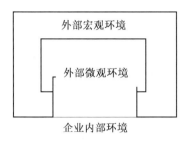

图8.1.1　企业营销环境

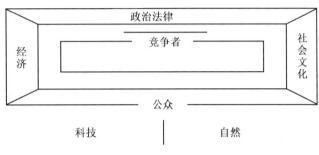

图8.1.2　企业外部环境

按对企业营销活动的影响层次不同，外部环境可分为宏观营销环境和微观营销环境。

（1）宏观营销环境。

宏观营销环境，又称间接营销环境，是指对企业营销活动造成市场机会和环境威胁的因素，这些因素包括政治法律因素、经济因素、社会文化因素、科学技术因素、自然因素。分析宏观营销环境的目的在于更好地认识环境，通过企业营销活动来适应社会环境及变化，达到企业的营销目标。

（2）微观营销环境。

微观营销环境，又称直接营销环境，是指直接影响与制约企业营销活动的因素，即与企业紧密相连，直接影响企业营销能力的各种参与者，如企业本身、上游企业、下游企业、顾客、竞争者以及社会公众，如图8.1.3所示。微观环境，多半与企业具有或多或少的经济联系，有时又称作业环境。

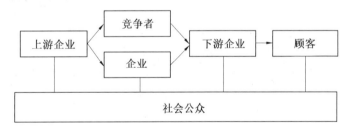

图8.1.3　微观营销环境

宏观环境一般以微观环境为媒介去影响和制约企业的营销活动，在特定场合，也可直接影响企业的营销活动。宏观环境因素与微观环境因素共同构成多因素、多层次、多变化的企业市场营销环境的综合体。

2. 内部环境。

企业内部环境是指企业内部的物质、文化环境的总和，包括内部管理、营销能力、财务状况以及企业文化等，这些因素也称企业内部条件。内部环境是企业经营的基础，是制订战略的出发点、依据和条件，是竞争取胜的根本。

（三）市场营销环境的特征

市场营销环境虽然多变，但我们可以遵循市场规律，有效引导和利用。市场营销环境的特征主要表现为以下"四性"。

1. 客观性。

营销环境是不以人的意志为转移的因素,它对企业营销活动的影响具有不可控性。一般来讲,营销活动无法摆脱和控制营销环境,特别是宏观环境因素,如政治法律因素、人口因素、社会文化因素等,但企业可以通过制订并不断调整市场营销策略去主动适应环境的发展和变化。

2. 差异性。

不同国家或地区、企业之间的营销环境存在着广泛的差异。正因为营销环境的差异,尤其是一些跨地区企业,为适应不同的环境及其变化,必须采用有特点和有针对性的营销策略。环境的差异性还表现为同一环境的变化对不同企业的影响不同。例如,中国加入世界贸易组织,意味着大多数中国企业可以进入国际市场,进行"国际性较量",而这一经济环境的变化,对不同行业所造成的冲击并不相同。企业应根据环境变化的趋势和行业的特点,采取相应营销策略。

3. 动态性。

由于区域以及产业的不同,企业面临的是迥然不同的环境。有的企业处在一个变化甚少的环境中,有的企业处在一个持续变化但变化本身比较平稳的环境中,有的企业则处在一个急剧变化的环境中。但无论如何,在这个世界上有一句话永远正确——"唯一不变的就是变化"。环境变化给企业带来威胁,也带来机会。对企业而言,环境变化本身无所谓好坏,给企业带来影响的往往不是环境变化本身而是企业应对变化的方式。企业必须积极调整自己以适应环境的变化,否则就会非常被动。

4. 相关性。

营销环境各因素之间,相互制约,相互影响。某一因素的变化,可能会带动其他因素的相互变化,形成新的营销环境。宏观环境中的经济政策发生变动,例如,2009年小排量汽车购置税减半优惠,使得2009年小轿车市场异常火爆,导致汽车行业内生产小排量汽车的企业收益不断增加。各个环境因素之间有时存在矛盾,由于家庭收入不断提高,有些家庭有购买小轿车的需求,但油价的不断攀高、车库资源短缺、交通紧张等一系列问题,又制约家庭轿车的发展。

(四) 企业营销活动与市场营销环境

市场营销环境是企业营销活动的制约因素,营销活动依赖于这些环境才得以正常进行,但营销活动绝非只能被动地接受环境的影响,营销策划者应采取积极、主动的态度去适应营销环境。就宏观环境而言,企业可以以不同的方式增强适应环境的能力,避免来自环境的威胁,有效地把握市场机会。菲利普·科特勒的"大市场营销"理论即认为,企业为成功进入特定的市场,在策略上应协调地使用经济的、心理的、政治的和公共关系的手段,以博得外国的或地方的各有关方面的合作与支持,消除壁垒很高的封闭型或保护型的市场存在的障碍,为企业从事营销活动创造一个宽松的外部环境。就微观环境而言,直接影响企业营销能力的各种参与者,事实上都是企业所在行业价值链的利益共同体。企业营销活动的成功,都可以为顾客、供应商和营销中间商带来利益,即使是竞争者,在竞争中,有可能也会采取联合行动,甚至成为合作者。

四、市场营销环境分析

宏观营销环境是对企业营销活动造成市场机会和环境威胁的主要力量。分析宏观营销环境的目的在于更好的认识环境,通过企业营销活动来适应环境及其变化,实现企业营销目标。

(一) 宏观营销环境因素

1. 政治法律环境分析。

政治法律环境是影响企业营销的重要宏观环境因素,包括政治环境和法律环境。政治环境引导着企业营销活动的方向,法律环境则为企业规定了经营活动的行为准则。政治与法律相互联系,共同对企业的市场营销活动产生影响和发挥作用。

(1) 政治环境分析。

政治环境是指企业市场营销活动的外部政治形势。一个国家的政局稳定与否,会给企业营销活动带来重大的影响。如果政局稳定,人民安居乐业,就会给企业营销营造良好的环境。相反,政局不稳,社会矛盾尖锐,秩序混乱,就会影响经济发展和市场的稳定。企业在市场营销中,特别是在对外贸易活动中,一定要考虑东道国政局变动和社会稳定情况可能造成的影响。

(2)法律环境分析。

法律环境是指国家或地方政府所颁布的各项法规、法令和条例等,它是企业营销活动的准则,企业只有依法进行各种营销活动,才能受到国家法律的有效保护。与企业关系密切的法律法规有《中华人民共和国产品质量法》《企业法》《经济合同法》《涉外经济合同法》《商标法》《专利法》《广告法》《食品卫生法》《环境保护法》《反不正当竞争法》《消费者权益保护法》及《进出口商品检验条例》等。企业营销管理者只有熟悉相关法律条文,才能保证企业经营的合法性,才能运用法律武器来保护企业的合法权益。

另外,对从事国际营销活动的企业来说,不仅要遵守本国的法律制度,还要了解和遵守国外的法律制度及有关的国际法规、惯例和准则。只有了解并掌握了这些国家的有关贸易政策,才能制订有效的营销对策,在国际营销中争取主动。

2. 经济环境分析。

经济环境是影响企业营销活动的主要环境因素,它包括收入因素、消费支出、产业结构、经济增长率、货币供应量、银行利率、政府支出等因素,其中收入因素、消费支出对企业营销活动影响较大。

(1)消费者收入分析。

收入是构成市场的重要因素,因为市场规模的大小,归根结底取决于消费者的购买力,而消费者的购买力取决于他们的收入。营销管理者研究消费者收入,通常可以从以下五个方面进行分析。

① 国民生产总值。国民生产总值(GDP)是衡量一个国家经济实力与购买力的重要指标。国民生产总值增长越快,对商品的需求和购买力就越大。反之,就越小。

② 人均收入。人均收入是用国内收入总量除以总人口的比值。这个指标大体反映了一个国家人民生活水平的高低,也在一定程度上决定商品需求的构成。一般来说,人均收入增长,对商品的需求和购买力就大,反之就小。

③ 个人可支配收入。个人可支配收入是指在个人收入中扣除消费者个人缴纳的各种税款和交给政府的非商业性开支后剩余的部分,可用于消费或储蓄的那部分个人收入,它构成实际购买力。个人可支配收入是影响消费者购买生活必需品的决定性因素。

④ 个人可任意支配收入。个人可任意支配收入是指在个人可支配收入中减去消费者用于购买生活必需品的费用支出(如房租、贷款、食物、水电、交通、通信等项开支)后剩余的部分。这部分收入是消费需求变化中最活跃的因素,也是企业开展营销活动时所要考虑的主要对象。这部分收入一般用于购买高档耐用消费品、娱乐、教育、旅游等。

⑤ 家庭收入。家庭收入的高低会影响很多产品的市场需求。一般来讲,家庭收入高,对消费品需求大,购买力也大。反之,需求小,购买力也小。另外,要注意分析消费者实际收入的变化。在通货膨胀条件下,货币收入和实际收入会不一致,货币收入增加,实际收入可能下降。

(2)消费者支出分析。

随着消费者收入的变化,消费者支出模式也会发生相应变化,致使一个国家或地区的消费结构发生变化。西方经济学通常用恩格尔系数来反映这种变化。

19世纪德国统计学家恩格尔根据统计资料得出消费结构变化之间的规律。恩格尔所揭示的这种消费结构的变化通常用恩格尔系数来表示,即

$$恩格尔系数 = \frac{食品支出金额}{家庭消费支出总金额}$$

恩格尔系数越小,食品支出所占比重越小,表明生活富裕,生活质量高;恩格尔系数越大,食品支出所占比重越高,表明生活贫困,生活质量低。

恩格尔系数是衡量一个国家、地区、城市、家庭生活水平高低的重要参数。根据联合国粮农组织提出的标准,恩格尔系数在59%以上为贫困,50%~59%为温饱,40%~50%为小康,30%~40%为富裕,低于30%为最富裕。企业从恩格尔系数可以了解目前市场的消费水平,也可以推知今后消费变化的趋势及对企业营销活动的影响。

(3) 消费者储蓄分析。

消费者的储蓄行为直接制约着市场消费量购买的大小。当收入一定时,如果储蓄增多,现实购买量就减少;反之,如果用于储蓄的收入减少,现实购买量就增加。居民储蓄倾向会受到利率、物价等因素变化影响。人们的储蓄目的是不同的,有的是为了养老,有的是为未来的购买而积累,当然储蓄的最终目的主要也是为了消费。企业应关注居民储蓄的增减变化,了解居民储蓄的不同动机,制订相应的营销策略,获取更多的商机。

(4) 消费者信贷分析。

消费者信贷,也称信用消费,指消费者凭信用先取得商品的使用权,然后按期归还贷款,完成商品购买的一种方式,比如银行按揭购房或银行按揭购车。

信用消费允许人们购买超过自己现实购买力的商品,创造了更多的消费需求。随着我国商品经济的日益发达,人们的消费观念大为改变,信贷消费方式在我国也逐步开展起来。值得注意的是过度消费信贷也会带来风险,美国次贷风波就是信贷危机导致的。

3. 社会文化环境分析。

社会文化环境是指一个国家或地区长期形成的价值观、宗教信仰、风俗习惯、道德规范等的总和。企业总是处于一定的社会文化环境中,企业营销活动必然受到所在社会文化环境的影响和制约。为此,企业营销管理者应了解和分析社会文化环境,针对不同的文化环境制订不同的营销策略,开展不同的营销活动。营销的社会文化环境分析包括以下几个方面。

(1) 教育状况分析。

消费者教育程度的高低,影响消费者对商品功能、款式、包装和服务要求的差异性。通常文化教育水平高的国家或地区的消费者要求商品包装典雅华贵、对附加功能也有一定的要求。因此企业开展的市场开发、产品定价和促销等活动都要考虑到消费者所受教育程度的高低,采取不同的营销策略。

(2) 价值观念分析。

价值观念是指人们对社会生活中各种事物的态度和看法。不同文化背景下,人们的价值观念往往有着很大的差异,消费者对商品的色彩、标识、式样以及促销方式都有自己褒贬不同的意见和态度。企业营销必须根据消费者不同的价值观念来设计产品,提供服务。

(3) 消费习俗分析。

消费习俗是指人们在长期经济与社会活动中所形成的一种消费方式与习惯。不同的国家、不同的民族有着不同的社会习俗和道德观念,从而会影响人们的消费方式和购买偏好,进而影响着企业的经营方式。如西方国家的人们以超前性、享受性消费为主流,而我国人民长期以来形成积蓄习惯,注重商品的实用性。另外,每个国家或地区都有自己的禁忌,营销管理者应做到入国问禁入乡随俗。比如,美国人讲究准时;墨西哥人视黄花为死亡,红花为晦气,白花可以驱邪;匈牙利人忌讳数字"13";日本人忌讳数字"14",忌荷花、梅花的图案,也忌用绿色;我国在肉食方面,壮族(偏僻山区)忌食牛肉,土家族(湖北西部)忌食狗肉,回族禁食猪肉,羌族(产妇)禁食马肉,蒙古族忌食虾、蟹、鱼、海产品等。因此,企业营销者应考虑不同国家不同民族人们的传统习俗与禁忌,做出有针对性的营销决策。

(4) 人口因素。

人口是构成市场的首要因素。市场是由有购买欲望同时又有购买能力的人构成的,人口的多少直接影响市场的潜在容量。从影响消费需求的角度来看,人口分析的内容主要包括,人口总量、年龄结构、地理分布、家庭组成、性别比例等。

目前我国人口的特点主要表现在,人口数量总体增长趋缓;人口出生率逐步下降,儿童数量减少;人口趋于老龄化,逐渐进入老龄社会;家庭结构趋于小型化;人口集中分布在东南沿海区域,人口流动方向由北向南、由农村向城市;大龄未婚青年增多导致非家庭住户增加。

4. 科技环境分析。

科技环境是社会生产力中最活跃的因素,它影响着人类社会的历史进程和社会生活的方方面面,对企业营销活动的影响也比较明显。现代科学技术突飞猛进,科技发展对企业营销活动的影响表现在以下几个方面。

(1) 科技发展促进社会经济结构的调整。

有人说,技术是一种"创造性的毁灭力量"。因为每一种新技术的出现、推广都会给有些企业带来新的市场机会,导致新行业的出现。同时,也会给某些行业、企业造成威胁,使这些行业、企业受到冲击甚至被淘汰。例如,塑料业的发展在一定程度上对钢铁业造成了威胁,许多塑料制品成为钢铁产品的代用品;激光唱盘技术的出现,夺走了磁带的市场;大量起用自动化设备,出现了许多新行业,包括新工具维修、电脑教育、信息处理、自动化控制、光导通信、遗传工程等。

(2) 新技术影响零售商业结构和消费习惯。

新技术会影响零售商业结构和购物人的消费习惯。随着多媒体和网络技术的发展,"网上购物"等新型购买方式逐步流行。人们可以在家中通过网络订购车票、订宾馆房间、订花,甚至订餐。企业也可以利用网络进行广告宣传、网络调研和网络营销。网络直接影响着零售商业结构,未来电子商务将成为商业活动的主流。

(3) 科技发展影响企业营销组合策略的创新。

科技发展使新产品不断涌现,产品寿命周期明显缩短,要求企业必须关注新产品的开发,加速产品的更新换代。科技的发展和运用降低了产品成本,使产品价格下降,并能快速掌握价格信息,要求企业及时做好价格调整工作。科技发展促进流通方式的现代化,要求企业采用顾客自我服务和各种直销方式。科技发展使广告媒体多样化,信息传播快速化,市场范围更加广阔,促销方式更加灵活。为此,要求企业不断分析科技新发展,创新营销组合策略,适应市场营销的新变化。

(4) 科技发展促进企业营销管理的现代化。

科技发展为企业营销管理现代化提供了必要的技术与装备,如电脑网络、网络办公、传真机、射频扫描设备、光纤通信等设备的广泛运用,对改善企业营销管理,实现企业现代化发挥了重要的作用。同时,科技发展对企业营销管理人员也提出了更高地要求,促使其更新观念,掌握现代化管理理论和方法,不断提高营销管理水平。

5. 自然环境分析。

自然环境是指自然界提供给人类的各种形式的资源,如阳光、空气、水、森林、土地等。随着人类社会进步和科学技术发展,工业化进程加速,一方面创造了丰富的物质财富,满足了人们日益增长的需求;另一方面,也造成资源短缺、环境污染等问题。从20世纪60年代起,世界各国开始关注经济发展对自然环境的影响,成立了许多环境保护组织,促使各国政府加强环境保护的立法。这些问题都对企业营销提出了挑战。对营销管理者来说,应该关注自然环境变化的趋势,并从中分析企业营销的机会和威胁,制订相应的对策。

(1) 自然资源分析。

自然资源可分为两类,一类为可再生资源,如森林、农作物等,可以被再次生产出来,但必须防止过度采伐森林和侵占耕地。另一类资源是不可再生资源,如石油、煤炭、银、锡、铀等,这种资源蕴藏量有限,由于人类的大量开采,有的矿产已处于枯竭的边缘。自然资源短缺,使企业原材料价格大涨、生产成本大幅度上升,这又迫使企业研究更合理地利用资源的方法,开发新的资源和代用品,这些又为企业提供了新的资源和营销机会。

(2) 环境污染分析。

工业化、城镇化的发展导致环境污染问题日趋严重。环境污染问题已引起各国政府和公众的密切关注,这对企业的发展是一种压力和约束,要求企业为治理环境污染付出一定的代价,但同时也为企业提供了新的营销机会,促使企业研究控制污染技术,兴建绿色工程,生产绿色产品,开发环保包装。

(3) 政府干预分析。

自然资源短缺和环境污染加重的问题,使各国政府加强了对环境保护的干预,颁布了一系列有关环保的政策法规。政府对自然资源加强干预,往往与企业的经营效益相矛盾。例如,为了控制污染,政府要求企业购置昂贵的控制污染的设备,这势必会影响企业的经营效益,但企业必须以大局为重,要对社会负责,对子孙后代负责,加强环保意识,在营销过程中自觉遵守环保法令,担负起环境保护的社会责任。企业可以通过产业结构调整与合理布局,发展高新技术,实行清洁生产和文明消费,协调环境与发展的关系,注重发展绿色产业、绿色消费、绿色营销。

四、市场营销微观环境

微观营销环境是指直接制约和影响企业营销活动的外在因素,这些因素主要有供应商、营销中介、顾客、竞争者以及社会公众。分析企业微观营销环境的目的在于更好地协调企业与这些相关群体的关系,促进企业营销目标的实现。

(一)供应商分析

供应商是指为企业生产提供所需原材料、辅助材料、设备、能源、劳务、资金等资源的供货单位。这些资源的变化直接影响到企业产品的产量、质量以及利润,从而影响企业营销计划和营销目标的完成。供应商分析的内容主要包括以下几个方面。

1. 供货的及时性和稳定性。

原材料、零部件、能源及机器设备等货源的保证供应,是企业营销活动顺利进行的前提。如汽车制造公司不仅需要发动机、变速箱、底盘等零配件来进行装配,还需要设备、能源作为生产手段与要素,任何一个环节在供应上出现了问题,都会导致企业的生产活动无法正常开展。为此,企业为了在时间上和连续性上保证得到货源的供应,就必须和供应商保持良好的关系,必须及时了解和掌握供应商的情况,分析其状况和变化。

2. 供货的价格变化。

供应的货物价格变化会直接影响企业产品的生产成本。如果供应商提高原材料价格,必然会导致生产企业产品成本上升,生产企业如提高产品价格,可能会影响产品销售。如果价格不变的话,则企业的利润又会减少。因此,企业应密切关注和分析供应商货物价格变化趋势,以便积极应对。

3. 供货的质量保证。

供应商能否供应质量可靠的生产资料将直接影响到企业产品的质量,从而会进一步影响到产品的销售量、企业利润及信誉。例如,劣质液晶屏不能生产出图像清晰、亮丽的电视,劣质水泥同样不能建成坚实的高楼大厦。因此,企业应了解供应商的产品,分析其产品的质量标准,从而保证自己产品的质量。

(二)营销中介分析

营销中介是指为企业营销活动提供各种服务的企业或部门。营销中介对企业营销产生直接的、重大的影响,只有通过有关营销中介所提供的服务,企业才能把产品顺利地送达目标消费者手中。营销中介分析的主要内容有以下几个方面。

1. 中间商。

中间商是把产品从生产领域转向消费领域的环节或渠道,主要包括批发商和零售商两大类。中间商对企业营销具有极其重要的影响,它能帮助企业寻找目标顾客,为产品打开销路,同时为顾客创造效用。为此,企业应根据自身情况选择适合自己的中间商,不仅要与中间商建立良好的合作关系,而且还必须了解和分析中间商的经营活动。

2. 营销服务机构。

营销服务机构是指在企业营销活动中提供专业服务的机构,例如,广告公司、广告媒介、市场调研公司、营销咨询公司、财务公司等。这些机构对企业的营销活动会产生直接的影响,企业需要关注、分析这些服务机构,选择最能为本企业提供有效服务的机构。

3. 物流机构。

物流机构是指帮助企业进行保管、储存、运输的机构,例如,仓储公司、运输公司等。物流机构的主要任务是协助企业将产品实体运往销售目的地,完成产品空间位置的移动,同时还有协助保管和储存职能。物流机构是否经济、便利,直接影响到企业营销效果。因此,在营销活动中,必须了解和研究物流机构及其业务变化动态。

4. 金融机构。

金融机构是指为企业营销活动进行资金融通的机构,例如,银行、信托公司、保险公司等。金融机构的主要功能是为企业营销活动提供融资及保险服务。在现代经济社会中,企业都要通过金融机构开展经营活动。金融机构业务活动的变化会影响企业的营销活动,比如银行贷款利率上升,会使企业成本增加;信贷资金来源受到限制,会使企业经营陷入困境。为此,企业应分析这些机构并与这些机构保持良好的关系,以保证融资及信贷业务的稳定和渠道的畅通。

（三）顾客分析

顾客是指使用或接受企业最终产品或服务的消费者或用户,是企业营销活动的最终目标市场,也是营销活动的出发点和归宿。顾客是市场的主体,任何企业的产品和服务,只有得到了顾客的认可,才能赢得这个市场,现代营销强调把满足顾客需求作为企业营销管理的核心。

为便于深入研究各类市场的特点,国内顾客市场按购买动机可分为四种类型,即消费者市场、生产者市场、中间商市场和政府市场。消费者市场是指为满足个人或家庭消费需求购买产品或服务的个人和家庭;生产者市场是指为生产其他产品或服务,以赚取利润而购买产品或服务的组织;中间商市场是指购买产品或服务以转售从中营利的组织;政府市场是指购买产品或服务,以提供公共服务或把这些产品及服务转让给其他需要的人的政府机构。

各类市场都有其独特的顾客,他们不同的需求,要求企业以不同的方式提供相应的产品和服务,从而影响企业营销决策的制订和服务能力的形成。为此,企业要注重对顾客进行研究,分析顾客的需求规模、需求结构、需求心理以及购买特点,这是企业营销活动的起点和前提。

（四）竞争者分析

在商品经济条件下,任何企业在目标市场进行营销活动时,不可避免地会遇到竞争对手的挑战。即使在某个市场上没有直接竞争对手,也会有潜在竞争对手的存在。竞争对手的营销策略及营销活动的变化,如产品价格、广告宣传、促销手段的变化,以及产品的开发、销售服务的加强等都会直接影响企业的营销状况。因此,企业在制订营销策略前必须先弄清竞争对手,特别是同行业竞争对手的生产经营状况,做到知己知彼,有效地开展营销活动。

竞争者分析的内容主要包括：行业内竞争企业的数量；竞争企业的规模和能力；竞争企业对竞争产品的依赖程度；竞争企业所采取的营销策略；竞争企业供应渠道及销售渠道等。

（五）社会公众分析

社会公众是指对企业营销活动有实际或潜在利害关系的团体或个人,如媒体公众、政府公众、社团公众、社区公众、一般公众及企业内部公众等。企业面对广大公众的态度,会帮助或妨碍企业营销活动的正常开展。因此,企业应采取积极措施,树立良好的企业形象,力求保持和主要公众之间的良好关系。

（六）环境分析工具

1. 环境威胁与市场机会。

（1）营销环境总体分析。

一个企业要进入某一行业或领域,不仅会面临很多发展机会,而且也会遇到一些阻力或威胁。因此,企业在进入某一行业或领域之前,需要对其所面临的市场机会和环境威胁做总体分析。

市场机会是指市场上存在的尚未满足或尚未完全满足的需求,或者说是外界环境变化对企业产生的有利影响,它能够给企业带来发展的机会或使企业优势得到充分发挥。简单来说,机会就是指对企业富有吸引力,企业拥有竞争优势的领域。比如推行"低碳经济"政策,对新能源企业就是一种市场机会。

环境威胁是指外界环境变化对企业产生的不利影响,它给企业带来挑战,如果企业不采取措施,其市场地位将会受到冲击和动摇。环境威胁可能来自多方面,比如国际经济方面,2007年爆发的美国次贷危机,给世界经济和贸易带来了巨大的负面影响,不少企业为此倒闭。

分析机会与威胁,可以采用"机会／威胁矩阵图"对营销环境进行总体分析,如图8.1.4所示。以横坐标表示机会水平高低,以纵坐标表示威胁水平高低,则会出现以下四种类型业务。

图 8.1.4 机会／威胁矩阵图

① 理想的业务,即高机会和低威胁业务。对于理想业务,企业应看到机会难得,甚至转瞬即逝,因此,企业必须抓住机会,迅速行动。

② 冒险的业务,即高机会和高威胁业务。对于冒险业务,企业既不能盲目冒进,也不能迟疑不决,而应全面分析自身优势和劣势,扬长避短和创造条件争取实现突破性发展。

③ 成熟的业务,即低机会和低威胁业务。对于成熟业务,企业要么不进入,要么作为常规业务用于维持企业的正常运转,并为开展理想业务和冒险业务准备条件。

④ 困难的业务,即低机会和高威胁业务。对于困难业务,企业不要进入;已经进入的企业,要么努力改变环境,走出困境或减轻威胁,要么立即转移,摆脱当前困境。

【小故事】

某烟草公司机会威胁分析

假设某烟草公司通过市场调研了解到影响其发展的一些动向。

(1) 某些国家政府颁布了法令,要求所有香烟广告和包装上都要印上"吸烟危害健康"的严重警告。

(2) 有些国家的政府颁布了禁烟令,禁止在公共场所吸烟。

(3) 许多发达国家吸烟人数大幅度下降。

(4) 某家烟草公司的研究实验室发明了用莴苣叶制造无害香烟的方法。

(5) 发展中国家吸烟人数迅速增加。

显然,上述(1)(2)(3)动向对烟草公司造成了不利影响,属于环境威胁;(4)(5)动向则对烟草公司带来了有利影响,属于市场机会。由此可知,烟草公司属于高机会和高威胁的冒险企业,即尽管公司有丰厚的潜在利润,但也存在着巨大风险。因此,企业在经营过程中必须密切监视各种动向的变化趋势,并据此制订应变对策。

(2) 市场机会分析与对策。

企业寻找和发现了市场机会以后,还必须对各种市场机会进行分析和评价,以判断其能否成为企业发展的"公司机会"。所谓公司机会,就是符合企业的经营目标和经营能力,有利于发挥企业优势的市场机会。

外界环境变化可能同时给企业带来若干个发展机会,但并非所有市场机会都对企业具有同样的吸引力。因此,企业应对各种市场机会进行分析和评价,并判断哪些市场机会对企业具有较大吸引力,哪些市场机会企业暂时不应考虑。

每个市场机会都可以按照潜在吸引力大小和成功概率高低进行分类。以横坐标表示成功概率高低,以纵坐标表示潜在吸引力大小,市场机会可以分为四种类型,如图 8.1.5 所示。

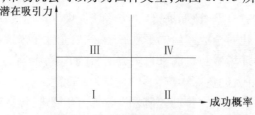

图 8.1.5 市场机会矩阵图

Ⅰ区域:成功概率低和潜在吸引力小的市场机会,企业应该放弃。
Ⅱ区域:成功概率高和潜在吸引力小的市场机会,中小企业应加以利用。
Ⅲ区域:潜在吸引力大和成功概率低的市场机会,企业应密切加以关注。
Ⅳ区域:潜在吸引力大和成功概率高的市场机会,企业应准备若干计划充分利用这种机会。

根据上述某烟草公司案例,在"市场机会矩阵图"上共有两个市场机会,即(4)(5)动向,其中最好的市场机会是(5),其"潜在吸引力"和"成功概率"都很大;而市场机会(4)的"潜在吸引力"虽然很大,但"成功概率"却很小。

(3) 环境威胁分析与对策。

一个企业往往面临着若干环境威胁,但并不是所有的环境威胁都一样大,这些威胁可以按照潜在严重性和出现的可能性加以分类。以横坐标表示环境威胁出现的可能性,以纵坐标表示环境威胁的潜在严重性,环境威胁也可以分为四种类型,如图8.1.6所示。

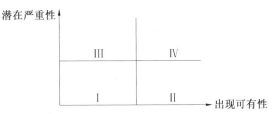

图8.1.6 环境威胁矩阵图

Ⅰ区域:潜在严重性和出现可能性都较小的环境威胁,企业可以不加理会。
Ⅱ区域:潜在严重性小和出现可能性大的环境威胁,企业应制订出应对计划。
Ⅲ区域:潜在严重性大和出现可能性小的环境威胁,企业不能掉以轻心,以免此种威胁变为现实。
Ⅳ区域:潜在严重性和出现可能性都较大的威胁,企业应准备多个应变计划,并且计划应阐明在威胁出现之前或者当威胁出现时企业应采取的对策。

根据上述某烟草公司案例,在"环境威胁矩阵图"上共有三个"环境威胁",即(1)(2)(3)动向,其中(2)(3)动向是潜在严重性和出现可能性都较大的环境威胁,从而是烟草公司的主要威胁,企业对这两个威胁必须给予充分的重视;动向(1)的潜在严重性大,但出现可能性较小,从而不是烟草公司的主要威胁。

企业面对环境威胁通常可以采取以下对策。

① 反抗。反抗是指企业采取措施限制或扭转不利因素的发展。例如,上述案例中的某烟草公司可以疏通议员允许在公共场所抽烟,或要求在公共场所设立"吸烟区"以把吸烟者和不吸烟者隔开。

② 减轻。减轻是指企业通过调整市场营销组合来改善适应环境的能力,以减轻环境威胁的严重性。例如,上述案例中的某烟草公司就可以调整自己的分销渠道策略,增加对发展中国家的出口,也可以开发无害香烟等,以减轻环境威胁的严重性。

③ 转移。转移是指企业把业务转移到其他盈利较多的行业上去。如上述案例中的某烟草公司可以适当减少香烟业务,增加食品和饮料业务等,实行多元化经营。

2.企业优势与企业劣势。

当两个企业处在同一市场或者说它们都有能力向同一顾客群体提供产品和服务时,如果其中一个企业有更高的盈利率或盈利潜力,那么,我们就认为这个企业比另外一个企业更具有竞争优势。所谓竞争优势是指一个企业超越其竞争对手的能力,这种能力有助于实现企业的主要目标——盈利。

竞争优势可以指消费者眼中一个企业或它的产品有别于其竞争对手的任何优越的东西,它可以是产品线的宽度、产品的大小、质量、可靠性、适用性、风格和形象以及服务的及时、态度的热情等。虽然竞争优势实际上指的是一个企业比其竞争对手有较强的综合优势,但是明确企业究竟在哪一个方面具有优势更有意义,因为只有这样,才可以扬长避短,或者以实击虚。

由于企业是一个整体,并且竞争优势来源具有广泛性,所以在做优劣势分析时必须从整个价值链的每个环节上,将企业与竞争对手做详细的对比。如产品是否新颖,制造工艺是否复杂,销售渠道是否畅通,以及价格是否具有竞争性等。如果一个企业在某一方面或几个方面的优势正是该行业企业应具备的关键成功要素,那么,该企业的综合竞争优势也许就强一些。

企业在维持竞争优势过程中,必须深刻认识自身的资源和能力,采取适当的措施。一般来说,企业经过一段时期的努力,建立起某种竞争优势,然后就处于维持这种竞争优势的态势,竞争对手开始逐渐做出反应;而后,如果竞争对手直接进攻企业的优势所在,或采取其他更为有力的策略,就会使这种优势受到削弱。

影响企业竞争优势的持续时间,主要有三个关键因素:

(1)建立这种优势需要多长时间?

(2)能够获得的优势有多大?

(3)竞争对手做出有力反应需要多长时间?

如果企业分析清楚了这三个因素,就会明确自己在建立和维持竞争优势中的地位了。

3. SWOT 分析模型。

(1) SWOT 分析的含义。

SWOT 分析法又称为态势分析法,它是由旧金山大学的管理学教授于 20 世纪 80 年代初提出来的,SWOT 四个英文字母分别代表:优势(Strength)、劣势(Weakness)、机会(Opportunity)、威胁(Threat)。

所谓 SWOT 分析,就是将与研究对象密切相关的各种主要内部优势、劣势和外部的机会和威胁等,通过调查列举出来,并依照矩阵形式排列,然后用系统分析的思想,把各种因素相互匹配起来加以分析,从中得出相应的结论。SWOT 分析法常常被用于制订集团发展战略和分析竞争对手情况,在战略分析中,它是最常用的方法之一。S,W 是内部因素,O,T 是外部因素。按照企业竞争战略的完整概念,战略应是一个企业"能够做的"(即企业的优势与劣势)和"可能做的"(即环境的机会和威胁)之间的有机组合。

从整体上看,SWOT 可以分为两部分。第一部分为 S,W,主要用来分析内部条件;第二部分为 O,T,主要用来分析外部条件。利用这种方法可以从中找出对自己有利的、值得发扬的因素,以及对自己不利的、要避开的东西,发现存在的问题,找出解决的办法,并明确以后的发展方向,为领导者和管理者做决策和规划提供依据。

(2) SWOT 分析步骤。

SWOT 分析法常常被用于制订集团发展战略和分析竞争对手情况,在战略分析中,它是最常用的方法之一。进行 SWOT 分析,主要有以下几个步骤:

① 分析环境因素。运用各种调查研究方法,分析出公司所处的各种环境因素,即外部环境因素和内部环境因素。外部环境因素包括机会因素和威胁因素,它们是外部环境对公司的发展直接有影响的有利和不利因素,属于客观因素;内部环境因素包括优势因素和弱点因素,它们是公司在其发展中自身存在的积极和消极因素,属于主动因素。

优势,是公司内部因素,具体包括有利的竞争态势、充足的财政来源、良好的企业形象、技术力量、规模经济、产品质量、市场份额、成本优势、广告攻势等。

劣势,也是公司内部因素,具体包括设备老化、管理混乱、缺少关键技术、研究开发落后、资金短缺、经营不善、产品积压、竞争力差等。

机会,是公司外部因素,具体包括新产品、新市场、新需求、外国市场壁垒解除、竞争对手失误等。

威胁,也是公司外部因素,具体包括新的竞争对手、替代产品增多、市场紧缩、行业政策变化、经济衰退、客户偏好改变、突发事件等。

② 构造 SWOT 矩阵。

将调查得出的各种因素根据轻重缓急或影响程度等排序方式,构造 SWOT 矩阵。

在此过程中,将那些对公司发展有直接的、重要的、大量的、迫切的、久远的影响因素优先排列出来,而将那些间接的、次要的、少许的、不急的、短暂的影响因素排列在后面。

③ 制订行动计划。

在完成环境因素分析和 SWOT 矩阵的构造后,便可以制订出相应的行动计划。制订计划的基本思路是,发挥优势因素,克服弱势因素,利用机会因素,化解威胁因素;考虑过去,立足当前,着眼未来。运用系统分析的综合分析方法,将排列与考虑的各种环境因素相互匹配起来加以组合,得出一系列公司未来发展的可选择对策。

任务二　分析目标市场战略

一、市场细分

市场细分是指企业通过市场调研,根据顾客对产品或服务不同的需要和欲望,不同的购买行为与购买习惯,把某一产品的整体市场分割成需求不同的若干个市场的过程。分割后的每一个小市场称为子市场,也称为细分市场。

消费者市场细分的标准——4个变量(表8.2.1)。

表8.2.1

细分变量	具体内容
1.地理变量	国家、地区、城市、农村、面积、气候、地形、交通条件、通信条件、城镇规划等。
2.人口变量	人口总数、人口密度、家庭户数、年龄、性别、职业、民族、文化、宗教、国籍、收入、家庭、生命周期等。
3.心理变量	生活方式、个性、购买动机、价值取向、对商品和服务方式的感受或偏爱、对商品价格反应的灵敏度等。
4.行为变量	购买时机、追求的利益、使用状况、忠诚程度、使用频率、待购阶段和态度等。

二、目标市场

企业在细分市场的基础上,根据自身资源优势所选择的主要为之服务的那部分特定的顾客群体。简言之,目标市场是指在市场细分的基础上,企业要进入的最佳细分市场。

(一)目标市场的评估

1. 市场要有一定的规模潜力。

市场要有一定的规模和广阔的发展前景,即大公司适合于选择市场容量大的细分市场,相反,小企业适于进入规模较小的细分市场。

2. 市场要有一定的盈利能力。

即使市场有规模,前景看好,但是,企业选择这一市场并不意味着能够长期盈利。每个市场都会有竞争者,新加入者和新产品的威胁。市场进入壁垒低,会导致竞争对手多,激化市场竞争,降低盈利水平。

3. 细分市场的特征与企业总目标和资源优势的吻合程度。

有吸引力的细分市场并不是最好的市场,只有符合企业长远发展目标的,能充分利用企业资源条件,并能发挥企业优势的细分市场才是良好的目标市场。

(二)目标市场的选择

1. 市场集中化。

企业选择一个分市场,实行密集性市场营销。例如,大众汽车公司将重点集中在小汽车市场上,而保时捷公司则集中在跑车市场上。市场集中化是只生产一种产品,为一个顾客群服务,目标市场范围窄,经营风险较小或者资源有限,这是规模较小的企业常用的战略。大企业采用这种战略,是因为初次进入某个市场,可以把这个分市场作为继续扩大市场的起点(图8.2.1)。

2. 产品专门化。

企业生产一种产品,向各类顾客销售。通过这种模式,不仅可以分散风险,利于企业发挥生产、技术潜能,而且可以在某种产品方面建立起很高的声誉。当然,如果这一领域发展出全新的技术,该产品就会出现滑坡的危险(图8.2.2)。

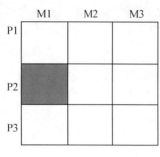 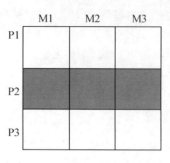

图 8.2.1　市场集中化　　　图 8.2.2　产品

3. 市场专门化。

企业面对一种顾客,生产、经营他们需要的各种产品。这样可以分散风险,而且可以在这一类顾客中树立良好的声誉。但是,这一类顾客一旦购买力下降或减少在这方面的支出,实行这种战略的企业收益就会下降(图 8.2.3)。

4. 选择专门化。

企业选择若干个分市场作为目标市场,其中每个分市场都能提供有吸引力的产品,但是彼此之间很少或根本没有任何联系。实际上这是一种多角化经营的模式,可以较好地分散企业的风险。即使企业在某个市场失利,也能在其他的市场弥补(图 8.2.4)。

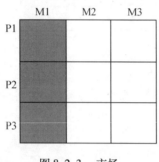 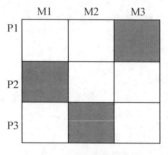

图 8.2.3　市场　　　图 8.2.4　选择专门化

5. 全面市场覆盖。

较大的企业,生产多种产品或一种产品,满足市场上所有顾客群体的需求,以期覆盖整个市场。例如,美国通用汽车公司在汽车市场上采用的便是这种策略。

(三)目标市场营销策略

1. 无差异性市场营销策略。

无差异市场营销是指企业在市场细分之后,不考虑各子市场的特性,而只注重子市场的共性,对整个市场只推出一种产品,运用单一的市场营销组合。力求满足尽可能多的顾客需求。可口可乐公司在60年代以前曾以单一口味的品种、统一的价格和瓶装、同一广告主题将产品面向所有顾客,就是采取的这种策略(图 8.2.5)。

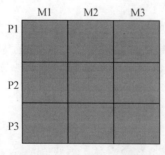

图 8.2.5　全面市场涵盖

这种战略的优点是产品的品种、规格、款式简单统一,有利于标准化及大规模生产、成本经济性、生产单一产品,可以减少生产与储运成本;无差异的广告宣传和其他促销活动可以节省促销费用;不搞市场细分,可以减少企业在市场调研、产品开发、制订各种营销组合方案等方面的营销投入,这种策略对于需求广泛、市场同质性高且能大量生产、大量销售的产品比较合适。但其主要的缺点是单一产品要以同样的方式广泛销售并让所有购买者都满意是不可能的(图8.2.6)。

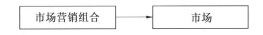

图8.2.6　无差异性市场营销策略

2. 差异性市场营销策略。

同时在几个市场区隔营运,并分别为每个市场区隔设计不同产品。差异性市场营销策略是将整体市场划分为若干细分市场,针对每一细分市场制订一套独立的营销方案。比如,服装生产企业针对不同性别、不同收入水平的消费者推出不同品牌、不同价格的产品,并采用不同的广告主题来宣传这些产品,就是采用的差异性营销策略。

差异性营销策略的优点是,小批量、多品种,生产机动灵活、针对性强,使消费者需求更好地得到满足,由此促进产品销售。另外,由于企业是在多个细分市场上经营,一定程度上可以减少经营风险;一旦企业在几个细分市场上获得成功,有助于提高企业的形象及提高市场占有率。

差异性营销策略的不足之处主要体现在两个方面:一是增加营销成本。由于产品品种多,管理和存货成本将增加,公司必须针对不同的细分市场发展独立的营销计划,这将增加企业在市场调研、促销和渠道管理等方面的营销成本。二是可能使企业的资源配置不能有效集中,顾此失彼,甚至在企业内部出现彼此争夺资源的现象,使拳头产品难以形成优势(图8.2.7)。

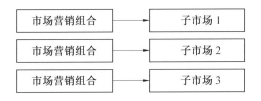

图8.2.7　差异性市场营销策略

3. 集中性市场营销策略。

集中市场营销是指企业集中所有力量,以一个或少数几个性质相似的子市场作为目标市场,试图在较少的子市场上实现较大的市场占有率。实行差异性营销策略和无差异营销策略,企业均是以整体市场作为营销目标,试图满足所有消费者在某一方面的需要。集中性营销策略则是集中力量进入一个或少数几个细分市场,实行专业化生产和销售。实行这一策略,企业不是追求在一个大市场角逐,而是力求在一个或几个子市场占有较大份额。

集中性营销策略的指导思想是,与其四处出击收效甚微,不如突破一点取得成功。这一策略特别适合于资源力量有限的中小企业或者是初次进入新市场的大企业。中小企业由于受财力、技术等方面因素制约,整体市场可能无力与大企业抗衡,但如果集中资源优势在大企业尚未顾及或尚未建立绝对优势的某个或某几个细分市场进行竞争,成功的可能性更大。

集中性营销策略的局限性体现在两个方面:一是市场区域相对较小,企业发展受到限制。二是潜伏着较大的经营风险,一旦目标市场突然发生变化,如消费者趣味发生转移,或强大竞争对手的进入,或新的更有吸引力的替代品的出现,都可能使企业因没有回旋余地而陷入困境(图8.2.8)。

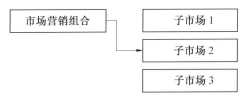

图8.2.8　集中性市场营销策略

上述三种目标市场战略各有利弊,企业到底采取哪一种策略,应综合考虑(1)企业资源或实力。(2)产品的同质性。(3)市场同质性。(4)产品所处生命周期的不同阶段。(5)竞争者的市场营销策略。

(四)影响目标市场营销策略选择的因素

1. 企业资源或实力。

如果企业在人力、物力、财力及信息各方面资源不足,能力有限,如中小型企业,无力将整个市场作为目标市场,多采用密集型市场战略。势力雄厚的大企业,差别化市场战略和无差别市场战略均可根据需要采用。

2. 产品同质性。

同质性产品本身差别较小,如大米、食盐等,比较适合采用无差别市场策略。如果产品实际变化较大,如服装、汽车等,则宜采用差别化市场战略或集中性市场战略

3. 市场同质性。

市场同质性是指所有购买者需求、偏好等各种特征相似,每一时期的购买数量相近,对市场营销刺激的反应也相同。在这种情况下,企业可采用无差别市场营销战略;反之,则宜采用差别化市场战略或集中性市场战略。

4. 产品所处的生命周期的不同阶段。

企业向市场推出新产品,通常先介绍一种款式,因此可采用无差别市场战略和集中性市场战略。产品进入成熟期以后,逐渐转化为差别化市场战略;或者应用集中性市场战略,开拓新的市场引入期(无差异行销)、成长期(集中行销)、饱和期(差异行销)。

5. 竞争者的营销策略。

竞争对手积极进行市场细分、实行差别化市场战略,本企业采用无差别市场战略与之抗衡,一般难以奏效。此时,应通过更为有效的市场细分,寻找新的机会和突破口,采取差别化市场战略或集中性市场战略。反之,若竞争对手采取无差别市场战略,本企业采用差别化战略,必有所得。

三、市场定位

随着市场经济的发展,在同一市场上有许多同一品种的产品出现。企业为了使自己生产或销售的产品获得稳定的销路,要从各方面赋予产品一定的特色,树立产品鲜明的市场形象,以求在顾客心目中形成一种稳定的认知和特殊的偏爱这就是市场定位。

(一)定位的概念

选择目标市场以后,企业还要为自己或产品市场上树立某种特色,塑造预定的形象,并争取目标顾客的认同。它要向市场说明,本企业与竞争者有什么不同和区别。这种勾画企业形象和价值,使市场全面理解和正确认识本企业有别于竞争者的象征的行为,就是市场定位。定位就是在目标消费者的心中,建立起属于品牌本身的独特地位,也就是塑造出自己的品牌个性。

市场定位的关键是企业要设法在自己的产品上找出比竞争者更具有竞争优势的特性。竞争优势一般有两种基本类型:一是价格竞争优势,即在同样的条件下比竞争者定出更低的价格,这就要求企业采取一切努力,力求降低单位成本。二是偏好竞争优势,即能提供确定的特色来满足顾客的特定偏好,这就是要求企业努力在产品特色上下功夫。

(二)市场定位的主要作用

市场定位是现代市场营销理论的一个重要概念。近年来受到市场经济发达国家的广泛重视,理论和实践两方面都发展很快。在我国,也有越来越多的企业运用市场定位战略。

1. 有助于企业明确市场营销组合的目标。

市场营销组合是企业占领市场的基本手段。市场营销组合,即产品、价格、分销和促销等手段及战略的协调运用,从本质上讲乃是市场定位战略的具体战术。比如一家采用优质定位的企业,必须由此推出优质产品,制订较高价格,通过高档次的分销商,以及高档次的报刊做广告,才能树立持久的、令人信服的优质形象。目标市场决定了一个企业的顾客和一批竞争对手。市场定位则进一步限度了企业的顾客和

竞争对手。因此,市场营销的各种手段和战略必须,也只有在市场定位的前提下,才有明确的努力方向,才能形成有意义、有效益的"组合"。

2. 有利于建立企业及其产品的市场特色。

在现代社会,同一市场上有许多同一品种的产品出现的情况,给这些产品的生产厂家和经营者造成严重的威胁。企业为了使自己生产或经营的产品获得稳定的销路,防止被别家产品所替代,唯有从各方面为其产品培养一定的特色,树立一定的市场形象,以期在顾客心目中形成一种特殊的偏爱。也就是说,市场定位。

(三) 定位的内容

1. 产品定位。

产品定位侧重于产品实体定位质量、成本、特征、性能、可靠性、使用性、款式等。

2. 企业定位。

企业定位即企业形象塑造品牌、员工能力、知识、言表、可信度。

3. 竞争定位。

竞争定位确定企业对象与竞争者的市场位置。

4. 消费者定位。

消费者定位确定企业的目标消费群。

(四) 市场定位的方法

各企业经营的产品不同,面对的顾客也不同,所处的竞争环境也不同,因而定位方法不尽相同,总的来讲有以下几种:

1. 首席定位。

首席定位强调自己在同行业或同类产品中的领先地位,在某方面是"第一"。

常用的有市场占有率第一,行业第一等。如,华润雪花啤酒连续七年中国销量第一。

2. 比附定位。

企业比拟名牌、攀附名牌来给自己的产品定位,以借名牌产品之光而使自己的产品品牌生辉的定位方法。比附定位一般有三种形式:

(1) 甘居"第二",就是明确承认同类中另有最负盛名的品牌,自己只不过是第二而已。这种策略会使人们对公司产生一种谦虚诚恳的印象,相信公司所说是真实可靠的,同时迎合了人们同情弱者的心理。如美国阿维斯出租汽车公司定位为"我们是老二,我们要进一步努力"之后,品牌知名度迅速上升,赢得了更多忠诚的客户。

(2) 攀龙附凤,其切入点亦如上所述,首先是承认同类中已卓有成就的品牌,本品牌虽自愧不如,但在某地区或在某一方面还可与这些最受消费者欢迎和信赖的品牌并驾齐驱,平分秋色。如内蒙古的宁城老窖,宣称是"宁城老窖——塞外茅台"。

(3) 高级俱乐部,公司如果不能取得第一名或攀附第二名,便退而采用此策略,借助群体的声望和模糊数学的手法,打出入会限制严格的俱乐部式的高级团体牌子,强调自己是这一高级群体的一员,从而提高自己的地位形象。如可宣称自己是某行业的三大公司之一,50家大公司之一,10家驰名商标之一,等等。美国克莱斯勒汽车公司宣布自己是美国"三大汽车公司之一",使消费者感到克莱斯勒和第一、第二一样都是知名轿车了,从而收到了良好的效果。

3. 比较定位。

比较定位通过与竞争对手的比较来确定自己在市场中的位置的定位。运用此策略一定要客观公平,否则给消费者留下言过其实的印象,有时成为一种诋毁行为,引起法律纠纷。

4. 产品类别定位。

产品类别定位与某些知名而又司空见惯类型的产品做出明显区别,给自己的产品定为与之不同的另类。七喜的非可乐定位。2004年河北中旺集团推出"五谷道场"方便面时,特意强调其"非油炸"的特性,赚足了消费者的眼球,获得了很好的效果。还有"娃哈哈",把非常可乐定位为"中国人自己的可乐"

以与"两乐"霸占的国内市场相区别,最终取得了不错的销售业绩。

5. USP定位。

USP定位策略的内容是在对产品和目标消费者充分研究的基础上,寻找产品特征中消费者最关心且竞争对手所不具备的独特部分。这以美国M&M巧克力的"只溶在口,不溶于手"的定位和乐百氏纯净水的"27层净化"、农夫山泉卖的是"甜"是国内USP定位的经典之作。又如,巴黎欧莱雅,含法国孚日山SPA矿泉水,锁住水分。

6. 利益定位。

利益定位根据产品所能满足的需求或所提供的利益,解决问题的程度来定位。如,在汽车市场上,"奔驰"追求豪华舒适,"宝马"让顾客感受驾驶本身的乐趣。

7. 使用者类型定位。

将其产品指向某一类特定的使用者,以便根据这些顾客的看法为他们的地点、产品、服务等,特别塑造一种形象。如,美国米勒啤酒"高生"啤酒定位"啤酒中的香槟",吸引了许多不常饮用啤酒的高收入妇女;有一家公司专门销售热水器给公司员工冲泡即溶咖啡,以取代需要酿煮的咖啡。针对目标顾客群,直接将产品定位为"在办公室中泡咖啡的人,向烦人的酿煮咖啡说再见吧!"还有金利来的"男人的世界"。

8. 空档定位(填空补缺式)。

寻找新的尚未被占领,但为许多消费者所重视的位置,即填补市场上的空位。这种定位战略有两种情况:① 这部分潜在市场即营销机会没有被发现。② 许多企业发现了这部分潜在市场,但无力去占领,这就需要有足够的实力才能取得成功。如,西安杨森的"采乐去头屑特效药"的定位和可口可乐公司果汁品牌"酷儿"的定位。

9. 情感定位。

情感定位是指运用产品直接或间接地冲击消费者的情感体验而进行定位,用恰当的情感唤起消费者内心深处的认同和共鸣,适应和改变消费者的心理。浙江纳爱斯的雕牌洗衣粉,利用社会对下岗问题的关注而进行的"……妈妈,我能帮您干活啦"的"下岗片"定位,真情流露引起了消费者内心深处的震颤以及强烈的情感共鸣,使得"纳爱斯"和"雕牌"的品牌形象更加深入人心。又如,山叶钢琴的"学琴的孩子不会变坏",这是台湾地区最有名的广告语,它抓住父母的心态,采用攻心策略,不讲钢琴的优点,而是从学钢琴有利于孩子身心成长的角度,吸引孩子父母。

(五)市场定位的策略

1. 避强定位。

避强定位是指企业力图避免与实力最强的或较强的其他企业直接发生竞争,而将自己的产品定位于另一市场区域内,使自己的产品在某些特征或属性方面与最强或较强的对手有比较显著的区别。

优点:避强定位策略能使企业较快地在市场上站稳脚跟。并能在消费者或用户中树立形象,风险小。

缺点:避强往往意味着企业必须放弃某个最佳的市场位置,很可能使企业处于最差的市场位置。

2. 迎头定位。

迎头定位是指企业根据自身的实力,为占据较佳的市场位置,不惜与市场上占支配地位的、实力最强或较强的竞争对手发生正面竞争,而使自己的产品进入与对手相同的市场位置。

优点:竞争过程中往往相当惹人注目,甚至产生所谓轰动效应,企业及其产品可以较快地为消费者或用户所了解,易于达到树立市场形象的目的。

缺点:具有较大的风险性。

3. 创新定位。

寻找新的尚未被占领但有潜在市场需求的位置,填补市场上的空缺,生产市场上没有的、具备某种特色的产品。如日本索尼公司的索尼随身听等一批新产品正是填补了市场上迷你电子产品的空缺,并进行不断的创新,使得索尼公司即使在二战时期也能迅速的发展,一跃而成为世界级的跨国公司。采用这种定位方式时,公司应明确创新定位所需的产品在技术上、经济上是否可行,有无足够的市场容量,能否为公司带来合理而持续的盈利。

4. 重新定位。

公司在选定了市场定位目标后,如定位不准确或虽然开始定位得当,但市场情况发生变化时,如遇到竞争者定位与本公司接近,侵占了本公司部分市场或由于某种原因消费者或用户的偏好发生变化,转移到竞争者方面时,就应考虑重新定位。重新定位是以退为进的策略,目的是为了实施更有效的定位。例如万宝路香烟刚进入市场时,是以女性为目标市场,它推出的口号是,像5月的天气一样温和。

(六)市场定位的六大步骤

1. 分析目标市场的现状,确认本企业潜在的竞争优势,即目前在消费者心目中拥有什么位置?

定位的依据来源于与竞争对手的比较。企业可以在产品、价格、渠道、促销、服务等方面与竞争对手比较,找出自身的优势与劣势,确认本企业可提供的产品、服务、个性化差异以及消费者对产品的各种属性(产品功能、价格、质量、款式、服务、节能等因素)的重视程度,作为定位的依据,以便进行恰当的定位。

2. 希望拥有什么位置?

3. 如何赢得所希望的位置?

企业应该在本领域具有优势的技术资源、人才储备或者某行业的专利权等。

4. 是否有本钱攻占并维持该位置?

本企业应该比其他企业具有更优势的资源、生产出的产品比其他公司价格更低或者更符合消费者需求。

5. 对于拟定的位置能持之以恒吗?

企业产品上市后,随着企业的发展、技术的进步、市场环境的变化、企业经营战略和目标发生变化、竞争格局发生变化、消费者需求偏好已经改变或者市场萎缩,对以前的定位需要进行修正,使企业更具有适应性和竞争力。

6. 广告创意是否与定位吻合?

企业做出定位决策后,还必须大力开展广告宣传,把企业的定位观念准确地传播给目标消费者和广大的社会观众,切忌定位过低,不能体现产品的特色和优势,使消费者对产品产生怀疑。宣传定位过高,不符合产品的实际定位,误导消费者的消费需求。宣传定位模糊,不能树立鲜明的产品形象,使消费者对产品印象模糊。

任务三 进行市场营销组合策略分析

一、产品策略

产品是市场营销组合中最重要的因素。企业在制订营销组合时,首先需要回答的问题是发展什么样的产品来满足目标市场需求。产品策略的研究,将使这一问题得到全面、系统的回答。营销组合中的其他三个因素,也必须以产品为基础进行决策,因此,产品策略是整个营销组合策略的基石。

(一)产品概念

在现代市场营销学中,产品概念具有极其宽广的外延和深刻而丰富的内涵,指通过交换而满足人们需要和欲望的因素或手段,包括提供给市场,能够满足消费者或用户某一需求和欲望的任何有形物品和无形产品。

(二)产品整体概念

学术界曾用三个层次来表述产品整体概念,即核心产品、形式产品和延伸产品(附加产品),这种研究思路与表述方式沿用了多年。但近年来,菲利普·科特勒等学者更倾向于使用五个层次来表述产品整体概念,认为五个层次的研究与表述能够更深刻而准确地表述产品整体概念和含义。产品整体概念的五个基本层次如图 8.3.1。

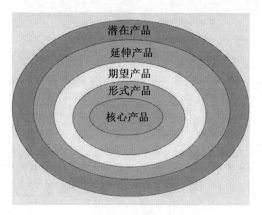

图 8.3.1　整体产品概念的五个层次

1. 核心产品。核心产品是指向顾客提供的产品的基本效用或利益。从根本上说,每一种产品实质上都是为解决问题而提供的服务。譬如,人们购买空调机不是为了获取装有某些电器零部件的物体,而是为了在炎热的夏季,满足凉爽舒适的需求。其他产品的购买同理可证。因此,企业营销人员向顾客销售的任何产品,都必须具有反映顾客核心需求的基本效用或利益。

2. 形式产品。形式产品是指核心产品借以实现的形式或目标市场对某一需求的特定满足形式。形式产品由五个特征所构成,即品质、样式、特征、商品及包装。即使是纯粹的劳务产品,也具有相类似的形式上的特点。产品的基本效用必须通过特定的形式才能实现,市场营销人员应努力寻求更加完善的外在形式以满足顾客的需要。

3. 期望产品。是指购买者在购买该产品时期望得到的与产品密切相关的一整套属性和条件。譬如,旅馆的客人期望得到清洁的床位、洗浴香波、浴巾、衣帽间的服务等。因为大多数旅馆均能满足旅客这些一般期望,所以旅客在选择档次大致相同的旅馆时,一般不是选择哪家旅馆能提供期望产品,而是根据哪家旅馆就近方便而定。

4. 延伸产品。是指顾客购买形式产品和期望产品时,附带获得的各种利益的总和,包括产品说明书、保证、安装、维修、送货、技术培训等。国内外许多企业的成功,在一定程度上应归功于他们更好地认识了服务在产品整体概念中所占的重要地位。许多情况表明,新的竞争并非各公司在其工厂中所生产的产品,而是附加在产品上的包装、服务、广告、顾客咨询、资金融通、运送、仓储及其他具有价值的形式。能够正确发展延伸产品的公司必将在竞争中赢得主动。

5. 潜在产品。是指现有产品包括所有附加产品在内的,可能发展成为未来最终产品的潜在状态的产品。潜在产品指出了现有产品的可能的演变趋势和前景。如彩色电视机可发展为录放机、电脑终端机等等。

产品整体概念的五个层次,十分清晰地体现了以顾客为中心的现代营销观念。这一概念的内涵和外延都是以消费者需求为标准的,由消费者的需求来决定的。可以说,产品整体概念是建立在"需求＝产品"这样一个等式基础上的。没有产品整体概念,就不可能真正贯彻现代营销观念。

(三) 产品分类

产品可按不同角度进行分类,营销学认为,与营销策略有关的产品分类方法通常有以下几种：

1. 按产品的有形性和消费上的耐久性分类。

(1) 非耐用品。非耐用品一般是有一种或多种消费用途的低值易耗品,例如,啤酒、肥皂和盐等。售价中的加成要低,还应加强广告以吸引顾客试用并形成偏好。

(2) 耐用品。耐用品一般指使用年限较长、价值较高的有形产品,通常有多种用途,例如,冰箱、彩电、机械设备等。耐用品倾向于较多的人员推销和服务等。

(3) 劳务。劳务是为出售而提供的活动,例如,理发和修理。劳务的特点是无形、不可分、易变和不可储存。一般来说,它需要更多的质量控制、供应商信用以及适用性。

2. 按消费者购买习惯不同,可将产品分类。

(1) 便利品。指顾客频繁购买或需要随时购买的产品,例如,烟草制品、肥皂和报纸等。便利品可以进一步分成常用品、冲动品以及救急品。常用品是顾客经常购买的产品。例如,顾客也许经常要购买"可口可乐""佳洁士"牙膏。冲动品是顾客没有经过计划搜寻而顺便购买的产品。救急品是当顾客的需求十分紧迫时购买的产品。救急品的地点效用也很重要,一旦顾客需要能够迅速实现购买。

(2) 选购品。指顾客在选购过程中,对适用性、质量、价格和式样等基本方面要作认真权衡比较的产品。例如,家具、服装、旧汽车和大的器械等。选购品可以分成同质品和异质品。购买者认为同质选购品的质量相似,但价格却明显不同,所以有选购的必要。销售必须与购买者"商谈价格"。但对顾客来说,在选购服装、家具和其他异质选购品时,产品特色通常比价格更重要。经营异质选购品的经营者必须备有大量的品种花色,以满足不同的爱好;他们还必须有受过良好训练的推销人员,为顾客提供信息和咨询。

(3) 特殊品。指具备独有特征(或)品牌标记的产品,对这些产品,有相当多的购买者一般都愿意做出特殊的购买努力。例如,特殊品牌和特殊式样的花色商品、小汽车、立体声音响、摄影器材以及男式西服。

(4) 非渴求品。指消费者不了解或即便了解也不想购买的产品。传统的非渴求品有人寿保险、墓地、墓碑以及百科全书等。对非渴求品需付出诸如广告和人员推销等大量营销努力。一些最复杂的人员推销技巧就是在推销非渴求品的竞争中发展起来的。

(四) 产品生命周期的概念及其阶段划分

1. 需求与技术的生命周期。

产品生命周期是指某产品从进入市场到被淘汰退出市场的全部运动过程。产品生命周期由需求与技术的生命周期决定。企业开展市场营销活动的思维视角,不是从产品开始,而是从需求出发的。任何产品都只是作为满足特定需要或解决问题的特定方式而存在。例如,人类对"计算能力"的需求呈持续增长趋势,可用需求生命周期曲线来描述,首先是导入期,随后是加速成长阶段、缓慢增长、成熟期和衰退期。可以看出,从人类追求和可获得的"计算能力"而言,至今仍处于成长市场阶段。对"计算能力"需求的满足形式与特定的技术水平相关,最初是借助计算机这一特定技术形式的产品实现的,随后是计算器和计算机,每一种技术都曾把人类对计算能力的需求推进了一步。因此,每种新技术都有一个需求——技术生命周期性。每个需求技术生命周期中也都包括引入期、迅速成长期、缓慢增长期、成熟期和衰退期。而在某一特定时间概念下的需求——技术生命周期中,随着领先产品为市场所接受,特别是进入成长阶段,都会再现一系列的产品形式来满足这种特定的需求。这一研究表明,如果企业过分地注重自身现有的产品形式,忽视产品生命周期趋势的变化,将导致一个极其致命的弱点——"营销近视症",最终会把企业的优势损失殆尽。

2. 产品生命周期。

产品生命周期一般分为四个阶段,产品引入期、市场成长期、市场成熟期和市场衰退期(图8.3.2)。产品引入期(也称介绍期)指在市场上推出新产品,产品销售呈缓慢增长状态的阶段。成长期指该产品在市场上迅速为顾客所接受、销售额迅速上升的阶段。成熟期指大多数购买者已经接受该项产品,市场销售额缓慢增长或下降阶段。衰退期指销售额急剧下降、利润趋于零的阶段(图8.3.2)。

3. 产品生命周期的其他形态。

产品生命周期是一种理论抽象,在现实经济生活中,并不是所有产品的生命历程都完全符合这种理论形态。除上述的正态分布曲线,还有以下几种形态。

(1) 再循环形态。指产品销售进入衰退期后,由于种种因素的作用而进入第二个成长分阶段。这种再循环型生命周期是市场需求变化或厂商投入更多的促销费用的结果。图8.3.3表示出这种再循环状态。

(2) 多循环状态。亦称"扇形"运动曲线,或波浪形循环形态,是在产品进入成熟期以后,厂商通过制订和实施正确的营销策略,使产品销售量不断达到新的高潮(图8.3.4)。

(3) 非连续环形态。大多数时髦商品呈非连续循环,这些产品一上市即热销,而后很快在市场上销声匿迹。厂商无必要也不愿意做延长其成熟期的任何努力,而是等待下一周期的来临。如图8.3.5。

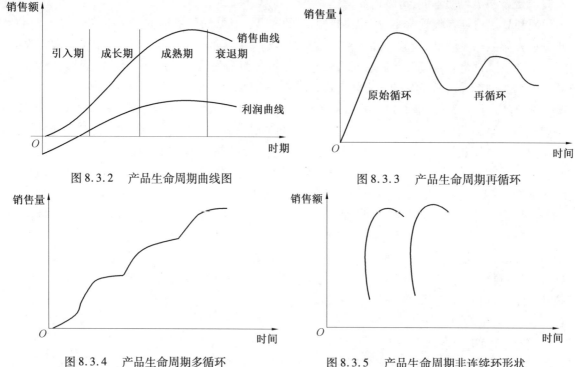

图 8.3.2　产品生命周期曲线图

图 8.3.3　产品生命周期再循环

图 8.3.4　产品生命周期多循环

图 8.3.5　产品生命周期非连续环形状

4. 产品种类、形式、品牌生命周期。

一般而言，产品种类（如香烟）、产品形式（如过滤嘴香烟）和产品品牌（如云烟）的生命周期各不相同。产品种类具有最长的生命周期。很多产品种类如食盐、汽车、冰箱的产品成熟阶段可以无限期地持续下去，其销售量增加与人口增长率呈正比关系。产品形式比产品种类能够更准确地体现标准的产品生命周期历程。例如，手控打字机在经历了典型的引入期、成长期、成熟期之后，由于电脑的普及而进入衰退期，退出市场。产品品牌相对于前两者而言则显示了较短的生命周期历程。

产品生命周期各阶段的特征与营销策略：

（1）引入期的市场营销特点与市场营销策略。

①引入期的市场营销特点。消费者对该产品不了解，大部分顾客不愿放弃或改变自己以往的消费行为，销售量小，相应地增加了单位产品成本；尚未建立理想的营销渠道和高效率的分配模式；价格决策难以确立，高价可能限制了购买，低价可能难以收回成本；广告费用和其他营销费用开支较大；产品技术、性能还不够完善；利润较少，甚至再现经营亏损，企业承担的市场风险最大。但这个联合体市场竞争者较少，企业若建立有效的营销系统，即可以将新产品快速推进引入阶段，进入市场发展阶段。

②引入期的市场营销策略。

快速掠取策略，即以高价和高促销推出新产品。实行高价格是为了在每一单位销售额中获取最大的利润，高促销费用是为了引起目标市场的注意，加快市场渗透。成功地实施这一策略，可以赚取较大的利润，尽快收回新产品开发的投资。实施该策略的市场条件是，市场上有较大的需求潜力；目标顾客具有求新心理，急于购买新产品，并愿意为此付出高价；企业面临潜在竞争者的威胁，需要及早树立品牌。

缓慢掠取策略，即以高价格低促销费用将新产品推入市场。高价格和低促销水平结合可以使企业获得更多利润。实施该策略的市场条件是市场规模相对较小，竞争威胁不大；市场上大多数用户对该产品没有过多疑虑；适当的高价能为市场所接受。

快速渗透策略，即以低价格和高促销费用推出新产品。目的在于先发制人，以最快的速度打入市场，该策略可以给企业带来最快的市场渗透率和最高的市场占有率。实施这一策略的条件是，产品市场容量很大；潜在消费者对产品不了解，且对价格非常敏感；潜在竞争比较激烈；产品的单位制造成本可随生产规模和销售量的扩大迅速下降。

缓慢渗透策略,即企业以低价格和低促销费用推出新产品。低价是为了促使市场迅速地接受新产品,低促销费用则可以实现更多的净利。企业坚信该市场需求价格弹性较高,而促销弹性较小。实施这一策略的基本条件是,市场容量较大;潜在顾客易于或已经了解此项新产品且对价格十分敏感;有相当的潜在竞争者准备加入竞争行列。

(2)成长期的特点与营销策略。

① 成长期的特点。消费者对新产品已经熟悉,销售量增长很快;大批竞争者加入,市场竞争加剧;产品已定型,技术工艺比较成熟;建立了比较理想的营销渠道;市场价格趋于下降;为了适应竞争和市场扩张的需要,企业的促销费用水平基本稳定或略有提高,但占销售额的比率下降;由于促销费用分摊到更多销量上,单位生产成本迅速下降,企业利润迅速上升。

② 成长期的营销策略。企业营销策略的核心是尽可能地延长产品的成长期。具体说来,可以采取以下营销策略:根据用户需求和其他市场信息,不断提高产品质量,努力发展产品的新款式、新型号,增加产品的新用途。加强促销环节,树立强有力的产品形象。促销策略的重心应从建立产品知名度转移到树立产品形象,主要目标是建立品牌偏好,争取新的顾客。重新评价渠道、选择决策,巩固原有渠道,增加新的销售渠道,开拓新的市场。选择适当的时机调整价格,以争取更多顾客。

企业采用上述部分或全部市场扩张策略,会加强产品的竞争能力,但也会相应地加大营销成本。因此,在成长阶段,面临着"高市场占有率"或"高利润率"的选择。一般来说,实施市场扩张策略会减少眼前利润,但加强了企业的市场地位和竞争能力,有利于维持和扩大企业的市场占有率,从长期利润观点看,更有利于企业发展。

(3)成熟期的特点与营销策略。

① 成熟期的阶段划分和市场特点。成熟期可以分为三个时期:

成长成熟期。此时期各销售渠道基本呈饱和状态,增长率缓慢上升,还有少数后续的购买者继续进入市场。

稳定成熟期。由于市场饱和,消费平稳,产品销售稳定。销售增长率一般只与购买者人数成比例,如无新购买者则增长率停滞或下降。

衰退成熟期。销售水平显著下降,原有用户的兴趣已开始转向其他产品和替代品。全行业产品出现过剩,竞争加剧,一些缺乏竞争能力的企业将渐渐被取代,新加入的竞争者较少。竞争者之间各有自己特定的目标顾客,市场份额变动不大,突破比较困难。

② 成熟期的营销策略。鉴于上述情况,有三种基本策略可供选择:市场改良、产品改良和营销组合改良。市场改良也称市场多元化策略,即开发新市场,寻求新用户。产品改良策略,也称为"产品再推出",是指改进产品的品质或服务后再投放市场。营销组合改良,是指通过改变定价、销售渠道及促销方式来延长产品成熟期。

(4)衰退期的特点与营销策略。

① 衰退期的市场特点。产品销售量由缓慢下降变为迅速下降,消费者的兴趣已完全转移;价格已下降到最低水平;多数企业无利可图,被迫退出市场;留在市场上的企业逐渐减少产品附带服务,削减促销预算等,以维持最低水平经营。

② 衰退期的营销策略。集中策略,即把资源集中使用在最有利的细分市场、最有效的销售渠道和最易销售的品种、款式上。简言之,缩短战线,以最有利的市场赢得尽可能多的利润。维持策略,即保持原有的细分市场和营销策略,把销售维持在一个低水平上。待到适当时机,便停止该产品的经营,退出市场。榨取策略,即大大降低销售费用,如广告费用削减为零,大幅度精减推销人员等,虽然销售量有可能迅速下降,但是可以增加眼前利润。

如果企业决定停止经营衰退期的产品,应在立即停产还是逐步停产问题上慎重决策,并应处理好善后事宜,使企业有秩序地转向新产品经营。

二、定价策略

（一）影响产品定价的因素

1. 市场需求。

市场需求影响企业产品价格的上限。

2. 成本。

成本因素构成了企业产品价格的下限。

3. 市场竞争。

企业产品价格在由成本和消费者感知价值所构成的区间内，价格水平的高低主要应考虑竞争因素（图8.3.6）。

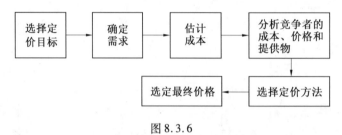

图 8.3.6

（二）定价目标

维持企业生存目标、短期最大利润目标、保持或扩大市场占有率目标、维护企业和产品形象。

（三）定价方法

1. 成本导向定价法。包括目标利润定价法和成本加成定价法。

目标收益定价法：根据预计的总销售收入（销售额）和产量来制订价格的一种方法

$$目标投资报酬价格 = 单位成本 + \frac{目标利润 + 投资成本}{销售量（单位）}$$

$$保本销售量 = \frac{固定成本}{价格 - 变动成本}$$

（四）定价四策略

1. 新产品定价策略。

撇脂定价（需求缺乏弹性，市场有足够的购买者）。

温和定价。

渗透定价（需求富有弹性，低价可迅速刺激市场，经验曲线）。

2. 产品组合定价策略。包括产品线定价、备选产品定价、附属产品定价、副产品定价、产品束定价。

3. 心理定价策略。包括尾数定价策略、整数定价策略、声望定价策略、招徕定价策略、分档定价策略、习惯定价策略。

4. 折扣与折让定价策略。包括现金折扣、数量折扣、交易折扣、季节折扣、复合折扣、价格折让。

三、渠道策略

渠道战略，也称营销渠道策略（Marketing Channel Strategy）是整个营销系统的重要组成部分，它对降低企业成本和提高企业竞争力具有重要意义。

（一）分销渠道策略

分销渠道是指某种货物或劳务从生产者向消费者转移时取得折中货物或劳务的所有权或帮助转移其所有权的所有企业或个人，主要包括商人中间商和代理中间商。此外还包括作为分销渠道起点的生产者和终点的消费者。

（二）分销渠道的类型

1. 零层渠道。生产者 → 消费者。

2. 一层渠道。生产者→零售商→消费者。

3. 二层渠道。生产者→批发商→零售商→消费者。

4. 三层渠道。生产者→代理商→批发商→零售商→消费者。

（三）渠道商选择策略

可以分为独家分销、选择分销、密集分销三种。

（四）新的市场营销渠道

主要有垂直营销系统、水平营销系统和多渠道营销系统。

四、促销策略

（一）促销组合

促销组合也称营销沟通组合是指企业把广告、人员推销、销售促进、公共关系和直接营销等方式有目的、有计划地组合在一起，巧妙运用，以求达到最佳的促销效果。根据促销手段的出发点与作用的不同，可分为两种促销策略：

1. 推式策略。

即以直接方式，运用人员推销手段，把产品推向销售渠道，其作用过程为企业的推销员把产品或劳务推荐给批发商，再由批发商推荐给零售商，最后由零售商推荐给最终消费者。

2. 拉式策略。

采取间接方式，通过广告和公共宣传等措施吸引最终消费者，使消费者对企业的产品或劳务产生兴趣，从而引起需求，主动去购买商品。其作用路线为企业将消费者引向零售商，将零售商引向批发商，将批发商引向生产企业。

（二）广告及管理

可采取量力而行法、销售百分比法、竞争均势法、目标任务法。

（三）人员推销及管理

人员推销的工作任务包括开拓市场、传递信息、推销产品、提供服务、协调分配、收集信息。

（四）销售促进

销售促进包括免费赠送、折价券、特价包、有奖销售、商店陈列和现场表演等方式。

（五）公共关系

公共关系的主要对象是社会公众，包括企业外部社会公众和企业内部社会公众。

五、品牌管理

品牌（商标）是一个集合概念，它包括品牌名称（Brand Name）和品牌标志（Brand Mark）两部分。品牌名称是指品牌中可以用语言称呼的部分，也称"品名"，如奔驰（Benz）、奥迪（Audi）等；品牌标志，也称"品标"，是指品牌中可以被认出、易于记忆但不能用言语称呼的部分，通常由图案、符号或特殊颜色等构成，如，三叉圆环和相连着的四环，分别是奔驰和奥迪的品牌标志。

品牌，就其实质来说，它代表着销售者（卖者）对交给买者的产品特征、利益和服务的一贯性的承诺。为了深刻揭示品牌的含义，还需从以下六个方面透视：

第一，属性。品牌代表着特定的商品属性，这是品牌最基本的含义。例如，奔驰牌轿车意味着工艺精湛、制造优良、昂贵、耐用、信誉好、声誉高、再转卖价值高、行驶速度快等等。这些属性是生产经营者广为宣传的重要内容。多年来奔驰的广告一直强调"全世界无可比拟的工艺精良的汽车"。

第二，利益。品牌不仅代表着一系列属性，而且还体现着某种特定的利益。顾客购买商品实质上是购买某种利益，这就需要属性转化为功能性或情感性利益。或者说，品牌利益相当程度地受制于品牌属性。就奔驰而言，"工艺精湛、制造优良"的属性可转化为"安全"这种功能性和情感性利益；"昂贵"的属性可转化为情感性利益"这车令人羡慕，让我感觉到自己很重要并受人尊重"；"耐用"属性可转化为功能性利益"多年内我不需要买新车"。

第三，价值。品牌体现了生产者的某些价值感。例如，奔驰代表着高绩效、安全、声望等。品牌的价值感客观要求企业营销者必须分辨出对这些价值感兴趣的购买者群体。

第四，文化。品牌还附着特定的文化。从奔驰汽车给人们带来的利益等方面来看，奔驰品牌蕴含着"有组织、高效率和高品质"的德国文化。

第五，个性。品牌也反映一定的个性。如果品牌是一个人、一种动物或一个物体，那么，不同的品牌会使人们产生不同的品牌个性联想。奔驰会让人想到一位严谨的老板，一只勇猛的雄狮或一座庄严质朴的宫殿。

第六，用户。品牌暗示了购买或作用产品的消费者类型。如果我们看到一位20多岁的女秘书驾驶奔驰汽车就会感到很吃惊。我们更愿意看到驾驶奔驰轿车的是有成就的企业家或高级经理。

品牌最持久的含义是其价值、文化和个性。它们构成了品牌的基础，揭示了品牌间差异的实质。奔驰的"高技术、绩效、成功"等是其独特价值和个性的反映。若奔驰公司在其品牌战略中未能反映出这些价值和个性，而且以奔驰的名称推出一种廉价小汽车，那将是一个莫大的错误，因为这将会严重削弱奔驰公司多年来苦心经营所建立起来的品牌价值和个性。

（一）品牌

品牌是消费者对于某商品产生的主观印象，并使得消费者在选择该商品时产生购买偏好。

（二）品牌资产

大卫·艾克在综合前人的基础上于1991年提炼出品牌资产的"五星"概念模型，即认为品牌资产由品牌的知名度、品牌认知度、品牌联想度、品牌忠诚度和品牌其他资产五部分组成。

（三）品牌战略

品牌战略就是企业着力塑造品牌，将品牌作为核心竞争力，用品牌带动企业发展的经营战略。品牌战略的目的就是使产品或服务在所属的领域与众不同，以此推动企业的发展。

品牌战略的内容包括品牌化决策、品牌模式选择、品牌识别界定、品牌延伸规划、品牌管理规划与品牌远景设立六个方面的内容。

【知识训练】

一、单选题

1. 促销的目的是引发刺激消费者产生（　　）。
 A. 购买行为　　　B. 购买兴趣　　　C. 购买决定　　　D. 购买倾向

2. 下列各因素中，不属于人员推销基本要素的是（　　）。
 A. 推销员　　　B. 推销品　　　C. 推销条件　　　D. 推销对象

3. 对于单位价值高、性能复杂、需要做示范的产品，通常采用（　　）策略。
 A. 广告　　　B. 公共关系　　　C. 推式　　　D. 拉式

4. 公共关系是一项（　　）的促销方式。
 A. 一次性　　　B. 偶然　　　C. 短期　　　D. 长期

5. 营业推广是一种（　　）的促销方式。
 A. 常规性　　　B. 辅助性　　　C. 经常性　　　D. 连续性

二、多选题

1. 促销的具体方式包括（　　）。
 A. 市场细分　　　　　　　　B. 人员推销
 C. 广告　　　　　　　　　　D. 公共关系
 E. 营业推广

2. 推销人员一般应具备(　　)素质。
A. 态度热忱,勇于进取　　　　　　　B. 求知欲强,知识广博
C. 文明礼貌,善于表达　　　　　　　D. 富于应变,技巧娴熟
E. 了解企业、市场和产品知识

3. 推销员应具备的知识有(　　)。
A. 企业知识　　　　　　　　　　　　B. 产品知识
C. 市场知识　　　　　　　　　　　　D. 心理学知识
E. 生活知识

4. 人员推销的基本形式包括(　　)。
A. 上门推销　　　　　　　　　　　　B. 柜台推销
C. 会议推销　　　　　　　　　　　　D. 洽谈推销
E. 约见推销

5. 广告最常用的媒体包括(　　)。
A. 报纸　　　　　　　　　　　　　　B. 杂志
C. 广播　　　　　　　　　　　　　　D. 电影
E. 电视

6. 公共关系的活动方式可分为(　　)。
A. 宣传性公关　　　　　　　　　　　B. 征询式公关
C. 交际性公关　　　　　　　　　　　D. 服务性公关
E. 社会性公关

7. 常用的推销人员绩效考核指标有(　　)。
A. 销售量与毛利　　　　　　　　　　B. 访问率和访问成功率
C. 销售费用及费用率　　　　　　　　D. 订单数目
E. 新客户数目

8. 广播媒体的优越性是(　　)。
A. 传播迅速、及时　　　　　　　　　B. 制作简单、费用较低
C. 较高的灵活性　　　　　　　　　　D. 听众广泛
E. 针对性强、有的放矢

参考答案

一、1-5 ACCDB
二、1. BCDE　2. ABCD　3. ABCD　4. ABC　5. ABCE　6. ABCDE　7. ABCDE　8. ABCD

项目九　技术创新管理

【思维导图】

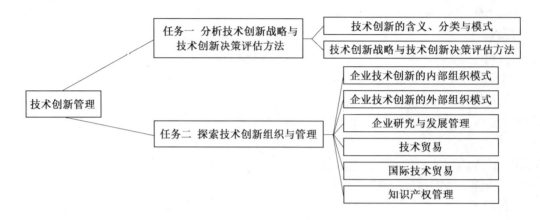

【知识点】

（1）技术创新。
（2）企业创新模式。

【能力目标】

（1）掌握技术创新的决策评估方法。
（2）能够技术创新的组织与管理模式。

【案例导读】

中国预制菜的发展系列连载——预制菜的行业市场概述

一、相关名词

预制菜是运用现代标准化流水作业，对菜品原料进行前期准备工作，简化制作步骤，经过卫生、科学包装，再通过加热或蒸炒等方式，就能直接食用的便捷菜品。

中央厨房是将菜品用冷藏车配送，直营店全部实行统一采购和配送。中央厨房采用巨大的操作间，采购、选菜、切菜、调料等各个环节均有专人负责，半成品和调好的调料，用统一的运输方式，赶在指定时间内运到分店。

供应链是以客户需求为导向，以提高质量和效率为目标，以整合资源为手段，实现产品设计、采购、生产、销售、服务等全过程高效协同的组织形态。

餐饮供应链是餐饮行业的基础应用，是以提供餐饮店所需的各类食材为主要目的，经过原料采购、生产加工、配送、销售到回收处理等环节，以信息技术来协调和联结链条上各节点有关主体，整合所有节点物流信息流、资金流的组织形态。

柔性生产线是把多台可以调整的机床联结起来，配以自动运送装置组成的生产线，它依靠计算机管理，并将多种生产模式结合，从而能减少生产成本做到物尽其用。

Stock Keeping Unit(SKU),即库存量单位,是物理上不可分割的最小存货单元,可以是以件、盒、托盘等为单位。

调理肉制品指鲜、冻畜禽肉(包括畜禽副产品)经初加工后,再经调味、腌制、滚揉、上浆、裹粉、成型、热加工等加工处理方式中的一种或数种,在低温条件下贮存、运输、销售,需烹饪后食用的非即食食品。

冷链流通率指"实际采用冷链物流的产品数量"占"应当采用冷链物流的产品总量"的比率。

二、预制菜的定义与分类

(一) 预制菜的定义

预制菜是运用现代标准化流水作业,对菜品原料进行前期准备工作,简化制作步骤,经过卫生、科学包装,再通过加热或蒸炒等方式,就能直接食用的便捷菜品。它以农、畜、禽、水产品为原料,配以各种辅料,经预加工(如分切、搅拌、腌制、滚揉、成型、调味),最终形态为食物成品或半成品。消费者把预制菜买回家后,只需通过加热或简单的蒸炒等加工,就能直接食用,省去了复杂的洗、切、调味等步骤。

(二) 预制菜的特点

效率与健康兼备。预制菜简化了烦琐的制作步骤,融合了品质、营养与口感,符合健康化的行业发展趋势,既迎合了快节奏生活下无暇下厨的年轻消费客群的生活方式,更契合了餐饮工业化背景下餐饮企业降本提效的强烈诉求,具备广阔的发展前景。

(三) 预制菜的分类

按深加工程度和食用方便性。可分为即食食品、即热食品、即烹食品、即配食品四类。

按照加工的深浅程度。可以做如下排序,即食食品 > 即热食品 > 即烹食品 > 即配食品。

按包装形式。可以分为散销、小包装、大包装三类。

按贮运方式。可分为冷藏、速冻、热链、常温四类。

(四) 预制菜的行业特点

预制菜所属行业为"制造业"之"农副食品加工业"(分类代码:C13)。根据《国民经济行业分类标准》(GB/T 4754—2017),预制菜企业涉及"C13 农副食品加工业"中的"C1353 肉制品及副产品加工""C1362 鱼糜制品及水产品干腌制加工"及"C1371 蔬菜加工"。预制菜行业具有以下特征。

1. 季节性。预制菜产品主要原材料为肉禽及水产,由于食材供应存在季节性差异,部分产品供应受到季节限制。另一方面,在元旦、春节、元宵等中国家庭团圆的传统节日,越来越多的消费者在选购产品时也会受习惯影响,偏向于选择含有时令蔬菜的预制菜以简化做饭过程,丰富餐桌菜品。因此,行业呈现出一定季节性特征。

2. 区域性。我国预制菜行业存在较大的区域性特征。一方面,我国幅员辽阔,气候、土壤、环境差异较大,不同地区物产各异,长期以来各地区形成了不同的饮食习惯和口味,最明显的特征就是中餐具有众多菜系。另一方面,地区之间的经济发展程度不同,居民饮食结构也会相应产生差异,因而预制菜消费也具有一定的地区特征。

3. 周期性。随着经济的发展和居民对饮食要求的提升,预制菜产品销售量逐步提升。社会经济环境对整体消费有一定影响,客观上也会影响到预制菜的消费,但行业整体处于上升区间,周期性不明显。

三、餐饮供应链的创新

(一) 供应链

供应链是以客户需求为导向,以提高质量和效率为目标,以整合资源为手段实现产品设计、采购、生产、销售、服务等全过程高效协同的组织形态。随着信息技术的发展,供应链已发展到与互联网、物联网深度融合的智慧供应链新阶段。

餐饮供应链是餐饮行业的基础应用,是以提供餐饮店所需的各类食材为主要目的的,经过原料采购、生产加工、配送、销售到回收处理等环节,以信息技术来协调和联结链条上各节点有关主体,整合所有节点物流信息流、资金流的组织形态。餐饮供应链包括四部分,食材采购、生产环节、物流管理、供应链金融。

完善的餐饮供应链以餐饮企业为核心,由原料供应商、物流服务商、消费者等节点共同组成。

(二)预制菜产业对餐饮供应链的积极影响

餐饮供应链成长空间逐步打开。随着预制菜的兴起,以及我国餐饮行业标准化和连锁化趋势,餐饮供应链迎来重大创新与变革,各个环节都迎来成长机会。

食材供应商和供应链企业兴起。食材采购环节的计划性、标准化、集约化程度提升,加速打通餐饮产业上中下游的链接。

冷链物流相关的基础设施不断完善。冷链物流市场空间扩容,食材配送过程中的冷链流通率提升,损耗率进一步降低,保障食品质量。

餐饮业连锁化和标准化提升。餐饮企业可借助餐饮预制菜和供应链配送系统加速全国化扩张。

(三)中央厨房——预制菜行业核心

1. 中央厨房。

中央厨房,是将菜品用冷藏车配送,全部直营店实行统一采购和配送。中央厨房采用巨大的操作间,采购、选菜、切菜、调料等各个环节均有专人负责,将半成品和调好的调料一起,用统一的运输方式,赶在指定时间内运到分店。

中央厨房是一种现代化餐饮经营业态。中央厨房运作模式是一种标准化、规范化、数字化、工业化、科学高效的现代餐饮经营生产运作模式。它可以说是当代餐饮最先进的模式,通过食品原料的统一采购、统一加工、统一配送,设备自动化运作,实现食品生产的标准化、规模化、集约化和信息化。

中央厨房处于预制菜供应链承上启下的核心位置。中央厨房符合餐饮业工业化、现代化发展趋势,为预制菜行业发展提供了广阔的市场空间。中央厨房涉及基地打造、食材采购、生产加工、物流运输等多个产业环节,起着衔接上游产业(农林牧渔、调味品等)和下游产业(商超、社区、学校、餐饮)的作用。中央厨房已经成为餐饮产业完善连锁经营体系,实现物流系统化与规模经营有机结合的有效途径,是餐饮连锁企业稳定发展的有力保证。

众多企业布局中央厨房。不同行业背景的企业纷纷着手布局中央厨房,其中业务较出色的企业有"蜀海供应链"和"千味央厨",另外还涉及以下几类企业。

(1)连锁餐饮企业。如西贝、外婆家、海底捞、真功夫、永和大王等。

(2)大型团餐企业。如千喜鹤、快客利、北京健力源等。

(3)大型商超。如永辉超市、中百集团等。

(4)便利店。如TODAY、罗森等。

中央厨房赋能企业降本增收。企业建设中央厨房模式,助力B端企业降本增收,目前推广以一线大城市为主。

2. 中央厨房优势。

从成本方面。中央厨房提供从食材集中采购到统一物流配送一体化供应链服务,能够较大程度的控制餐饮企业原材料采购、人工、租金等成本,达到真正缓解"三座大山"的效用。

从增收方面。利润取决于客流量和单价两大方面。预制菜有能够从线上线下吸引更多的客流量,在保证相同的菜品品质下,消费者复购从而形成良性循环,增加菜品丰富程度,为B端企业赋能。

3. 预制菜解决餐饮企业诸多痛点。

预制菜的兴起进一步加快了餐饮的工业化进程,在原料生产规模化进展缓慢、终端租金和人工成本刚性上升的大背景下,预制菜的可操作性强、模式成熟,在降本增效方面功能凸显。具体看,运营优势体现在"三降一升"四个方面。

4. 预制菜与传统烹饪对比优势。

(1)预制菜处理便捷,降低后厨人工成本。传统餐饮后厨职能贯穿食材采购、初加工及深加工,需要相应规模的厨房空间和人员配置;通过中央厨房统一采购及加工流程,后厨人员简单操作后即可出餐,既实现出品效率提升,也降低对高技能厨师的依赖,缩减人工开支。

(2)节约食材成本,降低后厨损耗率。因餐企单日营业额的不确定性和日常波动,采购端和初加工环节无法做到精准匹配,行业平均的后厨损耗率约为5%~8%。目前中央厨房已能实现"一日一配"和"一日几配",有效避免食材浪费。

(3)节约后厨面积,降低租金成本。过去行业惯用的连锁餐饮企业前厅、后厨面积规划配比通常为中餐3:1.西餐7:3,后厨面积占比约25%~35%。预制菜能够省去后厨约60%的占用面积,房租降低,利润空间进一步增大。

(4)保证口味统一,提升食品安全。传统产业链条中,链条长、环节多、难监控,易造成菜品口感的不统一并隐含安全隐患。预制菜经过统一流程、按照统一标准批量化生产,能够最大限度保障食品味道及品质的稳定性。同时,预制菜加工执行食品级安全标准,通过前后端沟通、数字化管理,做到精准备料和产品溯源,有效食品的安全性和新鲜程度(资料来源:胡宏星食安信资讯)。

任务一　　分析技术创新战略与技术创新决策评估方法

一、技术创新的含义、分类与模式

(一)技术创新的含义

1.创新的含义。

1912年,美籍经济学家熊彼特在《经济发展理论》中首次提出了"创新"的概念。"创新"就是把生产要素和生产条件的新组合引入生产体系,即"建立一种新的生产函数",其目的是为了获取潜在的利润。创新的五种情况。

(1)引进新的产品,即产品创新。
(2)采用一种新的生产方法,即工艺创新或生产技术创新。
(3)开辟一个新的市场,即市场创新。
(4)获得一种原料或半成品的新的供给来源,即开发新的资源。
(5)实行一种新的企业组织形式,即组织管理创新。

2.技术创新的含义。

技术创新是指企业家抓住市场潜在营利机会,以获取经济利益为目的,重组生产条件和要素,不断研制推出新产品、新工艺、新技术,以获得市场认同的一个综合性过程。

3.技术创新的特点。

(1)技术创新不是技术行为,而是一种经济行为。研发活动是技术创新的源泉。研究开发包括,基础研究、应用研究和实验开发三种活动。
(2)技术创新是一项高风险活动。
(3)技术创新时间的差异性。
(4)外部性。外部性体现为一件事对于他人产生有利(正外部性)或不利(负外部性)影响,但不需要他人为此支付报酬或进行补偿。由于科技创新具有正外部性,因此对于高技术创新,需要政府给予恰当的资助和支持,以避免企业投入的不足。
(5)一体化与国际化。

(二)技术创新的分类

1.基于技术创新对象分为产品创新与工艺创新。
2.基于技术创新模式分为原始创新、集成创新和引进消化吸收再创新。
3.基于技术创新的新颖程度分为渐进性创新和根本性创新。

(三)技术创新的过程与模式

20世纪60年代以来,国际上出现了六代具有代表性的创新过程模式,技术推动创新模式、需求拉动创新模式、交互作用创新模式、A-U过程创新模式(总体特征是在产业成长的前期阶段,产品创新比工艺创新活跃,创新成果更多;而在产业成长的后期阶段,则是工艺创新较产品创新有更丰富的成果)、系统集成和网络创新模式、国家创新体系。

二、技术创新战略与技术创新决策评估方法

(一)技术创新战略

1. 技术创新战略是一个国家、地区或者组织在正确分析自身内部条件和外部环境的基础上,所确立的技术创新的总体目标与做出的重点部署,目的是获得竞争优势。包括宏观和微观两个层面。

宏观涉及一个国家或地区技术创新的重大问题。

微观涉及某个组织如企业技术创新的重大问题。

2. 技术创新战略的特点。全局性、长期性、层次性、风险性。

3 技术创新战略的分类。

(1)根据企业所期望的技术竞争地位的不同可分为技术领先战略、技术跟随战略。

(2)根据企业行为方式的不同可分为进攻型战略、防御型战略、切入型战略。

(3)根据技术来源的不同可分为自主创新战略、模仿创新战略、合作创新战略。

4. 技术创新战略的选择。

(1)战略选择的重点考虑 3 因素,优势能力特点、风险收益特点、领先的持久性。

(2)领先与跟随战略的选择除在技术上的领先地位以外,还应注意后续及持续开发能力是否能支持领先地位的保持;配套技术能否支持;资金、营销、生产能力与组织能力能否支持。

(二)技术创新决策的评估方法

1. 定量评估方法。

(1)折现现金流方法。计算投资项目的净现值(NPV),通过判断项目净现值的正负来决定投资项目的取舍。判断的准则是 NPV > 0,即项目可行,否则不可行。求项目在 t 年的净现金流 NCF。

$$NCF_t = 增加的现金收入 - 当年的投资$$

(2)风险分析。考虑到项目实施过程中的不确定性,可以进一步使用风险条件下的折现现金流分析方法。

① 敏感性分析。对影响评价指标计算的主要参数,特别是那些难以准确估计或预测的参数,选取多个可能的取值,分别计算指标值,测定这些不确定因素变动时评价指标值改变的幅度大小,从而判断投资项目在外部条件发生变化时的承受能力。对项目的可能结果假设三种状态,最乐观的情况,最可能的情况,最悲观的情况。计算并比较三种状态下的指标值,估计项目的风险大小。

② 概率分析。假设项目周期内各年的现金流均为随机变量,那么评价指标 NPV 也是一个随机的变量,我们可以通过计算它的一些统计参数(方差、标准差等等)来进行项目的风险分析。随机变量 NPV 的统计参数可以通过概率分析或者 Monte Carlo 模拟方法进行计算。

2. 定性评估方法。

(1)轮廓图法是评价创新项目的一种非常简单的方法。首先,确定一组影响项目成败的关键因素或评价标准;然后,按照这些标准对每一候选项目的绩效做出定性判断(比如评价为高、中、低)。将这些定性的评价连接起来,就好像一个轮廓图,这种方法因此得名。

(2)检查清单法与轮廓图法类似,都需要首先确定一组评价研发项目的关键因素。与轮廓图不同的是,这种方法对每一方案的各个评判标准给出是否满意的定性判断。

上述两种方法简单、易理解,适用于定量评价困难的情况,比如当项目未来的现金流难测或变数较多时。但这两种方法有其内在缺点,轮廓图法只提供每个项目的绩效轮廓,但不能对每个项目给出一个综合性指标。检查清单法尽管可以通过加总令人满意的因素个数,给出一个综合指标,但没有考虑每个因素的重要程度,仍较粗糙。

(3)评分法又称为多属性分析,是对多个定性指标进行比较、判断、评价和排序的方法。这种方法主要包括以下步骤。

① 确定影响项目成败的关键因素或评价标准。

② 根据评价标准的相对重要性，确定每个关键因素或标准的权重，权重总和为1。

③ 综合专家意见对项目的各个因素进行评分，并计算项目所有因素的加权评分结果。

（4）动态排序列表法。这种方法对各个项目分别按照不同的单一评价指标进行排序，然后将同一项目按不同指标排序的序号进行算术平均，得到项目的排序分值。

3. 项目组合评估方法。

（1）矩阵法。第一步，评估企业技术实力；第二步，分析技术组合；第三步，比较技术战略和商业战略，将两个战略矩阵图进行对比以确定技术战略与商业战略是否一致？在决策中要优先考虑商业战略；第四步，确定技术项目优先次序，优先考虑对企业发展战略影响较大的，适当增加投资力度。

（2）项目地图法。项目地图或者气泡图是实践中最为常用的一类图示方法。这种方法可以视为对战略分析中的BCG模型四象限图的扩展，其中最为常用的一种图形是风险—收益气泡图。两个维度的气泡图包括四个象限，可以将位于每一个象限的项目进行分类。

① 珍珠项目具有较高的预期收益和很高的成功概率，项目的风险较小，属于比较有潜力的明星项目。

② 面包和黄油是一些较小的、技术上比较简单的项目，技术风险低，开发成功率高，但预期收益不是很好。

③ 白象，不仅风险大，而且预期效益不好，不值得进行投资和开发。

④ 牡蛎是一些需要长远规划具有探索性的研发项目。

【案例导读】

知识产权法律小常识，你了解多少？

知识产权是指自然人、法人或者其他组织对其智力成果依法享有的占有、使用、处分和收益的权利。知识产权是一种无形财产权，它与房屋、汽车等有形财产一样，都受到国家法律的保护，都具有价值和使用价值。有些核心专利、驰名商标或作品的价值要远远高于房屋、汽车等有形财产。知识产权的类型包括，著作权又称版权，是作者或其他著作权人依法对文学、艺术或科学作品所享有的各项专有权利的总称，包括人身权（例如，署名权、发表权）和财产权（例如使用权、获得报酬权）。专利权是发明创造人或其权利受让人在法律规定的范围内对特定的发明创造在一定期限内依法享有的独占使用、收益、处分其发明创造，并排除他人干涉的权利。包括发明、实用新型和外观设计。商标权，商标所有人对其商标所享有的独占的、排他的权利。

知识产权的保护著作权，署名、修改和保护作品完整权是无期限保护，发表权和其他财产权利公民为终生及死亡后50年，法人为发表后50年。计算机软件著作权是25年。专利权，发明专利保护期为20年，实用新型专利权和外观设计专利保护期为10年，均自申请日起计算。商标权，注册商标保护期为10年，自核准注册之日起计算。

知识产权保护了公民和法人的创作和创新，但也受到一定的限制。在某些法定情况下，非知识产权权利人可以使用作品或专利。例如，作品的合理使用，个人学习研究或欣赏，免费表演，为介绍作品适当引用等，可以不经著作权人许可，不向其支付报酬，但应当指明作者姓名、作品名称。例如，专利的强制许可，在专利未充分实施、涉及垄断或为公共利益和公共健康的情况下，申请人可以被许可使用专利权人的专利。

一、不属于知识产权保护范畴

1. 不受著作权保护的。时事新闻；历法、通用数表、通用表格和公式；法律、法规，国家行政机关的决议、决定、命令等。

2. 不受专利权保护的。科学发现，智力活动的规则和方法，疾病的诊断和治疗方法，动物和植物品种等。

3.不得注册为商标的。仅有本商品的通用名称、图形、型号,仅仅直接表示商品的质量、主要原料、功能、用途、重量、数量及其他特点。

知识产权怎么获得呢？需要申请吗？

这就要区分是哪种知识产权。著作权遵循自动保护原则,作品一经创作完成即受法律保护,也可进行版权登记。专利权和商标权就需要申请了。

二、专利申请流程(图9.1.1)

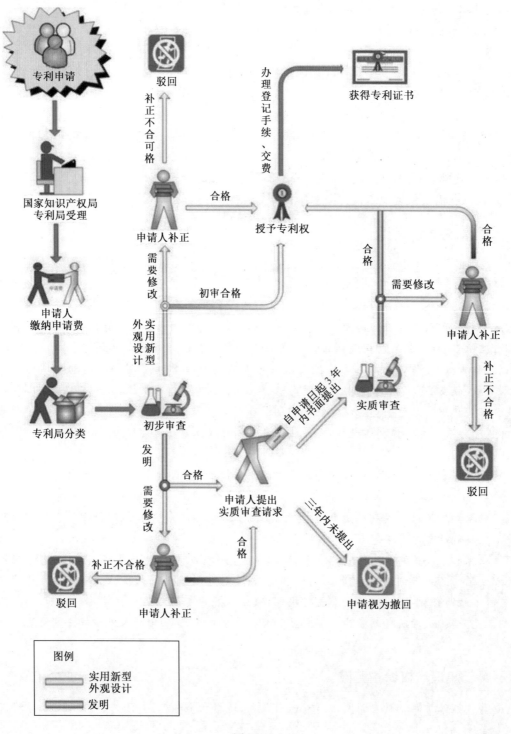

图9.1.1

三、商标注册流程(图9.1.2)

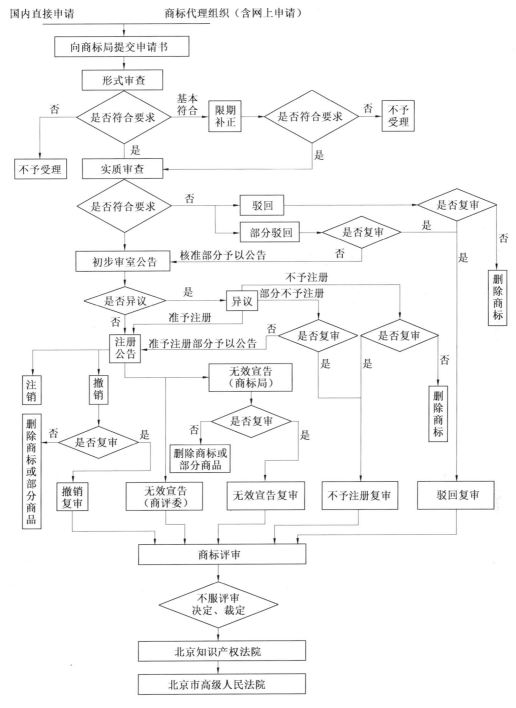

图9.1.2

(一)商标许可

商标注册人可以通过法定程序允许他人在一定地域使用其注册商标的行为。通常是以订立使用许可合同的方式。

(二)商标许可的三种形式

普通许可。使用人为许可人和被许可人,还可以再许可第三人。

独占许可。被许可人享有独占使用权,许可人不能再使用。

排他许可。使用人为许可人和被许可人,不能再许可第三人。

(三) 职务作品与职务发明

职务作品。公民为完成工作单位任务所创作的作品，著作权由作者享有，工作单位有权在其业务范围内优先使用。但主要是利用单位物质技术条件创造或有其他合同约定的，著作权由工作单位享有，作者有署名权。

职务发明。主要是利用本单位的物质技术条件或执行本单位的任务所完成的发明创造为职务发明，专利申请权属于所在单位，申请被批准后，该单位为专利权人。例如，李某在履行本职工作任务和本单位交付的本职工作之外的任务时完成的发明创造，或退职、退休或调动工作后1年内做出的与其在原单位承担的本职工作或分配的任务有关的发明创造，都属于职务发明（资料来源：广西全州县人民法院）。

任务二 探索技术创新组织与管理

一、企业技术创新的内部组织模式

(一) 内企业

由少数几个人组成，基本上没有分工，自主决策、自主开发，而且其运作方式基本上是非正式的，所以内企业是结构最为简单、行动最为灵活的创新组织形式。

(二) 技术创新小组

为完成某一创新项目临时从各部门抽调若干专业人员而成立的一种创新组织。

(三) 新事业发展部

是大企业为了开创全新事业而单独设立的组织形式，是独立于现有企业运行体系之外的分权组织。

(四) 企业技术中心

企业技术中心也称技术研发中心或企业科技中心，是企业特别是大中型企业实施高度集中管理的科研开发组织，在本企业的科技开发活动中起着主导和牵头作用，具有权威性，处于核心和中心地位。

一、企业技术创新的外部组织模式

(一) 产学研联盟

产学研合作按合作主体的关系可分为，校内产学研合作模式、双向联合体合作模式、多向联合体合作模式、中介协调型合作模式。

(二) 企业——政府模式

有三种形式，政府出钱、企业出人，成果归政府所有；政府出钱、企业出人，成果卖给企业；政府帮助企业技术创新、融资。

(三) 企业联盟

企业联盟也称动态联盟或虚拟企业，指的是两个或两个以上对等经济实体，为了共同的战略目标，通过各种协议而结成的利益共享、风险共担、要素水平式双向或多向流动的松散型网络组织体。企业联盟的主要形式是技术联盟，大多数联盟协议都集中在高技术产业。

企业联盟的特点 ① 目标产品性。企业联盟以产品创新为目标，这是动态联盟最基本的特征。② 优势性。③ 动态性，又称临时性。④ 连接的虚拟性。⑤ 组织的柔性。⑥ 结构的扁平性。

企业联盟的组织运行模式有星型模型（以盟主企业为核心）、平行模型（没有盟主也没有核心企业）、联邦模型（平等的基础上相互合作，通常建立联盟协调委员会）三种。

三、企业研究与发展管理

研究与发展，通常简称为研发，包括所有科研与技术发展工作。研究是针对某个重大主题进行大量、系统、反复探索，以求揭示事物的本质，研究旨在探索未知。发展是运用科学知识对相关思想或原理作进一步的发展，以求产生新的物质形态。发展主要从潜在或基本的因素中创造出某种具体的物质形态，诸如新产品、新工艺、新材料等。

（一）研究与发展的类型

研究与发展的类型包括基础研究、应用研究和开发研究。

（二）企业研发的模式

企业研发通常有以下三种模式。

1. 自主研发。利用企业自身资源进行自主研发。

2. 合作研发。整合企业外部资源，与其他企业进行合作研发。合作研发是指企业、科研院所、高等院校、行业基金会和政府等组织机构，为了克服研发中的高额投入和不确定性、规避风险、缩短产品的研发周期，应对紧急事件的威胁，节约交易成本而组成的伙伴关系。它以合作创新为目的，以组织成员的共同利益为基础，以优势资源互补为前提，通过契约或者隐形契约的约束联合行动而自愿形成的研发组织体。合作研发能够成功的关键因素是组织方式。有4种组织形式。

（1）联合开发。双方不组建实体，而是依据相互之间签署的协议共同开展相关研发。

（2）建立联盟。若干企业通过共享彼此的研发资源、分担成本和风险、实现共同的研发目标而建立的联盟组织。

（3）共建机构。这主要是企业在大学、科研院所等建立研发机构，通常是大学出平台、提供人员，企业出资金。

（4）项目合作。企业与高校共同研发有重要价值的科研项目，并将此称为"共享的大学研究项目"。也有一些企业与企业或企业与大学合作投标争取政府的科技计划支持。

3. 完全利用外部资源，委托其他单位完成研发，这种方式也叫作研发外包。委托研发又称研发外包，即企业将所需技术的研发工作通过协议委托给外部的企业或者机构来完成。

委托研发与合作研发的区别。委托研发过程中，受托方投入研发的知识和技术，委托方投入资金，研发的失败风险和成本风险不是共担的；合作研发是合作伙伴共同投入资金、知识、技术，共同承担研发的失败风险和成本风险。

四、技术贸易

（一）技术贸易的含义与特点

技术贸易是指技术供需双方对技术所有权、使用权和收益权进行转移的契约行为。技术贸易的主要特点有：

1. 技术买卖的标的不是有形的商品，而是无形的技术知识。
2. 技术贸易转让的是技术的使用权，而不能转让技术的所有权。
3. 技术出口不是企业的直接目的，只是当企业认为出售技术会比利用这种技术生产产品带来的利润更大时，它才会出口这种技术。
4. 技术贸易比一般商品贸易复杂。

（二）技术合同的类型

技术合同是当事人就技术开发、转让、咨询或者服务订立的确立相互之间权利和义务的合同。目前我国技术合同主要有四种类型，技术开发合同、技术转让合同、技术咨询合同、技术服务合同。

1. 技术开发合同是指当事人之间就新技术、新产品、新工艺或者新材料及其系统的研究开发所订立的合同。技术开发合同包括委托开发合同和合作开发合同。

（1）委托开发合同是指委托方与被委托方之间共同就新技术、新产品、新工艺或者新材料及其系统的研究开发所订立的合同。委托开发技术合同的标的是订立合同时双方当事人尚未掌握的技术成果，风险责任一般由委托方承担。

（2）合作开发合同是指由两个或两个以上的公民、法人或其他组织，共同出资、共同参与、共同研究开发完成同一研究开发项目，共同享受效益、共同承担风险的合同。对于合作技术开发产生的技术成果问题，《合同法》的规定：

①合作开发完成的发明创造,除当事人另有约定的以外,申请专利的权利属于合作开发的当事人共有。当事人一方转让其共有的专利申请权的,其他各方享有以同等条件优先受让的权利。

②合作开发的当事人一方声明放弃其共有的专利申请权的,可以由另一方单独申请或者由其他各方共同申请。申请人取得专利权的,放弃专利申请权的一方可以免费实施该专利。

③合作开发的当事人一方不同意申请专利的,另一方或者其他各方不得申请专利。

2. 技术转让合同是指合同一方当事人将一定的技术成果交给另一方当事人,而另一方当事人接受这一成果并为此支付约定的价款或费用的合同。包含四种合同,专利权转让合同、专利申请权转让合同、专利实施许可转让合同、技术秘密转让合同。

3. 技术咨询合同是一方当事人(受托方)为另一方(委托方)就特定技术项目提供可行性论证、技术预测、专题技术调查、分析评价所订立的合同。其最主要的特点就在于其履行的结果具有不确定性。

(三)技术价值的评估方法

1. 成本模型。成本模型的基本出发点是成本是价格的基本决定因素。这一模型在理论上表示了技术商品的价格应按照完全补偿技术生产消耗的原则来确定的原理。

2. 市场模拟模型。主要是模拟市场条件,假定技术市场上交易时,估算可能的成交价格。参照市场上已交易过的类似技术的价格,进行适当的修正

$$P(技术商品的价格) = P_0(类似技术实际交易价格) \times a(技术经济性能修正系数) \times b(时间修正系数) \times c(为技术寿命修正系数)$$

3. 效益模型。按技术所产生的经济效益来估算技术的价值。

五、国际技术贸易

(一)概念

国际技术贸易是以技术作为交易内容,在国际发生的交换行为,必然遵循商品交换的一般规律。但是,由于技术类商品有自己的特点,在某些方面不同于物质商品,因此,技术贸易也不同于一般的商品贸易,形成了相对独立的世界技术市场,技术贸易与一般商品贸易有以下区别。

第一,标的物不同。一般商品贸易的标的物是各种具体的物质产品。技术贸易的标的物是知识产品,是人们在科学实验和生产过程中创造的各种科技成果。

第二,形态不同。一般商品贸易是有形贸易,是看得见摸得着的物质产品,而技术贸易则是无形贸易,无法称量也难以检验其质量,不能以大小轻重来衡量。因为技术革新、创造发明可能是一个数学公式、一项原理、一项设计,可以写在纸上,也可以记录在录音带上,但是,文字和录音只是技术的载体,可以表示技术的内容,并不是技术本身。

第三,所有权转移不同。商品所有权是指对商品的占有、使用、收益处分的权利。一般商品的所有权随贸易过程发生转移,原所有者不能再使用、再出卖,而技术贸易过程一般不转移所有权,只转移使用权,绝大多数情况下是技术转让后,技术所有权仍属技术所有人,因而一项技术不需要经过再生产就可以多次转让。这与技术商品的特点有关,因为技术商品的所有权与使用权可以完全分开,技术转让只是扩散技术知识,转让的只是使用权、制造权、销售权,并非所有权。

第四,贸易关系不同。一般商品贸易只是简单的买卖关系,钱货两清,贸易关系终结。技术贸易是一种长期合作关系。一项技术从一方转移到另一方,往往须经过提供资料、吸收技术、消化投产,最后才完成技术贸易行为。因此,技术交付不是双方关系的终结,而是双方关系的开始,技术贸易双方通常是"同行",所以能合作,但也会存在潜在利益冲突和竞争关系。

第五,贸易条件不同。一般商品贸易条件比较简单。而技术贸易的条件非常复杂,包括转移什么技术,专利使用范围,承担什么义务和责任等。由于技术市场本质上是卖方市场,一般来说,技术引进方总是处于较被动的地位,特别是当今各国都重视科学技术进步对经济发展的作用,采用新技术速度快,需求量大,使世界技术贸易的卖方市场特征更加明显,技术供给方常常利用提供新技术附带一些限制性条款。

第六,作价和价格构成不同,一般物质商品的价值量是由生产该商品的社会必要劳动时间决定的,而技术商品的价值量是由该技术发明所需的个别劳动时间直接构成。因为新技术具有先进性,新颖性是社会唯一的,不可能形成社会平均必要劳动时间,同时新技术又具有垄断性、独占性的特点,这就决定了技术商品作价原则的特殊性,技术商品价格构成也复杂得多。

此外,国际技术贸易还具有先进性、垄断性、保护性等特点。

(二) 国际技术贸易的形式

1. 许可证贸易。

许可贸易(Licensing)是专利权所有人或商标所有人或专有技术所有人作为许可方(licensor)向被许可方(licensee)授予某项权利,允许其按许可方拥有的技术实施、制造、销售该技术项下的产品,并由被许可方支付一定数额的报酬。

许可贸易有三种基本类型。专利许可、商标许可和专有技术转让(许可)。在技术贸易中,三种方式有时单独出现,如单纯的专利许可或单纯的商标许可或单纯的专有技术转让,但多数情况是以某两种或三种类型的混合方式出现。

2. 特许专营。

特许专营合同(Franchising)是最近二、三十年迅速发展起来的一种新型商业技术转让合同。特许专营是指由一家已经取得成功经验的企业,将其商标、商号名称、服务标志、专利以及经营管理的方法或经验转让给另一家企业的一项技术转让合同,后者有权使用前者的商标、商号名称、专利、专有技术及经营管理经验,但须向前者支付一定金额的特许费(Franchise Fee)。

特许专营的一个重要特点是,各个使用同一商号名称的特许专营企业并不是由一个企业主经营的,被授权人的企业不是授权人的分支机构或子公司,也不是各个独立企业的自由联合。它们都是独立经营、自负盈亏的企业。授予人不保证被授人企业一定能获得利润,对其企业的盈亏也不负责任。

特许专营合同是一种长期合同,它可以适用于商业,也可以适用于工业。

3. 咨询服务。

顾问咨询是雇主与工程咨询公司签订合同,由咨询公司负责对雇主所提出的技术性课题,提供建议或解决方案。服务的内容很广,如项目的可行性研究、技术方案的设计和审核、招标任务书的拟定、生产工艺或产品的改进、设备的购买,工程项目的监督指导等。特别是发展中国家,往往技术力量不足,或对解决某些技术课题缺少经验,聘请外国工程咨询公司提供咨询服务,可以避免走弯路或浪费资金。因咨询公司掌握有丰富的科学知识和技术情报,可以协助雇主选择先进适用的技术,找到较为可靠的技术供方,以较合理的价格获得质量较好的机器设备。雇主虽然要支付一笔咨询费,但所得到的资金节约远远超过支付的咨询费,总算下来,对雇主仍是有利的。

咨询费一般可以按工作量计算,也可采用技术课题包干定价。一般所付的咨询费相当于项目总投资的5%左右。

4. 技术服务与协助。

技术转让不仅包括转让公开的技术知识而且包括转让秘密的技术知识和经验,对技术受方引进项目的成败往往起关键作用。因为,这些技术知识和经验很难用书面资料表达出来,而必须通过言传、示范等传授方式来实现。所以技术服务与协助是技术转让交易中必不可少的环节。它可以包括在技术转让协议中,也可以作为特定项目,签订单独的合同。提供技术服务与协助的方式有二种,由受方派出自己的技术人员和工人,到技术供方的工厂或使用其技术的工厂培训实习;由供方派遣专家或技术人员到受方工厂,调试设备,指导生产,讲授技术。

5. 承包工程。

工程承包或称"交钥匙"项目,是委托工程承包人按规定条件包干完成某项工程任务,亦即负责工程设计、土建施工、提供机器设备,施工安装、原材料供应、提供技术、培训人员、投产试车、质量管理等全部过程的设备和技术,工程承包是一种综合性的国际经济合作方式,也是国际劳务合作的一种方式,其中包括大量的技术转让内容,因此又可称为国际技术贸易的一种方式。

(三) 国际技术转让法的概念和特征

国际技术转让法是调整跨越国界有偿技术转让关系的法律规范的总称，它是国际贸易法的组成部分。

1. 国际技术转让法有如下法律特点。

（1）国际技术转让法的主体，即国际技术转让关系的当事人是处于不同国家境内的自然人、法人及其他经济组织。

（2）国际技术转让法的客体，是一种无形财产——技术知识和经验的使用权。

（3）国际技术转让法调整的对象是跨越国界的技术转让法律关系。这种法律关系的性质属于债权债务关系，必须以双方当事人的合同作为依据。

2. 国际技术转让方式及合同的种类。

（1）单纯技术知识转让合同。

（2）国际合作生产合同。

（3）国际技术转让与机器设备交易相结合的合同。

（4）国际技术转让与直接投资相结合的合同。

（5）其他方式的国际技术转让合同。

五、知识产权管理

（一）概念

知识产权是指人们对其智力劳动成果所享有的民事权利。传统知识产权包括工业产权、著作权（版权）。我国承认并以法律形式加以保护的主要知识产权为①著作权。②专利权。③商标权。④商业秘密。⑤其他有关知识产权。

1. 技术创新（J）与知识产权（Z）制度的关系。

知识产权保护制度随着技术创新的发展而产生，又随着技术创新的发展而不断地发展和完善；知识产权制度为技术创新提供了一种内在的动力机制和一个外部的公平竞争法律环境，对促进技术创新具有重要作用。

2. 企业知识产权保护策略。

在最佳的"排他性、费用、保护期、风险决策"的基础上采用最佳方案，以加大知识产权保护力度。

知识产权的法律法规主要由《专利法》《商标法》《著作权法》《反不正当竞争法》《合同法》等构成，企业必须确定采用何种法律法规保护自己的知识产权。

（二）知识产权管理

知识产权管理是指国家有关部门为保证知识产权法律制度的贯彻实施，维护知识产权人的合法权益而进行的行政及司法活动，以及知识产权人为使其智力成果发挥最大的经济效益和社会效益而制订各项规章制度、采取相应措施和策略的经营活动。

知识产权管理是知识产权战略制订、制度设计、流程监控、运用实施、人员培训、创新整合等一系列管理行为的系统工程。知识产权管理不仅与知识产权创造、保护和运用一起构成了我国知识产权制度及其运作的主要内容，而且还贯穿于知识产权创造、保护和运用的各个环节之中。从国家宏观管理的角度看，知识产权的制度立法、司法保护、行政许可、行政执法、政策制订也都可纳入知识产权宏观管理的内容；从企业管理的角度看，企业知识产权的产生、实施和维权都离不开对知识产权的有效管理。

（三）知识产权管理的分类

根据管理主体的不同，知识产权管理可为国家机关对知识产权的管理及权利主体对其所有的知识产权的管理。国家的管理主要从知识产权的取得和保护方面进行。权利主体的管理主要从知识产权的合理开发、应用、推广、自我保护等方面的考虑。

（四）知识产权管理的内容

知识产权管理实质上是知识产权人对知识产权实行财产所有权的管理。所有权是财产所有人在法律规定的范围内对其所有的财产享有的占有、使用、收益和处分的权利。

知识产权虽然在形态上有其特殊性,但它仍然是客观实在的财产。所以,我们仍然可以对无形的知识产权进行科学管理,提高知识产权的经营、使用效益。

知识产权管理的主要内容包括:

1. 知识产权的开发管理。企业应当从鼓励发明创造的目的出发,制订相应策略,促进知识产权的开发,做好知识产权的登记统计,清资核产工作,掌握产权变动情况,对直接占有的知识产权实施直接管理,对非直接占有的知识产权实施管理、监督。

2. 知识产权的经营使用管理。主要对知识产权的经营和使用进行规范,研究核定知识产权经营方式和管理方式,制订知识产权,等等。

3. 知识产权的收益管理。对知识产权使用效益情况应统计,合理分配。

4. 知识产权的处分管理。企业根据自身情况确定对知识产权的转让、拍卖、终止。

(五) 知识产权管理的作用

加强知识产权管理能够提高知识产权创造的数量和质量。

创造更多更好的知识产权是实施知识产权战略的前提,但是要提高知识产权创造的数量和质量,必须加强知识产权管理。

第一,从知识产权创造最重要的主体——企业层面上看,一是知识产权管理可以使创造的目标更加明确。知识产权管理的主要任务之一就是确立以专利战略为主的企业知识产权战略,并在战略框架内,依据企业的总体经营和创新策略,对知识产权的创造特别是对专利申请的数量、质量、时机、类别形成一个总的目标和方针。国外许多大公司十分重视专利申请战略,如东芝公司根据企业研发未来产品、下一代产品和先行产品的不同步骤,把专利申请分成概念性发明发掘阶段、战略性专利申请阶段和专利网构筑阶段,从而使专利申请形成由点到线、由线到面、由面到网的总体战略。二是知识产权管理可以提高创新研发的起点,避免低水平重复研究。通过加强知识产权信息管理,建立和完善与本单位科研、生产领域相关的专利信息数据库,充分运用专利文献信息,可以及时了解与本单位相关的国内外技术动态,避免低水平重复研究,节约人力和资金资源。三是通过知识产权管理可以提高发明人、设计人的创造积极性。企业应根据专利法等知识产权法律和国家相关政策规定要求,建立企业内部合理的知识产权利益分配与奖励制度。通过兑现奖酬,可以最大限度地调动职务发明人的积极性,充分发挥职务发明人的聪明才智,避免人才技术流失。

第二,从国家行政管理层面看,专利、商标、集成电路布图设计、植物新品种等知识产权,都需要国家知识产权行政管理机关依据法律代表国家向申请人授予相应的知识产权。因此,这些国家行政管理机关的管理水平高低,知识产权审查速度快慢和质量的好坏,直接影响了我国知识产权创造数量和质量。

第三,从地方行政知识产权管理层面看,地方政府通过出台鼓励知识产权创造的政策等行政管理手段,可以促进知识产权的创造。

目前,各地政府为了提高本地区的知识产权数量和质量,结合本地的实际出台了各具特色的鼓励政策,如设立专利申请资助资金、将专利申请量纳入考核地方官员的指标体系。加强知识产权管理能够提高知识产权保护水平,加强知识产权保护,加大知识产权的执法力度对于鼓励创新,维护公平的竞争环境十分重要。但是,知识产权保护相对于知识产权管理,一个侧重于事后的救济,一个侧重于事前的预防;一个是治标之策,一个是治本大计。只有全面加强知识产权管理,才能够提高知识产权保护的水平。

第一,对于企业来说,一是知识产权的科学管理奠定了知识产权维权的基础。企业维权经常出现的困扰之一就是权利的稳定性问题,如果企业平时知识产权管理到位,对自己的知识产权的数量、内容、法律状态以及与他人权利的界限十分清楚,就可以从容的应对他人提出的行政撤销、宣告无效和侵权诉讼等纠纷。二是知识产权管理可以积累维权的可靠证据。通过知识产权管理,将知识产权取得和实施等过程中的重要资料分类管理,并完整保存,可以为维权提供可靠的证据支持。这一点对于商业秘密的保护尤其重要。三是知识产权管理本身就是对知识产权的保护。通过加强技术人员和技术成果管理,明确技术人员的权利义务,以及技术成果的权利归属,从而最大限度地避免因资产流转和人员流动而引发的知识产权纠纷。另外,知识产权管理在衡量、降低维权成本,选择维权途径,确定维权方案等方面也发挥重要作用。

第二,在我国知识产权执法处于分散管理的情况下,更要加大知识产权执法的协调管理,建立跨部门、跨地区的知识产权案件移送、信息通报、配合调查等机制,搭建具有信息服务、案件督办、数据分析、状况评价、监测预警等功能的平台,实现执法协调部门、行政执法部门和司法保护机关工作的有机衔接。

第三,司法保护和行政保护机关本身需要加强管理,通过内部管理,全面加强执法能力建设,提高人员素质,严格执法程序,规范执法行为,强化执法手段。

提高知识产权运用的能力,知识产权运用是实施知识产权战略的核心,加强知识产权的创造、管理和保护的目的是为了提高知识产权的运用能力,全面提高企业的市场竞争力和国家的核心竞争力。知识产权管理水平的高低制约着知识产权运用能力的充分发挥。

第一,从企业管理来看,企业是知识产权运用的主体。知识产权管理是企业经营管理活动中的重要环节,知识产权管理部门在企业经营管理中,从整体管理体系的定位到管理部门的设置、人员的配备及实际职能,都具有重要地位。通过知识产权管理能够提高知识产权的经济效益。知识产权盈利的主要手段是知识产权的实施、转让和许可,在这些工作过程中,必须加强包括计划管理、产权管理、许可管理等知识产权的全面管理。

第二,从国家和地方知识产权行政管理来看,强化知识产权实施和运用,提高国家和本地区的竞争力是行政管理的主要任务之一。国家与地方为鼓励实施知识产权,出台了一系列鼓励创新的政策,国务院2006 年发布实施《国家中长期科学和技术发展规划纲要(2006—2020 年)》的若干配套政策,在科技投入、税收激励、金融支持、政府采购、知识产权、人才队伍等方面出台了一系列政策。各地政府结合本地实际,也都出台了更加具体的鼓励政策。中共武汉市委、武汉市人民政府在《关于增强自主创新能力争创国家创新型城市的决定》中提出,实施扶持自主创新的政府采购政策。建立自主创新产品认证制度、认定标准和评价体系,确定政府采购自主创新产品目录。由市财政部门会同有关部门根据自主创新产品目录实施政府采购优先购买自主创新产品的政策。实施政府首购政策和订购制度,不断提高政府采购中本市创新产品和服务的比例。通过工程设计、预算控制、招投标等形式,引导和鼓励政府部门、企业和事业单位择优购买本国、本地高新技术企业拥有自主知识产权的产品。这些政策的落实,将极大地推动知识产权的运用和实施。

知识产权管理既是一个理论问题,更是一个实务问题。在当今这个飞速发展的知识经济时代,只有从理论探讨与实务创新两个方面来考察知识产权管理,才能够立体地把握其应处的坐标点,充分发挥管理在知识产权能力建设方面的重要作用。

(六)企业知识产权管理的设置模式

1.集团企业管理模式。

企业集团多为产业发展多元化且具有一定规模的大型企业。针对该类企业知识产权保护客体的广泛性、复杂性,企业集团应建立一套完整的知识产权管理体系与之相适应。

首先,在集团总部成立独立的知识产权管理委员会。由集团副总经理亲自挂帅,全权负责企业知识产权方面的各项事务。委员会由集团副总经理、法律顾问、集团办公室主任、各产业块经理与办公室负责人等 7 人组成,独立行使如下职能。

(1)结合企业特点制订企业知识产权的经营方针策略及规划。

(2)指导集团产业块以及各有关部门建立健全知识产权的各项规章制度。

(3)监督各项规章制度的实施。

(4)对违反各项规章制度的行为与个人提起法律诉讼或通过非法律手段进行处理。

(5)组织职工,特别是高级管理人员及技术研究开发人员进行系统的知识产权教育培训。

(6)协调部门之间、产业块之间的知识产权事务。

(7)督促集团各产业块及时对已具备条件的专利、商标、版权等进行申请、注册的保护工作。

其次,集团办公室、行政部、发展部、集团下属的各产业块办公室、发展部、集团下属的各产业块办公室、发展部、产业块总经理配合知识产权管理委员会开展工作。知识产权管理委员会每月与上述各部门召开一次会议。在知识产权管理委员会的指导下,由这些部门和个人将知识产权方面的工作落实到集团以及各产业块的每个部门、每个职工、每项工作及其每个环节中去。同时,这些部门亦将在知识产权过程中遇到的困难、问题以及建议及时反馈给知识产权管理委员会。

此外,知识产权管理委员会还与各知识产权行政管理机构保持密切的联系,及时搜集各类知识产权法律法规、政策为己所用。

2. 产业单一的中型企业管理模式。

产业单一、规模不大的中型企业,亦应建立独立的知识产权部,作为董事会的智囊团,直接由企业董事会领导,该部由主管技术与法律事务的副总经理负责,下设技术室、商标室、法律室、信息室。各室负责人作为联络员由副总经理定期召集开会,研究、协调各职能部门的工作,以及制订企业知识产权的产业策略、经营方针,从而形成一种网络型的管理模式。各职能部门对总经理负责具体履行下列职责。

(1)确定企业知识产权保护对象。

(2)制订企业各项知识产权管理制度,并负责监督实施。

(3)实施企业知识产权产业策略,实现企业知识产权效益最大化。

(4)开展职工知识产权教育培训,提高企业职员知识产权的保护意识。

(5)建立知识产权侵权监控网络,防止企业侵犯他人知识产权。

3. 小型高新技术企业管理模式。

小型高新技术企业一般具有规模小、技术含量高、机构精简的特点,对知识产权管理机构的设置宜采取点面结合型管理模式,即选择重点,协调全面。无须质疑,科学技术的此类企业的生命,其重要性固然居各部门的首位,因此,知识产权管理部门不独立设置,而与本企业的总工程师办公室或者科技管理部门相结合。设置专职人员,专司专利、商业秘密、商标、计算机软件等知识产权的登记管理工作,并直接由企业中主管知识产权的干部领导。

【课外补充】

技术创新对于家电企业到底有什么价值?

技术创新,对于家电企业来说,到底有什么价值和作用?虽然,最近五年间,一批有实力、有资本、有眼光的家电巨头们,纷纷投入"重兵"和巨资展开了科技创新的布局,包括并不限于打造全球化的科技创新平台和分布在不同国家和地区的创新中心,并且推出了一系列有技术含量,有功能卖点的科技新品。但是,至今仍然有不少家电企业和商家,在内心深处并不能理解"技术创新"的真正价值所在。不少家电行业总是非常狭隘地将技术创新与产品多卖多少钱、材料成本节省了不少等经营业绩,直接捆绑在一起,完全不清楚技术创新未来可能带给企业在更多的产业赛道、商业空间,以及发展动力等价值。

技术创新,到底是什么?

人们所熟的苹果手机,其表面需要一种化学涂料,一是非常薄、二是能防止手指纹印。这个材料的供应商,就是日本的大金公司。能满足苹果要求的,全球只是这一家。

人们所熟知的大金,是一家世界级的空调企业,在家用、商用及中央空调等产品上拥有极强的竞争力;但,很多人不知道的是,大金还是一家世界级的氟化工企业,除了苹果手机屏幕所需要的防指纹剂,还有树脂、薄膜、涂料、模胶、防水、防油剂等诸多产品,广泛应用于通信等多个行业。前段时间,引发多家汽车工厂停产的芯片缺货问题,让众多人都没有想到的是,问题不是出在AMD、台积电等芯片企业身上,而是一家知名的日本味精企业味之素集团。这家企业的味之素微技术公司,生产一种味之素构成薄膜,是制造高端CPU和GPU不可缺少的材料,最关键的是没有替代品。

一家生产味精调味料的企业,竟然成为高端芯片产业链中的重要角色,影响下游的供给。事实上,味之素不只是布局了芯片产业,还拓展到香料、化妆品、医疗行业。支撑这家企业看似"不靠谱"多元化扩张的关键,就是核心技术的创新能力,在生产味精的过程中将副产品植物氨基酸进行二次、三次开发,并且在相关产业扮演着"不可取代"的产品供应商角色。

透过这两家企业的业务拓展案例，可以清楚地看到，技术创新对于所有企业来说，其实就是一种突破的能力，还是一种开拓的实力，更是一种面向未知世界和多变商业的基石与引擎。没有技术创新能力，很难想象一些百年企业如何诞生并存活下来。

技术创新，并不只是当前一些家电企业看到的"产品力提升、盈利水平改善"，而是面向未来在一些更有前景、更有商机的行业和市场上，探索并打造的"独一无二"能力。最终，这才是从时代的企业向成功的企业跨越的关键能力。

技术创新，又能干什么？

从当年称霸手机行业多年的诺基亚、摩托罗拉，如今早已被时代和用户抛弃，取而代之的则是苹果、华为等新巨头们。同样，当年柯达、富士等胶卷企业称霸影像市场、无人撼动，到如今胶卷成为少数人的"玩物"，单反、微单以及智能手机等在拍照市场大行其道，这一系列变革的背后，正是技术创新的因果循环和更替。

当年，因为技术创新实力，成就了诺基亚、摩托罗拉在手机产业的霸主地位；正是凭借在技术上的自信与能力，也让诺基亚、摩托罗拉错过了智能时代的浪潮与风口，最终被快速成长起来的跨界新对手所取代，还被大量年轻新用户们所抛弃。

其实，无论苹果还是华为，都不是智能手机的发明者和开创者，却凭借在互联网时代对于用户需求和体验的精准把握，最终凭借智能机对功能机的弯道超车，开创一个新的产业通道，打破了传统功能机的市场天花板。当然，与苹果、华为相比，诺基亚和摩托罗拉的技术创新实力并不弱，却因为技术研发方向，以及用户需求的判断失误，从而错失了时代变革的机遇。

同样，属于同一时代的胶卷企业，柯达则经历破产保护后寻找新的出路，而富士则凭借在胶卷底层技术的创新实力和突破能力，将胶卷成分中的胶原蛋白拓展到化妆品行业，不只是推出引发消费热潮的红宝石美容液等产品，还专门推出艾诗缇品牌致力于胶原蛋白美容护肤事业。此外，富士基于影像技术的创新实力，进入医疗保健行业，从事药物的纳米靶向送达技术研发，实现了多业务体系的拓展。

由此来看，技术创新对于所有企业来说，既是进攻的矛，也是防守的盾。在一线市场竞争中，既是打击对手的武器也是防守进攻的城墙，但必须遵守两个原则。一是，技术创新不能盲目自恋、自说自话，必须要应时而变、顺势而为，满足不同时代的用户需求和产业发展的变化；二是，企业必须要打造底层的基础性技术创新能力，才能实现从一个行业向多个行业的顺势扩张并且站稳脚跟，不能四面开花、八面玲珑，陷入技术炒作。

技术创新，家电业怎么用？

选择在2021年重新出发的美的集团，确立四大战略主轴和五大业务板块中，引发众多行业和企业广泛热议的，不是家电为主体的智能家居事业群，而是机电事业群。如今，这已经成为美的集团从家电向新能源车、3C及工业自动化等其他行业扩张的支点和突破口。这并不意味着，美的又要造车了。而是基于美的在机电技术上的技术储备和布局，以电机、电控、压缩机为核心部件，通过电机驱动系统、热管理系统和辅助、自动驾驶系统等方案，实现对新能源车产业的拓展和布局。这其实就是一种底层科技创新实力在不同行业应用的代表性案例。

类似的情况，还出现在海信等家电巨头的身上。作为国内彩电行业的头牌，海信在影像技术上拥有从画质、芯片到操作系统的整体实力，如今在电视机需求量收缩背景下，开始将商业触角延伸至电竞屏、游戏屏、教育触控屏、B超屏等多个行业和领域，不只是拓宽企业的业务赛道，更将企业在画质等显示技术上创新的实力，实现了在多业务的边际化延伸与扩张。

其实，对于很多家电企业来说，在过去30年，甚至更长时间的发展过程中，积累了一定的技术创新资源，建立起技术创新的平台和体系，只要在一些关键性技术上具备竞争力，还是很容易向其他行业进行无缝扩张的。当然，这只是局限于少数掌握技术真功夫的企业。

一般来说，对于家电企业而言，必须要形成三大层面的技术创新能力。一是底层的基础性技术，比如美的机电技术、海信图像技术等；二是中层的产业共性技术，包括智能制造、数字化研发等；三是上层的多维应用技术,集中在产品的应用场景和用户体验层面,包括很多的智能家电、空气方案、净水方案、暖通方案等。

目前,很多家电企业在内部都建立了"储备一代、研究一代、开发一代"产品研发思路,同时还构建集团和产品公司两级研发体系,通过集团层面的先行技术研发中心,关注前瞻性、颠覆性和共性技术的研发,与产品事业部层面的个性化技术和产品的开发并行与融合,从而进一步夯实并推动家电企业的科技创新突破实力。

这一系列的动作、部署表明,已经在产品、市场和业绩上率先尝到科技创新甜头的家电企业,比任何时候都重视对创新的投入与付出。不过,在家电圈看来,技术创新是一场持久战,关注的不是一时得失,而是长期的投入与规划。同样,技术创新的价值,也远远超出了当前很多家电人的认知与理解(资料来源:家电圈)。

【知识训练】

一、单选题

1. 注册商标的有效期为十年,自(　　)之日起计算。
   A. 提出注册申请　　　B. 核准注册　　　C. 发放注册证　　　D. 公告日
2. 注册商标有效期满,需要继续使用的,商标注册人办理续展手续的宽展期为几个月?(　　)。
   A. 1个月　　　　　　B. 3个月　　　　　C. 6个月　　　　　　D. 12个月
3. 工商行政管理部门处理商标侵权行为时,认定侵权行为成立的,违法经营额不足五万元的,可以处(　　)以下的罚款。
   A. 10万元　　　　　B. 15万元　　　　　C. 20万元　　　　　D. 25万元
4. 已经注册的商标,侵害他人在先权利的,自商标注册之日起几年内,在先权利人或者利害关系人可以请求商标评审委员会宣告该注册商标无效?(　　)。
   A. 1年　　　　　　　B. 3年　　　　　　C. 5年　　　　　　　D. 20年
5. 根据《著作权法》及相关规定,下列哪种属于我国著作权法保护的客体?(　　)。
   A. 民法总则的官方正式译文　　　　　B. 某电视台报道的时事新闻
   C. 通用数表　　　　　　　　　　　　D. 某9岁儿童创作的日记

二、多选题

1. 下列各项中,哪些属于我国《著作权法》规定的作品?(　　)。
   A. 口述作品　　　B. 摄影作品　　　C. 曲艺作品　　　D. 戏剧作品
2. 根据著作权法及相关规定,下列关于著作权集体管理组织的哪些说法是正确的?(　　)。
   A. 著作权人可以授权著作权集体管理组织行使著作权
   B. 著作权集体管理组织被授权后,可以以自己的名义为与著作权有关的权利人主张权利
   C. 著作权集体管理组织可以作为当事人进行涉及著作权的诉讼活动
   D. 著作权集体管理组织只能作为诉讼代理人进行涉及与著作权有关的权利的诉讼活动
3. 张某创作了一部小说,李某经张某同意将该小说改编为电影剧本,某电影公司欲将该剧本拍摄成电影。根据《著作权法》及相关规定,下列哪些说法是正确的?(　　)。
   A. 该电影剧本的著作权由李某享有
   B. 该电影剧本的著作权由张某和李某共同享有
   C. 电影公司拍摄该电影只需征得李某同意
   D. 电影公司拍摄该电影需要征得张某和李某同意
4. 根据我国法律规定,属于不正当竞争行为的有(　　)。
   A. 擅自使用商品特有的包装　　　　　B. 擅自使用他人的姓名

C. 假冒他人的注册商标　　　　　　　D. 使用未经注册的商标

5.《著作权法》保护的作品有很多种,其中包括(　　)。

A. 文字作品　　　B. 产品设计图　　　C. 地图　　　D. 通用数表和公式

三、判断题

1. 专利权是一种知识产权,具有时间性和地域性限制。(　　)

2. 专利权的地域性是指专利权要受到地域的限制,即一个国家根据其本国法律批准的专利权只在该国法律管辖的地域范围内有效。(　　)

3. 注册商标需要在同一类的其他商品上使用的,不用另行提出注册申请。(　　)

4. 在中国获得专利权的一项发明,在国外自动受到同样的保护。(　　)

5. 我国对专利申请的受理和审查以及专利权的授予统一集中进行,而不是分散在各省市进行。(　　)

6. 外国人不能在中国申请专利。(　　)

参考答案

一、1 - 5 BCDCD

二、1. ABCD　2. ABC　3. AD　4. ABC　5. ABC

三、1 - 6 √√××××

项目十　人力资源规划与薪酬管理

【思维导图】

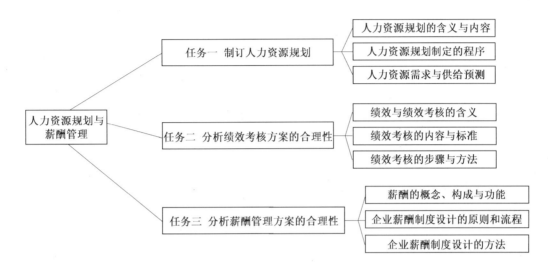

【知识点】

(1) 人力资源。
(2) 绩效考核。
(3) 薪酬设计的原则。

【能力目标】

(1) 能够对人力资源需求和供给进行预测。
(2) 掌握绩效考核的步骤与方法。
(3) 能够分析薪酬管理方案的合理性。

【案例导读】

绩效考核目标设定,需要沟通吗?

某公司中层人员的考核目标直接由分管副总制订,以季度为周期进行考核。客服张经理本季度经常要出差,多数工作均出色地完成,但有部分重点工作未能按时完成。季度绩效考核结果,人力资源部参考直属上级的要求,考核等级为C(即绩效工资要扣减)。张经理认为本季度自己非常辛苦,工作表现相当出色,季度绩效不应该评C。你是人力资源部绩效考核主管,你认为本考核的过程有什么问题,如何改进?

【案例答案】

本案例中,在季度考核目标设定时,完全由分管副总确定,没有和张经理沟通,导致张经理对考核目标不清楚。同时,最终的考核结果也没有和张经理沟通,并最终引起张经理对考核结果不认可。所以整个过程,对于绩效的沟通是很缺乏的。在绩效目标设定的时候,考核者应该和被考核者就考核的重点,目标达成一致。同时,在绩效考核过程中,考核者应做好被考核者的绩效辅导。最后,对考核的结果进行沟通。这样就可避免大家的认识不一致。

任务一　制订人力资源规划

一、人力资源规划的含义与内容

人力资源规划是指企业根据发展战略、目标和任务的要求,科学地预测与分析企业在不断变化的环境中人力资源的需求和供给状况,并据此制订必要的人力资源政策和措施,以确保企业的人力资源与企业的发展战略、目标和任务在数量、质量、结构等方面保持动态平衡的过程。

按照规划时间的长短,企业的人力资源规划可以分为短期规划、中期规划和长期规划。一般来说,短期规划是指1年或1年以内的规划,中期规划一般为1年以上5年以下的时间跨度,长期规划是指时间跨度为5年或5年以上的规划。

按照规划的性质,企业的人力资源规划又可分为总体规划和具体计划。总体规划是指根据企业发展战略、目标和任务,对规划期内企业人力资源开发和利用的总目标和配套政策的总体谋划与安排。具体计划是指为实现企业人力资源的总体规划,而对企业人力资源各方面具体工作制订工作方案与措施,具体包括人员补充计划、人员使用计划、人员接续及升迁计划、人员培训开发计划、薪酬激励计划等。无论是总体规划,还是每项具体计划都是由目标、政策及预算等要素组成,正是这些构成了企业人力资源规划的具体内容,也从不同方面保证了人力资源规划的实现。

二、人力资源规划制订程序

企业人力资源规划的制订,一般包括四步。收集信息分析企业经营战略对人力资源的要求;进行人力资源需求与供给预测;制订人力资源总体规划和各项具体计划;人力资源规划实施效果与评价。

三、人力资源需求与供给预测

(一) 人力资源需求预测

人力资源需求预测是指以企业的战略目标和工作任务为出发点,综合考虑各种因素的影响,从而对企业未来某个时期人力资源需求的数量、质量和结构等进行估计的活动。在进行企业人力资源需求预测时,应充分考虑以下影响因素。① 企业未来某个时期的生产经营任务及其对人力资源的需求。② 预期的员工流动率及由此引起的职位空缺规模。③ 企业生产技术水平的提高和组织管理方式的变革对人力资源需求的影响。④ 企业提高产品或服务质量或进入新市场的决策对人力资源需求的影响。⑤ 企业的财务资源对人力资源需求的约束。

企业可以采用的人力资源需求预测方法有管理人员判断法、德尔菲法、转换比率分析法、一元回归分析法。

(二) 人力资源供给预测

人力资源供给预测包括内部供给预测和外部供给预测两方面,最常用的内部供给预测方法有人员核查法、管理人员接续计划法、马尔可夫模型法。马尔可夫模型是用来预测具有时间间隔(如一年)的时间点上,各类人员分布状况的方法。该方法的基本思路是,找出企业过去在某两个职务或岗位之间的人事变动规律,以此推测未来企业中这些职务或岗位的人员状况。一般是5~10年的长度为一个周期。

【案例导读】

华为绩效管理体系全曝光

华为的绩效管理以实现企业价值增长为目的,由个人绩效和部门绩效两种形式组成,它将绩效考核看成一个企业管理过程,以目标为导向架构绩效管理体系。

一、华为的绩效管理由四个领域构成

华为的绩效管理由四个领域构成,业务领域、绩效领域、职业领域和生活领域。它们各自的具体内涵如下。

1. 业务领域。

(1) 确保每一个员工都有工作任务,分析员工能力,确保员工达到工作要求。

(2) 阐明任务,让员工理解,确保员工按要求的标准执行。

(3) 保证员工在既定时间内完成任务。

(4) 确保员工不断熟练地执行任务,检查员工的工作过程,并给予指导。

2. 绩效领域。

(1) 保证当前的绩效令人满意,明确规定期望员工达到的绩效水平。

(2) 分析绩效下降的原因,诊断导致员工绩效出现问题的原因。

(3) 提供更高的目标,激发员工不断提高技能和水平,使员工不断学习。

(4) 为员工的学习创造更多机会,使员工获得更大的提升。

3. 职业领域。

(1) 挖掘员工个人职业发展潜力,了解员工内在的需求和动机。

(2) 帮助员工做出最恰当的职业选择,评价其职业发展愿望与自身能力是否相称。

(3) 支持员工实现职业生涯预期的目的,为职业生涯发展确定最佳途径。

4. 生活领域。

(1) 协调员工与组织的利益,倾听和了解员工的需求。

(2) 帮助员工达到预期生活目标,让员工思考他们所面临的问题。

(3) 表明自己对员工的支持,帮助员工找出处理问题的最佳方式。

绩效管理要实现的两个目标,即"双效"目标很重要。

一是效率,用最小化的资本或成本,创造最高、最大的收益。

二是效果,追求效果的最大化,即收获的最大化。

可见,华为的绩效观念并不仅仅局限于绩效考核,而是将整个企业管理融入绩效管理中。

在此种观念的影响下,它所架构出的绩效体系更具实用性。

二、华为的绩效管理架构

KPI意指关键业绩指标。它是一个数据化的指标,要求必须是可以衡量的。这是一种目标式的量化管理指标,它把企业的战略目标分解为可运作的目标,是企业实行绩效管理的基础。华为绩效管理体系架构如图10.1.1所示(资料来源:每天学点HR)。

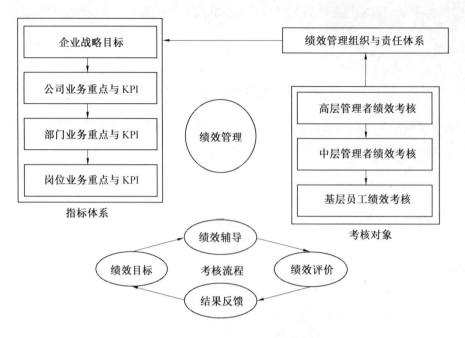

图 10.1.1　华为绩效管理体系架构

任务二　分析绩效考核方案的合理性

一、绩效与绩效考核的含义

员工个人绩效是指员工个人从事其本职工作后所产生的成绩和成果。

绩效考核是指组织根据既定的员工绩效目标，收集与员工绩效相关的各种信息，借助一定的方法，定期对员工完成绩效目标的情况进行考查、评价和反馈，从而促进员工绩效目标的实现，并促进组织整体绩效目标的实现的管理活动。绩效考核有4层含义。

第一，绩效考核是一项管理活动，是由制订绩效目标、围绕绩效目标的经常性沟通、绩效评价和绩效反馈等环节所构成的系统过程。

第二，绩效考核的目的是促进员工个人、所在部门和整个企业整体绩效的提高。

第三，绩效考核是人力资源管理的一项重要职能，是组织中所有管理者的责任。

第四，绩效考核必须有一个事先确定的时间周期，必须借助一定的方法（如排序法、配对比较法、行为锚定评价法）。

绩效考核作为人力资源管理的一项重要职能，具有管理功能、激励功能、学习和导向功能、监控功能、增进绩效的功能。

二、绩效考核的内容和标准

绩效考核的内容是对企业员工工作任务的界定，它明确回答了企业员工在绩效考核期内应该完成什么样的工作，具体包括绩效考核项目和绩效考核指标两项。

绩效考核标准是关于企业员工工作任务在数量和质量方面的要求，它明确回答了应该把绩效考核内容所界定的工作任务做到什么程度或应该使之达到什么标准，是绩效考核指标的进一步量化或具体描述。必须注意三个问题。

一是，绩效考核标准必须明确、具体、清楚，不能含糊不清，应尽量使用量化标准。

二是，绩效考核标准必须适度，一方面，要有一定的难度，另一方面，经过努力又可以达到。

三是，绩效考核标准必须具有可变性，一方面，对于同一个员工来说，在不同的绩效考核周期，随着外部环境的变化,绩效考核标准也要有相应的变化;另一方面,对于不同的员工来说,即使在同样的绩效考核周期,由于工作环境的变化,绩效考核标准也可能发生相应的变化。

三、绩效考核的步骤与方法

(一)绩效考核的步骤

包括准备阶段、实施阶段(绩效沟通和绩效考核评价)、结果反馈、结果的运用四个阶段。

(二)绩效考核的方法

1. 民主评议法。

2. 书面鉴定法。在进行考核时,以文字叙述的方式说明事实,包括以往工作取得了哪些明显的成果,工作上存在的不足和缺陷是什么。

3. 关键事件法。这是一种通过员工的关键行为和行为结果来对其绩效水平进行绩效考核的方法,一般由主管人员将其下属员工在工作中表现出来的非常优秀的行为事件或者非常糟糕的行为事件记录下来,然后在考核时(每季度,或者每半年)与该员工进行一次面谈,根据记录共同讨论对其绩效水平做出考核。

4. 配对比较法。这是一种更为细致的通过排序来考核绩效水平的方法,它的特点是每一个考核要素都要进行人员间的两两比较和排序,使得在每一个考核要素下,每一个人都和其他所有人进行了比较,所有被考核者在每一个要素下都获得了充分的排序。包括直接排序法、交替排序法和一一对比法。

交替排序法。这是一种较为常用的排序考核法。其原理是,在群体中挑选出最好的或者最差的绩效表现者,较之于对其绩效进行绝对考核要简单易行得多。因此,交替排序的操作方法就是分别挑选、排列的"最好的"与"最差的",然后挑选出"第二好的"与"第二差的",这样依次进行,直到将所有的被考核人员排列完成为止,从而以优劣排序作为绩效考核的结果。交替排序在操作时也可以使用绩效排序表。

5. 量表法。把绩效考核的指标和标准制成量表,根据量表对考核对象的工作绩效进行考核的方法。如,图表评价尺度法(评级量表法)、行为锚定等级评价法。

图表评价尺度法是最简单和运用最普遍的绩效考核技术之一,一般采用图表填写打分的形式进行。

行为锚定等级评价法:是基于对被考核者的工作行为进行观察、考核,从而评定绩效水平的方法。

6. 平衡计分法。以企业战略为导向,寻找能够驱动战略成功的关键成功因素,并建立与关键成功因素有密切联系的关键绩效指标体系(KPI)。

7. 关键绩效指标法。关键绩效指标是基于企业经营管理绩效的系统考核体系,是指企业宏观战略目标决策经过层层分解产生的可操作的战术目标,是宏观战略决策执行效果的监测指针,对组织战略目标有增值作用。

8. 目标管理法。目标管理法是现代企业采用更多的方法,管理者通常很强调利润、销售额和成本这些能带来成果的结果指标。在目标管理法下,每个员工都确定有若干具体的指标,这些指标是其工作成功开展的关键目标,它们的完成情况可以作为评价员工的依据。

任务三　分析薪酬管理方案的合理性

一、薪酬的概念、构成与功能

薪酬是指员工从事企业所需要的劳动而得到的各种直接和间接的经济收入。一般包括基本薪酬、激励薪酬、间接薪酬(福利)。

薪酬的功能,从员工、企业和社会三方面进行考察,薪酬对员工的功能是保障、激励、调节;对企业的功能是增值、改善用人活动功效、协调企业内部关系和塑造企业文化、促进企业变革和发展的功能;对社会的功能体现在薪酬水平的高低会直接影响到国民经济的正常运行,也会影响到人民的生活质量,还会影响到社会的稳定,薪酬也调节人们择业和就业的流向。

二、企业薪酬制度设计的原则和流程

（一）企业薪酬制度设计的原则

1. 公平原则。指企业向员工提供的薪酬应该与员工对企业的贡献保持平衡。公平的表现形式有三种。① 外部公平，指同一行业或同一地区或同等规模企业中类似职务的报酬水平应当基本相同。② 内部公平，即同一企业中不同职务之间的薪酬水平应该相互协调。内部公平强调的是职务本身对报酬的决定作用。③ 员工个人公平，即同一企业中从事相同工作的员工的报酬要与其绩效相匹配，个人公平强调的是个人特征对报酬的影响。

2. 竞争原则。指企业向在某些重要职位上工作的员工提供的应高于同一地区或同一行业其他企业同种职位的薪酬，以使自己的企业具有吸引力和竞争力。

3. 激励原则。指企业内部各类、各级职位之间的薪酬标准要适当拉开距离避免平均化，利用薪酬的激励功能提高员工的工作积极性。

4. 量力而行原则。指企业在设计薪酬制度时必须考虑自身的经济实力，避免薪酬过高或薪酬过低的情况出现，以避免使企业成本过高或缺乏吸引力和竞争力。

5. 合法原则。指企业进行薪酬制度设计时，应遵循国家有关法律法规和政策的要求，做到合法合理付酬。

（二）企业薪酬制度设计的流程

1. 明确现状和需求。通过访谈与问卷调查方式进行。
2. 确定员工薪酬策略。薪酬策略由企业文化和企业战略决定。
3. 工作分析。工作分析的结果是编制出每一职位的说明书。
4. 职位评价。职位评价是对企业中各类职位的相对价值进行排序，为实现各类职位员工薪酬的内部公平奠定坚实的基础。
5. 等级划分。把职位划分为不同的等级，职位等级的划分通常与企业采用的薪酬模式相对应。
6. 建立健全配套制度。配套制度包括绩效考核制度、技术评价标准、能力评价标准等。
7. 市场薪酬调查。薪酬调查的对象最好选择与自己有竞争关系的企业或同行业的类似企业，重点考虑员工的流失去向和招聘来源。
8. 确定薪酬结构与水平。
9. 薪酬制订的实施与修正。

三、企业薪酬制度设计的方法

（一）基本薪酬制度的设计

1. 基本薪酬设计的前提。选择薪酬调查实施（职位、范围、项目、实际调查、结果分析）、薪酬等级建立。
2. 以职位为导向的基本薪酬设计，包括职位等级法、职位分类法、记点法和因素比较法。
3. 以技能为导向的基本薪酬设计，分为以知识为基础的基本薪酬制度设计方法和以技能为基础的基本薪酬制度设计方法。
4. 宽带型薪酬结构。指对多个薪酬等级以及薪酬变动范围进行重新组合，使之变成只有相当少数的薪酬等级以及相应比较宽的薪酬变化范围。宽带型薪酬结构的6个作用。

（1）支撑了扁平型组织结构的运行。
（2）引导员工重视个人技能的增长和能力的提高。
（3）有利于促进职位轮换与调整。
（4）有利于员工适应劳动力市场的供求变化。
（5）有利于管理人员及人力资源专业人员的角色转变。
（6）有利于促进薪酬管理水平的提高。

(二) 激励薪酬制度的设计

1. 激励薪酬一般分为个人激励薪酬和群里激励薪酬。个人激励薪酬主要有计件制、工时制、绩效工资的形式；群体激励薪酬主要有利润分享计划、收益分享计划、员工持股制度形式。

2. 员工福利制度包括国家法定福利（法定的社会保险、住房公积金、公休假日、法定休假日、带薪休假）和企业自主的福利。

【知识训练】

一、单选题

1. 具有内耗性特征的资源是（　　）。
   A. 自然资源　　　　B. 人力资源　　　　C. 矿产资源　　　　D. 物质资源

2. "社会人"人性理论假设的基础是（　　）。
   A. 泰勒的科学管理原理　　　　B. 梅奥的人际关系理论
   C. 马斯洛的需要层次理论　　　　D. 霍桑试验

3. 明确目标责任使其竞争，是进行人本管理的哪种运行机制？（　　）。
   A. 动力机制　　　　B. 压力机制　　　　C. 约束机制　　　　D. 环境影响机制

4. 下面哪一项不是人本管理的基本要素？（　　）。
   A. 企业人　　　　B. 环境　　　　C. 文化　　　　D. 产品

5. 一个国家或地区有较强的管理能力、研究能力、创造能力和专门技术能力的人口总称为（　　）。
   A. 人力资源　　　　B. 人口资源　　　　C. 人才资源　　　　D. 劳动力资源

6. 制订利益相关者（包括股东、管理层、员工、监管机构、客户等）、财务增长标准、市场增长标准、品牌增长标准等指标体系、方法和工具。这是制订人力资源管理战略中的哪个步骤？（　　）。
   A. 战略分析　　　　B. 战略选择　　　　C. 战略衡量　　　　D. 战略实施

7. 通过检查人力资源目标的实现程度，提供关于人力资源计划系统的反馈信息。这是人力资源规划工作的哪项活动？（　　）。
   A. 人员档案资料　　　　B. 人力资源预测　　　　C. 行动计划　　　　D. 控制与评价

8. 员工离开组织之前由于工作效率低下而造成的损失费用应从人力资源成本的哪个项目中列出？（　　）。
   A. 保障成本　　　　B. 开发成本　　　　C. 使用成本　　　　D. 离职成本

9. "只有真正解放了被管理者，才能最终解放管理者自己"。这句话表明现代人力资源管理把人看成什么？（　　）。
   A. 资源　　　　B. 成本　　　　C. 工具　　　　D. 物体

10. 根据组织的发展战略来制订的人力资源战略规划，并通过战略性的人力资源管理制度体系的建设，来促成这个组织战略目标的实现。这指的是（　　）。
    A. 人力资源战略　　　　B. 战略人力资源　　　　C. 组织战略　　　　D. 军事战略

11. 人力资源需求预测方法中的集体预测方也称（　　）。
    A. 回归分析方法　　　　B. 劳动定额法　　　　C. 转换比率法　　　　D. 德尔菲预测技术

12. 为保障员工的健康、减少污染、减少事故的发生所必须采取的措施，属于（　　）的内容。
    A. 劳企关系　　　　B. 培训与开发　　　　C. 安全与保障　　　　D. 编制人力资源计划

13. 在人力资源管理的诸多职能中，（　　）是整个人力资源管理活动的前提基础。
    A. 规划　　　　B. 考评　　　　C. 调整　　　　D. 保持

14. 人力资源是指能够推动经济和（　　）发展的全体劳动者的劳动能力。
    A. 科技　　　　B. 社会　　　　C. 技术　　　　D. 文明

15. 人力资源的吸收，主要是指根据企业工作需要和条件的允许来确定合格人选的过程，也即( )。
   A. 考核   B. 招聘   C. 开发   D. 调整
16. 雇主对雇员关心的程度增加,"人事"具有了特殊使命,这是国外人力资源管理发展的( )。
   A. 档案管理阶段   B. 政府职责阶段   C. 组织职责阶段   D. 科学阶段

二、多选题

1. 一直以来,我国的生育保险范围包括( )的女职工。
   A. 国有企业   B. 私营企业
   C. 国家机关   D. 事业单位
2. 工伤保险实行( )的原则。
   A. 过错赔偿   B. 无过错赔偿
   C. 有责任赔偿   D. 无责任赔偿
   E. 其他
3. 社会福利具体可以分为( )。
   A. 一般社会福利   B. 职工福利
   C. 企业福利   D. 工作福利
   E. 特殊社会福利
4. 职位分类是现代企业人力资源管理的( )。
   A. 过程   B. 起点   C. 核心   D. 基础   E. 中心
5. 职位分析是指对企业各个职位设置的( )权力和隶属关系、工作条件和环境,以及职工为承担该任务所需的资格条件等进行的系统分析和研究,并制订出职位规范、工作说明书等人事文件的过程。
   A. 目的   B. 范围   C. 性质   D. 特点   E. 任务

三、判断题

1. 对女职工和未成年工实行特殊保护只是一项特殊规定,它不属于劳动保护的范畴。( )
2. 人是生产力中最重要的因素,而劳动关系是生产关系中的重要因素之一。( )
3. 市场定位法是以市场平均工资为参照决定各职务价值的方法。( )
4. 结构工资就是由岗位工资与技能工资组合而成的一种岗技工资。( )
5. 结构工资制适用于同一岗位技能要求差别不大的企业和工种。如,纺织工业。( )

四、简答题

1. 简述人力资源管理与人事管理的区别。
2. 企业在何种情况下应采取外部招聘?
3. 请比较排序法和强制分布法。
4. 简述绩效考核的功能。
5. 培训需求分析应包含哪几方面的内容?如何分析?
6. 如何保证情景模拟测试的准确性?
7. 人力资源规划包括哪些方面的内容?
8. 现代企业为什么重视员工培训?
9. 影响人力资源外部供应的因素是什么?

五、案例分析题

1. 李娜是沪上一家医疗器械公司的人力资源部经理,公司最近招了一名销售员顾勇,在经过面谈后,李娜认为顾勇在销售方面具有很大的潜力,具备公司要找的销售人员条件。可是,两星期后销售部经理却告诉她,顾勇提出要离开公司。李娜把顾勇叫到办公室,就他提出辞职一事进行面谈。

李娜:顾勇,我想和你谈谈。希望你能改变你的主意。

顾勇:我不这样认为。

李娜:那么请你告诉我,为什么你想走,是别的企业给你的薪水更高吗?

顾勇:不是。实际上我还没有其他工作。

李娜:你没有新工作就提出辞职?

顾勇:是的,我不想在这里待了,我觉得这里不适合我。

李娜:能够告诉我为什么吗?

顾勇:在我上班的第一天,别人告诉我,正式的新员工培训要一个月后才进行,他们给我一本销售手册,让我在这段时间里阅读学习。第二天,有人告诉我在徐汇区有一个展览,要我去公关部帮忙一周。第三周,又让我整理公司的图书。在新员工培训课程开课的前一天,又有人通知我说,由于某些原因课程推迟半个月,安慰我不要着急,说先安排公司的销售骨干胡斌先给我做一些在职培训,并让我陪胡斌一起访问客户。所以我觉得这里不适合我。

李娜:顾勇,在我们这种行业里,每个新员工前几个月都是这样的,其他地方也一样。

问题:

(1) 你认为这家公司新员工培训存在哪些问题?

(2) 针对此案例,结合相关培训理论,就如何避免上述问题提出你的建议。

2. A 公司是一个很有前景的网络公司,在创业初期,公司制订了比较科学的薪酬制度,企业发展迅速;但随着企业规模的扩大、业务的增加,成员的数量、质量、构成等与开始时相比有了很大的变化,而公司的薪酬体系还是沿用以前的。公司的领导层原以为公司已经是兵强马壮,经营业绩应该大大超过以前,然而却是事与愿违,公司的经营状况不断出现滑坡,一些技术中坚人员相继离开,企业其他人员也开始"军心不稳",公司很快就陷入困境。A 公司感觉形势不妙,再任由这种势头发展下去会造成难以挽回的损失,于是决定采取措施。经过企业调查和管理诊断之后,发现主要问题是企业一直采用的薪酬系统有问题。突出表现在知识员工的薪酬没有外部竞争力;薪酬政策没有向技术和业务骨干倾斜;企业的薪酬等级和要素结构设计不合理等,不仅严重挫伤了核心员工的积极性,也给一线经理造成管理障碍,从而导致技术骨干和中层管理人员的流失。

问题:

(1) 请就该公司的薪酬改革提出你的思路。

(2) 你认为一套合理的薪资制度应遵循哪些基本原则?

参考答案

一、1-5 BDBDC 6-10 CDDAA 11-16 DCABBA

二、1. ACD 2. BD 3. ABE 4. BD 5. ACE

三、1-5 ×√√××

四、1.(1) 理念不同。人力资源管理将人作为一种资源,人事管理将人力作为一种成本。

(2) 着眼点不同。人力资源管理着眼于未来,因此具有战略性,防患于未然;人事管理着眼于现在,具有事后性和问题解决性,因此传统的人事部门常被称为"救火队"。

(3) 管理手段和规范性不同。人力资源管理更多是科学化的管理,强调管理的系统化、规范化、标准化以及管理手段的现代化,人事管理多是经验性的管理。

(4) 内容不同。人力资源管理的内容更丰富,不仅包含与企业经营目标相关的人力资源管理活动,同时关注员工自身的发展。

(5) 定位不同。传统的人事部门定位为一个职能部门,现代人力资源管理部门则作为一个智囊团和一个服务部门存在。

2. 当企业内部缺乏合适的人选、企业需大规模扩大人员规模和欲引进竞争机制,激发现有员工进取的动力时。

3.均是绩效考核的方法,但适用性不同。排序法适合于所考核的内容是无法定量的;被考核的对象人数不多,相互间具有可比性,易于排出名次。

强制分布法是指考核结果按一定的比例强制分布,适合于被评价的员工较多,评价主体不止一人。排序法成本低,有效地将员工分出等级,通过强制排序使评定者具体指出绩效最好的人和最差的人,缺点是主观评价,难以说明员工间的真实差距。对不同部门的员工无法进行比较;强制分布法特别适用于考核结果运用于薪酬方面的情况,有利于控制人工成本,避免平均主义。其缺点是员工业绩事实上不一定呈正态分布。各结果等级的比例不好分配。

4.(1)战略功能,能激励和引导员工的行为趋向与组织目标。评估标准指明了组织对员工的期望,从而指引员工的行为、监督员工的行为,使其不偏离组织的目标。

(2)管理功能,为多项人力资源决策,如薪酬决策、晋升决策、保留或解雇决策等提供依据。

(3)开发功能,提供培训需求(当绩效考核结果不佳时),并具有激励作用和开发潜能等功能。

5.需求分析一般包括,组织分析、人员分析、任务分析。组织分析是指公司在经营战略、可用的培训资源以及培训结果的应用方面是否需要培训。考虑培训发生的宏观背景。人员分析是对培训对象进行的分析,员工需要进行培训往往产生于几个方面,业绩不良(知识或能力的不足、工作态度还是工作设计本身)、转岗、新技术需要。首先判断是哪方面的需要,确定原因和目的,选定人员并使其做好准备。任务分析是对培训的内容进行分析,明确员工需要完成哪些方面的重要任务;为帮助其任务的完成,应当强调哪方面的知识、技能以及行为。

6.以工作分析为情景设计的基础;设置评价标准;选择素质良好的评价者;不将情景模拟测试结果作为唯一的评价依据。

7.具体包括,人力资源总体规划、人员补充计划、人员使用计划、人员提升和调动计划、教育培训计划、评估与激励计划、劳动关系计划、退休解聘计划等等。核心内容是预测人力资源需求与供给。

8.员工培训和发展是企业提高管理效能的重要手段。首先,员工培训和发展可以帮助管理者和被管理者掌握各自工作职责所要求的专长、技能和管理意识、管理技巧,共同实现管理水平的提高;其次,员工培训和发展本身就是一种管理过程,实施员工培训和发展可以锻炼员工的管理能力;最后,员工培训和发展可以作为一种管理的手段,通过提供培训和发展项目来满足员工高层次的需求,提高员工的干劲和热情。

员工培训和发展是企业吸引和留住人才的关键因素之一。大量的研究结果表明,完善有效的培训和发展体系可以吸引和留住人才。员工培训和发展是人才越来越重视的择业因素之一。

员工培训和发展有助于建设企业文化和打造核心竞争力。简单来说,企业文化可以"外塑形象,内增合力"。培训和发展项目是建设、维护和传播企业文化的重要方式。IBM长期坚持对员工进行终身教育,教育的主要内容之一就是企业文化的灌输。教育对象不但有在职员工,还有即将退休和已经离开企业的人员,教育的同时大大增强了行业的社会影响。此外,一些企业(特别是知识型企业)将知识资本作为企业的核心竞争力之一,员工培训和发展有利于企业增强知识资本,在市场竞争中保持领先。

9.(1)劳动力市场;(2)人口发展趋势;(3)教育发展水平;(4)科学技术发展;(5)政府政策法规。

五、1.(1)存在的问题:培训缺乏计划性;无培训目标;无专人负责;培训不能根据岗位需求进行。

(2)建议:根据职位说明书,制订详细的培训计划;指定专人负责并确定相应的责权;等等。

注:案例分析只要言之有理,符合案例情景,均可给分。

2.(1)确定企业薪酬原则与战略;进行职位分析和职位评价;描出薪酬结构线;进行市场薪酬调查;绘制新的薪酬结构线;确定薪酬水平。

(2)①公平性。包括内部公平与外部公平。要保证内部公平,即要保持内部的一致性,这需进行岗位评价;保证外部公平,要进行薪资调查。②竞争性。一般比行业内的平均薪酬水平高15%左右,即具有竞争性。③经济性。考虑企业的承受能力。④激励性。体现员工的贡献。⑤合法性。最低工资、同工同酬等。

如有其他答案,且符合案例背景,有理有据,均可得分。

【课外补充】

怎么样看懂工资条?

Q: "交通补贴""防暑降温费"是否应计入工资总额?

随着工资改革,物业费和取暖费等相关费用随职工个人工资发放,同时还有公车改革补贴随工资发放。按照《劳动工资统计报表制度》规定,**公车改革补贴、物业费和取暖费均已计入工资总额统计**。具体到**防暑降温费,需要看地方人社部门规定的具体标准**,在标准之内的,属于保险福利费用性质,不应包含在工资总额内;超出规定标准的,就不属于福利性质而是报酬性质了,应该算在工资总额内。各地的具体标准请咨询当地的人社部门。

Q: "社保部门发放的工伤补助金或生育津贴等"是否计入工资总额统计?

根据《劳动工资统计报表制度》,由社保部门发放的**工伤补助金不计入工资总额**。女职工在休产假期间领取的**生育津贴**或由本单位发放的**产假工资应计入工资总额统计**。

Q: "员工到异地工作发放的差旅补助或异地安置费等"是否计入工资总额统计?

根据《劳动统计报表制度》规定,工资总额是指本单位在报告期内直接支付给本单位全部从业人员的劳动报酬总额。单位员工到异地工作而发放的差旅补助或异地安置费等,是**因异地工作而产生的费用,不纳入工资总额统计**。需要指出的是,**单位按月发放并可由个人自由支配的住房补贴、电话补贴、伙食补贴等均应计入工资总额统计**。

Q: "休假工资"是否计入工资总额统计?

国家统计局《关于工资总额组成的规定》(1990年国家统计局1号令)规定指出:工资总额是指各单位在一定时期内直接支付给本单位全部职工的劳动报酬总额。工资总额由下列六个部分组成:计时工资;计件工资;奖金;津贴和补贴;加班加点工资和特殊情况下支付的工资。其中"特殊情况下支付的工资"包括根据国家法律、法规和政策规定,因病、工伤、产假、计划生育假、婚丧假、事假、探亲假、定期休假、停工学习、执行国家或社会义务等原因按计时工资标准或计件工资标准的一定比例支付的工资。因此,休假期间单位发放的工资报酬应计入工资总额统计。

Q: "股权激励""股票期权收入""入股分红""企业年金"是否应计入工资总额?

根据《劳动工资统计报表制度》规定,发放给本单位从业人员的**各种股权激励、股票期权收入、入股分红等均不计入工资总额统计**。国家统计局办公室2002年印发的《关于劳动统计年报新增指标解释及问题解答的通知》中明确规定,单位为职工缴纳的补充养老保险、补充医疗保险暂不做工资总额统计,其他各种性质为劳动报酬的商业性保险应计入工资总额统计。"企业年金""职业年金"属于补充养老保险,和基本养老保险的统计口径一样,所以,单位缴纳的部分不作为工资总额统计,但是个人扣缴的部分应计入工资总额。

项目十一　　企业投融资决策及重组

【思维导图】

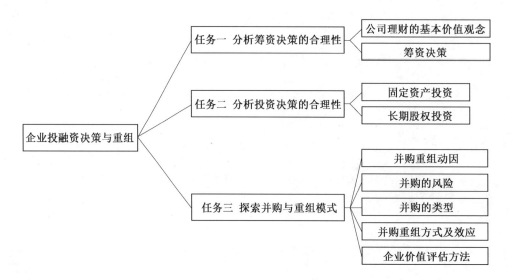

【知识点】

（1）资金的时间价值。
（2）投资决策指标。
（3）并购与重组。

【能力目标】

（1）能够分析筹资决策的合理性。
（2）能够分析投资决策的合理性。
（3）能够掌握并购与重组模式。

【案例导读】

资金的时间价值

一、资金的时间价值概念

资金的时间价值是指资金在使用过程中由于时间的因素产生的差额价值。它体现在当前所持有的一定量资金比未来获得的等量资金具有更高的价值。通常以没有风险也没有通货膨胀的社会平均利润率来计量。

二、等值原理

资金等值原理是有关资金时间价值的一个重要理论，学习资金等值能够帮助我们进一步理解资金时间价值这一概念。那么资金等值是什么意思呢？我们来看一个例子。

假如我们将现在有的100元人民币存入银行，银行的年利率是10%，那么一年后，我们可以从银行里取出本息110元。

为什么我们存进银行100元,一年后银行会给我们110元呢?说明我们现在存进去的100元和一年后取出的110元的价值是相等的,更加准确地说,在年利率为10%的情况下,现在存入的100元和一年后的110元具有相等的价值。

由此我们可以理解资金等值的含义,它是指不同时间点绝对值不等的资金具有相等的价值。说明资金的价值是随时间变化的,随时间推移而发生价值的增加,增加的那部分价值就是原有资金的时间价值。例子中得到的10元利息,就是这笔资金的时间价值,从投资者角度看,它是资金在生产与交换活动中给投资者带来的利润。从消费者角度看,是消费者放弃即期消费所获得的补偿。

我们再进一步的理解资金等值这一理论,在工程经济分析中,我们常把例子中的100元称为"现值",用 P 表示;将一年后的110元称为"终值",即若干计息周期后的资金价值,用 F 来表示,也可以将其通俗理解为"本金"和"本利和"。可以看出,资金等值实际上是由金额、利率和时间三个要素决定的,一笔资金要标明它发生的时间,才能真正表明它的经济价值。因此,经济学家发明了现金流量图来体现现金流量。

现金流量图以一条横线作为横坐标,上面记有利息的时间单位(年或月),某期的现金流入(现金增加),以垂直向上的箭头表示;某期现金流出(现金减少),以垂直向下的箭头表示,箭头的长短与现金收支的大小呈比例。那我们来看一下年利率为10%的贷款分期等额年金(用 A 表示)偿还现金流量图(图11.0.1)。

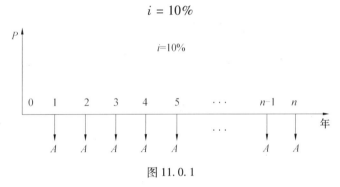

图11.0.1

那么如何根据利率来计算利息呢?利息的计算分为两种,单利计息和复利计息(利率用 i 表示,利息周期用 n 来表示)。

单利计息计算公式

$$F = P(1 + in)$$

复利计息计算公式

$$F = P(1 + i)^n$$

在以上的计算中,我们都把利息周期算作一年。当利息周期不满一年时,就有了名义利率和实际利率的区分。名义利率是以单利方式计算的周期利率,忽略了利息的时间价值。实际利率则是以复利方式计算的周期利率,考虑了利息的时间价值。如果计息周期为半年,我们存入银行100元,一年后能取出多少钱呢?

单利计息

$$100 \times (1 + 10\%) = 110(元)$$
$$100 \times (1 + 5\%)^2 = 110.25(元)$$

其中5%为半年的实际利率,每一年中有两个计息期,所以实际年利率为10.25%,而不是10%。

根据资金等值的概念可知,在判断不同资金价值大小时,要将不同时间点发生的资金金额换算成同一时点的等值金额,从而进行比较。从复利公式,我们可以推导得到一次支付现值公式

$$P = \frac{F}{(1 + i)^n}$$

常用的付款方式还有等额支付的方式,根据复利计息的终值计算方式:

根据等比数列求和可以得到终值公式:

相信看了上面的内容,大家对资金时间价值这个概念已经有了更深的认识,让我们来看一个例题,将资金时间价值运用到生活当中(图 11.0.2)。

图 11.0.2

三、企业借贷问题

例:一个企业取得了 100 万元的贷款,银行借款年利率为 8%,每半年复利一次,期限为 5 年,这项借款的终值为多少? 若企业采用等额还本付息的方式每年年末还款,则每年需要偿还本息多少钱?

$$F = P(1+i)^n = 100 \times (1+4\%)^{10} = 148.02(万元)$$

年实际利率: $i = (1+4\%)^2 - 1 = 8.16\%$

$$A = F\frac{i}{(1+i)^n - 1} = 148.02 \times \frac{8.16\%}{(1+8.16\%)^5 - 1} = 25.15(万元)$$

可以看出,这项借款五年后的终值为 148.02 万元,若企业采用等额还本付息的方式,每年需偿还 25.15 万元。

四、贷款购房问题

看完了企业贷款,我们再来看看资金时间价值在购房中的应用。

例:如果我们想购买一套新房,开发商提供了以下三种付款方式让你选择,你会选择哪一种呢:

方案 1:从第四年年末开始支付,每年支付 20 万元,一共支付 8 年。

方案 2:按揭买房,每年年初支付 15 万元,一共支付 10 年。

方案 3:从第四年年初开始支付,每年支付 19 万元,一共支付 8 年。

假设所有款项都由银行贷款解决,银行贷款年利率为 5%。

通过等值原理我们知道要把不同时间点的资金金额转化为同一时间点的等值金额,因此,我们考虑把各个方案的资金转化为现在的等值金额。

方案 1 的现值

$$P_1 = 20 \times (P/A, 5\%, 8) \times (P/F, 5\%, 3) = 111.66(万元)$$

方案 2 的现值

$$P_2 = 15 \times [(P/A, 5\%, 10-1) + 1] = 121.62(万元)$$

方案 3 的现值

$$P_3 = 19 \times (P/A, 5\%, 8) \times (P/F, 5\%, 2) = 111.38(万元)$$

所以,从资金等值的角度看,我们应该选择方案 3。但在生活中,我们可能还会考虑到未来预期收益等其他因素,做出综合考虑。

学会了资金时间价值这一概念,相信大家对生活中的存款利息、借贷利息现象会有更加深刻的认识。理解资金时间价值这一概念,我们还能解释生活中为何全款买房、买车有时会比分期付款还要贵等现象。

任务一 分析筹资决策的合理性

一、公司理财的基本价值观念

(一)货币的时间价值观念

货币的时间价值也称资金的时间价值,是指货币随着时间的推移而发生的增值。

终值又称为将来值,是现在一定量现金在未来某一时点上的价值,也成为本利和。

1. 一次性收付款项的复利终值与现值。

一次性收付款项是在某一特定时点上一次性支付(或收取),经过一段时间后再相应地一次性收取(或支付)的款项。

(1)终值。

单利计息的终值
$$F = P + P \cdot i \cdot n = P(1 + i \cdot n)$$

复利计息的终值
$$F = P \cdot (1+i)^n = P \cdot (F/P, i, n)$$

式中的$(1+i)^n$通常被称为复利终值系数,用符号$(F/P, i, n)$表示。

(2)现值。

复利现值的计算公式
$$P = F/(1+i)^n = F \cdot (1+i)^{-n} = F \cdot (P/F, i, n)$$

上式中$(1+i)^{-n}$通常称为复利现值系数,用符号$(P/F, i, n)$表示。

2. 年金终值与现值。

年金是指在一定时期内发生的等额、定期的系列收付款项。按每次收付发生的时点不同,可分为4种,后付年金、先付年金、递延年金、永续年金。

(1)后付年金(图11.1.1)

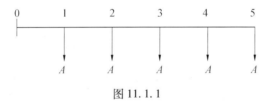

图11.1.1

$$F = A \times \frac{(1+i)^n - 1}{i} \quad P = A \times \frac{1-(1+i)^{-n}}{i}$$

(2)先付年金(图11.1.2)

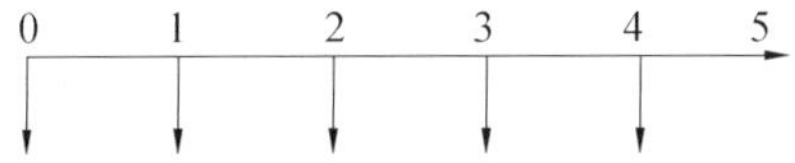

图11.1.2

$$F = A(F/A, i, n)(1+i) \quad P = A(P/A, i, n)(1+i)$$
$$F = A(F/A, i, n+1) - A = A[(F/A, i, n+1) - 1]$$
$$P = A(P/A, i, n-1) + A = A[(P/A, i, n-1) + 1]$$

(3)递延年金(图11.1.3)

$$P = A(P/A, i, n)(P/F, i, m)$$
$$P = A[(P/A, i, m+n) - (P/A, i, m)]$$

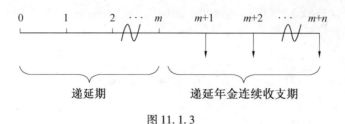

图 11.1.3

$$P = A(F/A,i,n)(P/F,i,m+n)$$

(4) 永续年金。

永续年金是指无限期定额支付的普通年金。永续年金没有终值,只有现值

$$P = A/i$$

如,某优先股,每年股息 2 元,利率为每年 6%,则该优先股的现值为 2/6% = 33.33 元

(二) 风险价值观念

风险是事件本身的不确定性。风险报酬是指投资者由于冒着风险进行投资而获得的超过资金的时间价值的额外收益。风险报酬有两种表示方法,风险报酬额、风险报酬率。

在不考虑通货膨胀的情况下,投资必要报酬率包括两部分,一是,资金的时间价值,它是不考虑投资风险而得到的价值,即无风险的投资收益率;二是,风险价值,即风险报酬率

投资必要报酬率 = 资金时间价值(无风险报酬率) + 风险报酬率

单项资产或单项投资项目的风险衡量环节是确定概率分布、计算期望报酬率、计算标准离差、计算标准离差率。

1. 确定概率分布。

概率用百分数或小数来表示随机事件发生可能性及出现某种结果可能性大小的数值。概率分布将随机事件各种可能的结果按一定的规则进行排列,同时列出各种结果出现的相应概率。概率分布内规则所有的概率 P_i 都在 0 和 1 之间,即 $0 \leq P_i \leq 1$;所有结果的概率之和等于 1。

2. 计算期望报酬率。

期望值是一个概率分布中的所有可能结果,以各自相应的概率为权数计算的加权平均值

$$\overline{E} = \sum_{i=1}^{n} X_i P_i$$

3. 计算标准离差。

简称标准差,是反映概率分布中各种可能结果对期望值的偏离离散程度的一个数值

$$\sigma = \sqrt{\sum_{i=1}^{n}(X_i - E)^2 \cdot P_i}$$

4. 计算标准离差率。

标准离差是绝对值,只能比较期望报酬率相同的各项投资的风险程度,不能用来比较不同期望报酬率的各项投资的风险程度。引入标准离差率来对比不同期望报酬率的各项投资的风险程度

$$V = \frac{\sigma}{E}$$

二、筹资决策

(一) 资本成本

资本成本是企业筹资和使用资本而承付的代价。这里的资本是指企业所筹集的长期资本,包括股权资本和长期债务资本。资本成本从绝对量来看包括用资费用和筹资费用两个部分,长期资本的用资费用是经常性的;筹资费用通常在筹资时一次全部支付的。资本成本分为个别资本成本和综合资本成本,用相对数表示个别资本成本率和综合资本成本率。

资本成本有 3 个作用是选择筹资方式、进行资本结构决策和选择追加筹资方案的依据;是评价投资

项目、比较投资方案和进行投资决策的经济标准;可以作为评价企业整个经营业绩的基准。

1. 个别资本成本率

$$K = \frac{D}{P(1-F)}$$

式中,K 为资金成本率;D 为每年的资本费用;P 为筹资数额;F 为筹资费用。

2. 综合资本成本率。加权平均资本成本率,是指一个企业全部长期资本的成本率,通常是以各种长期资本的比例为权重,对个别资本成本率进行加权平均测算

$$K_w = \sum_{i=1}^{n} W_i K_i$$

(二) 杠杆理论

1. 营业杠杆 DOL(都是"固定成本"惹的祸)。

在企业生产经营中由于存在固定成本而使利润变动率大于产销量变动率的规律。经营杠杆作用的大小可以用经营杠杆系数来表示,它是企业息税前利润的变动率与产销量的变动率的比率(EBIT 表示息税前利润)

$$经营杠杆系数 = \frac{息税前利润变动率}{产销业务量变动率}$$

$$DOL = \frac{\Delta EBIT/EBIT}{\Delta x/x}$$

$$DOL = \frac{M}{EBIT} = \frac{EBIT + \alpha}{EBIT}$$

2. 财务杠杆 DFL(都是"固定财务费用"惹的祸)。

财务杠杆也称融资杠杆,是指由于固定财务费用的存在,使权益资本净利率(或每股利润)的变动率大于息税前利润率(或息税前盈余)变动率的现象(EPS 表示每股盈余)

$$财务杠杆系数 = \frac{普通股每股收益变动率}{息税前利润变动率} = \frac{\Delta EPS/EPS}{\Delta EBIT/EBIT}$$

或

$$DFL = \frac{息税前利润}{息税前利润 - 利息} = \frac{EBIT}{EBIT - I}$$

3. 总杠杆 DTL。

总杠杆是指营业杠杆和财务杠杆的联合作用,也称联合杠杆

复合杠杆系数 = 每股收益变动率 / 产销业务量变动率

(1) $DTL = (\Delta EPS/EPS)/(\Delta x/x)$。

(2) $DTL = DOL \times DFL$。

复合杠杆系数的简化计算公式为。

(3) 复合杠杆系数 = 边际利润/(息税前利润 - 利息)

$$DTL = M/(EBIT - I)$$

(三) 资本结构决策

1. 资本结构的影响因素有企业财务目标、经营状况的稳定性和成长性、企业的财务状况和信用等级、企业资产结构、企业投资者及管理当局的态度、行业特征及发展周期、经济环境的税务政策及货币政策。

2. 资本结构的决策方法。

企业资本结构决策即确定最佳资本结构。最佳资本结构是指企业在适度财务风险的条件下,使其预期的综合资本成本率最低,同时使企业价值最大的资本结构。主要有资金成本比较法和每股利润分析法。

【案例导读】

关于企业长期股权投资的内控解读

相比于存货、固定资产等有形资产，长期股权投资风险较大，一方面，长期股权投资的取得往往涉及企业整体经营策略和长期的发展规划，还会给企业造成巨额的现金流出；另一方面，长期股权投资在持有期间还会涉及对被投资单位的管理、投资收益的计算以及减值测试等复杂的问题。为了防范有关长期股权投资的风险，企业应当按照《企业内部控制基本规范》和《企业内部控制应用指引》的相关规定建立起完善的长期股权投资内部控制制度体系。

一、长期股权投资

（一）保证长期股权投资符合企业战略发展需求

企业取得长期股权投资的目的一般包括控制或共同控制被投资单位的生产经营活动，如对子公司和合营企业的投资，或者通过持有的部分股权对被投资单位的生产经营施加重大影响，如对联营企业的投资，无论是哪种方式，投资企业都可以获取一定的被投资单位技术、产品、原料等方面的优势，并分享被投资企业的营业利润。为了最大程度上获取以上收益，企业在选择被投资企业时，应综合考虑企业长期的发展战略部署。

具体来说，选择时要突出主业，既可纵向通过选择上游或下游企业以保障原料的供给或产品的销售；也可横向选择同类企业，以扩大生产经营规模，取得规模效益；为了实现跨行业经营，也可以选择其他行业的企业进行合并，从而实现企业经营集团化，分散经营风险，但不论选择哪种方式都应将长期股权投资有机地纳入到企业发展战略之中。不考虑企业发展战略的长期股权投资只能是盲目投资，只会给企业带来巨大的投资风险。

（二）保证长期股权投资的收益与成本相配比

企业收购、兼并活动的成功需要大量的资金支持，因此与投资活动相对应是系统的筹资活动。筹资会给企业带来一定的筹资成本，特别是债权性筹资，企业要担负硬性的还本付息义务。长期股权投资不同于交易性金融资产，变现能力差，如果长期股权投资取得的收益不能弥补筹资成本，会给企业的持续经营带来影响。因此，企业在取得长期股权投资时要以资金实力和筹资能力为限，投资带来的现金流入的规模和时间要与筹资的现金流量尽量保持一致，以避免财务危机的发生。

保证长期股权投资的收益与成本相配比，还表现在企业选择的长期股权投资项目应是最优项目上面，即企业应当以最低的成本获取最大的收益。在现实工作中，一些企业，特别是国有企业还存在为投资而投资的现象，长期股权投资效益低下，资金使用严重浪费。在上市公司中，如果大股东利用相对控股权挪用现金流，进行盲目投资以增加自身的控制权，还会侵犯到小股东的权益。因此，在对长期股权投资进行内部控制制度设计时，就要从根本上防范低效项目的投资。

二、长期股权投资存在的主要控制风险

成功的长期股权投资可以迅速使企业的生产经营活动上规模、上档次，或者打开企业新的销售市场，完成企业靠自身积累很难实现的业绩。如联想集团在收购IBM后，不仅获得了IBM先进的生产技术和管理经验，还提高了企业的知名度，扩大了国际市场份额，可谓多赢。但长期股权投资在带来高收益的同时也隐藏着巨大的投资风险，如果企业没有充分的能力去应对这些风险，很可能会给企业带来灭顶之灾。按照我国新颁布的《企业内部控制规范》的思想，企业长期股权投资控制活动的设计应与投资活动中的潜在风险紧密相关，通过控制活动来应对主要的风险点。结合《企业内部控制规范》的规定，长期股权投资可能涉及的控制风险主要包括以下几方面。

（一）长期股权投资不符合国家的法律规定或产业政策

一般意义上来讲，企业拥有了一项长期股权投资，就代表着涉入了另外一家企业的生产经营领域。

虽然近几年在市场经济条件下,国家对企业的从业范围不再做严格的规定,集团公司中跨业经营现象极为常见,但企业在选择投资方向时依然要考虑国家的相关规定,不能唯利是图,应该做到与国家的法律规定或产业政策保持一致。

特别是国有企业或上市公司的从业范围要严格按照国家相关法律规定的要求执行,国有企业还应当承担一定的社会示范责任,积极主动地执行国家产业政策,否则会给企业带来不必要的损失。另一方面,在符合国家法律规定和产业政策的前提下,企业在进行长期股权投资时,也应破除陈旧的投资理念,把握市场机遇,迎合市场需求,积极地利用长期股权投资,降低经营风险或者是完成企业转型。

(二) 长期股权投资的取得未经过恰当的授权批准

授权控制是指在具体经济业务发生之前,即按照事先规定的程序对其效益性、合法性以及流程进行核准、监控以决定是否让其发生的措施。授权批准属于事前控制,可以将错误行为制止在发生之前,最大限度地减少企业的决策成本,部分长期股权投资金额大,投资风险大,因此企业必须对长期股权投资设立严密的授权审批制度。通过授权审批企业的高层管理人员,可以有效地避免下级人员由于专业水平不足而导致的长期股权决策失误,或者由于对企业总体战略把握不足而使长期股权投资偏离企业的长远规划。

重大长期股权投资的审批决策权应交由董事会、股东会等类似权力机构执行,严格禁止董事会将重大长期股权投资的决策权层层下放。企业中发生的长期股权投资的违规行为多与下级人员拥有不恰当的投资决策权有关,例如,深圳市三九物业公司原总经理挪用巨额款项购买股票案就是因为企业在内部控制制度设计上缺乏基本的授权控制,总经理不需经上级公司及本公司领导的同意就可以进行股票投资。国有企业中符合"三重一大"事项的还应按照2010年国务院办公厅颁发的《关于进一步推进国有企业贯彻落实"三重一大"决策制度的意见》中的相关规定及基本程序,对符合"三重一大"事项的长期股权投资交由党委(党组)、董事会、未设董事会的经理班子进行集体决策。

(三) 长期股权投资的会计处理不正确

长期股权投资从取得、持有到处置都会涉及较为复杂的会计处理程序。兼并式的长期股权投资取得时的会计处理方式按照《企业会计准则》的规定分为同一控制下和非同一控制下两类,从税法的角度又可以分为免税合并和应税合并。不同的会计处理方法的选择会给企业长期股权投资的入账价值带来重大影响,从而进一步影响后期损益的确认。长期股权投资的会计处理复杂、烦琐,是公认的会计核算难题之一,需要会计人员有较强的职业能力,如果企业会计核算失误会直接导致会计数据错误,会计信息虚假,如果误导了信息使用者则会承担一定的法律责任。

三、长期股权投资的控制流程设计

按照新《企业内部控制基本规范》的思想,在明确了长期股权投资的控制目标、控制风险点以后,企业应当按照自身情况建立起符合本企业实际投资状况的长期股权投资内部流程,并严格执行。

(一) 提出投资项目建议

企业应当建立投资预算管理制度,由财务部门或专设的投资管理部门列出拟投资的对象、投资规模、投资目的、预计投资收益等,经预算管理部门审批后,报总经理和董事会审批。企业应当组织专家对投资方案进行战略性评估,以保证投资项目符合企业的长期发展战略。

同时,企业还应对投资项目的可行性进行研究,组织专家论证,编写可行性研究报告。可行性研究报告至少应当包括投资规模、方向和时机是否适当;投资的技术、市场和财务是否可行;投资项目的预计现金流量、风险和报酬。可行性报告经专家论证后交由董事会进行审批,只有审批后的投资项目才可予以实施。对于审批通过的投资项目,企业应当编写投资计划书并草拟投资合同,与被投资单位进行讨论。投资合同的重要条款可以聘请律师、注册会计师、注册评估师等专业人员进行审核,审核后的投资合同应由董事会或相关授权人员签署。

(二) 对项目进行投资

企业应当根据签署的正式投资合同,按照投资计划进度,及时足额地投放投资资金,严格控制资金流量和时间。为防止长期股权投资过程中出现的舞弊现象,要以投资计划为依据,按照职务分离和授权审批制度,明确投资业务的会计记录、资金收付和凭证保管的职责分工,对长期股权投资项目实施过程进行监督和控制。

长期股权投资成立后,与投资相关的重要文件,包括投资预算、可行性研究报告、投资批准文件、被投资公司工商登记资料、出资证明书、公司章程应交由专人保管,与股权投资相关的有价证券可委托专门机构保管,或者在企业内部建立两名人员以上的联合控制制度,证券的接触需详细记录和签名。

为保障与长期股权投资相关的会计信息的提供,企业应当建立完善的会计核算制度,按照投资的种类设置明细账,详细记录相关资料,核算方法要符合《企业会计准则》的规定。每年年末,企业在取得被投资企业经审计的财务报表等会计资料后,由会计人员复核被投资公司的财务信息,按权益法或成本法计算投资收益,经会计主管审核后进行账务处理。企业的内部审计人员应定期对投资业务的会计处理进行审查。

(三)对投资项目进行处置

对不符合企业发展战略或丧失继续持有价值的长期股权投资,企业应及时进行处置。对长期股权投资的处置,要由专门部门提出处置报告,列明处置的长期股权投资的种类、数量、原因以及处置方式,报授权部门进行审批,特别重大的还应当报董事会进行集体决策。为防止处置过程中的舞弊行为,长期股权投资的处置价格应由外聘的资产评估机构进行评估,也可将整个处置委托专业机构来完成。

(四)对长期股权投资效益进行评价

在投资过程中以及投资结束后,应由内部审计人员或聘请注册会计师对长期股权投资的整个过程进行评价。评价的方式可以借鉴平衡计分卡的理论进行多维评价,内容可以包括定性地评价长期股权投资的内在风险性和长期股权投资对企业竞争能力的提升程度;定量地评价长期股权投资的经济性,可以采用的指标包括投资的年现金净流量、投资的内涵报酬率、投资的成本回收期等,具体的评价内容和评价指标企业可以根据自身情况设定。

对长期股权投资过程中出现的失误,企业应建立责任追究制度,明确决策者和实施者应承担的责任。对于因重大决策失误而造成的损失,企业应追究董事会等相关决策人员的责任;对在投资过程中违规操作而给企业造成损失的,应追究具体实施人员的责任。相关人员承担责任的方式除经营责任外,还应当包括撤销职务、停止升迁等制裁(资料来源:茵联创新)。

任务二 分析投资决策的合理性

固定资产是指企业为生产产品、提供劳务、出租或者经营管理而持有的使用时间超过 12 个月的,价值达到一定标准的非货币性资产,包括房屋、建筑物、机器、机械、运输工具以及其他与生产经营活动有关的设备、器具、工具等。固定资产是企业的劳动手段,也是企业赖以生产经营的主要资产。从会计的角度划分,固定资产一般被分为生产用固定资产、非生产用固定资产、租出固定资产、未使用固定资产、不需用固定资产、融资租赁固定资产、接受捐赠固定资产等。

一、固定资产投资

(一)现金流量估算

投资中的现金流量是指一定时间内由投资引起各项现金流入量、现金流出量及现金净流量的统称。对投资方案的可行性进行分析和评价。

(二)财务可行性评价指标

1. 非贴现现金流量指标。投资回收期、平均报酬率。
2. 贴现现金流量指标。净现值、内部报酬率、获利指数。

二、长期股权投资

（一）长期股权投资概念

长期股权投资是指通过投资取得被投资单位的股份。企业对其他单位的股权投资，通常是为长期持有，以其通过股权投资达到控制被投资单位，或对被投资单位施加重大影响，或为了与被投资单位建立密切关系，以分散经营风险。股权投资通常具有投资大、投资期限长、风险大以及能为企业带来较大的利益等特点。

长期股权投资是一种交换行为，是企业将资产让渡给被投资单位所获得的另一项资产，企业所取得的是伴随表决权甚至控制权的资产（股权），所获得的经济利益不同于其他资产为企业带来的经济利益，主要是通过分配来增加财富、分散风险或谋求其他利益。

长期股权投资的风险大，主要包括投资决策风险、投资运营风险、投资清理风险。

（二）长期股权投资类型

长期股权投资依据对被投资单位产生的影响，分为以下三种类型。

1. 控制是指有权决定一个企业的财务和经营政策，并能据以从该企业的经营活动中获取利益。被投资单位为本企业的子公司。

2. 共同控制是指按合同约定对某项经济活动所共有的控制。被投资单位为本企业的合营企业。

3. 重大影响是指对一个企业的财务和经营政策有参与决策的权力，但并不决定这些政策。被投资单位为本企业的联营企业。

（三）核算方法

长期股权投资的核算方法有两种。一是成本法；二是权益法。

1. 成本法核算的范围。

（1）企业能够对被投资的单位实施控制的长期股权投资。即企业对子公司的长期股权投资。

（2）企业对被投资单位不具有控制、共同控制或重大影响，且在活跃市场中没有报价、公允价值不能可靠计量的长期股权投资。

2. 权益法核算的范围。

（1）企业对被投资单位具有共同控制的长期股权投资，即企业对其合营企业的长期股权投资。

（2）企业对被投资单位具有重大影响（占股权的20%～50%）的长期股权投资。即企业对其联营企业的长期股权投资。

采用成本法时，除追加或收回投资外，长期股权投资的账面价值一般应保持不变。投资单位取得长期股权投资后当被投资单位实现净利润时不作账务处理。被投资单位宣告分派的利润或现金股利，确认为当期投资收益，不管净利润是在被投资单位接受投资前还是接受投资后实现的。投资企业确认投资收益，仅限于所获得的被投资单位在接受投资后产生的累计净利润的分配额，所获得的被投资单位宣告分派的利润或现金股利超过上述数额的部分，作为初始投资成本的收回，冲减投资的账面价值。

采用权益法时，投资单位取得投资时应该将成本（取得长期股权投资的成本）与所享份额（按持股比例享有被投资单位所有者权益公允价值的份额）进行比较，如果前者大于后者，不调整长期股权投资的初始账面价值（即以取得的成本作为初始账面价值），如果前者小于后者，则要调整长期股权投资的初始账面价值（即以所享份额的公允价值作为它的初始价值，将二者的差额计入营业外收入）投资企业应在取得股权投资后，按应享有或应分担的被投资单位当年实现的净利润或发生的净亏损的份额（法规或公司章程规定不属于投资企业的净利润除外），调整投资的账面价值，并确认为当期投资损益。投资企业按被投资单位宣告分派的利润或现金股利计算应分得的部分，相应减少投资的账面价值。

企业应当定期对长期股权投资的账面价值逐项进行检查，至少于每年年末检查一次。如果由于市价持续下跌或被投资单位经营状况变化等原因导致其可收回金额低于投资的账面价值，应将可收回金额低于长期股权投资账面价值的差额，确认为当期投资损失。

3. 成本确立。

长期股权投资应以取得时的成本确定。长期股权投资取得时的成本,是指取得长期股权投资时支付的全部价款,或放弃非现金资产的公允价值,或取得长期股权投资的公允价值,包括税金、手续费等相关费用,不包括为取得长期股权投资所发生的评估、审计、咨询等费用。长期股权投资的取得成本,具体应按以下情况分别确定。

(1) 以支付现金取得的长期股权投资,按支付的全部价款作为投资成本,包括支付的税金、手续费等相关费用。例如,A 企业购入 B 企业股票以备长期持有,支付购买价格 9 000 000 元,另支付税金、手续费等相关费用 40 000 元,A 企业取得 B 企业股权的投资成本为 9 040 000 元。企业取得的长期股权投资,如果实际支付的价款中包含已宣告而尚未领取的现金股利,应作为应收项目单独核算。

(2) 以放弃非现金资产取得的长期股权投资。

非现金资产是指除了现金、银行存款、其他货币资金、现金等价物以外的资产,包括各种存货、固定资产、无形资产等(不含股权,下同),但各种待摊销的费用不能作为非现金资产作价投资。这里的公允价值是指,在公平交易中,熟悉情况的交易双方,自愿进行资产交换或债务清偿的金额。

公允价值按以下原则确定。

① 以非现金资产投资,其公允价值即为所放弃非现金资产经评估确认的价值。

② 以非现金资产投资,如果按规定所放弃非现金资产可不予评估的,则公允价值的确定为,该资产存在活跃市场的,该资产的市价即为其公允价值;如该资产不存在活跃市场但与该资产类似的资产存在活跃市场的,该资产的公允价值应比照相关类似资产的市价确定;如该资产和与该资产类似的资产均不存在活跃市场的,该资产的公允价值按其所能产生的未来现金流量以适当的折现率贴现计算的现值确定。

③ 如果所取得的股权投资的公允价值比所放弃非现金资产的公允价值更为清楚,在以取得股权投资的公允价值确定其投资成本时,如被投资单位为股票公开上市公司,该股权的公允价值即为对应的股份的市价总额;如被投资单位为其他企业,该股权的公允价值按评估确认价或双方协议价确定。例如,A 企业以固定资产作价对外投资以取得 B 企业的股权,固定资产的账面原价 580 000 元,已提折旧 150 000 元,该项固定资产的公允价值为 440 000 元,则 A 企业长期股权的投资成本为 440 000 元(不考虑相关税费)。假如该项固定资产的公允价值无法确定,取得 B 企业股权每股市价为 6 元,A 企业共计取得 B 企业 65 000 股股份,则取得股权投资的公允价值为 390 000 元(6 × 65 000),作为该项股权投资的投资成本为 390 000 元(不考虑相关税费)。以非现金资产作价投资,其应交纳的相关税费,也应作为股权投资的成本。

放弃非现金资产的公允价值,或取得股权的公允价值超过所放弃非现金资产的账面价值的差额,作为营业外收入项目;反之,则应依据谨慎原则确认为损失,计入当期营业外支出。

(3) 原采用权益法核算的长期股权投资改按成本法核算,或原采用成本法核算的长期股权投资改按权益法核算时,按原投资账面价值作为投资成本。

减值。按照成本法核算的、在活跃市场中没有报价、公允价值不能可靠计量的长期股权投资的减值。

其他长期股权投资的减值。计提减值准备。

借:资产减值损失。贷:长期股权投资减值准备。

已计提减值准备的投资价值恢复时,按《企业会计准则第 8 号——资产减值》的规定,已计提的减值准备不得转回。

处置。处置长期股权投资,其账面价值与实际取得价款的差额,应当计入当期损益。即

处置收益 = 实际取得的价款 - 长期股权投资的账面价值

借:银行存款等。

长期股权投资减值准备。

贷:长期股权投资。

(贷或借) 投资收益。

采用权益法核算的长期股权投资,因被投资单位除净损益以外所有者权益的其他变动而计入所有者

权益的。

处置该项投资时应当将原计入所有者权益的部分按相应比例转入当期损益。

借:资本公积——其他资本公积。

其他综合收益。

贷:投资收益。

或做相反的分录。

【案例导读】

并购的流程及并购中遇到的问题

完整的公司并购过程应该包括五个阶段,前期准备阶段、尽职调查阶段、并购估值阶段、谈判签约阶段、并购整合阶段。

1. 前期准备阶段。并购准备阶段是并购活动的开始,为整个并购活动提供指导。企业需要寻找潜在的收购方,在与潜在收购方接触之前,企业需要选择并购顾问,根据企业行业状况、自身资产、经营状况和发展战略确定自身的定位,形成并购战略。即进行企业并购需求分析、并购目标的特征模式,以及并购方向的选择与安排。

2. 尽职调查阶段。通过尽职调查减少买卖双方之间存在的信息不对称。尽职调查的内容包括四个方面。一是,目标企业的基本情况,如主体资格、治理结构、主要产品技术及服务等;二是,目标企业的经营成果,包括公司的资产、产权和贷款、担保情况;三是,目标企业的发展前景,对其所处市场进行分析,并结合其商业模式做出一定的预测;四是,目标企业的潜在亏损,调查目标企业在环境保护、人力资源以及诉讼等方面是否存在着潜在风险或者或有损失等。

3. 并购估值阶段。并购估值就是并购交易双方确定目标企业的最终产权转让价格的过程,直接关系到并购双方的利益。估值方法有重置成本法、清算价值法、现金流贴现法、未来收益法、市盈率(P/E)估值法和 EVA(经济附加值) 法等等。

4. 谈判签约阶段。谈判主要涉及支付方式与期限、交接时间与方式、有关手续的办理与配合等问题。双方协商达成一致意见后开始签订正式协议书,明确双方的权利和义务。协议签订后,应办理相关的交接手续。

5. 并购整合阶段。并购后整合是指获得目标企业的资产所有权、股权或经营控制权之后进行的资产、人员等企业要素的整体系统性安排,从而使并购后的企业按照一定的并购目标、方针和战略有效运营。并购后整合阶段一般包括战略整合、企业文化整合、组织机构整合、人力资源整合、管理活动整合、业务活动整合、财务整合、信息系统整合等内容。

企业并购活动中总会出现各种问题,有时甚至会因为这些问题宣告失败,以下为企业并购中容易遇见的部分问题。

1. 人力资源问题企业并购必然涉及企业职工安置和权益保护问题,与职工切身利益密切相关。

企业并购中职工安置的基本途径和方式①继续留用原企业职工,重续劳动合同关系。②经济性裁员,解除劳动关系、支付经济补偿金。③国有企业职工的内部退养等。

2. 债权债务问题对于债权问题,目标公司的原股东更为关注,一般不会出现问题。出现最多的是债务问题。一般情况下,收购方与原股东会在股权收购协议中约定:基准日之前的债务由原股东承担,基准日之后的债务由新股东(收购方)承担。实务中,收购方一般会采取让老股东或第三人担保的方式进行约束。

3. 土地、房产问题企业收购,一般都是收购方看中了目标公司的土地、房产等重大财产,或者是看中了目标公司的许可证、资质证等经营许可手续,否则不会收购。土地和房产一般遵循的是"房地一体"的原则,即房产证与土地使用权证登记的是同一人。但实务中往往出现"房地分离"的情形。"房地分离"并不违法,值得探讨的是如何解决房与地之间的使用权问题。实务中,有的采取"回赎"的方式,有的采取维持现状的方式。还需要注意的是,土地的用途是商业用途还是工业用途,土地的剩余使用期限,以及土地上是否存在抵押等。

4. 外资并购中财务报表的问题。中国企业在海外并购中,可能引发因东道国奉行不同的会计准则带来的法律风险。在不同的会计准则下,企业的财务状况可能产生很大的差异。对于准备到海外并购的中国企业而言,首先要确定被收购企业财务报告所采用的准则,然后再进行深入的分析,以排除由于准则不同所产生的干扰。从事海外并购的中国企业要注意防范会计准则的差异风险和相关财税风险。

5. 其他问题公司并购涉及诸多国家机关,必须将相关问题提前向相关国家机关确认,并得到肯定答复。如有疑问,提前解决,否则任何一个问题的突然出现,都可能导致收购的失败。内资收购主要涉及工商、税务等部门,外资收购比内资收购多了商务、外汇、海关、发改委等部门。

任务三　　探索并购与重组模式

并购指的是两家或者更多的独立企业,公司合并组成一家企业,通常由一家占优势的公司吸收一家或者多家公司。

并购的内涵非常广泛,一般是指兼并(Merger)和收购(Acquisition)。兼并又称吸收合并,即两种不同事物,因故合并成一体。收购指一家企业用现金或者有价证券购买另一家企业的股票或者资产,以获得对该企业的全部资产或者某项资产的所有权或该企业的控制权。与并购意义相关的另一个概念是合并(Consolidation)——是指两个或两个以上的企业合并成为一个新的企业,合并完成后,多个法人变成一个法人。

一、并购重组动因

企业重组是指企业以资本保值增值为目标,运用资产重组、负债重组和产权重组方式,优化企业资产结构、负债结构和产权结构,以充分利用现有资源,实现资源优化配置。

产生并购行为最基本的动机就是寻求企业的发展。寻求扩张的企业面临着内部扩张和通过并购发展两种选择。内部扩张可能是一个缓慢而不确定的过程,通过并购发展则要迅速的多,尽管它会带来自身的不确定性。

具体到理论方面,并购的最常见的动机就是协同效应(Synergy)。并购交易的支持者通常会以达成某种协同效应作为支付特定并购价格的理由。并购产生的协同效应包括经营协同效应(Operating Synergy)和财务协同效应(Financial Synergy)。

在具体实务中,并购的动因,归纳起来主要有以下几类。

(一)扩大生产经营规模,降低成本费用

通过并购,企业规模得到扩大,能够形成有效的规模效应,规模效应能够带来资源的充分利用,资源的充分整合,降低管理、原料、生产等各个环节的成本,从而降低总成本。

(二)提高市场份额,提升行业战略地位

规模大的企业,伴随生产力的提高,销售网络的完善,市场份额将会有比较大的提高。从而确立企业在行业中的领导地位。

(三)取得充足廉价的生产原料和劳动力,增强企业的竞争力

通过并购实现企业的规模扩大,成为原料的主要客户,能够大大增强企业的谈判能力,从而为企业获得廉价的生产资料提供可能。同时,高效的管理,人力资源的充分利用和企业的知名度都有助于企业降低劳动力成本。从而提高企业的整体竞争力。

(四)实施品牌经营战略,提高企业的知名度,以获取超额利润

品牌是价值的动力,同样的产品,甚至是同样的质量,名牌产品的价值远远高于普通产品。并购能够有效提高品牌知名度,提高企业产品的附加值,获得更多的利润。

(五)实现公司发展的战略

通过并购取得先进的生产技术,管理经验,经营网络,专业人才等各类资源并购活动收购的不仅是企

业的资产,而且获得了被收购企业的人力资源、管理资源、技术资源、销售资源等。这些都有助于企业整体竞争力的根本提高,对公司发展战略的实现有很大帮助。

(六)通过收购跨入新的行业,实施多元化战略,分散投资风险

这种情况出现在混合并购模式中,随着行业竞争的加剧,企业通过对其他行业的投资,不仅能有效扩充企业的经营范围,获取更广泛的市场和利润,而且能够分散因本行业竞争带来的风险。

二、并购的风险

企业并购后可以产生协同效应,可以合理配置资源,可以减少内部竞争等多方面有利于企业发展的优势,但也存在大量风险,尤其财务风险最为突出。

(一)融资风险

企业并购通常需要大量资金,如果筹资不当,就会对企业的资本结构和财务杠杆产生不利影响,增加企业的财务风险。同时,只有及时足额的筹集到资金才能保证并购的顺利进行。

按筹资的方式不同,可分两种情况。

1. 债务性融资风险,多数企业通过负债筹资的方式一般为长期借款,但是银行信贷资金主要是补充企业流动资金和固定资金的不足,没有进行企业并购的信贷项目,因此,难以得到商业银行支持。另一种负债筹资的方式是发行企业债券,虽然资金成本较低,但筹资时间长,筹资额有限。

2. 权益性融资风险,发行普通股是企业筹集大量资金的一种基本方式,而且没有固定利息负担,筹资风险小。但是,股利要从净利润中支付,资金成本高,而且无法享受纳税利益。

(二)目标企业价值评估中的资产不实风险

由于并购双方的信息不对称,企业看好的被并购方的资产,在并购完成后有可能存在严重高估,甚至一文不值,从而给企业造成很大的经济损失。并购过程中人的主观性对并购影响很大,并购并不能按市场价值规律来实施。并购本身是一种商品的交换关系,所以需要建立服务于并购的中介组织,降低并购双方的信息成本且对并购行为提供指导和监督。

(三)反收购风险

如果企业并购演化成敌意收购,被并购方就会不惜代价设置障碍,从而增加公司收购成本,甚至有可能会导致收购失败。

(四)营运风险和安置被收购企业员工风险

企业在完成并购后,可能并不会产生协同效应,并购双方资源难以实现共享互补,甚至会出现规模不经济,整个公司反而可能会被拖累。而且并购方往往会被要求安置被收购企业员工或者支付相关成本,如果公司处理不当,往往会因此而背上沉重的包袱,增加其管理成本和经营成本。

三、并购的类型

(一)并购类型

根据并购的不同功能或根据并购涉及的产业组织特征,可以将并购分为三种基本类型。

1. 横向并购。

横向并购的基本特征就是企业在国际范围内的横向一体化。近年来,由于全球性的行业重组浪潮,结合我国各行业实际发展需要,加上我国的政策及法律对横向重组的一定支持,行业横向并购的发展十分迅速。

2. 纵向并购。

纵向并购是发生在同一产业的上下游之间的并购。纵向并购的企业之间不是直接的竞争关系,而是供应商和需求商之间的关系。因此,纵向并购的基本特征是企业在市场整体范围内的纵向一体化。

3. 混合并购。

混合并购是发生在不同行业企业之间的并购。从理论上看,混合并购的基本目的在于分散风险,寻求范围经济。在面临激烈竞争的情况下,我国各行各业的企业都不同程度地想到多元化,混合并购就是

多元化的一个重要方法,为企业进入其他行业提供了有力、便捷、低风险的途径。

上面的三种并购活动在我国的发展情况各不相同。目前,我国企业基本摆脱了盲目多元化的思想,更多的横向并购发生了,数据显示,横向并购在我国并购活动中的比重始终在50%左右。

横向并购毫无疑问是对行业发展影响最直接的。混合并购在一定程度上也有所发展,主要发生在实力较强的企业中,相当一部分混合并购情况较多的行业都有着比较好的效益,但发展前景不明朗。纵向并购在我国比较不成熟,基本都在钢铁、石油等能源与基础工业行业。这些行业的原料成本对行业效益有很大影响,因此,纵向并购成为企业强化业务的有效途径。

四、并购重组方式及效应

(一)收购与兼并

1.企业收购与企业兼并是企业外部扩展的主要形式。企业收购是指一个企业用现金、有价证券等方式购买另一家企业的资产或股权,以获得对该企业控制权的一种经济行为。企业兼并是指一个企业购买其他企业的产权,并使其他企业失去法人资格的一种经济行为。兼并也称吸收合并,吸收合并与新设合并统称为合并(表11.3.1)。

表11.3.1　2021年新经济领域十大并购案

被收购公司名称	行业	所在地	收购时间	收购金额	收购方
飞利浦	智能硬件	上海	2021年3月	37亿欧元	高瓴投资
沐瞳游戏	游戏	上海	2021年3月	40亿美元	字节跳动
仁孚中国	汽车交通	广东	2021年7月	13亿美元	中升控股
百世物流	物流	浙江	2021年10月	68亿人民币	极兔速递
澳优乳业	电子商务	湖南	2021年10月	62.5亿港元	伊利股份
懒人听书	文娱传媒	广东	2021年1月	27亿人民币	腾讯音乐娱乐集团
四川大学锦城学院	教育	四川	2021年7月	24.46亿人民币	中教控股
热云数据	企业服务	北京	2021年4月	15亿人民币	汇量科技 Mobvista
天猫好房	房产服务	浙江	2021年4月	18.6亿港元	易居
华佗药房	医疗健康	河北	2021年8月	14.28亿人民币	老百姓大药房

2.并购效应。

(1)实现协同效应,管理协同、经营协同、财务协同。

(2)实现战略重组,开展多元化经营。

(3)获得特殊资产和渠道,土地、知识产权、管理队伍、研发等。

(4)降低代理成本。

(二)分立

1.公司分立,即一家公司依照法律规定、行政命令或公司自行决策,分解为两家或两家以上的相互独立的新公司,或将公司某部门资产或子公司的股权出售的行为。公司分立有三种形式,标准分立、出售和分拆。

(1)标准分立。一个母公司将其在某子公司中所拥有的股份,按母公司股东在母公司中的持股比例分配给现有母公司的股东,从而在法律上和组织上将子公司的经营从母公司的经营中分离出去。这会形成一个与母公司有着相同股东和持股结构的新公司。

(2)出售是指将公司的某一部分股权或资产出售给其他企业。

(3)分拆也称持股分立,是将公司的一部分分立为一个独立的新公司的同时,以新公司的名义对外发行股票,而原公司仍持有新公司的部分股票。

三种方式的区别。标准分立新公司与原公司没有股权关系,但有相同的股权结构(股东);出售没有任何关系;分拆(持股分立)新公司与原公司存在股权关系,但股权关系不同。

2. 公司分立的效应主要包括,适应战略调整、减轻负担、筹集资金、清晰业主、化解内部竞争性冲突。

（三）资产置换与资产注入

资产注入与资产置换往往发生在关联公司或即将成为关联公司之间。资产注入是指交易双方中的一方将公司账面上的资产,按评估价或协议价注入对方公司。资产置换是指交易者双方(有时可由多方)按某种约定价格在某一时期内相互交换资产的交易。

（四）债转股与以股抵债

债转股是指公司债权人将其对公司享有的合法债权转为出资(认购股份),增加公司注册资本的行为。带来的变化是公司的债务资本转成权益资本、该出资者身份由债权人身份转变为股东身份。积极效应:能够使被投资公司降低债务负担;能够使债权人获得通过债务企业上市、股权交易或股票回购方式收回全部投资的机会。

以股抵债指债务人以其持有的股权抵偿其所欠债务的行为。

五、企业价值评估方法

（一）收益法

现金流折现法。

（二）市盈率法

市盈率法是指以行业平均市盈率(P－E ratios)来估计企业价值,按照这种估价法,企业的价值得自于可比较资产或企业的定价。这里假设,同行业中的其他企业可以作为被估价企业的"可比较企业",平均市盈率所反映的企业绩效是合理而正确的。市盈率估价法通常被用于对未公开化企业或者刚刚向公众发行股票的企业进行估价。

（三）市净率法

市净率(Price－to－Book Ratio,简称P/B PBR)指的是每股股价与每股净资产的比率。市净率可用于股票投资分析,一般来说市净率较低的股票,投资价值较高,相反,则投资价值较低;但在判断投资价值时还要考虑当时的市场环境以及公司经营情况、盈利能力等因素。

（四）市盈率相对盈利增长比率法

市盈率相对盈利增长比率,也称股价盈余成长系数,是由上市公司的市盈率除以盈利增长速度得到的数值。该指标既考察公司当前的盈利与市价之间的关系。又可以通过盈利增长速度评估未来一段时期内公司增长预期下的股票价格水准。

（五）市销率估值法

市销率(Price－to－Sales),即PS比率,是每股股价与每股销售额的比值,用公式表示如下

$$市销率 = 每股价格 \div 每股销售额 = 总市值 \div 主营业务收入$$

其中

$$每股价格 = 每股销售额 \times 市销率$$

【课外补充】

极兔速递并购百世快递,快递行业新一轮洗牌开启

极兔在进入中国市场的早期,利用"通达系"快递网络,采取"蹭网"策略快速拉开业务。而在订单达到500万票/天的规模时,网络暴露出爆仓信号,极兔开始更换转运中心、投半自动化设备、布局末端网点,"草船借箭"迅速铺开业务的方式导致"通达系"联手"封杀",而当《关于全网禁止代理极兔业务的通知》发布时,极兔运营底盘已经初具规模。

公开数据显示,2020年6月、10月以及2021年初,极兔快递日单量分别达到500万、1 000万、2 000万的里程碑。在快递行业,这样的增长速度是"不可思议"的。中通快递曾耗时两年,完成从1 000向2 000

万日单量的飞跃,并因此成为行业内首家突破2 000万日单的快递企业;但从0到2 000万日单,极兔前后花了不到一年(图11.3.1)。

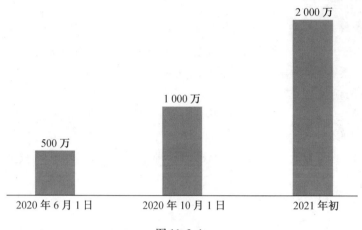

图 11.3.1

百世快递:物流界"奇葩"

与"通达系"不同,百世集团自成立之初就具备科技赋能的业务底色,创始人周韶宁曾就职于Google,其成立百世初衷就在于"运用信息技术对中国物流行业进行资源整合"。

并购事件解析 ——J&T极兔速递:追赶时间差

由于快递、快运都属于高网络效应、高规模效应的赛道,赢家通吃。而目前这两大细分赛道纷纷进入存量整合加显性市场阶段,这个过程中,价格战能够有效提高市场占有率,用量来摊薄固定资产的投入。而2021年以来快递行业相关监管举措频繁出台,对于价格战的叫停使得极兔无法秉持其凶狠的打法扩大市场份额(表11.3.2)。

表11.3.2　2021年中国快递行业监管事件

时间	监管事件
2021.4	因百世快递、极兔速运低价倾销,义乌邮政管理局在多次警告未果的情况下,限令两家公司义乌部分分拨中心停运。素有快递风向标之称的义乌快递市场的恶性"价格战"被强行按下暂停键
2021.6	交通运输部、国家邮政局等七部门联合印发了《关于做好快递员群体合法权益保障工作的意见》
2021.7	国家市场监督管理总局发布了《价格违法行为行政处罚规定(修订征求意见稿)》,将快递行业"价格战"产生的市场乱象行为,纳入监管范围
2021.9	浙江省十三届人大常和会审议通过《浙江省快递业促进条例》,条例强调,快递经营企业无正当理由不得低于成本价格提供快递服务;鼓励电子商务经营者在快递经营企业、快件包装、定时派送、投递方式等方面为收件人提供个性化、差异化的快递服务选择

(资料来源:前瞻产业研究院整理)

由于头部的竞争已经打到了资产效率层面,极兔要想迎头赶上,资本投入尚在其外,最重要的是要赶时间差。而作为快递市场的头部玩家,百世快递有着订单规模、转运中心加自动化设备加末端网点等基础设施、持续迭代的信息系统等,并购百世快递便是花钱赶时间。此次并购事件对极兔而言,是快速补齐中国快递市场原有网络、基建、技术、人才、运营等短板好机会(图11.3.2)。

并且,由于"通达系"的抵制,极兔始终无法切入淘系电商,根据极兔2020年财报显示,其90%以上单量来自于拼多多。此次并购完成,给予极兔切入淘系电商的机会(图11.3.3)。

结合二者财报数据,双方合并后的日订单规模在4 500万票,占市场份额的14%,J&T极兔速递成功挤入快递市场的第一梯队,自此中国快递行业市场格局也将发生改变(图11.3.4)。

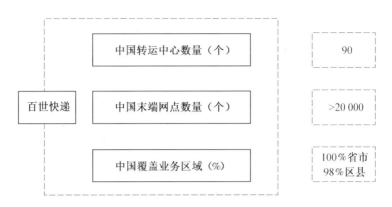

图11.3.2 截至2021年百世快递业务能力(单位:个,%)
资料来源:企业公报 前瞻产业研究院整理

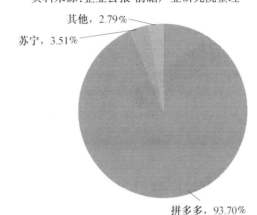

图11.3.3 2020年J&T极兔速递业务单量构成(单位:%)
资料来源:企业公报 前瞻产业研究院整理

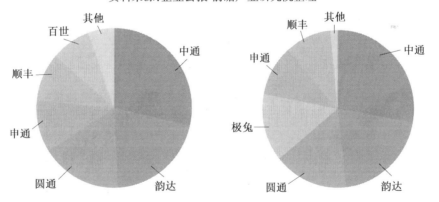

图11.3.4 并购完成后中国快递行业市场份额变化预测情况(单位:%)
资料来源:企业公报 前瞻产业研究院整理

百世快递:轻装上阵以发力优势业务

从百世集团业务结构出发分析此次并购事件。根据百世集团年报数据,2020年快递业务营收占比接近65%,百世集团其他非快递业务比重仍较大。而快递行业激烈的价格战引发内卷,百世选择出售国内快递业务后,将能把更多精力、资源聚焦在主营业务上,或许是百世寻求翻身的机会(图11.3.5)。

简要分析百世快递优势业务情况,其一,供应链管理业务。百世供应链在全国范围内拥有云仓超过400个,百世云仓总订单数量同比增长8.2%,达1.2亿。百世供应链已为包括中粮、李宁等国内三千多家品牌企业及欧美的500强企业提供智慧供应链服务,结合快运网络的协同效应,在帮助客户下沉的同时也可以实现降本增效(图11.3.6)。

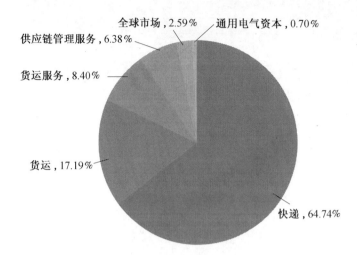

图 11.3.5　2020 年百世集团业务结构(单位:%)
资料来源:企业公报　前瞻产业研究院整理

图 11.3.6　截至 2021H1 百世集团供应链业务能力(单位:个,%,亿)
资料来源:企业公报　前瞻产业研究院整理

其二,国际快递业务。百世集团作为业内最早入局国际业务的一批企业,已于 2020 年完成在泰、越、马、新、柬五国的本地网络建设,截至 6 月底,百世在东南亚拥有 29 个自营快递分拨中心、1 300 多个站点,各类包裹可触达所在国的绝大部分城市和乡村。

故通过出售国内快递业务,完成集团资金结构的优化,百世集团可以更好地推动供应链、国际快递等主营业务发展(图 11.3.7)。

以上数据参考前瞻产业研究院《中国快递行业发展趋势与投资规划分析报告》。

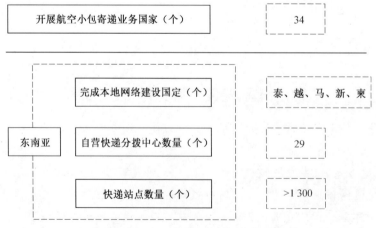

图 11.3.7　截至 2020 年百世集团国际快递业务能力(单位:个)
资料来源:企业公报　前瞻产业研究院整理

【知识训练】

一、单选题

1. 以下的企业筹资中,属于创立性筹资动机的是( )。
   A. 开展对外投资追加筹资产生的筹资动机
   B. 发放股东股利产生的筹资动机
   C. 企业设立时购建厂房设备产生的筹资动机
   D. 银行借款提前偿还产生的筹资动机

2. 某企业近期有较多的流动负债到期,董事会决定举借长期借款来支付到期的流动负债。此筹资的动机是( )。
   A. 支付性筹资动机   B. 扩张性筹资动机
   C. 调整性筹资动机   D. 混合性筹资动机

3. 某企业计划新增一条流水线扩大经营规模,购买流水线需要筹资 3 000 万元,由于该企业目前债务比例过高,决定通过发行股票筹集资金,那么此次筹资的动机是( )。
   A. 支付性筹资动机   B. 扩张性筹资动机
   C. 调整新筹资动机   D. 混合性筹资动机

4. 下列筹资方式中,既可以筹集长期资金,也可以融通短期资金的是( )。
   A. 发行债券   B. 利用商业信用
   C. 向金融机构借款   D. 融资租赁

5. 以下选项中,可以作为贷款担保抵押品的是( )。
   A. 土地所有权   B. 专利权
   C. 依法有权处分的土地使用权 D. 依法可以转让的商标专用权

二、多选题

1. 下列各项中,投资方应确认投资收益的事项有( )。
   A. 采用权益法核算长期股权投资,被投资方实现的净利润
   B. 采用权益法核算长期股权投资,被投资方取得的直接计入所有者权益的利得和损失
   C. 采用权益法核算长期股权投资,收到被投资方实际发放的现金股利
   D. 采用成本法核算长期股权投资,被投资方宣告发放现金股利

2. 下列股权投资中,应采用权益法核算的有( )。
   A. 投资企业对子公司的长期股权投资
   B. 投资企业对被投资单位不具有控制、共同控制或重大影响的权益性投资
   C. 投资企业对联营企业的长期股权投资
   D. 投资企业对合营企业的长期股权投资

3. 在判断对一项安排是否具有共同控制时,应当考虑的判断原则包括( )。
   A. 是否由所有参与方或参与方组合集体控制该安排
   B. 该安排相关活动的决策是否必须经过这些参与方一致同意
   C. 参与方是否对该安排的净资产享有权利
   D. 参与方是否单独承担资产或负债

4. 下列各项中,会引起固定资产账面价值发生变化的有( )。
   A. 计提固定资产减值准备   B. 计提固定资产折旧
   C. 固定资产改扩建   D. 固定资产中小修理

5. "固定资产清理"科目贷方核算的内容包括( )。

A. 发生的清理费用　　　　　　B. 固定资产变价收入
C. 转入清理的固定资产的净值　　D. 结转的固定资产清理净损失

三、判断题

1. 利率不仅包含时间价值,而且也包含风险价值和通货膨胀补偿率。(　　)
2. 每半年付息一次的债券利息是一种年金的形式。(　　)
3. 递延年金有终值,终值的大小与递延期是有关的,在其他条件相同的情况下,递延期越长,则递延年金的终值越大。(　　)
4. 所有的货币都具有时间价值。(　　)
5. 货币时间价值是指一定量的资金,在不同时点上的价值量的差额。(　　)

参考答案

一、1-5 CCDCC

二、1. AD 2. CD 3. AB 4. ABC 5. BD

三、1-5 √ √ √ × √